Technology Roadmap for SME

중소기업 전략기술 로드맵
2023-2025
반도체·디스플레이 장비

중소벤처기업부, 중소기업기술정보진흥원

CONTENTS

■ 전략분야

- 전략분야 선정배경 ·· 1
- 반도체·디스플레이 장비
  - 1. 개요 ··· 7
  - 2. 동향 조사 분석 ·· 16
  - 3. 품목로드맵 ·· 46

■ 전략품목

- 반도체 패키징 장비
  - 1. 개요 ··· 58
  - 2. 동향 조사 분석 ·· 66
  - 3. 특허 동향 ·· 85
  - 4. 전략품목 기술로드맵 ·· 95

- 반도체 열 특성 분석 시스템
  - 1. 개요 ··· 106
  - 2. 동향 조사 분석 ·· 114
  - 3. 특허 동향 ·· 129
  - 4. 전략품목 기술로드맵 ·· 139

반도체 증착 장비

1. 개요 ··· 150
2. 동향 조사 분석 ·· 157
3. 특허 동향 ·· 173
4. 전략품목 기술로드맵 ·· 183

반도체 검수용 프로브 핀 본딩 시스템

1. 개요 ··· 194
2. 동향 조사 분석 ·· 201
3. 특허 동향 ·· 217
4. 전략품목 기술로드맵 ·· 227

반도체 후공정 측정/검사 장비

1. 개요 ··· 238
2. 동향 조사 분석 ·· 243
3. 특허 동향 ·· 260
4. 전략품목 기술로드맵 ·· 270

반도체 식각 장비

1. 개요 ··· 280
2. 동향 조사 분석 ·· 283
3. 특허 동향 ·· 297
4. 전략품목 기술로드맵 ·· 307

- **디스플레이 세정 시스템**

  1. 개요 ·· 318
  2. 동향 조사 분석 ·· 325
  3. 특허 동향 ··· 339
  4. 전략품목 기술로드맵 ·· 349

- **마이크로 LED 디스플레이 마이크로 LED 칩의 인터포저 기판 대량 전사 장치**

  1. 개요 ·· 360
  2. 동향 조사 분석 ·· 366
  3. 특허 동향 ··· 382
  4. 전략품목 기술로드맵 ·· 392

전략분야 선정배경

　반도체·디스플레이 장비는 반도체칩, 디스플레이 패널 등을 제조하기 위한 고도화된 기술을 필요로 하는 장비산업으로 고부가가치를 창출할 수 있는 분야이다.

　반도체·디스플레이 장비는 4차 산업혁명에 있어 반도체 및 디스플레이 산업의 경쟁력을 뒷받침하는 핵심 기반 장비산업으로, 장비의 성능과 공정 영역에 따라 산업 전반에 걸쳐 큰 영향을 끼칠 수 있는 산업이다.

　코로나 19 팬데믹을 계기로 촉발된 공급망 대란 이후 반도체 공급난 속 각국 제조기반 확보에 총력을 기울이고 있고, 러-우 전쟁에 따른 공급망 위기 및 글로벌 주요 국가와 기업들이 반도체 패권 전쟁이 한층 격화됨에 따라, 한국의 반도체 사업에 큰 영향을 끼치며 글로벌 공급망이 이슈화 되며, 반도체 장비 업체의 중요성도 함께 부각되고 있다.

　미국은 상원의 '미국 혁신 경쟁법'에 이어 하원도 과학기술 수준을 높여 중국의 기술굴기에 대응한다는 동일한 취지에서 '2022년 미국 경쟁법'을 가결하였고, 바이든 대통령은 미국 내 반도체 시설 건립 390억 달러(51조원), 연구개발 및 인력교육 110억 달러(14조 4000억 원), 국방 관련 반도체 제조 20억 달러(2조 6000억 원), 미국 내 반도체 공장 건립 시 25%의 세액을 공제하는 반도체 지원법에 서명하였다.[1]

　중국은 '반도체 산업 발전 추진 요강'에 이어 '중국제조 2025'를 통해 2025년까지 반도체 자급률을 70% 수준으로 높이겠다고 공언했다. 유럽과 대만, 일본도 자국 공급망 확충을 위한 정책을 추진하고 있다.[2]

　한국도 2021년 5월 K-반도체 전략을 발표하며 2030년까지 약 510조 원 이상 규모의 반도체 투자할 예정이며. 국내 반도체·디스플레이 장비 산업의 생태계를 육성하겠다고 발표했으며, 이와 더불어 2022년 새정부는 미국의 칩설계와 한국의 칩제조능력이 시너지를 이룰 것이라는 판단아래 미국 바이든 정부와 함께 반도체 협력을 강화하는데 합의했다.

　반도체디스플레이 장비는 한국의 반도체칩 제조 및 디스플레이 제조 바탕이 되는 핵심산업으로, 미래의 국가경쟁력을 강화하는데 있어 반드시 필요한 분야라고 할 수 있다. 이에 정부는 반도체·디스플레이 초강대국 달성을 위해 적극적인 투자를 통해 기업을 뒷받침하고, 소부장 핵심전략 기술 중 하나로 차세대 반도체·디스플레이 장비에 대한 연구개발을 지원하는 '반도체 초강대국 달성전략 발표'을 발표하였다.[3]

---

1) 바이든, 美 반도체 지원법 서명…'68조' 보조금 전쟁 신호탄 (동아일보 2022.08.10.)
2) [한장TECH] 미래 좌우하는 시스템 반도체에 기업도 정부도 올인 (TECHWORLD ONLINE NEWS, 2021.12.06.)
3) 산업부, 관계부처 합동 반도체 초강대국 달성전략 발표 (산업통상자원부 보도자료, 2022.08.21.)

반도체·디스플레이 장비 분야는 러시아-우크라이나 전쟁, 미-중 기술패권 경쟁 심화 등 글로벌 공급망이 빠르게 재편되는 상황에서 안정적인 소재·부품·장비 공급망 확보가 우리 산업의 경쟁력을 결정짓는 가장 핵심적 요소이자, 정부의 '반도체 초강대국 달성 전략'에 대응되는 전략분야로, 중요도가 높은 분야라 할 수 있다.

반도체·디스플레이 장비 분야는 다른 전략분야에 비해 기술수요는 많지 않은 것으로 조사되었으나, 2023~2025 중소기업 8대 핵심투자주제 중 '제조기반 중소기업 성장기반 구축'를 위한 핵심투자주제 및 정부의 'K-반도체 전략'에 대응되는 전략분야로, 중요도가 높은 분야라 할 수 있다.

따라서 '중소기업 전략기술로드맵 2023~2025 반도체·디스플레이 장비 전략분야는 차세대 반도체 칩 및 디스플레이의 고성능·고효율로 생산하기 위해 반도체 패키징 장비, 반도체 열특성 분석 시스템, 반도체 증착장비, 반도체 검수용 프로브핀 본딩 시스템, 반도체 후공정 측정/검사 장비, 반도체 식각 장비, 디스플레이 세정 시스템, 마이크로 LED 디스플레이 마이크로 LED 칩의 인터포저 기판 대량 전사 장치 품목들을 선정하여 전략품목으로 구성하였다.

전략분야 현황분석

반도체·디스플레이 장비

반도체·디스플레이 장비

1. 개요

가. 일반적 정의

(1) 정의

☐ 반도체·디스플레이 장비는 반도체칩, 디스플레이 패널 등을 제조하기 위한 고도화된 기술을 필요로 하는 장비산업으로 고부가가치를 창출할 수 있는 산업분야

- 반도체 장비는 반도체 제조 공정에 사용되는 것으로 반도체 생산을 위한 준비 단계, 즉 반도체 회로 설계, 웨이퍼 제조 등부터 웨이퍼 가공, 칩 생산, 조립·검사 단계까지의 모든 장비를 포함하며, 반도체 장비 산업은 기술집약형 산업으로 기술발전 속도가 빠르고 기술수명이 짧아 급속한 혁신이 요구되는 산업

- 디스플레이 장비는 디스플레이 패널 제조를 위하여 사용되는 장비를 만드는 산업으로, 각 장비마다 용도와 기능이 구분되며, 기판을 투입하여 증착, 패턴 형성, 식각, 화소 형성, 모듈부착 등의 공정을 거쳐 디스플레이 완제품을 제작하는데 사용되는 장치를 만드는 산업

☐ 반도체·디스플레이 장비는 직접적으로 제조공정에 영향을 주며, 생산 및 R&D 연구개발에 대규모의 자금이 일시에 투입되는 구조적 특징이 있으며, 반도체 및 디스플레이 산업의 경쟁력을 뒷받침하는 핵심 기반 장비산업으로, 장비의 성능과 공정 영역에 따라 산업 전반에 걸쳐 큰 영향을 끼침

- 반도체·디스플레이 장비는 대부분 주문생산방식으로 이루어지며, 고객은 필요한 장비의 종류, 규격, 수량 등을 사전에 제시하고, 고객의 요구 사양을 기준으로 설계, 제작합니다. 제작기간은 일반적으로 6개 월 이상 소요되며, 기본적인 사양은 동일하나 표준화, 규격화되어 계획생산 후 납품할 수 있는 것이 아닌 고객별, 공정별로 고객이 요구하는 사양을 기준으로 설계, 제작, 납품됨

- 고객은 핵심 원천기술을 지닌 공급자와 유기적인 협력을 통해 최종 제품을 생산하며, 공급자는 연구 인력 확보를 통한 연구개발, 보유기술력, 보안수준 등에 비교우위를 통해 공급업체의 지위를 획득

- 긴 투자기간과 높은 투자비용 때문에 고객은 실패비용을 회피하기 위해 과거 검증된 장비업체를 선택하며, 이는 신규업체에게 높은 진입장벽을 형성하는 분야임

(2) 필요성

- [ ] 경제안보의 핵심 반도체·디스플레이 장비
    - 코로나 19 팬데믹을 계기로 촉발된 공급망 대란 이후 반도체 공급난 속 각국 제조기반 확보에 총력을 기울이고 있고, 글로벌 주요 국가와 기업들이 반도체 패권전쟁이 한층 격화됨에 따라, 한국의 반도체 사업에 영향을 끼침
    - 이와 더불어, 최근 러-우 전쟁 장기화, 미중 기술패권 경쟁 심화 등으로 글로벌 공급망이 이슈화 되며, 반도체 산업의 뿌리인 반도체장비 업체의 중요성도 함께 부각되고 있음

- [ ] 미국의 자국우선주의(기술보호주의)에 따른 한국의 반도체·디스플레이 장비의 기술경쟁력 확보 필요
    - 미국에 반도체 공장을 짓는 기업에 대하여 자금을 지원하고 세제 혜택을 주는 반면, 미국 최첨단 반도체 제조장비의 중국 수출을 규제하는 것이 주요 내용으로, 여기서 미국이 중국 내 한국 기업들에게 이러한 수출 통제를 적용하지 않겠다고 하였으나, 향후 미국의 정부 정책에 따라 변경될 수도 있음

- [ ] 한국의 반도체 장비사의 세계 경쟁력 확보 필요
    - 반도체칩을 제조 생산을 위한 주요 장비회사는 미국의 어플라이드머티리얼즈 및 램리서치,, 네덜란드의 ASML, 일본의 도쿄일렉트론으로, 해외 기업이 핵심기술을 보유하고 있음
    - 이에 따라, 한국이 중장기적 먹거리를 위해서는 반도체디스플레이 장비에 대한 정부의 대대적인 투자, 기업의 기술개발이 필요함
    - 전 세계는 현재 지구 온난화로 인한 기후변화에 대응하기 위해, 탄소중립을 선언하면서, 시대에 발맞춰 해외 반도체디스플레이 장비 기업들도 이에 맞는 기술개발을 수행하고 있고, 한국도 향후 해외 반도체디스플레이 장비를 수출하는 경우를 대비하여 친환경 장비 개발도 필요함

나. 구축 범위

(1) 가치사슬

□ 반도체·디스플레이 장비는 반도체 및 디스플레이 생산의 필수요소 산업으로 반도체 및 디스플레이 제조 기술을 선도하며, 높은 전후방 효과로 타 산업에의 파급효과가 큰 산업

- 반도체 장비 및 디스플레이 장비는 태양광 및 LED 등의 생산 장비와도 밀접하게 연계되고, 전방산업은 반도체 제조업 및 디스플레이 제조업, 반도체 소자, LED, OLED, 태양광 장비, 바이오, MEMS, 센서 등이며, 후방산업은 전자/전기 공학, 화학, 광학, 정밀가공 기술, 기계/시스템 설계 등의 산업으로 규정할 수 있음

[반도체 장비 Value Chain]

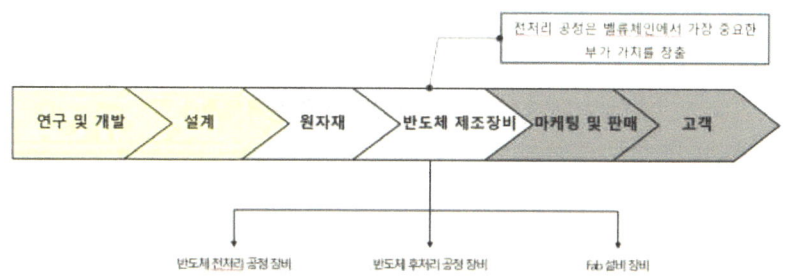

* 출처 : MarketsandMarkets, Semiconductor Manufacturing Equipment Market, 2020

[디스플레이 장비 Value Chain]

* 출처 : 한국IR협의회. 기술분석보고서 2019

[반도체·디스플레이 장비 분야 가치사슬]

후방산업	반도체·디스플레이 장비 산업	전방산업
전기/전자 공학, 광학, 화학 정밀가공 기술 기계/시스템 설계	반도체 장비·디스플레이 장비 (노광장비, 식각장비, 세정장비, CMP장비, 이온주입장비, 증착장비, 열처리장비, 측정분석장비, 패키징장비, 테스트장비)	반도체 제조업 및 반도체 소자, 디스플레이 제조업, LED, OLED, 태양광 장비, 바이오, MEMS, 센서

(2) 대표적 분류 방법

☐ 10차 한국표준산업분류에 따르면 반도체·디스플레이 장비는, '반도체 및 디스플레이 제조용 기계 제조업', '반도체 제조용 기계 제조업', '디스플레이 장치용 유리 제조업', '디스플레이 제조용 기계제조업'에 해당되며, 이러한 분류는 'ICT 통합분류체계(산업)'를 근거로 함

[ICT 산업분류 분류체계]

분류코드	분류명	설명
2927	반도체 및 디스플레이 제조용 기계 제조업	반도체 및 디스플레이 제조에 직접 이용되는 기계를 제조하는 산업활동을 말한다.
29271	반도체 제조용 기계 제조업	웨이퍼 가공 및 반도체 조립용 장비 등의 반도체 제조에 직접 사용되는 기계·장비를 제조하는 산업활동을 말한다.
29272	디스플레이 제조용 기계 제조업	디스플레이(표시장치) 패널(DP) 제조용 기계를 제조하는 산업활동과 DP, 구동 회로, 백라이트 유닛 등 구성 요소를 결합하여 디스플레이를 조립하는 기계를 제조하는 산업활동을 말한다.
23122	디스플레이 장치용 유리 제조업	무알칼리 유리 또는 소다석회 유리 등을 소재로 연마, 코팅 등 표면 가공하여 각종 디스플레이 장치(LCD, OLED, PDP 등) 소재로 사용되는 기판 유리를 제조하는 산업활동을 말한다. 저철분 유리 소재로 가공한 태양전지용 기판 유리도 포함한다.

* 출처: 통계청 통계포털사이트, https://kssc.kostat.go.kr/

☐ (반도체 장비 분류) IBK경제연구소에서 발행한 '반도체 산업 현황 및 우려 점검(2019)'에 따르면 반도체 공정은 원재료인 웨이퍼를 개별칩으로 분리하는 시점을 기준으로 전·후 공정, 검사로 구분되며 각 공정별로 전문화된 장비를 활용

[반도체 주요 장비 및 기능]

프로젝트	주요 내용	기능	국산화율
전공정	증착	웨이퍼 위에 특정 용도막을 증착하는 장비	65%
	식각	노광에서 그려진 대로 식각을 통해 모양을 만드는 장비	50%
	세정	불순물을 제거하고 씻어내는 장비	65%
	평판	표면을 균일하고 평평하게 만드는 장비	60%
	이온주입	불순물을 침투시켜 소자의 특성을 만드는 장비	0%
	노광	빛을 사용하여 웨이퍼 위에 회로모양을 그리는 장비	0%
	열처리	열을 이용하여 웨이퍼 내 물질을 균질하게 하는 장비	70%
	측정/분석	웨이퍼 내의 물질 특성을 분석하는 장비	30%
후공정	노광	빛을 사용하여 웨이퍼 위에 회로모양을 그리는 장비	0%
	패키지	전자제품에 장착하기 위해 밀봉하는 장비	60%
	테스트	반도체 칩의 불량여부를 판정하는 장비	60%

* 출처 : 반도체 산업 현황 및 우려 점검(2019, IBK경제연구소)

☐ (디스플레이 장비 분류) 혁신성장동력 신규분야 세부기획연구(2019)에 따르면, 디스플레이 제조공정에 따라 LCD와 OLED 장비가 일부 상이하나, 최근 신규투자가 활발히 진행되고 있는 OLED 공정의 경우 아래와 같이 분류됨

[디스플레이(OLED) 주요 장비 및 기능]

주요 공정	세부 공정	장비/소재	기능	납품처별 장비업체	
				삼성	LG
기판		PI Varnish PI Curing	Varnish PIC 장비	Polyimide 바니쉬 재료를 이용하여 유리기판 상에서 형성 또는 이미 형성된 PI 필름을 유리 기판에 라미네이션 하는 장비	내재화 (삼성-UBE) 원익 IPS	SKC코오롱 PI 비아트론
TFT	열처리		OLED 제조용 고온 열처리 장비	원익 IPS, 비아트론	비아트론, koyo
	ELA		유리기판 위에 증착된 a-Si 층을 p-Si로 결정화하는 장비	AP시스템	JSW
	세정	Wet/Dry	디스플레이 패널 제조 공정 중 건식 식각 장비	DMS, 케이씨텍, F&S Tech	DMS, 케이씨텍
	증착	PECVD Sputter	디스플레이 패널 제조 공정 중 박리 공정을 담당하는 장비	AKT, 원인 IPS, 이루자	AKT, 주성엔지니어링, 아바코
	노광	Scanner Coater	Lens의 가장 좋은 부분의 이미지만 잘라서 스캔하는 방식의 노광 장비	Nikon, Canon, 케이씨텍, 세메스, STI	Nikon, Canon, DMS
	식각	Dry Etcher Asher	디스플레이 패널 제조 공정 중 건식 식각 장비	아이씨디, 원익 IPS, 아이씨디	인베니아, 아이씨디, TEL,
		Wet Etcher Asher	디스플레이 패널 제조 공정 중 습식 식각 장비	케이씨텍, 세메스, F&S Tech	DMS, 에스티아이
	박리(소재)	식각액	회로패턴을 형성하기 위해 불필요한 부문을 선택적으로 제거하는 공정에 사용되는 화학물질	동진쎄미켐, 이엔에프테크, 솔브레인	동진쎄미켐, 이엔에프테크, 솔브레인
		박리액	식각 공정 후 남아있는 감광제 및 고분자 폴리머를 제거하는 공정에 사용회는 화학물질	동진쎄미켐, 이엔에프테크	동진쎄미켐, 이엔에프테크
		특수가스	산소(O_2), 질소(N_2), 아르곤(Ar), 탄산(CO_2), 수소(H_2) 등으로 사용되는 가스	효성, SK머티, Versum, 원익머티	효성, SK머티, Versum, 원익머티
	검사	AOI 등	Line에서 자동으로 화면검사 및 등급판정을 제공하는 설비	HB테크놀로지, Orbotech	Orbotech
유기물 증착	증착	Evaporator HIL/HTL	전자수송층 및 정공 수송층의 보조층 증착 장비	Canon,Tokki, idemitsu, kosan, 두산, DSNL	YAS, Canon,Tokki,선익시스템, idemitsu, kosan

분류				설명	주요업체	
		Red Green		EML 증착(RED, GREEN색) 증착 장비	덕산네오룩스, DOW, 삼성SDI, UDC, 두산, NSSC	LG화학, DOW, idemitsu, kosan, LG화학, 희성금속
		BLUE ETL/EIL		전자수송층 및 전자 주입층 증착	idemitsu, kosan, SFC, DOW, 삼성SDI, LG화학, 두산	idemitsu, kosan, DOW, LG화학, 희성금속
	MASK	인장기 Mask		유기물 증 공정에 사용되는 장비	힘스, DNP, 웨이브일렉트로	한송네오텍, 케이피에스, DNP
		Mask 세정		증착 시 적용되는 mask 세정 장비	디바이스이엔지	
OLED 봉지	봉지	봉지장비		낮은 온도에서 고품질의 박막 형성 장비	AMAT, 원익 IPS, Kateeva, AP시스템	주성엔지니어링, AMAT
Laser Lift Off	LLO	LLO 장비		레이저로 열을 가해, 캐리어 유리를 폴링이미드(PI)기판에서 떼어내는(Lift Off) 공정 장비	AP시스템	이오테크닉스
Base Film	Base Film	필름		유리, 무기막을 순차적으로 증착하여 수분차단을 하는 장비	SKC코오롱PI	SKC코오롱PI
Cutting	Cell-Cutting	Cutting 장비		유리 및 디스플레이의 기판을 자르는 공정 장비	이오테크닉스, 필옵틱스	이오테크닉스, 필옵틱스, 엘아이에스
Lamination	Lamination	Lami 장비		PCB EXPOSURE 노광기 장비	톱텍, 제이스텍, 에스에프에이	베셀, LG전자 PRI
	Polarizer Cutting	Cutting 장비		편광판 절단 장비	이오테크닉스, 제이스텍, 필옵틱스	이오테크닉스, 제이스텍, 필옵틱스
PCB	PCB Bonding	Bonding 장비 DDI		PCB Lay-UP 장비	제이스텍, 파인텍, 삼성전자, 시스템LSI	LG전자PRI, 실리콘웍스
		FPCB FCCL		동박적층판 접합 장치	비에이치, 인터플렉스 등 이녹스첨단소재	비에이치, 인터플렉스 등 이녹스첨단소재
		PI필름		FCCL용 PI 필름	SKC코오롱PI	SKC코오롱PI
기타 공정	물류	물류장비		반도체 물류 자동화 장비	에스에프에이, 톱텍	베셀

* 출처: 지능형 반도체 산업의 한·중 비교와 정책적 시사점(KIET, 2015. 5) 자료 및 시스템반도체 응용분야 기준 재구성

[전자부품장비 기술범위]

프로젝트	주요 내용	기능
디스플레이 장비 제조업	PI[4] Coating	Polyimide 바니쉬 재료를 이용하여 유리기판 상에 형성하는 장비
	PI Curing	이미 형성된 PI 필름을 유리 기판에 라미네이션 하는 장비
	Cleaner	디스플레이 패널 제조 공정 중 세정 공정을 담당하는 장비
	PECVD[5]	박막 증착 공정 장비
	Sputter	박막 증착 공정 장비
	열처리	OLED 제조용 고온 열처리 장비
	Ion-Implanter	이온을 주입하는 공정 장비
	ELA[6]	유리기판 위에 증착된 a-Si 층을 p-Si로 결정화하는 장비
	Dry Etcher	디스플레이 패널 제조 공정 중 건식 식각 장비
	Wet Etcher	디스플레이 패널 제조 공정 중 습식 식각 장비
	Stripper	디스플레이 패널 제조 공정 중 박리 공정을 담당하는 장비
	Exposurer	광학을 이용한 Patterning 장비
	Evaporator	화소를 형성하는 장비
	Inkjet Printing	잉크젯 프린팅 방식의 OLED 공정장비
	Glass	실런트를 가장자리에 뿌린 후 봉지재로 Glass를 사용하는 장비
	Thin Film	유리, 무기막을 순차적으로 증착하여 수분차단을 하는 장비
	Hybrid	유기물, 무기물을 증착 후 Film 등을 봉지재로 사용하는 장비
	LLO[7]	레이저로 열을 가해, 캐리어 유리를 폴링이미드(PI) 기판에서 떼어내는 공정 장비
	Cutting	유리 및 디스플레이의 기판을 자르는 공정 장비
	FA[8]	OLED 생산 라인의 FA 장비
	Inspection	OLED용 검사장비
	Repair	OLED용 Repair 장비

* 출처 : 반도체 산업 현황 및 우려 점검(IBK경제연구소, 2019)

4) polyimide
5) Plasma Enhanced Chemical Vapor Deposition (플라즈마 화학기상증착 장비)
6) Excimer Laser Annealing (레이저 결정화 장비)
7) Laser Lift-Off
8) Factory Automation (공장자동화)

(3) 기술로드맵 전략분야의 범위

☐ 본 전략분야에서는 반도체 공정 장비 및 부품과 디스플레이 공정 장비 및 부품을 한개의 전략분야로 한정하여 구성하고, 타 전략분야와의 중복 가능성 및 반도체·디스플레이 장비 분야에 대한 정부 정책방향, 중소기업 적합성 등을 고려한 평가항목을 구성하고, 전문가 평가를 통해 전략분야별 상품 및 기술을 선정함

[반도체·디스플레이 장비 기술로드맵 전략분야의 범위]

구분	상품 및 기술	
반도체 패키징 장비	열 영상 획득 기술 FOWLP(fan out wafer level pakage) 패키징 기술 TSOP(thin samlloutline package) 패키징 기술	QFN(Quad Flat No-lead) 패키징 기술 3차원(3D)으로 TSV기술 인터포저를 이용한 모듈화 적층기술
반도체 열 특성 분석 시스템	열 영상 획득 및 특성 검출 기술 초미소광감도기술 열 고장 감지기술	반사광 검출기술 광원 및 스캐닝 기술
반도체 증착 장비	반도체 원자층박막증착장비 레이저 열처리 기술 반도체 히터 온도 균일도 향상기술	SiC대면적 에피택시성장 기술 반도체 대면적 박막 균일도 향상기술
반도체 검수용 프로브핀 본딩시스템	다수 반도체 검수를 위한 멀티프로브 미세 접촉 프로브구조 다중 검사용 프로브핀	3차원 IC 검수용 프로브카드 Pin Align 고속 Auto-Focusing 기술
반도체 후공정측정/검사 장비	반도체 웨이퍼 오염진단을 위한 측정 분석 기술 기판 투과율 및 반사율 제어 기술 복수의 프로세서 병렬 처리를 통한 고속 외관 검사용 화상처리 기술 개발	반도체 패키지 공정의 반도체 칩과 트레이의 불량 검사 시스템 개발 광원 단파장화에 따른 투과율 및 복굴절 제어
반도체 식각 장비	반도체 식각 초저온용 서셉터시스템 개발 내플라즈마성세라믹 부품 소결 기술	플라즈마 공정 Network 기반 진단 센서 개발 초박막식각 기술
디스플레이 세정 시스템	플라즈마 에칭장비를 이용한 패턴 프로파일 조절 기술 클리닝 속도 고속화 레이저광 에너지 보정	레이저 펄스 조절 방법 표면 형태에 따른 레이저 조사방향 조절방법 건식 레이저 세정 시 손상 최소화 방법
마이크로 LED 디스플레이 마이크로 LED 칩의 인터포저 기판 대량 전사 장치	플라즈마를 포함하는 레이저 세정방법 레이저 기반의 마이크로 LED 대량 전사기술 마이크로 LED 본딩기술 마이크로 LED 전사를 위한 레이저 빔 제어 방법	마이크로 LED 롤 전사 방법 커플링층을포함하는 레이저 전사방법 인터포저코팅기술

* 출처 : 반도체 산업 현황 및 우려 점검(IBK경제연구소, 2019)

2. 동향 조사 분석

가. 주요국 정책동향

☐ 주요국은 파격적인 지원을 준비하는 등 반도체 패권전쟁이 격화

- 미국·EU는 수십조 원 규모의 반도체 지원 법안을 논의 중이며, 일본도 대규모 보조금 조성 등 적극적인 반도체 육성 행보

☐ 미국은 한국, 대만, 일본과의 반도체 공급망 동맹(Chip 4) 형성을 추진

- 미국 바이든 정부는 한국, 미국, 대만, 일본 등이 참여하는 반도체 공급망 동맹 형성을 추진 중
- 반도체 IP 코어[9] 및 설계, 장비 역량을 갖춘 미국과의 협력 관계는 한국 반도체 산업에 있어 중요

[반도체·디스플레이 장비 분야 주요국 정책 동향]

국가	정책 개요
미국	• 반도체 지원법통과('22.07.27) 반도체 시설투자에 25% 세액공제 및 반도체 산업에 520억불 (68조원) 지원 • 미국경쟁법안(America COMPETES Act) 미 하원 통과(2.4) • Chips for America Act, American Foundries Act, 국가반도체기술센터 설립 • (민간) 인텔 파운드리 진출 선언 및 파운드리 공장 증설에 200억 달러(약 22조원) 투자
중국	• 반도체 산업에 최대 10년간 법인세 면제 '반도체 굴기' 선언, '중국 제조 2025' 계획을 통해 반도체 자립 목표 설정(반도체 굴기를 위한 집적회로산업 발전추진 요강('14), 중국제조 2025('15) • '25년 반도체 자급률 목표 70%로 수립하고 1조 위안(약 170조원) 지원 • 14차 5개년 경제계획('21~'25)에 고부가가치 반도체 산업 육성 포함 • 상하이시, 반도체 기업 최대 30% 보조금 지원 정책 발표(1.19)
대만	• '21년 TSMC를 중심으로 시설투자 275억 달러(약 31조원) • 행정원 각료회의에서 대만 반도체 제조 우위 유지를 위한 지원책 발표('21) • '30년 반도체 생산액 5조 대만달러 도달 목표로 소재·장비의 내재화 지원
유럽	• (EU) 유럽 반도체 지원법(European Chips Act) 발표 • (EU) 2030년까지 공공 민간투자 430억 유로(56조원) 지원 법안 논의 중 • (EU) 집행위원회는 '2030 Digital Compass' 발표(반도체 점유율 10% → 20% 목표) • (독일) 총 투자비의 약 440% 일회성 보조금 지원 • (영국) 반도체 기술개발 위한 투자 전략 수립 • (네덜란드) 반도체 장비 관련 기술 개발을 위한 투자 및 지원 전략 구축
일본	• 도요타· 키옥시아· 소니 등 반도체 연합법인 '라피더스' 설립 자국 반도체 설립 기업에 보조금·라피더스에 7000억 지원 • 반도체 경쟁력 회복을 위해 경제산업성 주도 '반도체 전략' 발표('21) • TSMC의 R&D 센터 및 생산공장의 자국 내 유치 등 파운드리와 협력 모색 • 첨단 반도체 연구개발 및 국내 제조 환경 조성을 위한 민관 공동사업체 구축
한국	• 국가첨단전략산업 경쟁력 강화 및 보호에 관한 특별조치법 ' 국회통과(시행 2022. 8. 4.), 5년간 340조원 이상 투자하는 '반도체 초강대국 달성 전략' 수립(법개정 사안) • 종합반도체 강국 실현을 위한 「K-반도체 전략」 발표('21.05., 관계부처합동)

* 출처: 시스템반도체 (KISTEP 브리프 01, 2022.03), 서울신문 2022. 11, 이코노뮤스 2022.08, 이데일리 2022.07, 윕스 재가공

---

[9] 반도체 IP 코어(Semiconductor Intellectual Property Core)란 성능 향상 및 개발시간 단축을 위해 이미 개발되고 검증된 기능블록. 재사용이 가능하며 제3자간의 거래도 가능한 반도체 설계 자산

(1) 한국

- 정부는 러시아-우크라이나 전쟁 장기화, 미-중간 기술패권 경쟁 심화 등 대내외 여건 변화에 대응한 소재·부품·장비 정책의 재설계가 필요함에 따라, 일본 수출규제 대응에 집중하였던 소재·부품·장비 정책을 넘어, 향후 가속화되는 글로벌 공급망 위기에 효과적으로 대응하기 위한 방안을 마련

- 「K-반도체 전략」 발표[10]
  - ① K-반도체 벨트 조성, ② 인프라지원 확대, ③ 반도체 성장기반 강화, ④ 반도체 위기능력 제고 등을 주요 내용으로 포함
  - (장비)글로벌 공급기업과 전략적 협업으로 첨단장비 연합기지 구축
  - 반도체 R&D 및 시설투자 촉진을 위한 세제지원 강화(낸드 장비·장비부품 제조시설 포함)
    - 신성장·원천기술*과 관련된 R&D 및 시설투자시에는 각각일반R&D 및 시설투자 대비 공제율 우대 적용
  - 성장기반 강화
    - ①차세대 전력 반도체, ②인공지능 반도체, ③첨단센서, ④소재·부품·장비 등 다각적인 반도체 新산업 기술역량 제고
  - 성장기반 강화
    - (후방산업 협력) 소·부·장 중소기업 - 소자 대기업간 협력 강화
  - [소·부·장] 글로벌 기술 확보 ⇒ 국내 반도체 생산 안정화
    - 핵심적인 소재·부품·장비 기술개발 지원 및 대학·연구소의 나노기술을 활용한 소재·부품·장비 개발·사업화 추진

- 첨단기술 보호 및 전략적 반도체 협력(미국 등) 공급망 협력체계 강화
  - 외국기업의 투자 유치를 중점적으로 추진 계획 및 미국 등 반도체 기술 선도국과의 공급망 협력을 촉진할 계획
  - '국가첨단전략산업특별법'(소위 반도체특별법, 2022.08.04. 시행)과 관련하여, 새 정부의 정책방향은 수출통제, 기술유출방지, 외투 안보심사 측면에서 반도체 산업에 대한 통제 강화
    - '국가첨단전략산업특별법'은 반도체 기술 등 특정 기술을 규제 또는 통제하기 위한 각종 법률을 특별법을 통하여 정부에서 종합적으로 통제하고, 국가안보 및 경제안보 차원에서 첨단산업을 보호하기 위하여 제정된 법률
    - 국가핵심전략기술의 수출제한, 기술유출을 방지하기 위한 보호조치, 국가핵심전략산업 특화단지에 대한 지원, 국가핵심전략산업 관련 기업에 대한 연구개발, 조세 등 지원을 규정

---

[10] 종합 반도체 강국 실현을 위한 K-반도체 전략(관계부처합동 21.05.13)

- ☐ '국가첨단전략산업특별법'을 근거로 정부 R&D, 정책자금 등을 지원할 계획
    - 용인, 평택 반도체 클러스터 이후 반도체 제조단지 조성 및 R&D 센터 조성에 필요한 전력, 용수 및 인프라 구축에 소요되는 비용 지원을 약속하였고, 판교와 기흥~화성~평택~온양의 서쪽, 이천~청주의 동쪽이 용인에서 연결되는 지역에 세계 최대의 'K-반도체 벨트'를 추진중

(2) 미국

- ☐ 반도체장비는 최근 미국 바이든 행정부가 반도체를 국가 안보에 직결되는 핵심 품목으로 인식하면서 그 중요성이 더욱 커지고 있음

- ☐ 한편, 미·중 간 기술 패권 경쟁이 가시화되면서 2022년 10월 미국 상무부는 첨단 반도체 장비의 대중국 수출을 제한하는 내용을 발표

[미국의 대중국 반도체산업 주요 제재 추이]

일시	조치 사항	주요 내용
2020. 12	미국 상무부, 중국 파운드리 기업인 SMIC를 거래제한 기업 명단에 포함	거래제한 기업에 반도체장비를 수출하기 위해서 미국 정부의 허가 필요
2021. 2	바이든 대통령, 반도체를 포함한 4대 품목 공급망 조사를 명령	반도체, 배터리, 의약품, 희토류 등 4대 품목을 100일간에 걸쳐 조사
2021. 7	미국 상무부, 네덜란드 정부에 ASML사 장비의 대중국 수출 금지를 재요청	최첨단 노광(Photo)장비인 ASML의 EUV장비 대중국 수출 중단 지속 (2019.6월 중국의 수출 허가가 만료된 이후 현재까지 미갱신 상태)
2021. 9	미국 상무부, 반도체 기술·장비의 대중국 수출 시 사전 허가 의무화	자국 반도체 기술·설비 업체에 SMIC에 대한 수출은 사전 허가를 요구
2022. 3	미 정부, 한국·대만·일본 정부 및 기업에 'Chip4 동맹' 결성을 제안	중국을 배제하고 반도체 제조 전반의 공급망 재편
2022. 10	미국 상무부, 대중국 첨단 반도체장비 수출 제한 조치 발표	자국 반도체장비 및 미국 지적재산권(IP)이 포함된 제 3국 반도체장비의 대중국 수출제한

* 출처: 최근 반도체장비 교역 동향 및 시사점 (한국무역협회, 2022)

- ☐ 최근 반도체장비를 둘러싼 미·중 무역분쟁을 통해 반도체장비 확보가 반도체 산업의 경쟁력에 큰 영향을 미치는 것을 확인
    - 미국은 중국 반도체 산업의 첨단 공정 전환을 막기 위해 첨단 반도체 장비 및 자국 기술이 중국으로 유입되는 것을 저지하여 중국과의 기술격차를 유지하려 함
    - 미국 상무부는 자국에 반도체장비 및 자국 지적재산권(IP)을 활용한 제3국 반도체 장비의 대중 수출을 제한하는 규정을 명문화하여 발표(2022.10.7)
    - 바이든 행정부 출범 직후 미국 상무부는 네덜란드 정부와 협조(2021.7)하여 첨단 반도체 제조공정에 필수적인 ASML 사의 극자외선(EUV) 노광장비가 중국으로 유입되는 것을 차단

- 세계 10대 반도체장비업체는 모두 미국·일본·유럽에 밀집되어 있으며 미국의 대중국 반도체 장비 수출제한은 자국을 넘어 다른 동맹국의 참여를 압박하는 수단으로 작용할 가능성도 존재

■ 미국의 전방위적인 압박으로 중국의 반도체 산업은 사실상 14nm 수준에서 정체 상태인 것으로 판단되며 이는 첨단 장비의 확보가 반도체 초격차 유지에 필수적이라는 것을 의미

☐ 미국 상원의 '미국 혁신 경쟁법'에 이어 하원도 과학기술 수준을 높여 중국의 기술굴기에 대응한다는 동일한 취지에서 '2022년 미국 경쟁법'을 가결

■ U.S. Innovation And Competition Act of 2021·USICA, America Creating Opportunities for Manufacturing, Pre-Eminence in Technology, and Economic Strength Act of 2022 or the America COMPETES Act of 2022·ACA

[3대 차세대반도체 기술 집중 개발]

주요 핵심 내용

① 반도체 투자 확대(Supercharging investments in semiconductor chips)
- 전자제품, 자동차, 의료, 방위 시스템 및 기타 주요 제품의 핵심 부품이 ㄴ반도체의 미국 생산을 지원하기 위해 520억 달러 투자

② 자국 생산과 미국 중심의 공급망 강화(Strengtherning supply chains and manufacturing at home)
- 중요 물품 부족 방지, 공급망 개선, 경제 성장 및 안보 강화를 위해 미국 중심의 공급망 강화와 제조업 경쟁력 개선에 450억 달러 투자

③ 미국의 경쟁력과 글로벌 리더십 확보(Securing America's scientific research and innovation excellence)
- 초당적 과학, 연구 및 기술 법안을 통해 미국의 혁신성 향상

④ 미국의 경쟁력과 글로벌 리더십 확보(Securing America's Global Competitiveness & Leadership Through Economic Development)
- 중국의 무역 남용과 인권 침해에 대한 책임을 묻는 강력한 조치를 비롯해, 세계에 미국의 이익과 가치를 공유하며, 리더십 확보

출처 : 과학기술&ICT 정책기술동향 210호 이슈분석(KISTEP, 2022)

■ 2021년 6월 8일(현지시간), 미국 상원은 중국의 지정학적 부상에 맞서 외교 안보·산업·기술 등 총체적 경쟁력 강화를 위한 '미국 혁신 경쟁법안(USICA)'을 가결

■ 하원에서도 미국이 중국보다 경제적으로 더 경쟁력을 갖추도록 하는 법안인 '2022년 미국 경쟁법(ACA)'을 발의(22년 1월 25일)·가결(2월 4일)

☐ 반도체 지원법 바이든, 美 반도체 지원법 서명[11]

■ 지원총액 : 미국 내 반도체 시설 건립 390억 달러(51조원), 연구개발 및 인력교육 110억 달러(14조 4000억원), 국방 관련 반도체 제조 20억 달러(2조 6000억원), 미국 내 반도체 공장 건립시 25%세약 공제

■ 조건 : 향후 10년간 중국에 반도체 분야 투자 제한(가드레일 조항)

---

[11] 美의회, 中 견제 반도체지원법 처리…바이든 책상 위로(한국무역협회 신문, 2022.07.29.)

- ☐ 「반도체와 과학법(CHIPS[12] and Science Act of 2022)」발효('2022.08.09.)[13]
  - 반도체 제조시설 건설 직접 보조금 390억 달러(성숙 공정 시설 보조금 20억 달러 포함)
  - 첨단 반도체 연구개발비 110억 달러(국가 반도체 기술센터, 첨단 후공정 생산 프로그램 등)
  - 시설 및 장비 투자 세액공제 25% 도입(반도체 촉진법 FABS Act 포함 및 통과)

- ☐ 자국 내 첨단 반도체 제조역량 제고를 위해 「반도체지원법」 예산 527억 달러(약 69조원)를 확보함과 동시에 「반도체촉진법」을 포함하여 시설 및 장비 투자에 25% 세액공제를 도입

(3) 중국

- ☐ 2022년 정부업무보고」를 발표
  - 최근 중국의 연례 최대 정치 행사인 양회(兩會·전국인민대표대회와 정치협상회의)에서 중국 리커창 총리는 「2022년 정부업무보고」를 발표('22.3)
  - 올해 중국 정부업무 보고에서는 주요 목표로 국내총생산(GDP) 성장률 5.5%를 제시하고 재정, 과학기술 혁신, 환경보호 등 주요 업무를 발표
    - 과학기술 혁신 능력 향상
    - 기업 혁신 인센티브 확대
    - 제조업 핵심 경쟁력 강화
    - 디지털 경제 발전 추진

- ☐ 반도체 제조의 경쟁력은 설계/공정 경쟁력과 핵심 반도체 장비와 소재의 경쟁력에서 만들어지는 것으로 이해하고, 장비 육성에도 막대한 지원을 투자 중

- ☐ 최근 중국의 메모리산업 진입과 장비 및 재료산업 육성 본격화에 따라 중국 기업이 급속히 성장하고 있는 추세

- ☐ 중국은 지난 10년 동안 반도체 산업 경쟁력 강화를 위한 정책적인 노력을 기울여 옴
  - 미국으로부터 기술적인 독립을 위해 반도체 자급률을 높이기 위한 반도체 굴기가 중국 산업 정책의 핵심 목표

- ☐ 중국 정부는 '국가 반도체 산업 발전 추진 요강', '중국 제조 2025'를 차례로 발표
  - 지원정책은 크게 자국 반도체 기업에 대한 금융·세수 지원, 외국 기업과의 R&D 협력, 합작 투자 및 인수합병(M&A) 추진, 국내 인재 육성 및 해외 인재 영입 장려 등으로 구성

---

12) CHIPS: Creating Helpful Incentives to Produce Semiconductors
13) 미국 「반도체와 과학법」 최종 통과… 글로벌 반도체산업 재편 대응해야(기계신문, 2022.08.05.)

- 자국의 반도체 산업 육성을 위해 ① 국가전략, ② 국가 반도체 기금, ③ 커촹반(科創板), ④ 세제지원 등을 활용하고 있음[14]

  - 「제14차 5개년 계획 및 2035 중장기 목표」에서는 반도체를 중점 과학기술 분야로 선정하고, 특히 미국의 제재를 피하기 위해 중국의 약점이 되고 있는 설계 소프트웨어(EDA), 고순도 소재, 중요 제조장비 및 제조기술, IGBT, MEMS, 첨단 메모리 기술, SiC 및 GaN 등 3세대 반도체 개발에 힘을 쏟을 전망

  - 제2기 국가 반도체 기금이 2019년 10월부터 290억 달러 규모로 시작하였으며, 중국판 나스닥인 커촹반도 2019년부터 반도체 기업들의 주요 자금공급원 역할을 하고 있음

  - 2020년 8월 중국은 반도체 산업 육성을 위한 새로운 세제 지원책을 발표하고 2021년 들어 본격 시행에 들어감

- 중국은 「14차 5개년 계획 및 2035 중장기 목표」에서 2035년까지 2020년 GDP 수준의 두 배 성장을 목표로 설정하고, 연구개발비를 매년 7% 이상 늘릴 것을 명기

  - 중국은 이를 위해 '쌍순환(雙循環, Dual Circulation) 발전전략'과 '기술혁신'을 강조하는 자립자강(自立自强)식 성장전략을 채택

  - 구체적 수단으로 신성장 동력 구축을 위한 양신일중(兩新一重) 정책을 채택: △신형 인프라 △신형 도시화 △중대 인프라(교통·수자원) 투자정책

  - 중국은 전략적으로 미국의 대중제재 분야(설계툴, 제조장비, 소재)를 중심으로 자체역량 개발·강화에 적극 나설 것으로 전망

[중국의 주요 반도체 육성 정책]

발표 연도	정책	목표 및 강조 분야	주요 내용
2014	IC산업 발전 추진요강	2020년까지 반도체 설계·패키징 기술 선진국 수준 도달, 반도체 산업 매출 연평균 증가율 20% 초과	• 반도체 기업에 대한 금융 및 세수 지원 강화, 1,387억 위안(218억 달러) 규모의 중국 반도체 산업 투자 펀드 조성 등
2015. 5~	중국 제조 2025 반도체 육성전략	반도체 자급률 2020년까지 40%, 2025년까지 70% 달성	• 2025년까지 10년 동안 1조 위안(약 177조 원)의 투자 펀드를 조성하겠다는 계획을 발표 • 글로벌 반도체·장비·소재 기업의 M&A 추진, 인력 스카우트 시도
2016	13차 5개년 계획 (중국제조 2025)	반도체 설계제조(14nm 로직) 패키징 산업 제조장비(성숙노드)	• 설계: HiSilicon • 제조: SMIC • 테스트 및 패키징: JCET • 장비: NAURA, AMEC 등 선진기업 육성
2021	14차 5개년 계획	반도체 설계툴 제조 (10nm 미만, 첨단 메모리) IGBT, MEMS 고순도 소재 및 중점장비 SiC, GaN 등 3세대 반도체	• 미국의 대중견제 분야(설계툴, 제조장비, 소재) 중심으로 자체 역량 개발·강화 전망

* 출처: 마중 갈등과 중국의 반도체 산업 육성전략 및 전망 (KIEP 대외경제정책연구원, 2021.07.01.), Trade Focus(2019, 한국무역협회)
** 자료: 「中华人民共和国国民经济和社会发展第十三个五年规划纲要」, 「国务院关于印发《中国制造2025》的通知国发〔2015〕28号」, 「中华人民共和国国民经济和社会发展第十四个五年规划和2035年远景目标纲要」

---

14) 미·중 갈등과 중국의 반도체 산업 육성전략 및 전망 (KIEP 대외경제정책연구원, 2021.07.01.)

- 중국은 2014년 9월 200억 달러 규모의 제1기 국가집적회로산업투자기금(国家集成电路产业投资基金, 빅펀드)[15]을 설립하고 반도체 산업에 투자하였으며, 2019년 10월 290억 달러 규모의 제2기 빅펀드를 설립함
    - 투자 배분의 관점에서 제1기 빅펀드는 주로 중국의 반도체 제조 분야에 집중되었고, 제2기 빅펀드는 중국의 반도체 생태계에서 누락된 연결 고리를 보완하는 데 집중될 것으로 전망
- 중국판 나스닥인 커촹반은 하이테크 기업, 혁신형 신흥기업 위주의 시장으로 2019년 7월에 개설되었으며, 특히 반도체 기업의 중요한 자금조달의 장이 되고 있음
    - 2020년 중국시장에 상장된 반도체 기업의 약 70%가 커촹반에 상장
    - SMIC는 2019년 뉴욕증권거래소(NYSE)에서 상장폐지를 단행한 이후 2020년 7월에 A주식을 발행하며 커촹반에 상장
- '상하이 반도체 산업 및 소프트웨어 산업 발전 정책에 관한 통지'에서 반도체 장비·소재 프로젝트와 반도체 검사 등 후공정 프로젝트에 1억 위안(약 187억 원) 한도에서 신규 투자금의 30%까지 보조금을 지급(2022)

(4) 대만[16]

- AI 반도체 제조공정 및 칩 시스템 R&D 프로젝트(약칭, Semiconductor Moonshot Product)
    - AI 관련 반도체 제조공정, 칩 시스템 연구개발에 집중해 6대 유망 기술[17]을 개발하고 반도체·칩 설계 인재를 육성해 글로벌 경쟁력 제고를 것을 목표로 함
    - 2018년 6월 28일부터 4년 간 시행하며 4년 간 총 40억 신타이완 달러(원화로 1,526억 원) 예산을 투입
    - 이 정책은 대만 정부가 추진 중인 '5+2산업 혁신계획'과 연동되며 그 중에서도 특히 사물인터넷과 직결
- AI 반도체 제조공정 및 칩 시스템 R&D 프로젝트의 일환으로 2019년 1월 30일에는 국가 차원의 반도체 연구기관인 '대만 반도체 연구센터(Taiwan Semiconductor Research Institute, TSRI)'를 출범
    - 대만 반도체 연구센터는 기존 국가실험연구원 산하 칩 시스템 설계 센터(National Chip Implementation Center, CIC)와 나노 소자 실험실(National Nano Device Laboratories, NDL)을 합병한 기관으로 집적회로 설계, 칩 테이프아웃(tape-out), 반도체소자 제조공정 등을 종합적으로 연구개발하고 인재육성을 지원
- 대만 경제부는 대만이 세계적인 '반도체 첨단공정센터'로 부상하고 2030년 반도체 생산액이 5조 대만달러(2020년 3조 대만달러 돌파)에 도달하는 것을 목표로 소재·장비의 국산화를 지원해 나갈 방침임

---

15) National Integrated Circuit Industry Investment Fund
16) 대만 반도체 전략의 주요 내용과 전망 (KIEP 대외경제정책연구원, 2021.08.25.)
17) 센서 관련 소자·전자회로·시스템, 차세대 메모리 설계, 인지 컴퓨팅 및 AI 칩, 사물인터넷 시스템·보안, 자율주행차·AR/VR 관련 소자·전자회로·시스템, 반도체 제조공정·재료·소자 관련 신기술

☐ 대만의 반도체 전략은 반도체 산업의 △제조기반 강화 △기술 및 핵심 장비·소재 경쟁력 강화 △고급 인재의 안정적 확보를 통해 기존의 강점을 유지·발전시키고 새로운 기술의 우위를 선제적으로 확보하는 데 중점을 두고 있음

- 2021년 4월 대만행정원은 반도체 제조, 인재, 기술 및 자원 등의 3가지 측면을 중심으로 자주적 반도체 생태계를 구축하여 국제 경쟁력 유지와 제고를 촉진하는 전략 방향을 다시 한 번 표명

☐ 대만의 제조기반 강화를 위해서 반도체 클러스터 확장 및 연계, 첨단 기업의 리쇼어링 촉진 전략을 진행함

- 3대 반도체 클러스터[18]를 중심으로 전문적 분업 구조와 안정적 연구개발 생태계를 조성하여 반도체 제조공정 기반을 더욱 강화함으로써 글로벌 수준의 선진 제조공정 허브로 발돋움하고자 함
  - 반도체 산업의 제조기반 경쟁력 강화와 투자유치 확대를 위해 과학단지의 확장 및 신설, 산업 클러스터 간 연계를 추진할 계획
  - 2030년까지 반도체 소재 클러스터를 대만 남부 지역에 조성하여 소재 및 석유화학 산업의 고용 확대와 연구개발의 업그레이드를 추진 예정
- 제도적 우대혜택을 통해 첨단 분야의 기술 및 장비를 보유한 대만기업의 리쇼어링을 적극 지원하여 핵심 제조 장비 및 소재의 해외 의존도 축소와 반도체 공급의 자급률 제고를 도모

☐ 대만의 기술 및 핵심 장비·소재 경쟁력 강화를 위해 반도체 제조 분야의 기술우위를 유지하는 한편 핵심 장비·소재 기술 영역의 도약을 통해 전략 자원 및 기술의 국산화를 추진하고, 선진 제조공정의 생태계를 주도적으로 구축하고자 함

- 대만 반도체 산업이 2030년까지 1나노(nm) 웨이퍼 제조공정 진입 목표를 달성해 글로벌 반도체 산업 사슬에서 대만이 차지하는 핵심 위치를 공고히 하고, 글로벌 반도체 산업의 새로운 영역을 선도하기 위한 경쟁력 확보방안을 지속적으로 마련

☐ 과학기술 산업의 국제 경쟁에서 우위를 차지하기 위해서는 전문 인력의 양성 및 확보가 중요하다는 판단 하에 대만정부는 산학 연계의 국내 디지털 인재 육성과 국제 핵심 인재 유치 확대를 추진하고 있음

- 최근 대만정부는 매년 1만 명의 신규 반도체 인재를 확보함으로써 반도체 인력 부족 문제를 안정적으로 관리하겠다는 목표 제시

☐ 일본으로부터의 기술이전을 통해 세계 1위 LCD 생산국으로 부상

- 일본의 도시바, 샤프 등은 대만의 한스타, 치메이 등으로 LCD 생산 기술을 일부 이전

☐ 대만은 정부 주도적 산업생태계를 구축하고 첨단 반도체산업에 대한 이니셔티브 제공

- 대만 정부는 신주산업단지를 조성하고, 기업에 대한 세재혜택 및 해외우수인력을 유입하기 위한 인센티브 부여

---

18) 1980년 신주과학단지(新竹科學園區)를 시작으로 북부(신주), 중부, 남부에 걸쳐 조성된 대만의 3대 반도체 산업 클러스터는 세제 지원 및 연구개발 보조 등 정부 우대혜택을 토대로 성장해 대만 반도체 산업 발전에 중요한 역할 담당

(5) 유럽[19]

☐ 유럽에서는 'FlexiDis' 프로젝트를 통해 캠브리지 대학, 독일의 슈투트가르트 대학, 노키아 연구소, 필립스 연구센터, 프랑스의 톰슨 및 ST 마이크로 일렉트로닉스 등에서 플렉시블 디스플레이 기술 개발 중

- 2014-2020 기간에 제7 Framework Program으로 Horizon 2020 추진
- 홀로그램 등 미래원천기술 개발에 노력 집중, 그리고 3D 영상의 획득, 부호화, 전송, 디스플레이 등과 같이 다양한 프로젝트를 진행

☐ (유럽) 2030년까지 공공 민간투자 430억 유로(56조원) 지원 법안 논의 중

☐ (독일) 인텔 마그데부르크 공장에 8.9조원 지원(총 투자비 22조원의 40%), 총 투자비의 40% 일회성 보조금 지원

☐ 아시아 파운드리 업체들에 대한 의존도를 줄이기 위해 독일, 프랑스, 이탈리아, 네덜란드 등이 뜻을 모아 최대 500억 유로 투자 합의[20]

- 반도체 기업 투자금액의 20~40%를 보조금 형태로 지급할 예정

☐ 세계 최대 반도체 종합연구소인 IMEC[21]을 운영 중이며 기술경쟁 우위 확보를 위한 범유럽 공동연구 프로젝트 추진

- 벨기에에 위치한 비영리 기관으로 설계, 시제품 제작, 소량생산 등 고객사 맞춤형 기술 솔루션·서비스를 제공과 대학, 산업체를 위한 설계 교육훈련 등 수행
- 정부로부터 일부 운영 예산을 지원받고 있으나, 대부분 연구 프로젝트가 IIAP[22]를 통해 진행되므로 다른 연구소와 다르게 저비용 구조로 운영되는 것이 특징

☐ 반도체 산업 기술경쟁에서 우위를 확보하기 위해 범유럽 공동연구 프로젝트를 추진 중

- 주요 프로그램으로 Euro PAT-MASIP 프로젝트, Silicon Euorope 프로젝트, Europractice 프로그램 등 추진

---

19) 시스템반도체 (KISTEP 브리프 01, 2022.03)
20) 반도체산업 패러다임과 미래 세미나 보도자료 (전국경제인연합회, 2021.3.31)
21) IMEC(Interuniversity MicroElectronics Centre): 국제간 공동연구, 대학 간의 협력 연구 및 반도체 관련 교육 기능을 수행하며 시험검증 서비스를 제공하여 기술혁신을 선도
22) IIAP(International Industrial Affiliation Program): 대규모 연구비가 필요한 분야에 참여 기업들이 공동으로 비용을 부담하고, 각 기업의 연구원도 IMEC에 파견하여 연구과제를 국제기업 간 공동연구로 진행하는 프로그램. 대규모 투자

[범유럽 공동연구 프로젝트]

프로젝트	주요 내용
Euro PAT-MASIP	• '17년 유럽 9개국 28개 기업이 참여로 시작된 소재·부품·장비 분야의 산업 경쟁력 강화를 위한 R&D 사업
Silicon Euorope	• 유럽지역의 전자산업분야 2,000개 이상의 기업, 연구소 간의 생태계 구축 및 협력을 위한 대표적인 얼라이언스
Europractice	• '95년 이후, IMEC을 포함한 유럽지역 5개의 연구소를 통해 중소·중견 반도체 기업의 반도체IC 제작을 위한 기술, 장비, 자금을 지원(1.5조 원)

* 출처: 대만 반도체 전략의 주요 내용과 전망 (KIEP 대외경제정책연구원, 2021.08.25.)

(6) 일본[23]

☐ 경제안보법 발표

- 반도체 공급망 강화와 첨단기술 개발 및 보호 등을 목적으로 한 일본의 경제안보법은 참의원(상원) 본회의에서 가결되어, 법률 공포 등의 과정을 거쳐 내년부터 단계적으로 시행될 예정('22.5)

☐ 도요타·키옥시아·소니 등 반도체 연합법인 '라피더스' 설립[24]

- 자국 반도체 설립 기업에 보조금·라피더스에 7000억원 지원

☐ 해외 첨단 파운드리와 공동기술 개발 및 반도체 리쇼어링 지원 통해 제조기반 회복

☐ 일본은 차세대 연구개발을 위해 정부차원의 R&D 지원과 관리가 이루어지는 NEDO를 구축, 플렉시블 디스플레이 R&D 프로젝트를 운영

☐ 일본 정부는 글로벌 경쟁에서 살아남고 차세대 디스플레이 시장을 선점하기 위해 대규모 자금을 투입하여 중소형 패널 회사 통합 운영(JDC) 및 자회사 출범(JOLED)

☐ 경제산업성은 '반도체 전략'을 발표(2021.06.04.)한 데 이어, 6월 18일에는 스가(菅義偉) 내각이 반도체전략을 '성장전략'에 담아 각의 결정함

- 경제산업성은 민관합동의 '반도체·디지털산업 전략검토회의'를 개최하고, 일본의 반도체산업 경쟁력 강화 방안과 서플라이체인 안정화 관점에서 반도체전략 수립 논의(2021.03.24.)

☐ 일본의 반도체전략은 △첨단 반도체 양산체제 구축 △차세대 첨단 반도체의 설계·개발 강화 △반도체기술의 그린이노베이션 △국내 반도체 제조기반의 재생 △경제 안전 보장 관점에서의 국제전략 추진으로 구성됨

- 일본정부는 가장 큰 약점을 세계 유망의 파운드리 부재로 보고, 국내 반도체 소재·제조장치 산업의 강점과 결합하는 방식으로 외국의 첨단 파운드리를 유치하는 전략으로 방향 선회

- 일본정부는 외국 파운드리의 협력을 이끌어내어 세계에서 가장 많지만 대부분 노후화된 국내 반도체 생산설비를 현대화하고 신·증설한다는 방침

---

23) 일본의 반도체전략 특징과 시사점 (KIEP 대외경제정책연구원, 2021.07.02.)
24) 도요타 등 日기업 8곳, 첨단반도체 국산화 위해 회사 설립(한경산업신문, 2022.11.10.)

[일본정부의 국내 반도체 제조기반 재생·강화 대책]

대책	주요 내용
서플라이체인 강화 대책	• 정부 보조금을 활용하여 제조장치나 재료·소재를 포함한 반도체산업의 리쇼어링 지원 정책. 2020년 이후 총 5,168억 엔의 예산확보
로직 반도체의 하이엔드·미들엔드 공장 입지확보 지원	• 첨단 로직 반도체의 국내 제조기반의 확충과 관련하여 하이엔드는 물론 자동차·산업기계·가전 등에 사용되는 미들레인지에 대해서도 국내 입지확보 지원
기존 반도체 공장의 재생	• 반도체의 안정적 공급을 확보하기 위해 국내의 기존 공장을 쇄신·재생. MCU·메모리·센서·파워·아날로그 분야의 기존 공장의 개·보수나 파운드리 비즈니스의 집약에 의한 활성화
반도체분야 기술개발 목표 공유	• NEDO 기술전략연구센터(TSC)가 반도체, 재료·제조장치 기술전략을 수립하고 기술로드맵을 통해 산관학이 기술개발 목표를 공유

* 출처: 일본의 반도체전략 특징과 시사점 (KIEP 대외경제정책연구원, 2021.07.02.)
** 자료: 経済産業省(2021. 6), 「半導体戦略」, p. 37 및 経済産業省, 「サプライチェーン対策のための国内投資促進事業費補助金 (令和2年5月公募(先行審査分除く)) 採択事業者一覧」(20201120005-1.pdf(meti.go.jp), 검색일: 2021. 6. 14)

■ 또한 반도체 기술유출방지에 유념하면서 국제전략으로서 미국, 대만, 유럽 등 동맹국과 협력하여 이노베이션과 안정적 공급 확보 도모 계획

[일본정부의 경제안전보장 관련 국제전략]

전략	주요 내용
첨단기술의 'intelligence' 강화	• 반도체, 고성능컴퓨팅(HPC), 양자기술 분야에서 서플라이 체인의 'choke point' 기술을 특정하고, 보호·육성 정책 추진
수출관리·기술관리	• 외환법에 기초한 수출관리나 투자관리 외에도, '종합 이노베이션 전략 2020'을 바탕으로 반도체 등 중요기술에 대한 우위성·취약성을 파악하고, 기술 유출경로별 종합적 유출방지책 구축
'동료국'과의 산업정책 협력	• 미·일 서플라이체인·민감기술 협력: 반도체를 포함한 서플라이체인 및 민감기술의 육성·보호에 관해 협력 • 일·대만 산업협력 가교 프로젝트 교류 회의: 정기적으로 반도체 등에 관한 긴밀한 정보공유와 의견교환 실시 • 일·유럽 심포지엄: 유럽의 연구기관 및 반도체 업체와 함께 차세대 파워 반도체, 엣지 컴퓨팅, 3D 패키징 등을 주제로 한 심포지엄 개최 • GAMS 활용: 반도체산업에 대한 각국의 보조금 제도 등에 대한 정보를 공유하고, 무역을 왜곡하지 않고 투명하고 비차별적인 보조금제도가 정착되도록 논의 주도

* 출처: 일본의 반도체전략 특징과 시사점 (KIEP 대외경제정책연구원, 2021.07.02.)
** 자료: 経済産業省(2021. 6), 「半導体戦略」, p. 45를 바탕으로 작성

나. 시장동향 및 규모 예측

(1) 시장규모 및 전망

◎ 세계시장

☐ 세계 경제는 계속해서 신종 코로나 바이러스(COVID-19)의 영향에서 벗어나 서서히 활발해지고 있으며, 반도체 시장은 수요가 강화되었고 크게 성장

☐ 반도체 제조 장비 시장은 소비자 가전 수요가 증가함에 따라 점진적으로 성장할 것으로 예상
- 가전제품, 의료기기 및 센서 시스템 생산업체의 반도체 칩에 대한 수요 증가는 반도체 산업을 발전시키고 있음
- 중산층의 부상, 변화하는 라이프 스타일, 취향, 스마트 전자장치 사용에 대한 수요 증가는 모두 최근 몇 년 동안 가전 제품의 성장에 기여함. 이는 반도체 제조 장비 시장이 빠른 속도로 성장할 것임을 나타냄

☐ 세계 반도체 장비 시장의 규모는 2020년 679억 달러에서 2026년 773억 달러로 연평균 약 3%의 증가가 전망됨
- 전처리 장비가 2020년 25,606백만 달러에서 2026년 34,768백만 달러로 5.2%의 증가가 전망되며, 후처리 장비는 2020년 12,693백만 달러에서 2026년 21,739백만 달러로 9.1%의 상승이 예상됨. 반도체 생산라인(FAB Facility)의 투자 규모는 2020년 12,765백만 달러에서 2026년 18,643백만 달러로 6.5% 증대될 것으로 전망됨

[세계 반도체·디스플레이 장비 시장규모 및 전망]

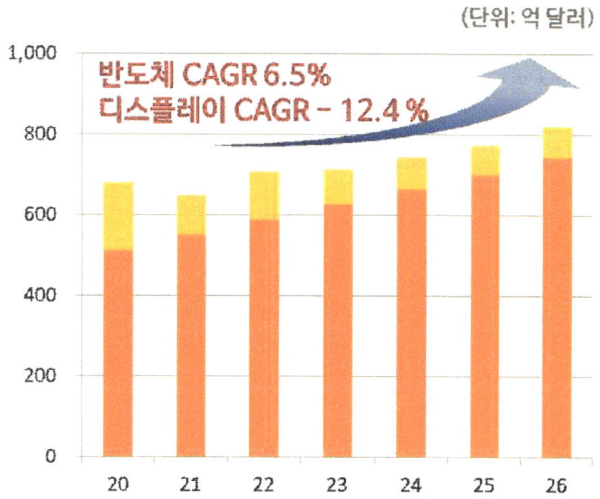

* 출처 MarketsandMarkets, 'Semiconductor Manufacturing Equipment Market, 2020 ,윕스재가공

[세계 반도체·디스플레이 장비 시장]

(단위: 억 달러, %)

구분	'20	'21	'22	'23	'24	'25	'26	CAGR
반도체 장비	510.64	549.80	587.97	625.60	662.42	701.52	743.61	6.5
디스플레이 장비	169.00	98.00	119.00	87.00	81.00	72.09	76.42	-12.4

출처 MarketsandMarkets, 'Semiconductor Manufacturing Equipment Market, 2020 ,윕스재가공

☐ 반도체 장비 산업 중 반도체 성능을 결정하는 전공정 장비의 비중이 70%를 차지하며, 후공정 장비는 전공정 장비 대비 진입장벽이 낮고 가격 경쟁력이 중요함

[반도체 공정 장비별 비중]

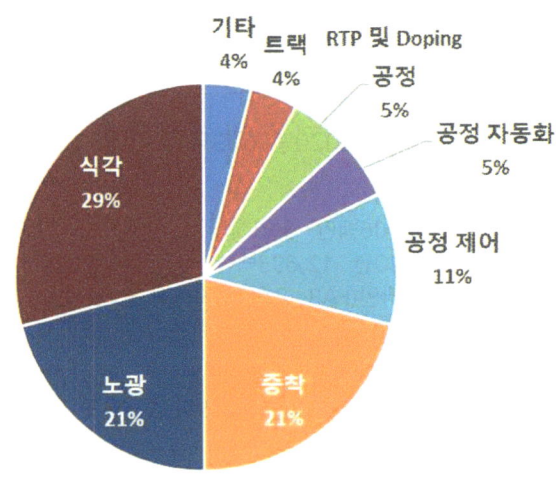

* 출처 : Gartner, 2020년 윕스 재가공

☐ 반도체 장비산업은 미국, 일본, 유럽기업이 기술력과 대형화를 통해 과점 구도를 형성[25]
- 세계시장 점유율('19)은 미국 44.7%, 일본 28.2%, 네덜란드 14.1% 순이며 한국은 3.6%를 점유

☐ 세계 디스플레이 장비 시장은 2022년 12,138백만 달러에서 2027년 8,034백만 달러로 연평균 -7.9%의 하락이 전망됨
- 대형 디스플레이 시장에서 메인을 차지하는 LCD 산업은 이미 성장기를 지나 성숙기로 접어들어 향후 투자액이 급격히 감소할 것으로 전망
- 중소형 OLED 역시 최근 가동률 저조 속에 큰 폭의 투자 규모 축소가 전망되며, 이에 따라 OLED도 중소형보다는 TV가 투자를 주도할 것으로 전망

---

25) 이슈보고서 - 반도체 장비·소재산업 동향(한국수출입은행, 2019)

[세계 디스플레이 장비 시장 전망]

(단위 : 억 달러, %)

구분		'20	'21	'22	'23	'24	'25	'26	CAGR
디스플레이 장비 시장	PI process	1.93	2.31	2.77	0.98	2.33	0.64	1.86	-16.6%
	TFT	42.18	50.57	60.64	25.81	57.59	27.23	29.36	-14.9%
	AMOLED FP	9.93	11.91	14.28	8.77	50.04	24.09	42.80	21.5%
	Touch on TFE	1.49	1.78	2.14	1.01	0.93	1.65	1.41	-28.1%
	Color Filter	9.72	11.65	13.97	5.81	9.23	5.39	5.23	-24.4%
	Cell+Module	19.18	23.00	27.58	12.79	26.57	13.08	13.41	-17.5%
	합계	84.43	101.22	121.31	55.17	146.69	72.08	94.07	-7.9%

* 출처 : 한국 디스플레이 산업 협회, 2022년 통계자료(OMDIA, KDIA자료), 윕스 재가공

☐ 세계 디스플레이 장비 시장은 삼성디스플레이와 중화권 패널 업체 중심으로 2027년에 8,034억 달러 규모 형성 전망

- 세계 디스플레이 장비 시장 전망에서 보여지는 것과 같이, LCD 투자가 급격히 감소하는 2022년을 기점으로 전체 디스플레이 장비 시장은 서서히 감소하고, OLED 중심의 새로운 공정장비로 재편될 전망(AMOLED만 CAGR 플러스 성장세를 보임)

☐ OLED 장비 시장은 한국 및 중국의 패널 업체들을 중심으로 중소형 플렉시블 OLED에 투자가 지속되고, LCD에는 투자가 대폭 감소

- 향후 OLED 장비 시장은 설비투자에 대한 수요확대와 LCD 장비 시장 잠식을 통해 꾸준한 성장세가 이어질 것으로 예상되며, 결과적으로 디스플레이 장비 시장은 OLED 장비 시장으로 재편될 전망

☐ 디스플레이 장비 국내외 시장 여건

- 디스플레이 제품은 경기변동에 민감한 소비재(TV, 컴퓨터, 노트북, 휴대폰 등)로, 장비 산업은 장비 수요 고객의 디스플레이 수요예측을 통한 투자계획에 따라 변동되고, 양산을 위한 투자와 제품생산 및 공급에 일정한 시간 타이밍이 존재함

☐ 최근 중국의 OLED 설비투자 확대로 국내 장비업체 수주 증가

- LCD 공급량 증가와 OLED 기술 발전에 따른 어플리케이션 확대로 디스플레이 산업은 고화질, 높은 색 재현성, 수율 증가 등 품질경쟁력 확보를 위한 기술개발 국면으로 전환 중

☐ 디스플레이 시장에서 중국은 LCD, OLED 등 디스플레이 산업에 지방정부의 보조금이 대폭 투입되어 디스플레이 장비 시장 역시 지속적으로 증가하였으나, LCD의 공급과잉 속에 투자 경쟁을 벌였던 중국 업체들이 최근 선별적 투자에 나서기 시작하면서 시장모가 급격히 축소

- 중국의 BOE[26]가 투자한 10.5세대 LCD 장비의 라인 셋업이 완료됨에 따라 LCD 장비 시장 성장
- OLED의 경우 중국 업체들의 중소형 OLED 패널 생산라인 투자가 2018년도부터 집중적으로 진행되었으나 현재까지 목표치 수율이 잡히지 않고 있으며, 추가적인 시설투자는 지연될 것으로 예상되어 디스플레이 장비 시장은 지속적으로 축소 예상

---

26) 중국, 세계최초 10.5세대 LCD 공장 가동, (아주경제, 2017.12.21.)

- 미국 디스플레이 전문 시장조사업체 DSCC는 세계 디스플레이 장비 투자 시장에서 '21년 이후 액정표시장치(LCD) 투자가 대폭 축소될 것으로 전망[27]
    - 중국이 최근 10.5세대와 8.6세대 중심으로 활발하게 LCD에 투자하고 있지만, 현재 투자하고 있는 설비 외에 새로운 투자가 발생하지 않을 것으로 전망

- 시장조사업체 DSCC 분석[28]에 따르면 2021~2023년 대형 OLED 장비 투자가 급격하게 줄고, 2024~2025년에는 잉크젯 OLED가 주도할 것으로 전망
    - 2024년의 대형 OLED 투자에서는 잉크젯 프린팅 방식 OLED가 15억 1900만 달러로 전체(20억1100만달러)의 76%를 차지하고, 2025년에는 잉크젯 프린팅 OLED가 전체의 100%에 이를 것으로 예상(잉크젯 프린팅 OLED는 중국 CSOT의 T8 프로젝트를 말함)

◎ 국내시장

[국내 반도체·디스플레이 장비 시장규모 및 전망]

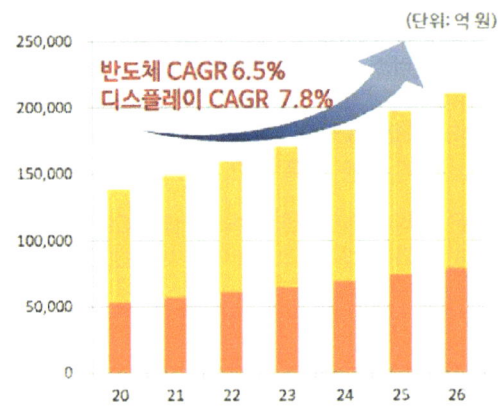

* 출처: MarketsandMarkets, 'Semiconductor Manufacturing Equipment Market, 2020 ,윕스재가공

[국내 반도체·디스플레이 장비 시장]

(단위: 억 달러, %)

구분	'20	'21	'22	'23	'24	'25	'26	CAGR
반도체 장비	85,160	91,904	98,860	105,987	114,368	123,414	131,683	6.5
디스플레이 장비	53,360	56,872	60,837	64,689	69,107	737,99	78,744	7.8

출처 MarketsandMarkets, 'Semiconductor Manufacturing Equipment Market, 2020 ,윕스재가공

- 국내 반도체 장비 시장은 연평균 6.5%, 디스플레이 장비시장은 7.8% 증가할 것으로 예상

---

27) DSCC "내년 中패널 업체 장비투자 25% 축소, 감산도 단행",(THEELEC, 2019.11.04.)
28) "대형 OLED 투자, 내년엔 '제로' 전망",(THEELEC, 2022.09.23.)

□ (반도체 장비 시장) 최근 반도체 설비투자 붐으로 장비 수입이 증가하여 수입 및 적자 폭 확대됨

- 2021년 기준 한국의 반도체장비 수입은 수출의 3.2배에 달하며 이에 따른 적자는 171억 달러[29]

[한국의 반도체 장비 수출입 추이]   [한국의 반도체 장비 적자의 품목별 분해]

* 출처 : TF25호, 한국무혁협회 K-stat 2022.11

주 : 웨이퍼(HS 848610), 전공정장비(848620), 후공정장비 (848640, 903082, 903141), 기타장비(848690)

□ 반도체 장비의 경우, 무역적자는 수출보다는 주로 수입 변동에 기인하는데, 이는 반도체 장비 수출은 변동성이 작은 반면, 수입은 연도별로 편차가 심한 특성을 보이기 때문

- 최근 5년 사이 반도체 장비 적자 폭이 가장 작았던 시기는 2019년으로, 메모리 반도체 불황으로 반도체 설비투자와 반도체장비 수입 수요가 동반 감소하여 적자 폭 일시 축소
- 2021년 반도체 호황에 따른 설비투자 급증으로 반도체 장비 수입이 역대 최대인 249.6억 달러에 육박하며 적자 확대를 주도
- 반도체 호황기에 반도체 장비 수입이 급증하는 현상은 한국 반도체 산업의 장비 수입 의존도가 높아 발생하는 구조적인 현상임

□ 한국은 반도체장비를 미국·일본·네덜란드로부터 수입하고, 중국·대만·싱가포르로 수출

- (수출) 2022.1~8월 한국은 51억 달러의 반도체장비를 수출하였으며 국가별로는 중국(22.6억 달러), 대만(6.9), 싱가포르(6.7) 등 아시아 지역으로의 수출이 우세
- 삼성전자 시안 2공장의 증설이 완료(2022.3월)되면서 한국의 대중국 반도체장비 수출은 다소둔화(지난 1~8월간 -17.3%)[11]되었으나 여전히 중국은 한국 반도체장비의 최대 수출시장임
- 모든 공정의 반도체장비 수출에서 중국은 한국의 최대 수출시장

---

[29] 2021년 반도체장비 수지(-170.7억 달러)는 관련 무역통계가 집계되기 시작한 1996년 이후 최대 규모 적자

[한국의 국가별 반도체 장비 수출 동향]

(단위: 억 달러)

국가	2018		2019		2020		2021		2022.1~8월	
	금액	비중	금액	비중	금액	비중	금액	비중	금액	비중
중국	25	49.0	32	56.9	34	55.7	43	54.6	23	44.3
대만	6	12.4	6	9.8	7	11.5	9	11.5	7	13.5
싱가포르	2	4.6	3	5.3	4	6.6	6	7.9	7	13.2
미국	6	11.7	5	8.5	6	9.6	7	8.3	5	10.2
일본	5	8.9	4	7.1	5	7.4	5	5.9	3	6.3
기타	7	13.5	7	12.4	6	9.1	9	11.8	6	12.4
합계	52	100	57	100	61	100	79	100	51	100

출처 : TF25호, 한국무역협회 K-stat 2022.11

- (수입) 2022.1~8월 한국의 반도체장비 수입은 161억 달러이고 국가별로는 미국(41.5억 달러), 일본(36.5), 네덜란드(36.4) 순으로 수입비중이 높음

- 미국·일본·네덜란드 3국 수입 비중이 2018년 82.2%를 기록한 이후 매년 하락하고 있지만 2021년 기준 77.5%로 여전히 압도적

  * 각국의 對일·미·네 반도체장비 수입 의존도('21, %): (한국) 77.5 (대만) 70.6 (중국) 56.2

- 공정별로 수입 비중을 살펴보면 웨이퍼 장비는 일본(69.2%), 전공정장비는 네덜란드(35%), 후공정 장비는 미국·일본, 기타 장비는 미국(29.9%)에서 가장 많이 수입하는 것으로 나타남

- 주요 반도체 장비 수입국이 미국 및 동맹국에 편중되어있음을 감안하면 한국은 미국·일본과 함께 반도체 동맹(Chip4) 참여를 통한 안정적인 반도체 장비 공급선 확보가 필요

[한국의 국가별 반도체 장비 수입 동향]

(단위: 억 달러)

국가	2018		2019		2020		2021		2022.1~8월	
	금액	비중	금액	비중	금액	비중	금액	비중	금액	비중
미국	48	26.0	31	30.7	46	27.4	67	26.9	42	25.8
일본	60	32.8	32	31.2	42	25.2	61	24.3	37	22.7
네덜란드	43	23.3	17	17.1	42	25.0	66	26.3	36	22.6
싱가포르	18	9.8	9	9.2	18	10.7	29	11.8	18	11.2
말레이시아	2	1.3	2	1.6	3	1.8	5	2.1	4	2.7
기타	13	6.8	10	10.2	16	9.7	21	8.6	24	14.8
합계	184	100	102	100	166	100	250	100	161	100

출처 : TF25호(한국무역협회 K-stat, 2022.11)

- 구성 비중 측면에서 반도체장비 수출은 공정별로 고른 비중을 보이지만 수입은 특정 공정에 편중
  - 반도체 장비 수출의 공정별 구성 비중을 살펴보면 전공정 장비·후공정 장비·기타장비 비중이 고른 편이지만 반도체 장비 수입에서는 전공정 장비가 전체 반도체 장비 수입의 절반 이상을 차지하는 편향된 구성을 보임

- (디스플레이 장비 시장) 20년 LCD 전성기 넘어 OLED로 대전환
  - LCD 공급 과잉을 야기한 중국 업체들이 대거 OLED로 뛰어들면서, LCD 패널 시장의 경쟁이 심화하고 수익성이 떨어져 OLED 방향으로 글로벌 대기업들이 투자에 나서기 시작
  - 기술 발달로 가격 떨어지고 화질 개선… 2026년 OLED 비중은 약 40% 육박하며, LCD 비중을 점차 잠식

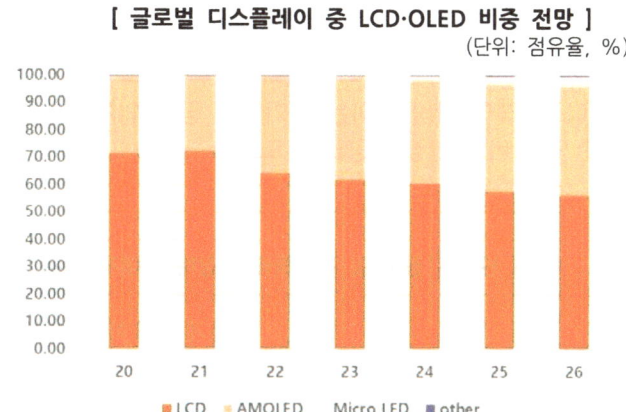

[글로벌 디스플레이 중 LCD·OLED 비중 전망]
(단위: 점유율, %)

* 출처 : 2022 디스플레이 시장통계(한국디스플레이산업협회, 2022), 윕스 재가공

[글로벌 디스플레이 중 LCD·OLED 비중]

(단위: 점유율 %)

구분	'20	'21	'22	'23	'24	'25	'26
LCD	71.40	72.2	64.3	61.7	60.4	57.5	56.2
AMOLED	28.20	27.3	35.1	37.5	37.7	39	39.7
Micro LED	0.00	0	0	0.2	1.3	2.8	3.4
other	0.40	0.5	0.6	0.6	0.6	0.6	0.7

* 출처 : 2022 디스플레이 시장통계(한국디스플레이산업협회, 2022)

- 한편, Flexible, Wearable Display 등의 개발은 LCD에서 OLED로 디스플레이 시장의 변화를 전망하며 3차원기술, 부착형 센서 등 다양한 형태로 발전될 것으로 예견되고 있어 향후 지속적인 시장의 확장과 성장을 예상
- LG디스플레이는 기존 LCD 공장을 OLED 공장으로 전환하는 한편 경기도 파주에 도입한 10.5세대 공장을 OLED용으로 짓는 등 사업의 구심점을 OLED로 잡았음
- LG디스플레이 10.5세대 생산라인에서는 65인치 이상 초대형 OLED를 중심으로 양산에 나설 계획이다. LG디스플레이라는 대형 OLED 공급자가 등장하자 TV 제조사들도 OLED로 속속 뛰어들고 있음

[LG·삼성 LCD 패널 공장 OLED로 전환]

(단위: %)

* 출처 : 월간중앙30)

☐ 우리나라의 반도체 제조 장비 시장은 2020년 128억 2000만 달러에서 연평균 성장률 8.9%로 증가하여, 2025년에는 196억 4000만 달러에 이를 것으로 전망됨

(2) 주요기업 동향

☐ 반도체 장비 및 디스플레이 장비 분야는 대기업과 장비 업체의 수직계열화를 통해 협력업체 경쟁력 강화 지원 및 장비의 안정적 공급을 도모

[반도체 장비 및 디스플레이 장비 생태계 이슈]

소분야	생태계 주요이슈
반도체·디스플레이 장비	• 반도체·디스플레이 장비는 대부분 주문생산방식으로 이루어지며, 고객은 필요한 장비의 종류, 규격, 수량 등을 사전에 제시하고, 고객의 요구 사양을 기준으로 설계, 제작합니다. 제작기간은 일반적으로 6개 월 이상 소요되며, 기본적인 사양은 동일하나 표준화, 규격화되어 계획생산 후 납품할 수 있는 것이 아닌 고객별, 공정별로 고객이 요구하는 사양을 기준으로 설계, 제작, 납품됨 • 고객은 핵심 원천기술을 지닌 공급자와 유기적인 협력을 통해 최종 제품을 생산하며, 공급자는 연구 인력 확보를 통한 연구개발, 보유기술력, 보안수준 등에 비교우위를 통해 공급업체의 지위를 획득 • 삼성전자, SK하이닉스, LG디스플레이, 삼성디스플레이 등 국내 소자 및 디스플레이 업체를 중심으로 대기업과 장비 업체의 수직계열화 구조 형성 • 국내 장비 업체들은 반도체 사이클의 잦은 경기 변동, 디스플레이 수요의 불확실성 등에 대비하기 위해 대부분 반도체, 디스플레이, LED, 태양광 장비산업 등을 병행하여 진출 • 반도체 및 디스플레이 장비 산업의 경우 기술장벽이 매우 높게 형성되어있고 장기간 기술개발 및 투자를 통해 시장에 진출할 수 있는 구조로, 중소기업들의 시장 진출이 쉽지 않은 상황이며 높은 진입장벽을 형성 • 국내 장비업체의 경우 국내 대기업 의존도가 매우 높으며, 대기업들의 기술유출에 대한 우려로 해외시장 진출이 쉽지 않은 실정

---

30) 빨라지는 TV의 세대 교체] 20년 LCD 전성기 넘어 OLED로 대전환(월간중앙, 2019. 11. 25.)

☐ 한국은 메모리반도체 강국이나 국내 장비·소재산업은 성장단계에 위치

- 한국은 2000년대 중반까지 반도체 장비·소재 대부분 수입에 의존했으며 반도체산업 성장에 따라 관련 제품 수입이 급증
- 산업 불균형 해소를 위한 정책적 지원, 국내 장비·소재기업의 기술개발 및 해외기업의 직접투자 증가로 국산화율은 점진적으로 제고됨
- 2022년 국산화에 총력전을 펼친지 3년 만의 성과(2019년 일본 수출 규제영향)로 국내기업인 동진세미켐의 감광액(포토레지스트, PR)을 삼성전자의 양산라인에 도입
- 원익IPS는 테라세미콘 인수를 통해 열처리장비 사업에 진출, 유진테크는 독일 Aixtron 증착장비 사업부 인수를 통해 기술 포트폴리오 다변화 추진

☐ 국내 장비·소재산업은 반도체 대기업을 중심으로 수직계열 구조를 형성

- 반도체 기업은 개발기간 단축, 기술유출 방지, 안정적 공급처 확보 등을 위해 국내 1차 협력사를 중심으로 수직계열 구조를 형성
- 삼성전자는 일부 장비·소재기업에 지분을 투자하고 공동 기술개발 등을 추진함. 자회사 세메스(장비), 삼성SDI(소재) 외에 원익IPS(7.54%), 동진쎄미켐(2.5%), 솔브레인(4.8%) 등에 지분을 투자함
- SK는 하이닉스 인수 후 반도체 소재·모듈을 5대 신성장 사업 중 하나로 선정하고 소재사업을 강화함. SKC(소재), SK실트론(구 LG실트론, 웨이퍼)과 SK머티리얼즈(구 OCI머티리얼즈, 가스) 인수, 일본 트리켐(프리커서), 쇼와덴코(식각가스)와 JV[31]를 설립함
- 반도체 산업의 수직계열화는 자동차 산업 보다는 관계가 약한 것으로 평가
- 반도체 기업은 반도체 공정 난이도 상승으로 협력사의 중요성이 커졌으나 국내에 기술력, R&D 여력이 있는 기업이 적은 점도 수직계열화를 추진하는 원인

[국내 반도체기업의 장비·소재 관계사 및 지분투자 현황]

구분	삼성전자	SK하이닉스
소재	· 삼성SDI · 삼성전기 · 삼성디스플레이	· SK실트론(웨이퍼) · SKC(CMP 패드) · SK머티리얼즈(가스) · SK트리켐(프리커서) · SK쇼와덴코(식각가스)
장비	· 자회사 : 세메스 · 지분투자 : 원익IPS(7.54%), 동진쎄미켐(2.5%), 솔브레인(4.8%)	-

* 출처 : 이슈보고서 - 반도체 장비·소재산업 동향(한국수출입은행, 2019)

☐ 국내 장비 기업들은 삼성전자, SK하이닉스 등 글로벌 소자 수요기업이 국내에 존재하여 내수 지향적인 산업 생태계를 형성하여 성장해왔지만, 핵심 장비의 개발 미흡으로 글로벌 시장 진출에 어려움이 존재

- 장비 개발에 있어서 삼성전자, 하이닉스 등 국내 글로벌 소자 기업의 요구사항이 비공개로 반영되어 기술유출에 대한 우려로 국내 장비 기업의 해외 시장 진출에 소극적 반응

---

31) Joint Venture : 합작투자/사업

◎ 반도체 장비 주요 플레이어

[반도체 제조공정별 국내외 주요 기업]

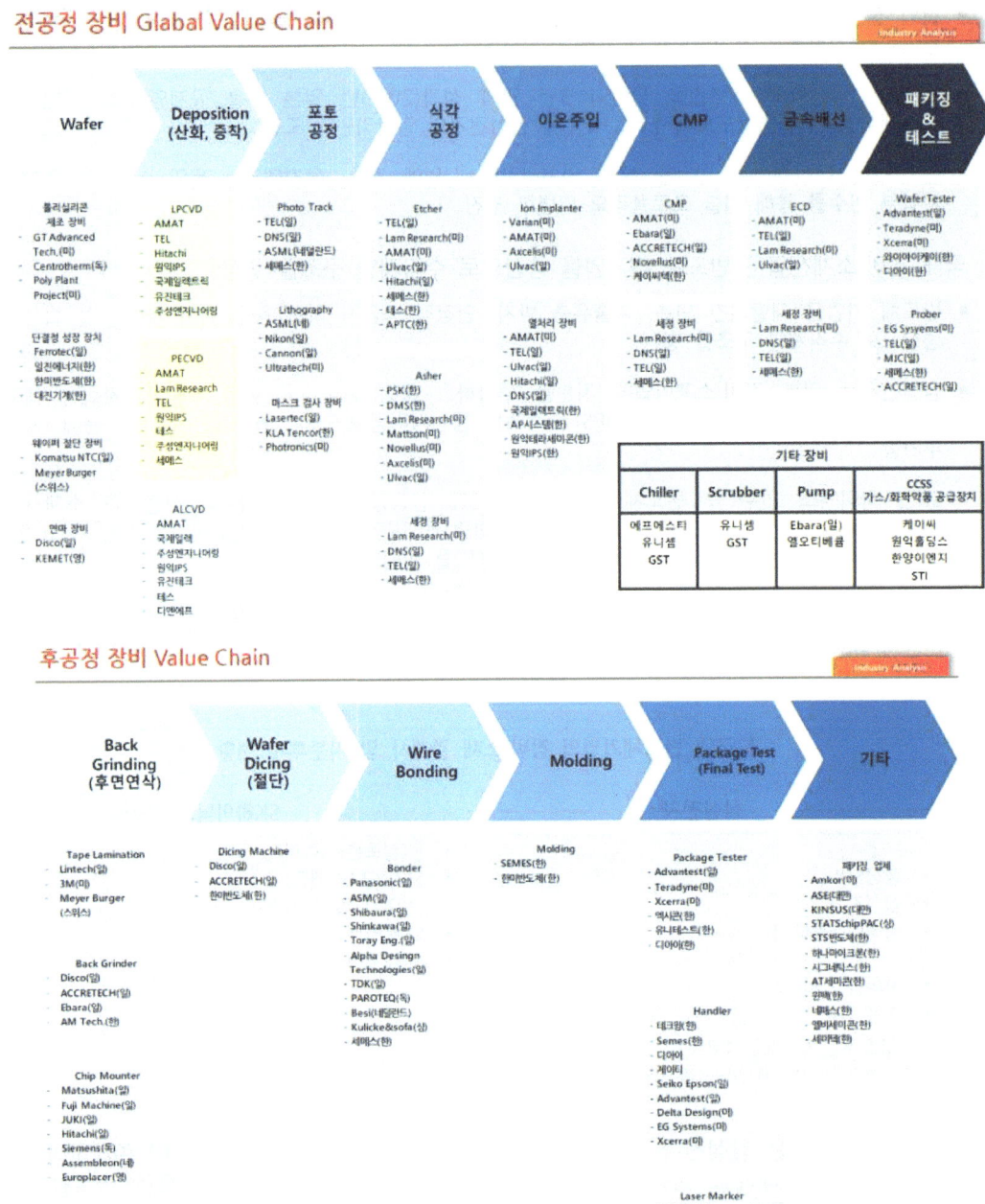

* 출처 : Foundry 산업의승자를가린다, FET WAR, (SK 증권 리포트, 2020.9)

- [ ] 글로벌 반도체 전공정 장비 시장은 미국, 유럽, 일본이 주도하고 있으며 한국 반도체 장비 업체들은 한국 반도체 소자업체들의 성장에 힘입어 기술경쟁력 및 외형 성장이 지속적으로 이루어지고는 있으나, 글로벌 Top 10 업체는 부재한 상황

- [ ] (AMAT, 미국) 반도체 제조 장비 시장의 핵심 기업 중 하나
  - 반도체 제조 장비 시장의 핵심 기업 중 하나이며, 새로운 칩과 첨단 디스플레이를 생산하는데 사용되는 엔지니링 솔루션을 제공하는 글로벌 기업이며, 차세대 Logic를 위한 Low k(~2.2) 장비를 개발 양산 판매 중
  - PVD 플랫폼은 진공상태로 구성된 9개의 공정 챔버로 구성되며, 온보드 계측이 내장되어 정밀한 측정을 통한 우수한 생산 수율을 실현
  - 2021년 전세계 반도체 장비 약 22%의 글로벌 시장 점유율을 가지고 있는 반도체 장비 회사임

- [ ] (ASM International, 네덜란드) 반도체 증착장비 부문에서 경쟁력을 갖춘 네덜란드의 대표기업
  - 3D Device에 강한 순수 Thermal ALD 장비 기술을 보유하고 있음
  - 에피택시 증착 공정 장비는 웨이퍼 표면에 실리콘(Si), 실리콘-저마늄(SiGe), 실리콘인광(SiP)등 실리콘 기반 화합물 증착하는 장비
  - 2021년 전세계 반도체 장비회사 매출에서 10위 2%의 점유율을 차지함

- [ ] (LAM Research, 미국) 반도체 제조 장비의 선두 기업 중 하나임
  - 다양한 증착장비를 보유하고 있음(ALD, CVD, HDP-CVD, PECVD, ECD, UVPT 등)
  - 최근 개발된 제품 센스아이는 컴팩트한 장비로 공간 절감을 50% 이상 줄이며, 장비의 고도화를 통한 특정 부품의 교환 시기를 자동으로 알려주는 장비를 출시 판매하고 있음
  - 2021년 전세계 반도체 장비회사 매출에서 3위 16%의 점유율을 차지함

- [ ] (Tokyo Electron, 일본) 반도체 생산 장비(SPE), 평면 패널 디스플레이(FPD)를 제조 및 공급하는 일본 국적 기업
  - 코팅, 에칭, 표면처리, 증착, 웨이퍼 세정, 테스트 장비를 하위 부문으로 포함하는 반도체 생산 장비 부문이 주요 사업 부문임

- [ ] (테스, 한국) 2002년 설립하여, 2008년 5월 코스닥 시장에 상장되었으며 창사 당시의 주력사업은 반도체 공정용 개조 장비로 전사 매출의 90% 이상을 차지
  - 반도체 제조에 필요한 전공정 장비를 생산하는 장비 제조업 뿐만 아니라 디스플레이, UVC LED등 장비 제조업을 영위하는 기업
  - 2022년 파운드리 공정에 쓰이는 가스페이즈에칭(GPE) 장비와 관련해 삼성전자의 퀄테스트를 최종 통과하여 기존 메모리 장비에 이어 파운드리(베미모리) 분야 매출 실현이 본격화될 것으로 전망

- ☐ (원익IPS, 한국) 2010년 반도체 증착장비 공급기업인 ㈜아토와 디스플레이용 식각장비 공급기업인 ㈜아이피에스가 합병하며 탄생했으며 반도체용 장비, 디스플레이 장비, 태양광 장비를 동시에 공급할 수 있는 능력을 보유
  - 원익홀딩스에서 인적분할되어 설립된 회사로써 반도체, 디스플레이 및 태양광 장비의 제조사업 부문을 담당하고 있다. 반도체 장비 사업 부문이 65% 정도 차지하고 있으며, 파운드리 증설 경쟁이 강화되고 있어 원익IPS에 대한 수혜는 계속 이어질 전망이다. 삼성전자/ 삼성디스플레이가 7%대 지분을 보유
  - 원익IPS의 주력 장비는 반도체 공정에 사용되는 플라즈마 화학 증착장비로 플라즈마를 이용하여 특정 소재를 웨이퍼에 증착시키는 장비이며 절연막 증착 장비 제품군을 다변화하여 장비를 공급
  - 차세대 D램 양산 본격화에 집중 대응하기 위한 R&D를 통해 중소형 올레드 패널과 대형 올레드 패널 생산장비 판매를 계획 중임

- ☐ (피에스케이, 한국) 반도체 설비에 들어가는 전공정 세정 장비[32] 장비 시장 점유율 35%에 달하는 1위 업체
  - 반도체 표면처리 장비 중 감광액 제거기(PR Strip)을 주력으로 생산하고 있는 반도체 전공정 장비 제조업체로, 대표 제품으로는 Dry Strip, Dry Cleaning 등이 있음
  - 최근 피에스케이는 식각 장비 중 하나인 '베벨 에처(경사면 식각장비)' 개발을 통해 국산화에 성공했으며, 국내 반도체 제조사와 공급 협의에 들어갔으며 기존 감광액 세정 장비에 이어 반도체 식각 분야로 사업을 확대하는 계기를 마련
  - 반도체 세정공정 장비인 드라이 스트립 장비와 클리닝 장비 해외 수주에 잇따라 성공

- ☐ (케이씨텍, 한국) 반도체 및 디스플레이 공정에 사용되는 전공정 장비 및 소모성 재료의 제조 및 판매를 주력사업으로 하는 기업
  - 반도체 전공정 장비회사이자 소재회사이면서 디스플레이 회사로도 볼 수 있으며, 반도체 부문이 총 매출의 60%정도를 차지하고 있어 반도체 사업 비중이 큰 편이라고 볼 수 있음
  - 케이씨텍의 주 고객은 삼성전자와 SK하이닉스로, 삼성전자는 케이씨텍에 직접 투자

- ☐ (세메스, 한국) 삼성전자의 장비 자회사로, 2021년 사상 처음 연 매출 3조원 대를 기록했으며, 세계 전공정 반도체 장비 업체 순위에서 6위를 기록(가트너)
  - 세메스는 반도체 전공정 중 세정, 코팅-현상, 식각 장비 등을 주력하고 있으며, 특히 경쟁이 치열한 식각 공정 장비에서 두각을 나타내는 것으로 알려져 있음

- ☐ (주성엔지니어링, 한국) 반도체 및 디스플레이 공정의 핵심 장비에 해당되는 증착장비를 공급하는 기업으로 반도체 및 디스플레이 증착장비의 매출 비중이 90% 이상
  - 시스템반도체 공정에 특화한 원자층 증착장비(ALD)를 개발해 비메모리 반도체에 공급했으며, 메모리반도체 장비 위주의 사업구조를 비메모리반도체(시스템반도체) 장비로까지 확장하려는 계획을 수립

---

[32] Dry Strip

- ☐ (AP시스템, 한국) 플라스마응용기술, 레이저응용기술, 열처리기술, 모듈기술을 기반으로 디스플레이 및 반도체 제조 공정의 핵심 장비를 개발하는 기업으로 엑시머 레이저[33]를 조사하여 어닐링 하는 장비를 개발
    - 플라즈마 기술을 응용한 후공정 범프 스퍼터, 팬아웃-패널레벨 패키지 스퍼터 장비 등을 고객사에 공급중이며, '30년까지 반도체 장비 사업을 3000억원 규모로 늘릴 예정임

- ☐ (한미반도체, 한국) 비전 플레이스먼트[34]와 전자파차폐(EMI) 장비이며 비전 플레이스먼트는 웨이퍼에서 절단된 반도체 패키지의 세척, 건조, 검사, 선별 공정을 수행하며 세계 점유율 1위를 확보

- ☐ (이오테크닉스, 한국) 레이저를 활용한 반도체 웨이퍼 절단 장비를 개발한 데 이어 홈을 내는 레이저 그루빙 장비, 구멍을 내는 레이저드릴 장비 등 반도체 제조공정에 사용하는 레이저 장비 제품군을 확대
    - 반도체와 디스플레이 등의 제조공정에 사용하는 레이저와 장비를 지속해서 개발해 레이저 산업 전 영역을 아우르는 '토털 레이저 솔루션' 공급업체로 도약
    - 반도체 웨이퍼, 반도체 패키징, 패널, 인쇄회로기판(PCB), 유기발광다이오드(OLED) 등에 응용 할 수 있는 제품을 선보이며 다양한 분야를 아우르는 레이저 장비 라인업을 보유하고 있고, 매년 매출의 10%를 연구개발에 투자

- ☐ (시그네틱스, 한국) 1966년 설립된 반도체 패키징 전문 기업
    - 주요 거래처는 삼성전자, 하이닉스반도체 등 반도체 제조기업이며, 반도체 업체들의 수급 개선 및 모바일 수요 확대에 따른 패키지, 테스트 아웃소싱 확대 및 멀티칩 패키지 등의 고부가가치 패키지 증가로 지속적인 성장이 전망

- ☐ (유니테스트, 한국) 2000년 설립된 반도체 검사 장비를 전문으로 개발, 생산하는 업체로서 메모리 모듈 테스터 및 메모리 컴포넌트 테스터를 국내업계 최초로 개발 완료 및 상용화해 반도체 장비의 국산화를 주도

- ☐ (하나마이크론, 한국) 2001년에 설립되어 2005년 코스닥 시장에 상장한 회사로 메모리 반도체 후공정 전문 기업으로 출발하였으며 비메모리 매출 비중이 점차적 증가하여 패키징 매출의 30%를 상회
    - 초기에는 플립칩[35] 패키징 중심으로 비메모리 반도체 매출 확대에 노력하였으나 해당 분야 업체 간 경쟁이 심화되어 최근에는 플립칩 보다 경쟁이 덜한 비메모리 분야에 주력

---

33) Excimer Laser
34) Vision Placement
35) Flip Chip

◎ 디스플레이 장비 주요 플레이어

[삼성디스플레이의 OLED 장비 밸류 체인]

주요 공정	세부 공정	장비/소재	삼성디스플레이 협력사
기판	PI Varnish PI Curing	Varnish PIC 장비	내재화(삼성-UBE), 원익 IPS
TFT	열처리		원익 IPS, 비아트론
	ELA		AP시스템
	세정	Wet/Dry	DMS, 케이씨텍, F&S Tech
	증착	PECVD Sputter	AKT, 원인 IPS, 이루자
	노광	Scanner Coater	Nikon, Canon, 케이씨텍, 세메스, STI
	식각	Dry Etcher Asher	아이씨디, 원익 IPS, 아이씨디
		Wet Etcher Asher	케이씨텍, 세메스, F&S Tech
		식각액	동진쎄미켐, 이엔에프테크, 솔브레인
	박리(소재)	박리액	동진쎄미켐, 이엔에프테크
		특수가스	효성, SK머티, Versum, 원익머티
	검사	AOI 등	HB테크놀로지, Orbotech
유기물증착	증착	Evaporator HIL/HTL	Canon, Tokki, idemitsu, kosan, 두산, DSNL
		Red Green	덕산네오룩스, DOW, 삼성SDI, UDC, 두산, NSSC
		BLUE ETL/EIL	idemitsu, kosan, SFC, DOW, 삼성 SDI, LG화학, 두산
	MASK	인장기 Mask	힘스, DNP, 웨이브일렉트로 디바이스이엔지
		Mask 세정	
OLED 봉지	봉지	봉지장비	AMAT, 원익 IPS, Kateeva, AP시스템
Laser Lift Off	LLO	LLO 장비	AP시스템
Base Film Cutting	Base Film	필름	SKC코오롱PI
	Cell-Cutting	Cutting 장비	이오테크닉스, 필옵틱스
Lamination	Lamination	Lami 장비	톱텍, 제이스텍, 에스에프에이
	Polarizer Cutting	Cutting 장비	이오테크닉스, 제이스텍, 필옵틱스
PCB	PCB Bonding	Bonding 장비 DDI	제이스텍, 파인텍, 삼성전자, 시스템 LSI
		FPCB FCCL	비에이치, 인터플렉스 등 이녹스첨단소재
		PI필름	SKC코오롱PI
기타 공정	물류	물류장비	에스에프에이, 톱텍

* 출처 : 혁신성장동력 신규분야 세부기획연구, 2019

[LG 디스플레이의 OLED 장비 밸류 체인]

주요 공정	세부 공정	장비/소재	LG 디스플레이 협력사
기판	PI Varnish PI Curing	Varnish PIC 장비	SKC코오롱 PI 비아트론
TFT		열처리	비아트론, koyo
		ELA	JSW
	세정	Wet/Dry	DMS, 케이씨텍
	증착	PECVD Sputter	AKT, 주성엔지니어링, 아바코
	노광	Scanner Coater	Nikon, Canon, DMS
	식각	Dry Etcher Asher	인베니아, 아이씨디, TEL
		Wet Etcher Asher	DMS, 에스티아이
		식각액	동진쎄미켐, 이엔에프테크, 솔브레인
	박리(소재)	박리액	동진쎄미켐, 이엔에프테크
		특수가스	효성, SK머티, Versum, 원익머티
	검사	AOI 등	Orbotech
유기물 증착	증착	Evaporator HIL/HTL	YAS, Canon, Tokki, 선익시스템, idemitsu, kosan
		Red Green	LG화학, DOW, idemitsu, kosan, LG화학, 희성금속
		BLUE ETL/EIL	idemitsu, kosan, DOW, LG화학, 희성금속
	MASK	인장기 Mask Mask 세정	한송네오텍, 케이피에스, DNP
OLED 봉지	봉지	봉지장비	케이씨텍
Laser Lift Off	LLO	LLO 장비	주성엔지니어링, AMAT
Base Film	Base Film	필름	이오테크닉스
Cutting	Cell-Cutting	Cutting 장비	SKC 코오롱 PI
Lamination	Lamination	Lami 장비	이오테크닉스, 필옵틱스, 엘아이에스
	Polarizer Cutting	Cutting 장비	베셀, LG전자 PRI
PCB	PCB Bonding	Bonding 장비 DDI	이오테크닉스, 제이스텍, 필옵틱스
		FPCB FCCL	LG전자PRI, 실리콘웍스
		PI필름	비에이치, 인터플렉스, 이녹스첨단소재
기타 공정	물류	물류장비	SKC 코오롱 PI

* 출처 : 혁신성자동력 신규분야 세부기획연구, 2019

- ☐ (Trumpf, 한국) 레이저 가공 장비의 전반적인 제품을 제공하는 글로벌 주요기업
  - 건식 레이저 클리닝 제품을 판매하고 있으며, 응용 분야로 CFRP 부품의 섬유 복합소재의 세정, 트라이포드 클리닝, 녹 제거, 타이어 주형 레이저 클리닝 등이 있음

- ☐ (Scanlab, 미국) 레이저 응용 모듈 주력의 글로벌 major 기업
  - 기계 및 금속의 녹 제거, 용접선 세정, 기름 제거, 페인트 제거 등의 어플리케이션에 사용
  - 오염 물질을 직접 태워 제거하는 방식으로 base material의 손상 발생 가능
  - 선택적 파장 흡수에 의한 제거 방식으로 오염원과 모재가 서로 다른 이종으로 디자인

- ☐ (JEZ-laserclean, 독일) 200W, 500W, 1500W 등의 레이저 클리닝 장비 공급
  - 주요 응용분야로 알루미늄 휠 금형 세정, 타이어 금형 세정, 녹 제거, 사출 금형 세정, 용접 비드 세정, 항공기 날개 금형 세정, 리튬 배터리 양극 탭 세정 등
  - 반도체 레이저 세정 장비로 웨이퍼 생산의 흑연 세정, PVD 코팅 세정 등에 응용할 수 있는 장비 공급. 200W, 300W 의 1064nm 파장의 나노초 파이버레이저로 구성

- ☐ (디바이스이엔지, 한국) 2002년에 설립된 세정 장비 전문기업으로 2017년 코스닥 시장 상장
  - 오염제어기술을 기반으로 OLED 증착 공정에 사용되는 FMM(Fine Metal Mask) 세정 장비와 반도체 FOUP(Front Open Unified Pod) 오염제거 장비 공급을 주력으로 사업을 영위
  - 디스플레이와 반도체 공정 장비에서 세정 장비라는 니치 마켓을 공략한 강력한 기업으로 디스플레이 분야에서는 독점적 상황이며, 반도체 세정 장비에서는 신규 진출로 점유율을 높이고 있는 기업
  - 삼성디스플레이에 파인메탈마스크(FMM) 세정 장비를 공급
  - 그 외 중국 BOE를 비롯한 대형 디스플레이 업체에 세정 장비 공급망 구축

- ☐ (유니팩, 한국) CO_2 세정기, 레이저 세정기, 하이브리드 세정기 장비를 공급하는 업체
  - 미세한 부유성 이물부터 강력한 고착성 이물까지 별도의 공정 추가 없이 한번에 제거가 가능한 레이저와 CO_2 세정기술을 결합한 하이브리드 세정 시스템 개발
  - 주요 응용분야로 금속, 플라스틱, 세라믹, 유리 등의 녹, 먼지, 산화물, 오일 등의 오염 제거

- ☐ (에이아이코리아, 한국) 반도체 장비에 필요한 정밀 특수 부품을 가공하고 반도체 & 디스플레이 건식 비접촉 세정 장비를 제조하는 기업
  - 기존 반도체나 LCD, OLED에 화학약품을 통한 습식 세정 공정이 주를 이루는데 OLED의 경우 수분과 고온에 취약해 불량 화소나 접합 불량이 발생하는 등의 문제를 저온 바람을 불어 불순물을 날리는 건식세정 공정개발을 통해 성장
  - 2018년 0.5㎛ 입자 제거 가능한 초음파 건식 세정기 개발

☐ (디엠에스, 한국) 세정 부문 1위 글로벌 기업으로 디스플레이 세정, 현상, 식각, 박리 장비 등이 주력 제품

- 고집적 세정장비(HDC)는 우수 제품으로 시장점유율 70% 내외를 차지하며 17년 연속 1위

- 주요 고객사는 LG 디스플레이, 중국 BOE, CSOT, HKC, 티엔마, 비전옥스, 대만 AUO, 폭스콘, 일본 샤프 등이 있음

☐ (케이씨텍, 한국) 반도체 & 디스플레이 장비 제조사로 OLED를 세정, 현상하는 등 습식 장비 보유

- 디스플레이 사업부문에 세정 공정용 장비 'Wet Station' 과 도포 공저용 'Coater' 등이 주력

☐ (CTS, 한국) LCD, OLED, FILM 등 디스플레이 세정을 위한 비접촉 건식 초음파 세정기 연구, 개발, 생산하는 기업으로, 대형 및 소형 건식 초음파 세정기 주력

- 주요 거래처로 삼성디스플레이, 삼성전기. LG디스플레이, BOE, CSOT, HKC, TIANMA, EDO, VISIONOX 등

☐ (풍원정밀, 한국) 파인 에탈 마스크 표면에 나노쉴딩을 형성시켜 OLED 증착단계에서부터 유기물의 부착력을 약화시키고, 물만으로도 파인메탈마스크를 손쉽게 세정할 수 있는 신기능성 파인메탈마스크 공동개발

◎ **반도체·디스플레이 장비 국내 스타트업**[36]

☐ (이솔) 국내 반도체 펠리클 업체인 FST 자회사인 이솔은 삼성전자 반도체 사업부 출신인 김병국 대표가 지난 2018년 설립한 회사로, EUV 공정에 필요한 다양한 솔루션과 장비를 개발하며, EUV 펠리클 투과율을 검사하는 장비(EPTR)을 처음으로 상용화하고 삼성전자 EUV라인에 납품

☐ ((주)라드피온) 핵과학기반 이온주입 기술을 보유한 기업으로, 반도체 공정부품의 표면 전기 전도도를 균일하게 낮추어 정전기를 제거하는 기술을 가지고 있으며, 21년 에인포뱅크 아이엑셀이 결성한 개인투자 조합 2호 펀드에서 2억원 규모 투자를 유치

☐ (프레임웍스) 정밀측정 기술이 탑재된 초정밀 디스플레이 패널 가공장비를 개발하여, 세계 오엘이디(OLED), 마이크로 엘이디 티브이(LED TV) 시장에서 독보적 경쟁력을 갖출 가능성이 있는 회사

[2020~2023 소재·부품·장비 스타트업 100 선정기업]

기업명	기업명
이솔	프레임 웍스 주식회사
주식회사 아이코어	㈜위드멤스
앨엔디전자(주)	엘앤디전자(주)
아이코어	라드피온

* 출처: 중소벤처기업부 보도자료_소부장 스타트업 100(2020,2021,2022),

---

36) 중소벤처기업부 보도자료_소부장 스타트업 100(2020,2021,2022)

다. 기술 동향

(1) 기술개발 동향[37]

◎ 반도체 산업 기술개발 동향

☐ 반도체 에너지 효율 증대

- 인터넷에 연결된 사물의 수가 폭발적으로 증가함에 따라 수집된 빅데이터의 분석, 판단, 추론을 위한 프로세서 및 저장 장치의 성능 및 에너지 효율의 개선이 절실히 요구되는 추세

- (에너지 효율화) 전력 소모를 최소화하면서 성능은 유지하는 방향으로 기술의 진보화-3D 형태의 적층형반도체 상용화하는 방향으로 기술 전환

- (초저전력) IoT수가 급격하게 증가함에 따라 수집된 빅데이터의 분석, 판단, 추론 하기 위한 프로세서 및 저장 장치의 성능 및 에너지 효율을 개선이 절실히 요구

- 빅데이터를 처리하는 데이터 센터에서는 성능은 유지하면서 전력 소모를 줄여 유지 보수비용을 최소화하는 추세며, 이를 위한 메모리 반도체의 미세화 및 차세대 메모리 소자의 개발이 필요

- 미세화의 한계에 점차 다가감에 따라 3D 형태의 적층형 반도체를 상용화하고 있는 추세이며 삼성전자, SK하이닉스 등이 시장을 주도

- 에너지 효율성 개선을 위한 미세화 및 3D 반도체를 제작하기 위한 반도체 공정장비 기술에 대한 관심이 고조

☐ 고해상도·고집적화·대면적화

- (대면적화) OLED 기술은 고휘도, 고색순도화등 고화질을 위한 대형 TV 기술로 발전

- (정밀한 증착) 기판과 FMM(Final Metal Mask)정밀 정렬, 증착물질의균일한 증발 기술 개발

- (원자층 증착기) 박막 봉지 기술에 신기술 적용을 통해 투습성 향상 및 박막두께 조절 특성 향상

☐ 3D 제조의 고품질화

- (미세패턴화) 미세 페턴화를 구현하는 ALE를활용한 식각공정 기술

- (고정밀증착) 3D 증착장비 관련 기술과 3D 반도체의 저온 증착 공정장비 기술 개발

---

37) 시스템반도체 (KISTEP 브리프 01, 2022.03)

◎ 디스플레이 산업 기술개발 동향

☐ (대형 증착기) 8G급 White OLED TV 생산을 위한 증착기의 경우 국내 기업이 기술적 우위를 점하고 있지만 그 기술 격차는 1년 미만일 것으로 판단

- OLED TV 시장은 Mobile Display에 비해 상대적으로 시장 형성이 미흡한 상태이며, 현재 한국의 LG 디스플레이가 유일하게 생산 중
- BOE, CSOT 등 중국 업체들의 경우 White OLED와 잉크젯 프린팅 방식으로 제작하는 OLED TV에 대한 개발을 병행

☐ (중소형 OLED 증착기) OLED 증착기의 핵심요소 기술은 2가지로 기판과 FMM을 정밀하게 정렬하는 Align기술과 증착물질을 균일하고 안정적으로 증발시키는 증발원 기술

- 현재 양산되고 있는 증착기는 기판 처짐 등에 의한 문제로 6세대 2분할 크기가 최대이며 증발원이 구현하는 최대 해상도는 약 300ppi 수준

☐ (원자층 증착기) 기존 OLED 봉지 기술인 PECVD 기반의 봉지 박막 기술의 한계점을 극복하기 위해 최근 원자층 증착법이 박막 봉지 기술에서 주목받는 추세

- ALD는 양질의 박막을 매우 얇게 두께 조절이 가능하며, 매우 우수한 도포성을 갖고 있다는 점이 증착방식으로써 큰 경쟁력으로 작용
- 양질의 막질과 우수한 도포성은 기존 CVD보다 결함이 적기 때문에 얇은 두께로 우수한 투습 성능을 구현 할 수 있으며, 얇은 두께로 인하여 기계적 유연성이 우수
- 다양한 조성이 원자층 수준에서 쉽게 조절이 가능하기 때문에 박막 봉지 시 조성변화 및 단일층 내에서도 다양한 조성농도 변화도 유도가 가능하여 재료 선택 한계를 극복할 수 있는 장점을 보유
- ALD 박막 봉지막 기술은 OLED의 장수명 신뢰성 확보의 핵심 기술로 중소형 패널 검증을 거쳐 TV 등 대형 패널에도 빠르게 적용 범위가 확대되어 대형 TV 패널에도 적용될 전망

☐ (잉크젯) 8G급 이상의 OLED TV 생산을 위한 잉크젯 장비의 경우 Kateeva, TEL 등 일부 해외 업체들이 독점적으로 판매 중

☐ (One Stage 복합 측정 검사기) 진공 챔버에서 복합적인 검사를 수행하기 때문에 검사방법의 제약이 많고, 고도의 기술이 요구되며 LCD 제작 공정에서는 단위 장비로 각각 검사가 진행. 현재까지 알려져 있는 해외 개발기업은 없는 것으로 조사

☐ (Full Contact OLED 검사장비) TFT Array 검사 중 미세 전류, 전압의 측정 장비로써 One Stage 복합 측정 검사기와 마찬가지로 플렉서블 시장이 활성화됨에 따라 검사장비의 중요성이 부각될 것으로 예상

3. 품목로드맵

가. 품목로드맵 구축 절차

전략품목 후보 도출	전략품목 후보평가 및 품목로드맵 기획	전략품목 및 품목로드맵 확정
• 기술수요조사 분석결과 (대국민, 중소기업, 수요처) • 중기 R&D 신청과제 분석결과 • 타부처, 메가트렌드 기반 발굴품목 • 재밍(Jamming) • 공공수요품목(혁신조달) • 전문가 추천 • 기존 전략품목	• 분야별 전문가위원회 평가 • 분야별 전문위원회 검토회의 및 품목로드맵 기획	• 총괄위원단 사전검토 • 로드맵 총괄위원회를 통한 품목로드맵 및 전략품목 확정

☐ 전략품목 후보 도출

- (중소기업 기술수요) 총 3,514건의 기술수요를 수렴하여 전문가가 과제명, 개발 목표 및 내용 검토를 통해 전략품목 후보 도출

- (수요처 기술수요) 대기업이 중소기업에게 구매할 의사가 있다고 응답한 기술수요를 바탕으로 전략품목 후보 도출

- (대국민 기술수요) 로드맵 홈페이지를 통한 대국민 대상 기술수요를 파악하여 전략품목 후보 도출

- (국가추진전략) 최근 3년간 정부부처에서 발표한 정책자료 및 타부처 로드맵을 분석하여 향후 정부 주도로 연구개발을 추진할 것으로 기대되는 전략품목 후보 도출

- (재밍) 대국민이 참여한 재밍을 통해 3개 분야(가족 구성 다양화, 노인/장애인의 일상생활 개선 및 돌봄지원, 비대면 서비스의 확대)에 대한 기술 및 정책 수요를 발굴하고, 데이터 분석 및 전문가 검토를 통해 전략품목 후보 도출

- (공공 혁신조달 수요) 공공기관의 R&D 수조 조사를 통해 혁신조달품목 검토를 통한 전략품목 후보 도출

- (전문가 추천) TIPA R&D PM 및 분야별 전문가로부터 추천받아 전략품목 후보 도출

☐ 전략품목 후보평가 및 품목로드맵 기획

- (전략품목 후보 평가) 분야별 전문위원회를 구성하여 전략품목 후보에 대해 6개의 평가지표로 평가 진행
  - 평가지표: 기술성, 시장성, 중소기업 적합성, 기술파급성, 정부지원 필요성, 개발기간 등 6개 항목

- (품목로드맵 기획) 후보품목 평가결과를 기반으로 품목로드맵 초안을 기획하고, 분야별 전문위원회를 통한 적합성 검토

☐ 전략품목 및 품목로드맵 확정

- (총괄위원단 검토 및 확정) 기술개발 추위, 정부지원 시급성 등을 검토하여 전략품목 및 전략분야별 품목로드맵 확정

나. 반도체·디스플레이 장비 품목로드맵 및 전략품목

◎ 반도체·디스플레이 장비 발전전망

- 세계 경제는 계속해서 신종 코로나 바이러스(COVID-19)의 영향에서 벗어나 서서히 활발해지고 있으며, 반도체 시장은 수요가 강화되며 성정함에 따라, 세계 반도체 장비시장의 규모도 2020년 679억 달러에서 2026년 773억 달러로 연평균 약 3%의 증가할 것으로 전망되며, 디스플레이 장비 시장은 연평균 성장률이 감소할 것으로 예상되나 OLED 장비 시장은 설비투자에 대한 수요 확대와 LCD 장비 시장 잠식을 통해 꾸준한 성장세가 이어질 것으로 예상
    - (반도체)기존산업에 대한 ICT 접목에 따른 디지털 전환(초연결·초지능 기술확산)에 따라 반도체 수요는 다변화하면 증가하는 추세로, 이에 따른 반도체 장비의 수요 증가할 것으로 전망
    - (디스플레이) 디스플레이 장비의 향후 연평균 성장률은 마이너스 성장세이지만, LCD 장비의 시장지배력이 감소하면서 OLED 장비 시장의 지배력은 증가할 것으로 전망

- IT 기술이 발달하면서 소비자용 제품은 물론 산업용 장비까지 거의 모든 기계 장치에 반도체가 쓰이고 있음
    - 반도체 칩은 전자화된 기계장치에서 성능을 결정짓는 핵심 부품으로, 예컨대 내연기관차 1대에 200여 개의 반도체가 필요한 반면, 자율주행 기능을 가진 전기차에는 2,000개 이상의 반도체가 요구되고 있어 반도체 장비의 수요는 지속적으로 있을 것으로 예상
    - 또한, 인공지능(AI) 반도체 칩 또한 구글, 마이크로소프트, IBM, 화웨이 등 다수의 빅테크 기업들도 반도체가 필요하기 때문에 이에 따른 반도체 장비의 수요 역시 지속적으로 증가할 것으로 예상

- 주요국(한국, 미국, 중국, 대만)은 반도체 글로벌 공급망 생태계 확보를 위해 치열한 경쟁을 벌이고 있음[38]
    - 날로 심화되어 가는 미중 반도체 패권 경쟁으로, 반도체·디스플레이 장비 산업의 글로벌 공급망에 큰 변화를 초래할 것으로 전망
    - 특히 중국 반도체 산업을 글로벌 공급망에서 배제하고자 하는 미국의 정책은 현재까지 형성되어온 글로벌 반도체 산업 공급망을 크게 변화시킬 것임

- 중국은 '중국제조 2025'를 통해 2025년까지 반도체 자급률을 70% 수준으로 높이겠다고 공언했으며, 유럽과 대만, 일본도 자국 공급망 확충을 위한 정책 추진

- 한국 정부도 '21년 5월 K-반도체 전략을 발표하며 2030년까지 약 510조 원 이상 규모의 반도체 투자를 단행, 국내 시스템 반도체 산업 생태계 육성을 발표

- 한국 반도체산업은 9년 연속 반도체 종합 2위, 메모리 1위 등 외형적인 성과에도 불구하고 반도체 장비 부문 자급률이 낮아 상당수 장비를 수입에 의존하기 때문에 정부차원에서 전폭적인 지원 필요

---

[38] 한국 반도체 산업의 공급망 리스크와 대응방안 (KIEP 대외경제정책연구원, 2021.11.23.)

☐ 기술경쟁, 공급망 이슈, 디지털 대전환 등 반도체 산업을 둘러싼 트렌드가 빠르게 변화하며, 반도체 칩 및 디스플레이를 제조하기 위한 반도체·디스플레이 장비는 나라의 경제와 국가안보와 직결되는 미래 전략자산임

◎ 반도체·디스플레이 장비 품목로드맵

☐ 2023~2025 중소기업 전략기술 로드맵에서도 반도체·디스플레이 장비 전략분야에 대한 장비 국산화 및 첨단화와 평가 및 측정 정밀화를 고려하여, 8개의 '23년 전략품목을 선정하였으며, 2개의 미래품목을 추가 도출하여 반도체·디스플레이 장비 전략분야에 대한 품목 로드맵을 제시함

- '반도체 패키징 장비', '반도체 증착장비', '반도체 식각장비' 전략품목 지원을 통해 초미세화 및 고집적 반도체 장비의 고도화가 가능할 것으로 전망

- '디스플레이 세정 시스템', '마이크로 LED 칩 대량 전사 장치' 전략품목과 '마이크로 LED 보호막장비' 미래품목 지원을 통해 초고속/대형화 디스플레이 장비의 고도화가 가능할 것으로 전망

- '반도체 열 특성 분석 시스템', '반도체 검수용 프로브 핀 본딩 시스템', '반도체 후공정 측정/검사 장비' 전략품목과 '마이크로 LED 리페어 및 검사장비' 미래품목 지원을 통해 소자 신뢰성 향상이 가능할 것으로 전망

[중소기업 전략기술로드맵(2023~2025) 반도체·디스플레이 장비 품목로드맵]

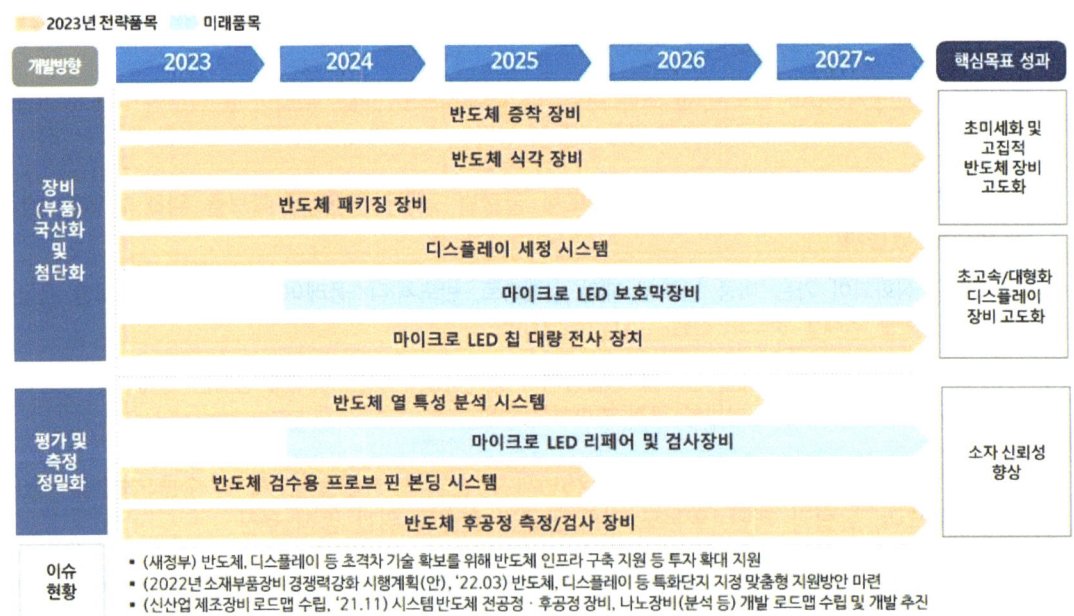

* 출처: 자체작성

◎ 반도체·디스플레이 장비 전략품목

[중소기업 전략기술로드맵(2023~2025) 반도체·디스플레이 장비 전략품목]

No.	전략품목명	개요
1	반도체 패키징 장비	• 반도체 소자의 제조 후 외부 환경으로부터 반도체 칩을 보호하고 전기적 특성 등을 전달할 수 있도록 단자 간 연결을 위한 전기적인 상호 배선, 전력 공급, 방열, 집적회로(IC)를 보호하기 위한 성형 등을 위한 장비를 의미
2	반도체 열 특성 분석 시스템	• 분해능이 수㎛ ~ 수십㎛ 분해능으로 반도체 미세공정 적용 미세 소자 특성 및 결함 분석에 필수적이며 소자의 고집적으로 인해 수반되는 미세 발열 현상을 파악하고 분석하는 시스템
3	반도체 증착장비	• 반도체 제작시얇은 박막을 형성하는 것으로 일반적으로 진공상태에서 화학적 또는 물리적으로 박막을 증착하는 장비 (CVD, PVD, ALD 등의 장비)
4	반도체 검수용 프로브 핀 본딩시스템	• 반도체 검수용 프로브 핀을 공간변환기에 접합시켜서 고정하는 데 사용되는 본딩 시스템
5	반도체 후공정측정/검사 장비	• 반도체 소자를 위한 전 공정 후 반도체 칩 제조 과정 중 후공정과정에서 발생되는 물리적, 화학적 및 전기적 특성의 정상 여부 확인하는 기술
6	반도체 식각 장비	• 반도체 제작시증착된얇은 박막의 불필요한 막을 제거해 필요한 패턴만을 남기는 장비(Dry, Wet 장비)
7	디스플레이 세정 시스템	• 디스플레이 기판 제조 과정에서 발생하는 미세한 오염물질, 이물질(Dust)을 제거하기 위한 세정 장비 (습식세정, 건식세정, 증기세정 등의 장비)
8	마이크로 LED 디스플레이 마이크로 LED 칩의 인터포저 기판 대량 전사 장치	• 마이크로 LED 칩을 타겟 기판 상에 대량으로 전사히가 위한 장치는, 마이크로 LED 디스플레이 제작을 위한 마이크로 LED 칩 전사, 보호막 구성, 마이크로 LED 리페어 및 검사 등의 공정단계 중 타겟 기판 상에 대량으로 전사하기 위한 장치

* 출처: 자체작성

다. 반도체·디스플레이 장비 개발 핵심이슈

☐ 반도체 에너지 효율 증대

- (에너지 효율화) 전력 소모를 최소화하면서 성능은 유지하는 방향으로 기술의 진보화-3D 형태의 적층형반도체 상용화하는 방향으로 기술 전환
- (초저전력) IoT수가 급격하게 증가함에 따라 수집된 빅데이터의 분석, 판단, 추론 하기 위한 프로세서 및 저장 장치의 성능 및 에너지 효율을 개선이 절실히 요구

☐ 고해상도·고집적화 ·대면적화

- (대면적화) OLED 기술은 고휘도, 고색순도화등 고화질을 위한 대형 TV 기술 개발 필요
- (정밀한 증착) 기판과 FMM(Final Metal Mask)정밀 정렬, 증착물질의균일한 증발 기술 개발 필요
- (원자층 증착기) 박막 봉지 기술에 신기술 적용을 통해 투습성향상 및 박막두께 조절 특성 향상 기술 필요

☐ 3D 제조의 고품질화
- (미세패턴화) 미세 페턴화를구현하는 ALE를활용한 식각공정 기술 개발
- (고정밀증착) 3D 증착장비 관련 기술과 3D 반도체의 저온증착공정장비 기술 개발

☐ 글로벌 반도체 기업들은 합병인수(M&A)를 통해 반도체 기업의 역량을 키우고, 반도체 산업은 이제 민간기업의 영역을 넘어서 국가 간의 첨예한 경쟁 기술이 되었음

☐ 한편, 반도체·디스플레이 장비는 반도체칩, 디스플레이 패널 등을 제조하기 위한 고도화된 기술을 필요로 하는 장비산업으로 고부가가치를 창출할 수 있는 분야이며, 장비의 성능과 공정 영역에 따라 산업 전반에 걸쳐 큰 영향을 끼칠 수 있는 산업임

☐ 한국은 반도체·디스플레이 제조를 위한 인프라 환경이 이미 구축되어 있는 상황으로, 반도체·디스플레이 장비의 차세대 신성장동력 발굴을 위한 국가적 역량 결집이 절실한 단계임

◎ **반도체·디스플레이 장비 전략품목 개발 핵심이슈**

☐ (반도체 패키징 장비) 반도체 패키지와 전자부품의 고집적화, 소형화, 박형화가 전자기기의 소형화, 경량화, 박형화에 크게 기여하고 있는 가운데, 초고밀도실장용 신개념 패키징도 제안되면서 이에 적합한 기술 및 공정 개발에 대한 중요성이 높아지고 있음
- 반도체 제품 성능 향상에 따른 반도체 후공정 및 패키징 공정의 중요성 증대
- 최근 주요 반도체 업체들이 전력반도체, 이미지센서 등 시스템 도체 물량과 종류를 늘려감에 따라 OSAT 업체 생산에도 긍정적 영향

☐ (반도체 열 특성 분석 시스템) 회로 선폭이 미세해질수록 품질 검사 과정에서 미세한 회로를 검사해야함. 따라서 나노미터 단위의 검사를 위해 열 특성 분석 현미경은 반도체 산업에 필수적인 장비가 되었으며 검사에는 컨포컬 열 반사 현미경이 많이 이용되고 있음
- 반도체 제품의 회로 선폭의 선폭의 두께는 기술의 발전으로 점점 얇아져 지고 있어 반도체의 열 특성 분석 중요성 증대
- 회로 선폭이 미세해질수록 품질 검사 과정에서 미세한 회로를 검사해야 하므로, 나노미터 단위의 검사를 위해 열 특성 분석 현미경은 반도체 산업에 필수적

☐ (반도체 증착장비) 반도체 증착 장비는 반도체 산업 생태계를 지원하는 역할을 수행하고 있으며, 형태를 갖춘 하나의 산업으로서 존재하기보다는 반도체 제조 생태계에서 8대 공정의 연결에 있어서 다양한 증착 기술군의 특성을 가지고 있음
- 반도체 소자의 미세공정이 확대되면서 증착공정의 난이도가 커지고 있음 즉, 3D 낸드플래시의 단수가 증가하고, Logic은 FinFET 구조를 적용하고, DRAM도 3D로 진행하는 매우 복잡하고 어려운 공정을 사용하게 되면서 증착 장비 및 부품의 친환경, 고정밀, 고균일, 고종횡비 제어 기술 매우 중요해짐

- 반도체 소자의 미세공정이 확대되면서 증착공정의 난이도가 커지고 있음 즉, 3D 낸드플래시의 단수가 증가하고, Logic은 FinFET 구조를 적용하고, DRAM도 3D로 진행하는 매우 복잡하고 어려운 공정을 사용하게 되면서 증착 장비 및 부품의 친환경, 고정밀, 고균일, 고종횡비 제어 기술 매우 중요해짐

☐ (반도체 검수용 프로브핀 본딩시스템) 최근 반도체의 집적도가 지속적으로 높아짐에 따라 미세 패턴화 기술, 적층 기술, TSV 기술(Through Silicon Via) 등이 발전하고 있으며, 반도체의 집적도가 올라가고 동작 클럭 (RAM, 메모리 동작 속도)이 증가함에 따라 전통적 패키징 구조를 벗어난 웨이퍼 레벨 패키징 기술도 상용화가 시작되고 있음에 따라, 프로브의 탐침 수가 많아지고 프로브의 크기도 작아져야 하므로 이에 대응할 수 있는 검사장비의 개발이 필요함

- 반도체 검사장비는 주로 국외에서 수입하고 있는 실정으로, 국산화를 통한 경쟁력 확보 필요
- 산·학·연 간 기술협력을 기반으로 고성능화 전략을 통한 산업 진입 필요
- 기술 개발을 통한 고기능성, 고성능, 고부가가치 중심의 반도체 관련 장비 산업 육성 필요

☐ (반도체 후공정측정/검사 장비) 반도체 제품의 고집적화, 소형화, 박형화가 전자기기의 소형화, 경량화, 박형화에 크게 기여하고 있는 가운데, 점점 미세화 되는 반도체 공정에 따른 높은 수준의 반도체 후공정측정/검사 기술이 요구되고 있는 추세

- 반도체 공정이 미세화될수록 반도체 칩의 품질을 검수하는 반도체 후공정측정/검사장비의 높은 수준의 기술이 요구되는 추세

☐ (반도체 식각 장비) 반도체 소자의 크기가 점차 미세화 및 고집적화 되어감에 따라 식각장비를 설계, 구현, 검증에 많은 시간과 노력이 들어가고 있으며, 이를 보완하기 위해서 다양한 반도체 식각 기술이 개발되고 있음

- 균일도(Uniformity)란 식각이 얼마나 고르게 진행됐는가를 의미함. 균일도가 중요한 이유는 회로의 각 부분마다 식각된 정도가 다르다면 특정 부위에서 칩이 동작하지 않을 수 있음. 반도체 회로의 모든 부분에서 식각이 같은 속도로 같은 양만큼 진행된다면 정말 깔끔한 반도체를 얻을 수 있지만, 오차는 있을 수밖에 없기에 균일도를 최대한 높이는 것이 중요함

☐ (디스플레이 세정 시스템) 디스플레이의 제조 공정은 기술의 발달로 초정밀 제조 공정에서 부산물로 생성되는 파티클 세정 요구 사이즈는 점점 감소하고 있으며, 기존 세정 기술의 유지비용, 환경문제, 공정 단계가 복잡한 등의 문제점을 극복하기 위해 다양한 세정 기술의 개발이 필요함

- 디스플레이 제조 공정의 초정밀화로 인해 particle 세정 요구 사이즈 또한 감소하고 있는 실정으로, 미세 입자 세정 기술 개발
- 기존 세정 기술의 유지비용, 환경문제, 공정 단계 복합성 등 문제점을 극복하기 위해 다양한 세정 기술의 개발 필요
- 레이저 건식 세정 기술은 연구소 등에서 공정 연구가 수행되고 있으나 실제 기술의 도입은 미미한 실정으로, 실용화 가능한 기술 개발 필요

☐ (마이크로 LED 디스플레이 마이크로 LED 칩의 인터포저 기판 대량 전사 장치) (OLED 이후 차세대 먹거리 산업) 마이크로 LED 디스플레이는 중국이 맹추격, 지속 가능한 디스플레이 경쟁력 확보를 위해서는 투자가 시급한 상황인 산업임

- 미국, 중국, 대만 등에서는 OLED 이후 마이크로 LED 디스플레이 기술주도권 강화를 위해 대규모 투자 진행하고 있어 기술개발이 경쟁국보다 늦음
- '11년부터 연구개발 투자 시작, '20년 이후 시장주도를 위해 본격적인 투자 진행

◎ 반도체·디스플레이 장비 R&D 추진전략

[반도체·디스플레이 장비 R&D 추진전략]

구분	기회요인	위협요인
정책	• 차세대 반도체/디스플레이 분야를 5대 신산업으로 지정, 정부 지원 확대 • 일본 수출규제에 따른 기술 국산화를 위한 정책 및 지원 논의 중	• 중국 제조 2025 정책에 따른 시장점유율 축소 • 한국 기업에 대한 중국 정부의 규제 가능성 • 일본 수출규제에 따른 반도체/디스플레이 장비 시장의 전망 악화 • 미·중 통상갈등 심화에 대한 국내 대응 정책 부재
산업	• 데이터 기반 서비스 보급에 따른 차세대 반도체 수요 및 기회 확대 • 주력품목이 LCD에서 OLED로 전환되는 가운데 디스플레이 융·복합 산업 확대 • 일본 반도체/디스플레이 산업의 쇠퇴	• 경기 불확실성 확대에 따른 IT 수요 둔화 가능성 • 업체간 경쟁 심화에 따른 점유율 하락 • 메모리에 편중된 반도체 생태계
시장	• 차세대 반도체/디스플레이 시장의 안정적 성장 • 대기업들의 생산라인 설비 투자 확대 • 폴더블, 대형 OLED 등 차세대 디스플레이 시장을 선도 중 • 공급 조절을 통한 메모리 업황의 수급 안정화 기대 • 3D 패키지 등장에 따른 후공정 장비 수요 기대	• LCD 공급과잉에 따른 수요 감소 및 수익성 악화 • 중국·대만 중심의 반도체 공급망 체제 구축 • 반도체/디스플레이 시장의 급격한 변동성 및 불확실성 존재 • 중국 시장에 대한 높은 의존도
기술	• 확고한 메모리 반도체/OLED 기술 우위 보유 • 국내 업체들 간 협업 강화 • 장비/소재 국산화를 통한 원가 절감 노력 지속	• 중국의 IT 산업에 대한 대규모 투자 및 기술추격 • 부가가치가 높은 반도체/디스플레이 전공정 장비에 대한 기술력 및 국산화율 저조 • 장비 설계 역량 취약

중소기업의 대응전략

➜ 장비 산업의 경우 전방산업에서 글로벌 최고 수준의 기술력과 시장규모를 갖추고 있는 점을 적극 활용하여 정부·학연·산학 간 긴밀한 협력을 통해 후방산업 육성 필요

➜ 국내기업의 새로운 생산기지이자 소비시장으로 부상하고 있는 인도 및 ASEAN 국가 등으로의 수출 다변화를 도모

➜ 제조 및 판매뿐만 아니라 수요자의 신뢰도를 높이기 위한 장비의 지속적인 사후 관리 서비스를 제공하는 중·장기적인 사업화 모델 구상

* 출처: 자체작성

전략품목 현황분석

반도체 패키징 장비

반도체 패키징 장비

전략품목 정의 및 범위

- 반도체 패키징 장비 분야는 반도체 소자의 제조 후 외부 환경으로부터 반도체 칩을 보호하고 단자간 연결을 위한 전기적인 상호 배선, 전력 공급, 방열, 집적회로(IC)를 보호하는 장비 기술
- 일반적으로 패키지 공정에 필요한 단위 공정 장비를 포함

전략품목 관련 동향

◎ 시장전망 및 제품 동향

- **(시장전망)** 2021년 295억 달러였던 패키징 장비 세계시장 규모는 2026년 457억 달러로 증가할 것으로 전망되고, 연평균 성장률은 9.10%로 전망됨. 국내시장 규모는 6조 9,416억 원에서 10조 7,296억 원으로 증가할 것으로 전망되고, 연평균 성장률은 9.10%로 전망됨
- **(제품동향)** 각종 공정장비들의 대규모 설비투자를 요구하는 장치 산업으로 비교적 중소 업체들에게 진입장벽이 높은 분야이며, 반도체 제품 성능 향상에 따라 반도체 후공정 및 반도체 패키징 공정의 중요성이 크게 증가되고 있는 추세

◎ 기술개발 및 플레이어 동향

- **(기술동향)** 최종제품이 모바일과 웨어러블 제품으로 변화되면서 반도체 산업은 원칩화 되는 추세임. 반도체 패키징 기술 분야에서 국내기업의 경우 3세대 기술의 확보에 주력
- **(플레이어)** ASM Pacific Technology(싱), Applied Materials(미), Kulicke and Soffa Industries(싱), Tokyo Electron(일), 한미반도체(한)
- **(중소기업)** 이오테크닉스, 시그네틱스, 하나마이크론, 네패스 등

◎ 핵심기술

- TSOP(thin small outline package) 패키징 기술
- QFN(Quad Flat No-lead) 패키징 기술
- FOWLP(fan out wafer level package) 패키징 기술
- 3차원(3D)으로 TSV기술 인터포저를 이용한 모듈화 적층기술
- 열 영상 획득 기술

중소기업 기술개발 전략

→ 반도체 칩을 생산하는 대기업과 패키징의 열적, 전기적 신뢰성을 면밀히 분석할 수 있는 연구소 및 대학이 패키징 장비를 개발하는 중소기업과 유기적인 협력관계를 형성하여야 함

→ 패키징 장비를 생산하는 중소기업들은 반도체 칩을 생산하는 대기업과의 상호 신뢰성에 기초한 패키지 기술 및 신뢰성 평가 기술 표준의 확립이 중요하며 정부가 주도하는 협력 지원이 필요

→ 중소기업이 기술 개발을 원활히 지속하고 관련 장비를 생산하기 위해서는 정부의 규제 및 관련 제도 개선이 필요하며 이를 위한 정부 및 지자체의 전담 채널 형성이 필요

1. 개요

가. 정의 및 필요성

(1) 정의

☐ 반도체 패키징 장비 분야는 반도체 소자의 제조 후 외부 환경으로부터 반도체 칩을 보호하고 단자간 연결을 위한 전기적인 상호 배선, 전력 공급, 방열, 집적회로(IC)를 보호하는 일련의 장비 기술로 정의

- 반도체 칩에 외부로 부터 전기신호를 전달해 주는 전기적 연결을 해주고, 또한 미세한 회로를 담고 있는 칩이 외부의 충격에 견딜 수 있게 밀봉 포장하는 최종 제품화(패키징)하는 후공정(조립)들이 필요하며, 각 공정별 단계에서 필요한 장비

- 반도체 장비는 전공정(FAB), 후공정(Ass'y), 검사 및 기타 장비로 구분되며, 패키징 장비는 패키지를 제작하는 후 공정(조립) 장비를 칭함

- 패키지 후공정에 필요한 조립 장비들로 후면 연마, 웨이퍼 절단, 다이 접착, 선 연결, 몰드, 인쇄, 도금, 솔더 볼을 부착하는 장비들로 구성됨

[반도체 조립의 과정]

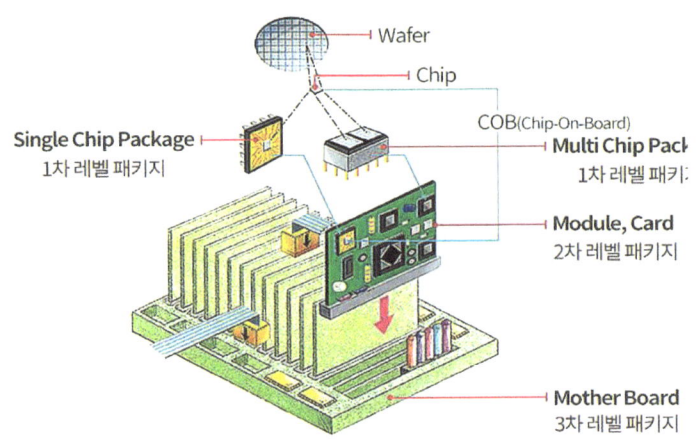

* 출처 : SK하이닉스 뉴스룸 [반도체 후공정 2편] 반도체 패키지의 정의와 역할, (SK 하이닉스, 2022.10.17)

☐ 반도체 패키징 장비는 반도체 칩에 외부로부터 전기신호를 전달해 주는 전기적 연결을 해주고, 또한 미세한 회로를 담고 있는 칩이 외부의 충격에 견딜 수 있게 밀봉 포장하는 최종 제품화(패키징)하는 후공정(조립)들이 필요하며, 각 공정별 단계에서 필요한 장비를 통칭

☐ 패키징 장비는 전공정인 웨이퍼 가공 라인에서 가공된 웨이퍼를 개개의 칩으로 잘라 회로 기판에 붙이고 각종 검사를 거쳐 완제품을 생산하는 일련의 과정에 필요한 후공정(조립) 장비를 의미

- 후공정은 최종적인 패키지 모습을 형성하는 조립단계로 크게 절단, 금속연결, 밀봉(Encap), 인쇄로 구성되며, 고집적화 및 다양한 수요 대응 기술이 요구

☐ 조립 장비는 기능에 따라 Transfer module, Process module, Sub system module로 구분

- 반도체 장비용 부품은 장비별로 차이는 있으나 약 1만 개 이상의 다양한 부품을 설계 사양에 따라 조립하여 완성

☐ 반도체 패키지는 기계적 보호(Protection), 전기적 연결(Electrical Connection), 기계적 연결(Mechanical Connection), 열 방출(Heat Dissipation) 등의 4가지 주요한 역할을 수행함

- 반도체 패키지의 가장 큰 역할 또한 내용물을 보호하는 것이다. 여기서 내용물은 바로 반도체 칩/소자임

- 반도체 칩은 수백 단계의 웨이퍼 공정으로 메모리·로직 등의 기능을 할 수 있게 만들어졌지만, 기본적인 재료는 실리콘이므로 쉽게 깨질 수 있음. 또한 웨이퍼 공정으로 형성된 구조체들은 기계적, 화학적 충격에도 취약하기 때문에 패키지 재료로 그 칩들을 보호해야 함

[반도체 조립의 과정]

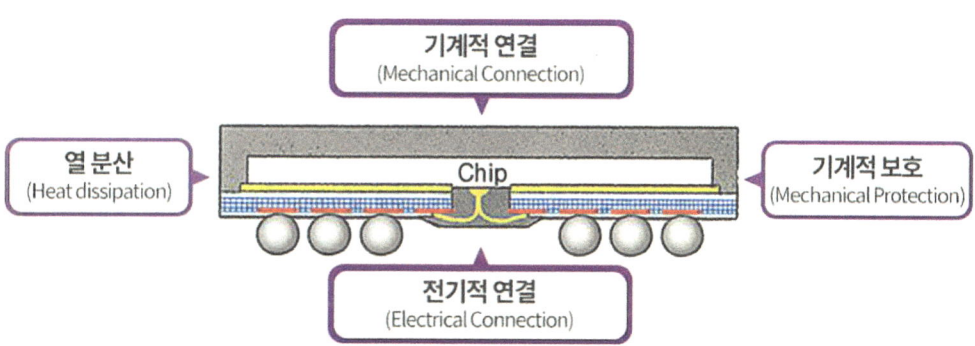

* 출처 : SK하이닉스 뉴스룸 [반도체 후공정 2편] 반도체 패키지의 정의와 역할, (SK 하이닉스, 2022.10.17)

☐ 반도체 제조산업의 기업형태는 크게 종합반도체(IDM, Integrated device manufacturer), 팹리스, 디자인하우스, 파운드리, 패키징·테스트(OSAT, Outsourced semiconductor assembly and test)으로 구분

- DM(종합반도체)기업은 반도체 생산을 위한 설계·제조를 모두 수행하며, 일반적인 시스템 반도체 산업은 수요에 따라 설계(팹리스, Fabless)와 생산(파운드리, Foundry)으로 분업화하여 다품종 생산에 특화

- 일반적으로 IDM 및 파운드리에서 생산한 반도체 소자의 패키징 및 테스트 등 후공정은 외주 형태로 OSAT 기업에서 전문적으로 수행하였으나, 최근 패키지 초소형화와 그에 따른 기술적 난이도 증가에 따라 대형 파운드리와 IDM 기업이 진출

[반도체 패키징 산업 내 주요 기업 유형]

유형	특징	주요업체
IDM 기업 (종합 반도체 기업)	• 설계·제조·패키지·테스트 등 모든 생산과정을 직접 수행 • 메모리 반도체 중심으로 대규모 R&D 및 설비투자 필요	삼성전자(한국) SK하이닉스(한국) Intel(미국)
파운드리 (수탁 생산 기업)	• 팹리스 업체가 설계한 반도체를 위탁 생산 • 전문생산업체로 초기에 대량 설비투자 비용이 필요	TSMC(대만) 삼성전자(한국) UMC(미국)
OSAT 기업 (조립 및 검사 전문기업)	• 가공된 웨이퍼 조립/패키징 전문 • 축적된 경험 및 거래선 확보 필요	ASE(대만) Amkor(미국) StatsChipPAC(중국)

☐ 반도체 패키징 장비는 반도체·디스플레이 장비 분야에서 장비(부품) 국산화 및 첨단화를 위한 전략품목으로, 초미세화 및 고집적 기술개발을 통해 반도체 장비 고도화가 가능할 것으로 전망됨

[반도체·디스플레이 장비 품목로드맵 내 반도체 패키징 장비]

* 출처: 자체작성

(2) 필요성

☐ 반도체 소자의 단순 미세화(scaling)에 따른 성능 발전 방식의 한계에 도달함에 따라 저전력·고성능 구동 조건을 충족시키는 고집적 소자 구현을 위한 패러다임 변화 요구

- 반도체 공정은 계속해서 미세화 되어가고 있는 가운데 단일 면적 안에 얼마나 많은 정보를 저장하는 미세한 셀을 넣을 수 있느냐 하는 용량의 확장은 점점 물리적 한계에 도달하였고, 이러한 미세 공정의 한계를 극복하고자 차세대 패키징 기술이 주목 받고 있음
- 현재의 반도체 미세화 방식이 가지는 설계 기술과 제조 공정의 고비용·고난이도에 따른 경제적 효율성 저하를 극복하기 위한 돌파구 마련 필요
- 단순히 소자의 성능·가격을 개선하기 위한 미세화 공정 중심의 반도체 개발 방향은 시장 수요에 맞춰 시스템과 응용 분야 중심으로 전환 중
- 반도체 IC의 보호 및 연결 기능에 치중했던 반도체 패키징 기술이 시스템 집적화의 방향으로 진행함에 있어 매우 중요한 기술로 부각

[반도체 제조 산업 패러다임의 변화]

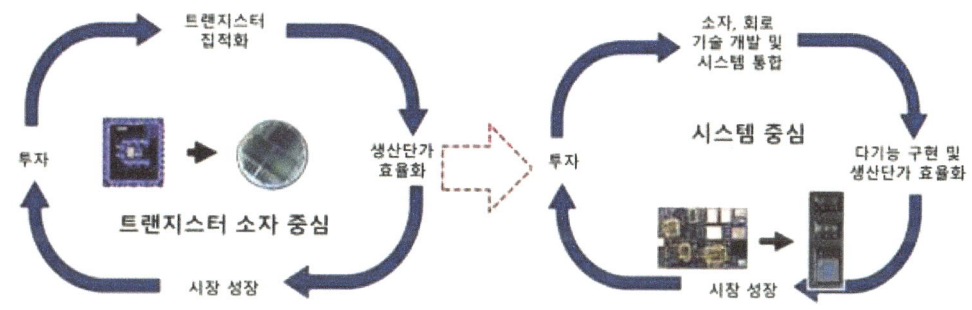

* 출처 : KISTEP 기술동향브리프 반도체후공정(패키징), (KISTEP, 2020)

☐ 반도체 산업이 스마트폰, 자동차, 에너지, 의료, 웨어러블 디바이스 환경 등의 넓은 분야로 확산하며, 다기능 반도체에 대한 수요 증가

- 사용자와의 소통이 필요한 대부분 전자기기는 다기능을 갖춘 반도체가 요구되며, 이를 구현하기 위해 개별 소자들의 단일 패키지화가 요구
- 또한, 시장 수요를 충족하는 다기능화 소자 구현과 함께 가격경쟁력까지 갖추기 위한 반도체 제조 공정의 고도화가 필요
- 휴대전화 등의 모바일 기기의 박형화가 가속화되면서 높은 공정온도에서 불가피하게 발생하는 무연 배선소재의 박형 패키지의 휨 대책에 대한 기술적 해결책으로서 저온 배선소재에 대한 중요성이 부각
- 최근에는 인공지능, 로봇, 사물인터넷, 스마트 팩토리 및 전기 자동차 등의 개발이 산업 이슈가 됨에 따라 기존 반도체보다 고집적화의 전력 반도체가 요구됨. 특히 전기자동차에 사용되는 전력 반도체의 경우 안전과 직결되는 사항이기에 더욱 높은 품질이 중요함

☐ 현대의 패키징 기술은 과거보다 훨씬 복잡해지고 있는 추세로, 과거에는 반도체에 필요한 데이터 인풋/아웃풋의 단자 수가 적었기 때문에 패키징도 단순구조의 SOP 타입이 주류를 형성했으나, 최근에는 데이터 인풋/아웃풋이 복잡해지면서 WLP, FBGA, MCP 등 패키징 타입도 다양해지고 있는 추세

☐ 업계에 따르면 오늘날 전자제품의 발달을 가능하게 한 것은 반도체 기술, 반도체 패키징 기술, 제조기술, 소프트웨어 기술 등 4가지로 꼽히며, 이는 패키징 기술의 중요성이 매우 높다는 의미로 해석

[반도체 후공정 패키징 단계 개념도]

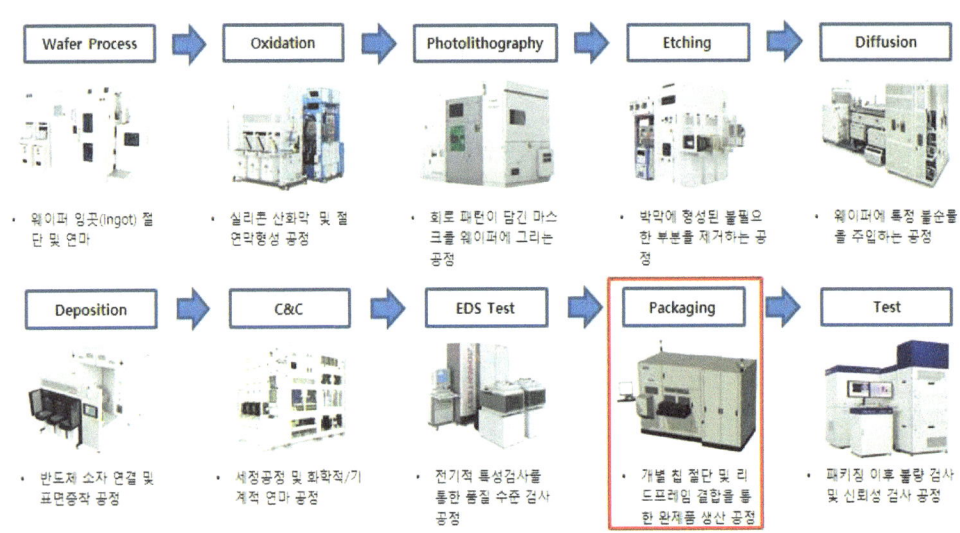

* 출처 : 구글이미지, 웹스 재가공

☐ 패키징 공정에는 펌핑, 웨이퍼 테스트, 연마, 조립, 패키지 테스트 등이 있으며, 이 공정을 위한 센서는 패키징 공정에 필수적인 요소

- 센서 산업 내에는 센서제조를 위한 소재산업, 소재를 이용하여 고유 기능이 구현된 소자 산업, 여러 개의 소자를 사용하여 조립한 모듈 및 시스템형 산업을 포함하는 융·복합 산업 영역
- 특히 반도체 센서산업은 칩, 패키지, 모듈, 시스템의 단계를 거쳐 대부분의 산업에 활용되고 있으며, 최근 IoT 산업의 개발과 함께 산업적 활용도는 대폭 증가할 것으로 전망

☐ 반도체 패키지와 전자부품의 고집적화, 소형화, 박형화가 전자기기의 소형화, 경량화, 박형화에 크게 기여하고 있는 가운데, 초고밀도실장용 신개념 패키징도 제안되면서 이에 적합한 기술 및 공정 개발에 대한 중요성이 높아지고 있음

- 지구환경이나 인체에 대한 안전성 배려 등 환경규제가 함께 강화되면서 배선소재의 무연(Lead-free)화, 봉지제의 Non-halogen화 기술사용이 증가하면서 소재 분야에 대한 개발 필요성이 함께 증가하고 있으며, 솔더 리플로우(Solder Reflow) 온도의 상승 및 고비용화 등이 동반

☐ 반도체 패키징 기술은 단순하게 여러 칩을 하나로 통합하는 형태에서 벗어나 동종 및 이종 기술의 융복합화를 급속히 진행하여 신시장 창출

- 고성능화, 초소형화, 저전력화 및 스마트화를 가속할 수 있는 시스템 반도체 분야로 진행

☐ 이러한 반도체 미세화 기술의 한계와 다양한 시장수요에 대응하기 위해 패키징 공정의 중요성이 대두

- 패키징 공정은 전공정에서 제작된 집적회로소자를 포장하여 완성품으로 제작하는 과정으로, 향후 반도체 소자의 고집적·다기능 구현을 위한 핵심 기술로 주목
- 첨단 패키징(Advanced package) 기술의 도입으로 다양한 칩을 하나의 소자로 통합이 가능해 지며, 전기적 연결과 반도체 소자의 보호가 목적이었던 전통적인 패키징 기술을 대체하며 고부가가치를 구현하는 산업 내 핵심경쟁력으로 부상

☐ 고속 전자제품의 전체 전기신호 지연은 50% 이상이 칩과 칩 사이에서 발생하는 패키징 지연에 의해 발생하고, 향후 시스템의 크기가 클수록 전기신호 지연이 더 증가할 것으로 예상되고 있으므로 반도체 패키징 기술이 중요하게 인식되고 있으며, 반도체 공정의 기술 도약과 함께 반도체 패키징 산업도 동반 성장할 것으로 전망

[반도체 제조공정의 기술적 한계]

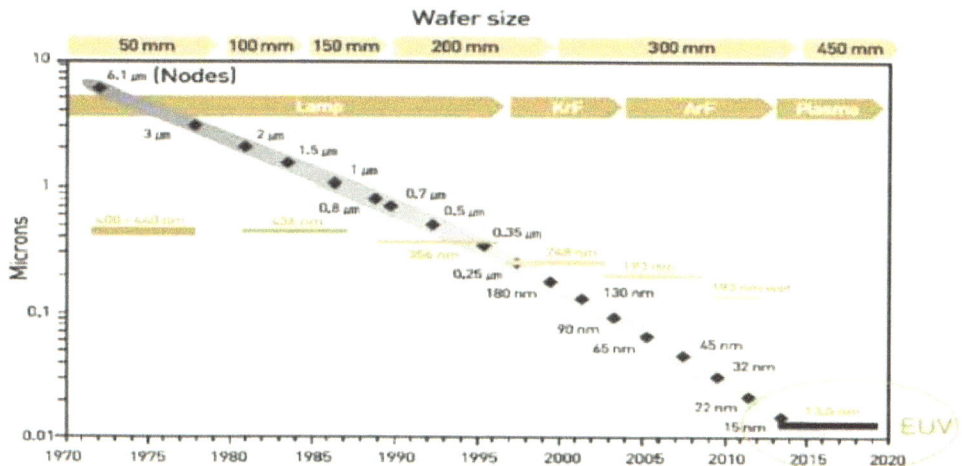

* 출처 : 중소기업 기술로드맵 2018-2020, 지능형 센서, 2017

나. 범위 및 분류

(1) 가치사슬

☐ 반도체 패키지 및 조립장비 시장은 모바일기기, 전기차 등 반도체 수요가 지속적으로 확대되면서 후방 산업(반도체 패키징 및 조립 장비)의 동산 성장도 기대되며, 삼성전자의 패널 레벨 패키징 등 새로운 패키징 기술이 등장하면서 관련 장비 수요 증가도 함께 기대됨

☐ 제품별로 기술력이 높은 국내외 소수 기업이 시장을 주도하고 있어 후발 기업의 시장진입은 다소 어려울 것으로 전망되며, 제품 신뢰성 검증에 상당한 시간과 비용이 필요하여 전방 업체가 성능이 검증된 기존 거래 기업을 선호하는 경향이 높아 진입장벽이 높은 산업으로 분석

☐ 국내에는 10여 개의 반도체 후공정 전문 업체들과 ASE, Amlir, STATS ChipPAC 등 글로벌 후공정 업체들이 사업을 영위

  - 국내에 진출한 글로벌 후공정 업체들은 주로 시스템 반도체 후공정 위주로 사업을 영위하고 있으며, 국내에서는 별도의 영업활동을 진행하지 않고 본사의 전략에 의존하여 외주 가공을 진행하고 있음

[반도체 패키징 장비 품목 산업구조]

후방산업	반도체 패키징 장비	전방산업
전자, 기계, 광학, 소프트웨어, 부품	Back grinder, Dicer, Bonder, Molder, Triming/Forming, Ball attacher, Singulator, Laser Marker, Cure oven, Plating	반도체, 컴퓨터, 휴대폰, 디지털가전, 정보통신, 자동차, 에너지 및 의료기기

(2) 용도별 분류

☐ 반도체 패키징 장비 시장은 지속적으로 증가하고 있으나, 지속적인 비용 인하 압력, 작고 얇은 패키징 폼 팩터의 급성장을 동반한 재료 소비 감소 등이 성장 걸림돌로 작용

☐ 반도체 패키징 기술의 주요 견인차는 스마트폰으로, 현재 시장 성장은 정체됐지만 고급 스마트폰 하나에 60~70개 이상의 패키징이 적용

☐ 웨이퍼 레벨 패키지도 늘고 있는 추세로 대표 패키지 솔루션(FBGA, FLGA, QFN 등)이 많은 제품에 적용되고 있으며, 또 전력증폭기(PA), 프런트엔드모듈(FEM), 무선주파수(RF)·커넥티비티 기기는 시스템 인패키지(SiP)를 사용함

☐ 스마트폰 외에도 연결성, 빅데이터 처리·고성능 컴퓨팅, 데이터 스토리지·첨단 메모리, 자동차 전장 등이 반도체 산업과 고부가가치 패키징 적용을 이끌고 있으며, 패키징 기술에는 이기종 통합과 고대역폭메모리(HBM)를 제공하는 실리콘 인터포저 등이 포함

◎ **기술별 분류**

☐ 반도체 장비는 전공정(FAB), 후공정(Ass'y), 검사 및 기타 장비로 구분되며, 패키징 장비는 패키지를 제작하는 후 공정(조립) 장비를 칭함

☐ 반도체 패키지는 시대에 따라 다양하게 변화되어 왔으며 기술의 발전으로 더욱 복잡하게 발전되고 있는 추세임. 과거 1970~80년대에는 삽입실장형(Through hole mount)이 주류를 이루어 왔으나 1990년에 들어 와서는 PCB 보드의 양면을 모두 활용할 수 있는 표면실장형(Surface mount) 패키지 형태로 발전

- 표면실장형 패키지는 다양한 형태로 변화되어 왔으며 메모리 반도체와 비메모리 반도체 모두 시장의 요구 및 기술의 발전에 발맞추어 Fine pitch(리드와 리드사이 간격), 다핀화에 유리하도록 외부단자를 패키지 밑면에 배치해 입출력 단자의 수를 극대화한 BGA(Ball Grid Array), LGA(Land Grid Array), 또한 반도체 패키지와 유사한 형태의 CSP(Chip Scale Package)와 다층 칩이 들어가는 MCP(Multi Chip Package)가 주류를 이루고 있음

- 최근 시스템 통합 움직임에 따라 융합 반도체가 개발되고 있으며 그 종류로는 SoC, SIP, SOP 등이 개발되고 있음

☐ 일반적으로 패키지 공정에 필요한 단위 공정 장비들로 후면 연마, 웨이퍼 절단, 다이 접착, 선 연결, 몰드, 인쇄, 도금, 솔더 볼을 부착하는 장비들이 포함됨

[기술별 분류]

분류	상세 내용
Back Grinding	• 웨이퍼 뒷면을 얇게 연마하는 과정
Dicing and Saw	• 칩이 형성된 웨이퍼의 칩(다이)을 개별 칩으로 분리하여 절단
Die Attach	• 개별로 분리된 칩을 리드프레임(Leadframe)의 패드 또는 Substrate에 부착
Wire bonding	• Au 또는 Al 선을 이용하여 칩의 전극과 Substrate를 전기적으로 연결
Molding	• 칩을 외부환경으로부터 보호하기 위해 전극을 제외한 부분을 본래의 기능이 유지되도록 외관을 밀봉하는 과정
Marking	• 패키지 표면에 반도체에 대한 제반 정보 등을 새겨 넣는 과정
Trim/Form	• Lead간의 전기적 흐름을 차단하고 패키지 외부 리드 형상 제작(Normal 타입)
Ball attach	• 회로가 형성된 Substrate에 솔더 볼을 부착하는 과정(BGA 타입)

* 출처 : 중소기업 기술로드맵 2018-2020, 지능형 센서, 2017

2. 동향 조사 분석

가. 시장 분석

◎ 대규모 설비투자를 요구하는 진입장벽이 높은 산업

□ 반도체 패키징 장비 산업은 각종 공정 장비들의 대규모 설비투자를 요구하는 장치 산업으로 비교적 중소 업체들에게 진입장벽이 높은 분야

- 주요 반도체 패키징 및 조립 장비로는 다이싱(Dicing), 본딩(Bonding), 몰딩(Molding), 마킹(Marking) 장비 등이 있으며, 반도체 패키징 및 조립 장비는 응용 분야에 따라 다양한 패키지 형태가 적용되므로 수요 기업의 요구에 맞는 제품개발이 필요
- 반도체 패키징 및 조립 장비 산업의 특징은 진입장벽이 높은 산업, 반도체 업황에 민감한 산업, 주문제작 산업, 지식 기반 고부가가치 산업 등으로 설명
- 전통적인 반도체 패키징은 OSAT 기업이 주로 수행하였으나, 최근 패키지 초소형화와 그에 따른 기술적 난이도 증가에 따라 대형 파운드리와 IDM 기업이 진출하게 됨

[반도체 패키징 장비 산업 특징]

특징	내용
진입장벽이 높은 산업	• 반도체 패키징 장비는 국내외 소수 상위 기업이 시장을 선도 중이며, 기술 확보가 어려워 진입장벽이 높은 산업임
반도체 업황에 민감한 산업	• 반도체 패키징 장비는 제품 특성상 반도체 업황에 따른 전방기업의 제품 생산규모에 큰 영향을 받음
주문 제작 산업	• 반도체 기업 및 생산 품목에 따라 요구되는 성능 및 사양에 차이가 있기 때문에 대량생산이 어려움
지식 기반 고부가가치 산업	• 기계, 전기, 전자, 재료 등 다양한 분야의 기술이 융합된 산업으로 부가가치가 높은 산업임

* 출처 : 한국IR협의회, 기술분석보고서(2018.10.4.)

◎ 후공정 및 패키징 공정의 중요성 증대

□ 전통적인 반도체 산업은 고객이 원하는 사양으로 반도체를 설계하고 웨이퍼를 가공하여 반도체 칩을 만드는 과정을 중요시했으며, 반면 후공정은 전공정에 칩(chip)을 조립하는 수준으로 여김

- 소비자의 요구패턴이 공급자 중심에서 탈피하여 다양하고 복잡한 시스템에 대하여 수요자의 요구를 반영하는 방향으로 변화
- 이로 인해 반도체 후공정의 중요성이 증가하게 되었으며, 전공정의 각 공정들뿐만 아니라 반도체 설계까지 변화되고 있음
- 반도체 칩에서 시스템까지의 패키지 인터페이스 기술, 시스템과 시스템 상호융합을 위한 기술, 수요자가 원하는 특정 가치를 만족시켜주는 패키지를 중심으로 하드웨어와 소프트웨어의 협력기술 등이 반도체 산업 변화의 핵심으로 작용

- ☐ 반도체 제품 성능 향상에 따라 반도체 후공정 및 반도체 패키징 공정의 중요성이 크게 증가되고 있는 추세
    - 최근 미세공정 패턴 고기능화가 실현되면서 전후공정 장비 수요가 급증하는 추로 수입 의존도를 낮추고 미래 유망 부가가치가 높은 공정 장비군을 선정해 기술 자립화 비중을 높이는 것이 중요해짐
    - 반도체 제품 성능 향상에 따른 반도체 패키징 공정의 중요성 증대로 부가가치가 높아지고 있음
    - 주요 반도체 업체들이 전력반도체(PMIC), 이미지센서 등 시스템 반도체 물량과 종류를 늘려가면서 외주반도체패키지테스트(OSAT) 업체 생산에도 긍정 영향을 줌
    - 반도체 미세공정 한계를 극복하기 위한 차세대 패키징 기술에 대한 관심이 높아진 추세로 배선소재의 박형 패키지의 휨 현상에 대한 기술적 해결책으로 저온 배선 소재에 대한 중요성이 부각
    - 반도체 전공정에서 진행되는 웨이퍼 성능은 전기적인 특성 밖에 없으나 전자제품은 전기적인 특성뿐만 아니라 기계적, 열적 특성 등이 요구됨
    - 이러한 특성들은 반도체 패키징 기술에서 해결해야 하는 부분이고 패키지를 개발하는 과정에서부터 요구되는 특성을 반영하여 패키지 구조 등의 설계가 필요

- ☐ 반도체 산업 분업화에 따른 네트워크의 중요성에 따라 패키징 장비 산업의 중요성이 증대되고 있는 추세
    - 반도체 제조산업의 기업형태는 크게 종합반도체(IDM, Integrated device manufacturer), 팹리스, 디자인하우스, 파운드리, 패키징·테스트(OSAT, Outsourced semiconductor assembly and test)으로 구분
    - 기존의 공급자 중심에서 수요자 중심으로 변화되면서 고객지향 중심적인 산업이 되고 있으며, 이와 같은 현상으로 반도체 설계 시 반도체 후공정 기술을 반영하여 설계를 진행
    - 팹리스 업체는 후공정 업체와의 협력을 바탕으로 새로운 제품을 설계하고 후공정 업체에서는 새로운 기술을 관련업체들과의 상호협력을 통해 다양한 기술과 제품을 개발 중
    - 새로운 제품의 개발은 시스템 수요자에 의해 발생되는 것이며 시스템 통합의 움직임은 패키지간의 통합을 유도하면서 새로운 형태로 변하고 있기 때문에 후공정 산업은 종합반도체 기업, 파운드리, 팹리스 업체와의 협력관계가 필수조건인 산업으로 변모

- ☐ 후공정 산업은 반도체 산업의 변화에 따라 다양한 기술을 필요로 하고 있으며, 후공정 기술의 진화가 반도체 업체 간 경쟁력 차이를 발생시키는 하나의 요인으로 작용
    - 이에 따라 새로운 지식의 습득과 관련업체들 간 상호협력이 더욱 중요하게 작용하고 있으나, 국내 후공정 기업들은 메모리 반도체 위주의 산업구조로 인하여 선진 후공정 기업들에 비해 기업 간 네트워크가 취약하고 기술적인 부분에서도 뒤떨어져 있는 실정
    - 현재의 반도체 산업 구조를 극복하고 국내 후공정 기업들이 직면하는 기술적, 조직적인 측면을 보완하기 위해 선진기업의 기술혁신활동에 대한 체계적인 분석이 필요

◎ 정책적 지원 강화

☐ (국내) 국내 정부는 메모리반도체에 비해 상대적으로 열악한 시스템반도체의 경쟁력을 강화하고 유기적인 생태계를 조성하기 위한 정책을 주로 추진

- 과거 시스템 IC 2010, 2015 및 시스템반도체 경쟁력 강화방안(2017), 시스템반도체 및 장비산업 육성 전략(2010) 등을 포함한 정책들이 추진

- 최근 메모리반도체 강국에서 종합 반도체 강국으로 도약하기 위해 관계부처 합동으로 시스템반도체 비전과 전략이 수립·발표됨

- 시스템반도체의 경쟁력을 강화하기 위한 정부 정책에 따라 국내 반도체 패키징, 조립, 테스트 아웃소싱(OSAT : Outsourced Semiconductor Assembly and Test) 업체들의 수주량이 급격히 증가하는 추세

- 최근 국내 주요 반도체 업체들이 전력반도체, 이미지센서 등 시스템반도체 물량과 종류를 늘려감에 따라 OSAT 업체 생산에도 긍정적 영향을 주고 있음

[시스템반도체 비전과 전략 주요내용]

목표	• 펩리스 시장 점유율 : (18)1.6% → (30) 10% • 파운드리 시장점유율 : (18) 16% → (22) 20% → (30) 35% • 시스템반도체 고용 : (18) 3.3만명 → (22) 4만명 → (30) 6만명
추진전략	• [펩리스] 수요, 자금, 인력, 기술 등 성장 생태계를 긴 안목으로 조정 • [파운드리] 메모리 경쟁력을 바탕으로 단기간내 세계 선두로 도약
추진과제	• [펩리스] 수요 창출 및 성장단계별 지원 강화 • [파운드리] 첨단, 틈새시장 동시공략으로 세계 1위 도약 • [상생협력] 펩리스-파운드리 상생협력 생태계 조성 • [인력] 민·관 합동 대규모 인력 양성 • [기술] 산업의 패러다임을 바꾸는 차세대 반도체 기술 확보

* 출처 : 한국과학기술기획평가원, 차세대지능형반도체 기술개발사업(2019.06)

☐ (중국) 세계 다른 주요 지역에 비해 중국의 IC 패키징과 테스트 분야 투자는 지난 10년 간 가장 빠른 성장세를 보이고 있으며, 중국계 제조업체들은 생산능력과 기술역량 강화를 위해 중앙·지방 정부의 강력한 지원을 받고 있음

- 2012년부터 2016년 초까지 확장과 인수 거듭 후, 3대 중국 패키징 업체인 JCET, 화천(Huatian), TFME 등은 모두 세계 10대 OSAT 랭킹에 진입
- SPIL, TFME, NCAP 등 패키징 업체들은 지속적으로 신규 공장을 건설 중
- 중국은 기존 LED 제품의 주요 생산지였으나 최근에는 반도체 패키징 산업의 비약적인 성장이 나타나고 있으며, 2017년 중국의 LED 제품 부문 시장은 134억 달러까지 성장했으나, 이는 IC 패키징 분야 성장의 절반 수준 규모로 나타남
- 2017년 중국 어셈블리 장비 시장 수익은 140억 달러에 이르며, 37%의 점유율로 세계 최대 규모임
- 2017년 외국인 소유회사와 합작회사에서 만든 어셈블리 장비를 포함해, 중국에서 제조된 어셈블리 장비는 중국 시장의 17%를 차지

(1) 세계시장

☐ 2021년 295억 달러였던 패키징 장비 세계시장 규모는 2026년 457억 달러로 증가할 것으로 전망됨

- 2020년부터 2026년까지의 연평균 성장률은 9.10%로 전망

[반도체 패키징 장비 세계 시장규모 및 전망]

(단위 : 백만 달러, %)

구분	'20	'21	'22	'23	'24	'25	'26	CAGR ('20~'26)
세계시장	27,100	29,566	32,256	35,191	38,394	41,888	45,700	9.10

* 출처 : Semiconductor Packaging Market by Type, Packaging Material, Wafer Material (Simple & Compound Semiconductor (III-V, II-VI, & IV-IV, & Technology , & Industry Vertical: Global Opportunity Analysis & Industry Forecast, 2021-2030 (Global Information, 2021.06) 윕스 재가공

☐ 첨단 패키징 세계 시장은 향후 Flip-Chip, SiP, WLP가 높은 비중을 차지하고 있으며, PLP와 Stacking은 작은 비중에도 응용 분야에 따라 큰 성장이 예상

- PLP와 Stacking은 각각 연평균 79%, 27%의 가파른 성장세가 예상되며, Flip-Chip과 SiP, WLP의 경우 시장점유율은 높으나 성장률은 다소 저조할 것으로 전망

☐ 반도체 제조 생산·공급은 응용 분야에 따라 다양한 레벨로 변화 진행 중이며, 특히 첨단패키지 분야에 대한 큰 변화가 예상됨

- 모바일 프로세서(AP)의 기술개발 경향이 패키지에서 실리콘 소자 집적으로 변화함에 따라 높은 수준의 기술이 요구되므로 기존 OSAT 업체를 대신해 대형 파운드리가 주요 플레이어로 부상

□ 전통적인 OSAT, IDM 업체의 영역이었던 패키징 분야가 거대 파운드리, PCB 및 기판 업체들의 진입에 따라 다변화되며 경쟁이 심화 중

- OSAT 업체의 경우 이와 같은 위기를 타개하기 위해 패키징 분야뿐만 아니라 테스트 영역에 대한 투자를 확대함으로써 Turn-key 사업형태를 강화하는 추세

(2) 국내시장

□ 2021년 6조 9,416억 원이었던 패키징 장비 국내시장 규모는 2026년 10조 7,296억 원으로 증가할 것으로 전망됨

- 2020년부터 2026년까지의 연평균 성장률은 9.10%로 전망

[반도체 패키징 장비 국내 시장규모 및 전망]

(단위 : 억 원, %)

구분	'20	'21	'22	'23	'24	'25	'26	CAGR ('20~'26)
국내시장	63,626	69,416	75,732	82,623	90,143	98,346	107,296	9.10

* 출처 : Semiconductor Packaging Market by Type, Packaging Material, Wafer Material (Simple & Compound Semiconductor (III-V, II-VI, & IV-IV, & Technology , & Industry Vertical: Global Opportunity Analysis & Industry Forecast, 2021-2030 (Global Information, 2021.06) 웝스 재가공
* investkorea 공개기준, 한국의 글로벌 반도체 시장점유율 18.4%를 통해 추정
* 1달러 환율 1,275.96원(2022.12월 기준)으로 계산하여 재가공

□ 우리나라는 메모리반도체 분야 세계 1,2위 IDM 기업을 보유하였으나, 패키징 기술을 포함한 시스템반도체 분야 산업 경쟁력은 다소 열세

- 2014년 전세계 OSAT 업계순위 25위 안에 5개 국내 기업이 있었으나, '20년 기준 SFA, 하나마이크론, 네페스 등 3개 기업 존재

- 메모리 패키지 전문기업 하나마이크론의 경우 최근 WLP 제품에 대한 범위를 넓혀 나가고 있으며, 비메모리 반도체 분야에서도 활발한 활동을 보임

- WLP 전문 기업인 네패스의 경우 일찍감치 FO기술을 개발하여 첨단패키지 시장에 진입 하였으며, 최근에는 Deca Technologies(미국)社의 유관 기술, 라이선스 및 영업권과 생산설비들을 인수하여 관련 포트폴리오 강화에 힘쓰고 있음

□ 세계 메모리반도체 업계 1~2위를 다투는 IDM 기업인 삼성전자는 시스템반도체 파운드리 생산도 수행하고 있으며, 3D 패키지 기술에 대한 투자와 개발에 집중하여 TSMC(대만)과 경쟁 중

- 삼성전자 파운드리는 EUV를 포함하여 반도체 전공정에 공격적인 투자를 진행하고 있으나, 후공정 분야 중 패키지 솔루션 기술은 업계 1위인 TSMC(대만) 대비 상대적으로 열세

- 또한, 삼성전자는 '19년 삼성전기의 FO-PLP기술을 인수하여 패키지 기술을 보강하고 파운드리 및 시스템반도체 사업과 시너지를 모색

나. 기술개발 동향 분석

□ 기술경쟁력
- 반도체 패키징 장비는 일본이 최고기술국으로 평가되었으며, 우리나라는 최고기술국 대비 97.5%의 기술수준을 보유하고 있으며, 최고기술국과의 기술격차는 0.3년으로 분석
- 중소기업의 기술경쟁력은 최고기술국 대비 79.4%, 기술격차는 1.4년으로 평가
- 한국(97.5%)>미국(97.3%)>EU(80.6%)>중국(77.2%)의 순으로 평가

□ 기술수명주기(TCT)[39]
- 반도체 패키징 장비는 6.47의 기술수명주기를 지닌 것으로 파악

(1) 기술개발 이슈

◎ 반도체 패키징 기술 흐름 동향

□ 반도체 패키징은 반도체 칩을 물리적으로 보호하고 상호 배선 및 전력 공급을 위해 필요한 공정으로, 과거에는 외부 환경으로부터의 보호와 기계적 서포트가 주 목적이었다면, 현재는 점차 저항을 최소화하는 상호 접속 기능과 퍼포먼스 향상을 위한 열 관리 능력, 패키지 통합기능 등 반도체 기능을 극대화하는 역할이 점차 강조되는 추세
- 반도체 전공정 기술이 성능 및 집적도 개선에 기술적인 어려움에 봉착하게 되면서 이러한 한계를 극복하고자 후공정 기술에 대한 투자가 확대되고 기술적인 중요도 또한 증가

□ 과거에는 반도체 산업이 전공정 기술의 미세화와 웨이퍼 크기를 증가시키면서 성능향상과 제조 생산량 향상을 이루었으나, 이러한 전공정 기술이 기술적 한계에 이르고 최종제품이 모바일과 웨어러블 제품으로 변화되면서 반도체 산업은 원칩화 되는 추세
- 여러 칩을 적층하거나 하나로 통합하는 형태에서 더 나아가 후공정에서도 전공정에서 이용해왔던 실리콘 웨이퍼 기반의 이종기술의 융복합화가 급속히 진행
- 전공정 기술의 기술적 한계를 보완하면서 최종제품에서 요구하는 원칩화, 원패키지화를 추구하는 흐름으로 시스템 통합이 진행되고 있음

□ 반도체 패키징의 기술적 변화를 메모리 반도체와 시스템 반도체 측면에서 살펴볼 수 있음. 반도체 산업은 메모리와 시스템 반도체에 따라 기술지식의 특성을 구분할 수 있으며, 이는 반도체 패키징에서도 동일하게 적용이 가능
- 패키징 기술로 구분하면 메모리제품의 경우 리드프레임(leadframe)과 FBGA 제품이 90% 이상을 차지하고 있고, 시스템반도체의 경우에는 반대로 SIP, Flipchip, 웨이퍼레벨(wafer level) 패키지로 구분

---

39) 기술수명주기(TCT, Technical Cycle Time): 특허 출원연도와 인용한 특허들의 출원연도 차이의 중앙값을 통해 기술 변화속도 및 기술의 경제적 수명을 예측

- 메모리 반도체 패키지의 가장 큰 특징은 용량을 증가시키려는 목적을 충족시키고자 메모리의 칩을 하나의 패키지 안에 쌓아올리는 칩 스택(chip stack)기술을 중심으로 발전을 해왔으며, 메모리 반도체 패키지의 기술은 하나의 패키지 안에 다수의 칩이 복잡하게 집적화 되면서 생산성 향상과 품질향상에 초점이 맞추어져 있음

- 시스템반도체는 다기능을 집약한 시스템을 하나의 칩으로 만든 반도체로서 기계적 안정성, 전기적 속도와 안정성, 열 방출 능력, 신뢰성 등의 특성을 만족시키기 위해 기술이 발전을 해왔으며, 따라서 시스템반도체 패키지의 경쟁력은 타 업체와 비교하였을 때보다 뛰어난 성능을 구현할 수 있는지가 핵심경쟁력으로 작용

☐ 반도체 패키징 기술 분야에서 국내기업의 경우 3세대 기술의 확보에 주력하고 있으며 선진기업의 경우 3세대 기술의 고도화에 주력하고 있음

- 특히 웨이퍼 수준의 TSV 및 Fan Out 기술은 웨이퍼 수준의 공정기술을 보유한 IDM과 파운드리 기업에 유리한 기술적인 상황을 제시하고 있어 향후 이들 기업의 후공정기술에 대한 수직적 통합의 가능성이 높음

[반도체 후공정 기술의 변화]

구분		1세대	2세대	3세대	4세대
후공정	기재	Leadframe base Wire bonding	PCB base Wire bonding	PCB base Flipchip Bumping	Si Wafer base Bumping & TSV
	기능	보호/연결기능	다단적층, 집적화	고집적화, 고성능화	초소형화, 저전력화, 동종 및 이종기술의 융복합화, 시스템 레벨 통합기술
	방식	Leadframe	FBGA, MCP	Flipchip, SIP, WLCSP	Flipchip, SIP, Waferlevel(TSV, POP, Fan Out), MEMS
전공정	규격	150mm wafer, 1um Node	200mm wafer, ~180nm node	300mm wafer, ~22, 15nm node	450mm wafer, 15nm 이하
제품	제품	가전제품, PC	PC	모바일(스마트폰)	웨어러블, IoT(사물인터넷)
	컴퓨팅 아키텍처	PC (CPU, Northbridge, PC DRAM, Southbridge, HDD)		Smart phone (AP/BP, LPDDR3 (DRAM), eMMC (NAND))	Future (Wearable or IoT) One Chip

* 출처 : 한국혁신학회지, 반도체 패키징 산업의 혁신체제와 기업의 신제품개발 활동에 관한 사례 연구(2017.08)

◎ 3D 반도체를 위한 패키징 기술 개발

☐ 인터넷에 연결된 사물의 수가 폭발적으로 증가함에 따라 수집된 빅데이터의 분석, 판단, 추론 등을 위한 프로세서 및 저장 장치의 성능 및 에너지 효율 개선이 절실히 요구되고 있음

- 빅데이터를 처리하는 데이터 센터에서는 성능은 유지하면서 전력 소모를 줄여 유지보수 비용을 최소화하는 추세가 있으며, 이를 위한 메모리 반도체의 미세화 및 차세대 메모리 소자의 개발이 필요
- 미세화의 한계에 점차 다가감에 따라 3D 형태의 적층형 반도체를 상용화하고 있는 추세이며 삼성전자, SK하이닉스 등이 시장을 주도하고 있음
- 또한, 에너지 효율성 개선을 위한 미세화 및 3D 반도체를 제작하기 위한 반도체 장비 기술에 대한 관심이 고조되고 있음

☐ 패키징 장비는 2.5D/3D 적층 또는 외부 부품까지 패키지 내부로 집적하여, 패키지 연결 부위를 최소화하는 동시에 내부 연결의 모든 공정을 반도체 공정으로 미세화하는 방향으로 기술 진화 중이며, 고속 대용량 데이터 전송을 위해서는 회로(IC) 간 짧은 연결 및 연결 부분에서의 기생 성분에 의한 손실 최소화가 필수적임

☐ 패키지 내부에서의 데이터 대용량화 및 고속화는 2.5D/3D 기술로 해결 가능한 반면, 패키지 외부로의 대용량화 및 고속화는 Interconnection 기생 성분 특성이 우수한 Fanout 기술로 해결 가능

- 웨이퍼 단위를 기반으로 하는 2.5D/3D 및 Fanout 패키징 증가로, 반도체 전공정과 후공정 간 경계가 허물어지고 있으며, MoL(Middle of Line) 공정이라는 새로운 분류가 생겼으며, 그 중요성 및 시장 비중이 계속적으로 높아지는 추세
- 또한, 비용 효율성면에서 가장 많은 압박을 받고 있는 패키징 분야에서는 가장 최근 기술인 웨이퍼 레벨 Fanout 공정에서도 비용 절감을 위하여 면적 효율이 제일 우수한 사각형태의 Panel level 공정 도입을 계획 중이며 이렇게 될 경우 많은 공정과 관련 장비의 변화가 예상

☐ 삼성전자와 TSMC는 3D 제품의 경우 자체 첨단 패키징 공정을 적용하고 있으며, 특히 TSMC는 Fanout 패키징까지 내재화하여 향후 치열한 경쟁이 예상

- TSMC의 Fanout 패키징 시장 진입과 더불어 삼성전기도 패키징 시장에 직접 진입하기로 결정하고 기술 개발 진행 중
- OSAT 진영에서는 가격 경쟁력 제고를 위하여 600mm 이상의 패널 레벨 Fanout 기술의 도입을 앞당기려고 시도하고 있음

☐ 첨단 패키징 관련 2.5D/3D 공정기술은 삼성전자와 SK 하이닉스가 세계 최고의 수준이라 할 수 있으나, 관련 장비 기술은 전무한 실정

- 2.5D/3D 관련 공정장비들은 노광, 식각 및 증착과 같은 반도체 전공정 영역에 해당하는 기술로 구성되어 있기 때문에 반도체 전공정 관련 국내 기술력 수준은 비슷한 상황
- 웨이퍼 레벨 Fanout 공정의 경우 패널 기반으로 진행할 경우 대면적 기반의 PCB 또는 Display 공정 및 장비와 많은 부분에서 유사점이 존재하기 때문에 국내에서 접근하기에 비교적 기술적 장벽이 높지 않을 것으로 판단

- ☐ 웨이퍼 레벨 Fanout 패키징의 경우 다양한 응용분야에 적용 가능한 특징을 기반으로 급격한 시장 확대가 예상
  - ■ 기생성분 특성이 우수하여 고속 대용량 데이터 전송이 가능하여, High-end 메모리 제품뿐 아니라, 사용 주파수대역이 높아지고 있는 차세대 이동통신 및 IoT와 같은 새로운 정보통신 서비스에 광범위하게 적용될 것으로 예상
  - ■ Post 스마트폰 시장으로 인식되는 이러한 시장에서의 경쟁력 확보를 위해서는 관련 공정 및 장비 기술의 후방산업 기술력을 보강하여, 전자산업 및 서비스의 전방산업 경쟁력 확보 전략이 시급함
  - ■ 패키징 산업이지만 패널을 기반으로 하는 PCB 또는 Display 산업의 공정과 장비 면에서 많은 유사성이 존재하고, 산업 간 밀접한 관계를 형성하고 있어 기술개발 지원을 통한 시장 진입뿐 아니라 연계 시너지가 큰 분야임

◎ **반도체와 패키징 국내 현황**

- ☐ 초격차 반도체 패키지 선도 전략 민관 태스크포스(TF)가 이달 초 산업통상자원부에 낸 보고서에는 국내 후공정 업체들이 중장기 로드맵을 세울 수 있도록 산업 기반을 전방위로 지원하는 방안을 포함. 2030년까지 한국 반도체 후공정 시장점유율을 21%까지 끌어올리고 전문 인력을 2000명 이상 육성한다는 밑그림을 설정
  - ■ 정부가 이처럼 패키징 연구개발 센터 건립 등 반도체 후공정 지원 전략을 종합적으로 검토하는 것은 관련 산업 생태계가 유독 열악하기 때문

- ☐ 세계 후공정 시장 상위 10개 업체 가운데 한국 회사는 전무함. 하나마이크론·SFA반도체·LB세미콘·네패스 등 4개 업체만 10위권 바깥에 이름을 올리고 있을 뿐이고, 상위 25개 후공정 업체 총 매출에서 한국이 차지하는 비중은 6% 안팎에 불과하해 대만(52%)·중국(21%)·미국(15%)에 크게 밀리는 수준임

- ☐ 중소기업 위주인 한국은 전문 인력을 구하기 어려움. 자금 면에서나 인재 면에서도 3D(3차원) 패키징 등 차세대 기술에 투자할 여력이 크지 않음. 후공정 생산 라인에서 활용하는 소재·부품·장비 국산화 비율도 50% 수준

[반도체 후공정 TF 보고서 주요 전략]

기술별 한계 돌파형 R&D 추진	첨단 R&D 센터 설립, 특허 및 표준화 지원, 차세대 패키지 로드맵 구축
산학연 상생협력 생태계 조성	패키지 선도기업 인증·육성
반도체 패키지 특화 전문인력 육성	석박사급 고급인력 양성 및 재직자 맞춤형 교육 운영

* 출처 : "후공정 투자 없인 현상유지 못해"…8년 내 점유율 6→21%로 올린다, (서울경제, 2022.06.17.) 윕스 재구성

[반도체 후공정 TF 목표]

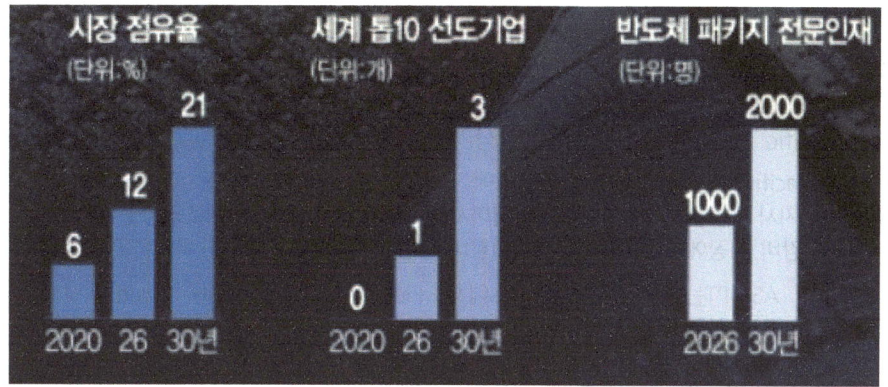

* 출처 : "후공정 투자 없인 현상유지 못해"…8년 내 점유율 6→21%로 올린다, (서울경제, 2022.06.17.)

◎ 반도체 패키징 관련 규격

☐ JEDEC Standard

JESD51	개요
JESD30H	• 전자기기 패키지 기술 지정 시스템
JEP30	• 전자기기 패키지 부품 모델 지침 - XML 요구사항 • 솔리드 스테이트 제품을 위한 JEP95, JEDEC 등록 및 표준 개요
JEP30-10	• 부품 모델 스키마
JEP30-P101	• 부품 모델 패키지 스키마
JEP30-D10	• 부품 모델 스키마 유형 사전(부품 모델 스키마 및 각 섹션 하위 스키마를 지원하는 데 필요)
JESD51-1	• TJ 측정의 ETM법 및 과도 열 측정 방법 (Dynamic / Static법)
JESD51-2A	• IC 패키지의 열 측정용 자연 대류 환경 (Still Air)
JESD51-3	• SMP 패키지 측정용 저열 전도 기판
JESD51-4	• 열 측정용 TEG 칩 규격
JESD51-5	• 방열 부품 (FIN 등) 내장 패키지의 테스트 기판 규격
JESD51-6	• IC 패키지의 열 측정용 강제 대류 환경 (Moving Air)
JESD51-7	• SMP 패키지 측정용 고열 전도 기판
JESD51-14	• 1차원 방열 경로를 지닌 패키지의 Rthjc 측정법

(2) 생태계 기술동향

◎ 해외 플레이어 동향

☐ ASM Pacific Technology(ASMPT) (싱가포르)
- ASM Pacific Technology는 1975년에 설립된 반도체 장비 전문 제조업체로, 전 세계에 30개 이상의 지사 및 홍콩, 싱가포르, 말레이시아, 중국에 R&D 및 제조공장을 두고 있으며, 전 세계 반도체 장비 시장에서 조립 및 패키징 장비 부문 시장점유율 1위를 차지하고 있음
- 2011년 ASMPT는 독일의 Siemens에서 Electronics Assembly System 사업부를 인수하여 처음으로 표면 실장 기술 시장에 진출
- ASMPT의 조립 및 패키징 장비에는 자체 개발된 고정밀 엔코더가 적용되어 있으며, 엔코더 헤드에는 광학 방식의 분진 내성 기능이 적용되어 먼지, 입자 및 스크래치 등 다양한 오염으로부터 보호가 가능

☐ Applied Materials (미국)
- 반도체 장비 분야 선두 기업인 미국의 Applied Materials는 패키징 장비 분야에서 웨이퍼 레벨 패키징(WLP) 공정을 선도하고 있으며, ECD, PVC, 식각, CVD, CMP를 포함한 첨단 패키징 장비를 다양하게 제공하고 있음
- 특히 고객이 플립칩에서 팬아웃 웨이퍼 레벨 패키징(FOWLP), TSV에 이르기까지 어떤 패키징 공정도 수행할 수 있도록 장비를 제공하고 있으며, 플립칩, FOWLP, TSV 전용의 풀플로우 라인을 갖추고 있어 새로운 패키징 공정에 대한 유연성이 높음

[Applied Materials의 패키징 장비 NOKOTA ECD]

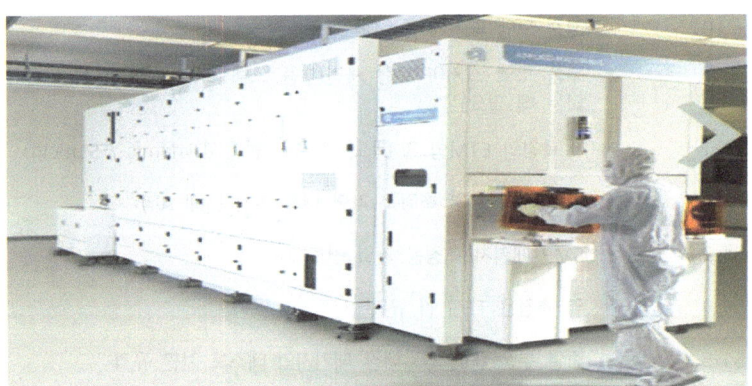

* 출처 : Applied Materials 홈페이지 참조(2019)

☐ Kulicke and Soffa Industries(KLIC) (싱가포르)
- Kulicke and Soffa Industries는 전 세계 자동차, 통신, 컴퓨팅 및 산업 시장에 서비스를 제공하는 반도체 및 전자 어셈블리 솔루션 제공 업체로 와이어 본딩, 차세대 패키징, 및 어셈블리를 포함한 포괄적 인터커넥트 기술을 지원하는 장비 솔루션을 제공

[KLIC의 플립칩 패키징 장비]

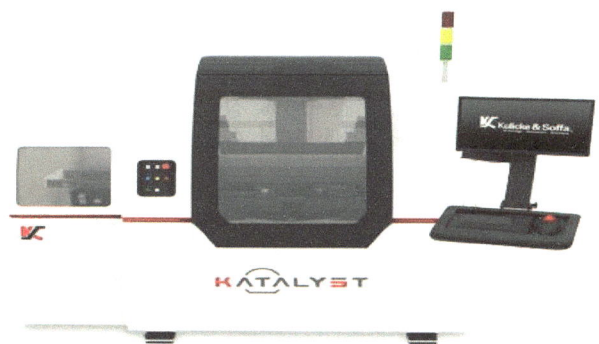

* 출처 : Kulicke&Soffa 홈페이지 참조(2019)

☐ Tokyo Electron (일본)

- Tokyo Electron은 일본 1위의 반도체 장비업체로 최근 3D NAND 빅사이클에 의해 매출이 급증

- Tokyo Electron은 반도체 장비 업계에서 가장 다변화된 포트폴리오를 구축하고 있다는 점에서 경쟁사들과 차별화된 강점을 가지고 있음. Tokyo Electron의 반도체 장비 매출은 메모리향과 로직향이 5:5 수준이고, 감광액 도포(30%), 식각(28%), 증착(23%), 세정(11%), 패키징(5%) 등 다양한 공정으로 구성되며, 고객사도 다변화되어 있음

☐ 앰코테크놀로지 (미국)

- 미국의 반도체 제품 포장 및 테스트 서비스를 제공하는 글로벌 후공정 시장 세계 2위 기업

- 세계적인 반도체 업계의 선두주자이며, 칩 제조사용 집적회로(IC)를 패키징해 테스트를 사업을 하며, 열압축과 웨이퍼 레벨 패키징으로 칩 조립에 대한 경쟁력을 갖추기로 유명

- 반도체 제조업체의 다양한 요구에 부응하기 위해, 루홀 및 표면 실장용 기존 리드프레임 IC에서 핀 수가 많고 고밀도인 애플리케이션에 적용되는 적층 다이, 웨이퍼 레벨, MEMS, 광학, 플립칩, TSV(실리콘 관통전극) 및 3D 패키징 등 다양한 패키지 앰코는 3,000개 이상의 다양한 패키지 포맷과 사이즈를 제공

- Thin 패키지, TSV, TMV, SIP 등 새로운 패키지 기술개발에 주력

- 국내 주 고객으로는 삼성이 절반 이상 차지하고 이외 Siliconworks / ADT 등 FABLess 업체가 고루 분포

- 2020년 상반기 FC/WLP/SiP 패키지에서 30% 이상의 매출 상승으로 전체 매출 성장을 견인

- SiP 등 첨단패키지 기술은 약 2배의 매출 성장이 예상되나, 기존 와이어본딩 및 리드프레임 제품은 자동차 시장 약화로 다소 둔화 예상

- Application 별 매출로는 Communication 38%, Consumer 26%, Computing 16%, Automotive/ Industrial 21%로 예상

- ☐ ASE (대만)
  - 전 세계 1위 OSAT 기업으로 글로벌 파운드리 기업과 전략적 파트너를 구축하고 패키지에서 테스트까지 독립적인 서비스를 제공
  - ASE Group 전체 매출은 '19년 대비 13~15% 상승한 92억 달러 수준의 매출 예상되며, ASE KOREA의 매출은 '19년 4억2천만 달러에서 '20년 4억 5천만 달러로 상승 예상
  - Application 별 매출로는 Communication 53%, Consumer 21%, Computing 14%, Automotive 5% 로 예상
  - 테스트 외주업체 중 1위에 위치의 기업으로, 주 고객사는 애플과 퀄컴 등 글로벌 반도체 팹리스 업체임
  - ASE는 대만, 한국, 일본, 중국, 홍콩, 싱가포르, 말레이시아를 비롯한 동아시아 그리고 미국 및 유럽 등 전세계에 걸쳐 첨단 생산기지와 고객 서비스 및 판매 사무소를 운영
  - 반도체 패키징 및 서비스 제공업체인 ASE Inc.와 세계 최대 독립 반도체 테스트 서비스 제공업체인 ASE Test Limited, 패키징용 원자재 공급 업체인 ASE Materials, 주문형 전자 제품 제조업체인 Universal Scientific Industrial(USI)로 구성

- ☐ JCET (중국)
  - 패키지 패러다임의 변화에 대응하여 웨이퍼 레벨 패키지, 플립 칩 인터커넥트 및 TSV 등 차별화된 솔루션 개발을 위해 노력 중이며, '20년 JCET Group 전체 매출은 '19년 대비 6% 상승한 35억 달러 수준의 매출 전망
  - 중국 Jiangyin에 HQ를 둔 기업으로써, Leadframe 위주의 Low end 패키지를 시작으로 SMIC와 합작으로 WLCSP, FC, SiP 등을 시작하고 StatsChipak을 인수하면서 Global OSAT 업체로 편입
  - JCET Korea의 경우, SiP, PoP 등 첨단패키지 사업이 주를 이루고 있으며, iPhone / 삼성 저가형 스마트 폰, Qualcomm 관련 매출이 큰 것으로 파악

- ☐ TSMC (대만)
  - 파운드리 기업임에도 불구하고, 패키징 분야 기술력을 확보하여 원스톱 패키지 서비스 및 프로브카드 설계 등 통합 서비스 제공
  - Wafer level chip scale package(WLCSP), Chip-on-Wafer-on-Substrate, Integrated FO 등과 같은 첨단 패키징 기술을 세계 최고 수준으로 서비스
  - 패키징 뿐 아니라 어셈블리·테스트 분야 외주 파트너의 공급망을 관리하여 고객에게 후공정 분야의 turn-key 서비스를 제공
  - 2020년 기준 매출의 9% 수준을 최첨단 기술 R&D에 할당하여 최신의 소자 집적화와 패키징 기술 구현 추진

- ☐ 시그네틱스 (미국)
  - 반도체 패키징을 주 업종으로 하고 있으며 주요 거래처는 삼성전자, 하이닉스반도체 등 반도체 제조 기업이며 반도체 업체들의 수급 개선 및 모바일 수요 확대에 따른 패키지, 테스트 아웃소싱 확대 및 멀티칩 패키지 등의 고부가가치 패키지 증가로 지속적인 성장이 전망

◎ 국내 플레이어 동향

☐ 한미반도체

- 한미반도체는 1980년 한미금형이라는 이름으로 설립하였으며 주력 매출원은 비전 플레이스먼트와 전자파차폐(EMI) 장비이며 비전 플레이스먼트는 웨이퍼에서 절단된 반도체 패키지의 세척, 건조, 검사, 선별 공정을 수행하며 세계 점유율 1위를 확보하고 있음

- 제조용 장비의 개발 및 출시를 시작 함. 최첨단 자동화장비에 이르기까지 반도체 생산장비의 일괄 생산라인을 갖추고 세계적인 경쟁력을 확보 함

- 주력장비인 'VISION PLACEMENT'는 반도체 제조공정의 필수적 장비로서 높은 안정성과 속도 등으로 인해 2000년 중반이후 세계 시장 점유율 1위를 지키고 있음

- 규격에 맞게 절단된 반도체를 세척·검사·분류하는 장비인 '비전 플레이스먼트'는 2004년 이후 세계 시장 점유율 1위를 유지함

- 2016년 준공한 인천 3공장에서는 반도체 장비를 동시에 100대까지 조립할 수 있는 대규모 클린룸을 조성하였으며, 이는 사물인터넷과 인공지능 등 4차 산업 영향으로 중장기적인 수요를 예측하여 한 발 앞서 장비생산량을 확보한 결과임

- 2021년 한판으로 생산된 반도체를 개별 제품으로 절단하는 패키징 절단 장비인 'micro SAW'를 개발해 일본에 의존하고 있던 장비를 국산화하여 연간 900억 달러를 절감할 수 있게 됨

- 2021년 매출 3731억 원, 영업이익 1224억 원의 실적으로 2020년 보다 매출은 45%, 영업이익은 84% 증가한 창사 이후 최대 실적을 달성함

◎ 국내 중소·중견기업

☐ 이오테크닉스

- 이오테크닉스는 1989년 창업하여 레이저를 활용한 반도체 웨이퍼 절단 장비를 개발한 데 이어 홈을 내는 레이저 그루빙 장비, 구멍을 내는 레이저드릴 장비 등 반도체 제조공정에 사용하는 레이저 장비 제품군을 확대

- 신제품 개발을 위해 기술연구소를 설립. 동사는 2000년 8월 24일 코스닥시장에 상장함

- 반도체 웨이퍼, 반도체 패키징, 패널, 인쇄회로기판(PCB), 유기발광다이오드(OLED) 등에 응용할 수 있는 제품을 선보이며 다양한 분야를 아우르는 레이저 장비 라인업을 보유하고 있고, 매년 매출의 10%를 연구개발에 투자하고 있음

- 반도체와 디스플레이 등의 제조공정에 사용하는 레이저와 장비를 지속해서 개발해 레이저 산업 전 영역을 아우르는 '토털 레이저 솔루션' 공급업체로 도약 중

- 해외시장개척을 위해 필리핀지사와 싱가포르, 미국, 대만, 중국에 현지법인을 설립

- 주요 영업국가로는 한국을 포함해 미국, 중국, 일본, 필리핀, 대만, 싱가폴, 베트남, 말레이지아, 태국, 인도네시아, 홍콩, 브라질 등이 있으며, 당사장비의 안정성과 기술력을 인정받고 있음

- ☐ 하나마이크론
  - 하나마이크론은 2001년에 설립되어 2005년 코스닥 시장에 상장한 회사로 메모리 반도체 후공정 전문기업으로 출발하였으며 비메모리형 매출 비중이 점차적 증가하여 2016년 패키징 매출의 30%를 상회
  - 초기에는 플립칩(Flip Chip) 패키징 중심으로 비메모리 반도체향 매출 확대에 노력하였으나 해당 분야 업체간 경쟁이 심화되어 최근에는 플립칩보다 경쟁이 덜한 비메모리 분야를 주력으로 하고 있음
  - 주력기술인 FC를 포함하여 SiP, MCP, 인터포저 등 다양한 패키지 기술 보유
  - 반도체 제조 및 재료 부문의 기업부설 연구소를 설립하여 전반적인 후공정 분야 연구개발 수행
  - FCBGA(Flip-chip ball grid array), 플랙서블 패키징 등 차세대 패키징 기술 개발과 함께 제품 맞춤형 최적화 패키지 기술을 적용하는 서비스 제공
  - 경영진은 재무제표를 승인하는 시점에 연결실체가 예측가능한 미래기간 동안 계속기업으로서 존속할 수 있는 충분한 자원을 보유한다는 합리적인 기대를 가지고 있음
  - 반도체 산업의 BACK-END 분야인 반도체 조립 및 TEST 제품을 주력으로 생산하고 있으며 업계선두의 반도체 패키징 기술을 보유하고 있음

- ☐ 네패스
  - 반도체 및 전자관련 부품, 전자재료 및 화학제품 제조, 판매를 영위할 목적으로 1990년 12월 27일에 설립된 이후, 1999년 12월 14일 코스닥시장에 상장됨
  - 타 OSAT 기업과 달리 전통적인 패키지에 대한 투자를 축소하고, 첨단 패키지 중심의 후공정 사업에 집중
  - 2020년 FO 패키지 특화된 자회사 '네페스 라웨'를 설립하여 FO-WLP, FO-PLP 등 기술 개발에 주력
  - 대만 ASE사에 집중된 FO패키지 의존도를 낮추기 위해 Deca Technologies(미국)社의 자산과 특허를 인수하는 등 시장에 적극적으로 대응 중
  - 대만 TSMC에 집중된 후공정 의존도를 낮추기 위해 국내 파운드리와의 적극적인 협력을 통해 생태계 강화 노력
  - Wafer Level Package(웨이퍼 레벨 패키지) 기술을 기반으로 반도체의 초소형·초박형·다기능 구현이 가능한 Fan-Out Wafer Level Package를 국내 최초로 개발 및 양산에 성공
  - 웨이퍼 레벨 패키지(WLP)와 팬아웃 웨이퍼 레벨 패키지(FOWLP) 기술력을 기반으로 청주2캠퍼스의 디스플레이 장비를 활용해 PLP 기술 개발에 도전해 왔으며, 스마트폰용 아날로그 반도체 적용을 시작으로 국내 최초로 PLP 기술 사업화에 성공

- ☐ 코스텍시스템
    - 네패스와 웨이퍼 임시 본더(타우루스-300FOB)와 디본더(타우루스-300FOD) 생산 장비 개발
    - 반도체 제조 공정용 웨이퍼 이송장비 및 핵심 부품 기술을 개발. 이 가운데 진공챔버에서 이동 가능한 쿼드 암(Quad Arm) 진공 로봇 및 리니어 트랙 기술은 원가를 절감하면서도 생산성을 약 20% 높이는 혁신 기술로 평가됨

- ☐ SFA반도체
    - 국내를 비롯한 중국, 필리핀에 현지 법인을 구축하여 생산력 향상 및 원가 경쟁력을 강화하는 등 글로벌경쟁력 확보에 주력
    - 충남 천안시 서북구 백석공단7로 16에 위치하며 1998년 6월 30일에 설립되었고, 2001년 5월 2일 코스닥시장에 상장되었으며, 계열회사 중 두 회사도 코스닥 상장사임
    - 반도체 산업의 후공정 분야인 반도체 조립 및 TEST제품을 주력으로 생산하고 있으며, 삼성전자, Micron, SK하이닉스 등 세계 유수의 반도체 업체들에게 최첨단 반도체 패키징 솔루션을 제공하고 있음
    - 차세대 패키지 관련 연구개발에 집중함으로써 다양한 특허와 원천기술 확보 및 Bumping에서부터 패키지 및 테스트까지 일괄공정 체계 구축

- ☐ 윈팩
    - 2002년 4월 설립되어 반도체 외주 생산 서비스 및 반도체 제조, 생산업체로 반도체 후공정 패키징 및 테스트 외주 사업을 영위
    - 메모리 반도체에서 시스템 반도체로 사업영역을 확장해 나가고 있으며, 패키징부터 테스트까지 일괄 수주하는 기반을 확보해 나가고 있음. 또한 기판처리장치 특허 취득 등으로 기술경쟁력을 강화 중
    - PKG 위주의 포트폴리오 보유

- ☐ 에이티세미콘
    - 설립일 이후 반도체 후공정 사업인 반도체 테스트사업을 주된 사업으로 영위하였고, 2014년 세미텍과의 합병을 통해 반도체 패키징 사업에 진출
    - 국내 반도체 산업의 특성상 전방산업 경기에 영향을 받으며, 종합 반도체 회사들의 생산계획 및 수주에 의존적 사업 구조를 지님. RF필터 대표전문기업인 아랑텍의 최대주주 지위를 확보
    - 주요 매출 구성은 제품매출 83.5%, 임가공매출 13.7%, 기타매출 2.8%로 이루어짐

다. 국내 연구개발 기관 및 동향

(1) 연구개발 기관

[반도체 패키징 장비 주요 연구조직 현황]

기관	소속	연구분야
한국기계연구원	환경에너지본부	• 유연기판 패키징 공정 기술
전자부품연구원	메디컬IT융합연구센터	• 웨이퍼 레벨 패키징
한국전자통신연구원	통방융합SoC팀	• 시스템반도체 패키징
한국생산기술연구원	뿌리산업기술연구소	• 차세대 반도체 웨이퍼 레벨 배선기술
나노종합기술원	나노융합기술본부	• 웨이퍼레벨 배선 패키징 플랫폼
성균관대학교	산학협력단	• 우주항공 반도체 패키징
한국전자기술연구원	-	• 차량용 고신뢰성 반도체 패키징 기술
한국과학기술원	-	• 반도체 헤테로지니어스 패키징 고단차 3D 대면적 검사

(2) 기관 기술개발 동향

☐ 한국기계연구원

- 유연 기판 기반 패키징 공정 기술 개발 - Height/Pitch: ≥15 m / ≥20 m - 접촉각: ≥150° - 수분 투과율: ≤10^{-2} g/m^2/day

☐ 전자부품연구원

- 웨이퍼레벨 적층금속 접합 패키징 공정 기술 개발을 위해 필요로 하는 패터닝 공정과 금속 적층을 위한 시험 공정을 위한 증착 설비 개발

☐ 한국전자통신연구원

- 반도체 개발에 필요한 인프라 (설계환경/검증, IP,시험, 창업보육 등) 구축 및 시제품 제작(칩 제작 등)에 많은 비용이 소요되므로 정책적 지원을 통해 시스템반도체 개발에 필요한 인프라를 구축하여 공동으로 활용할 수 있도록 지원하여 시스템반도체 산업을 육성

☐ 한국생산기술연구원

- 전자 패키지 레벨 금속배선용 스퍼터링 타겟 개발

☐ 나노종합기술원
- IoT용 센서가 요구하는 저가격, 초소형, 다기능 성능을 가지는 융복합 센서 개발을 위해 고집적 다차원 배선 공정 개발 및 응용제품 개발

☐ 성균관대학교
- 우주항공 환경에서 작동을 보장하는 반도체 패키징 핵심기술 확보를 위한 전반적 산업 동향 및 소재,공정 분야의 기술 및 현황 분석을 통한 기술개발 추진전략 기획 및 자문단 운영

☐ 한국전자기술연구원
- 첨단 전장화 차량 및 친환경 자동차에 대한 국내 차량용 후공정 기술 및 현황 분석을 통한 기술개발 추진전략 기획

☐ 한국과학기술원
- 헤테로지니어스 반도체 고단차 패키징의 고속 대면적 3D 검사기술 개발

◎ 국내 반도체 패키징 장비 관련 선행연구 사례

[국내 선행연구(정부/민간)]

수행기관	연구명(과제명)	연도	주요내용 및 성과
송원산업(주)	고내열(Tg>210oC) 고방열(열전도도>10WmK) 저변형(CTE<7ppmoC) 고신뢰성 반도체 패키징용 EMC 제조기술 개발	2021~2024	· 바이페닐계 노볼락 유도체의 개발 · Low Cl 함량의 TMBP 에폭시 제조 공정 기술 개발 · 시스템 반도체 FOPLP용 granule EMC 기본 배합 설계 · 전력 반도체 파워모듈 패키지용 EMC 기본 배합 설계
인하대학교	스마트 반도체용 3D 패키징 분야 차세대 공학연구자 육성 사업단	2019~2022	· 초고방열 소재를 이용한 최첨단 TIM 개발 및 그에 따른 신뢰성 예측 기술 개발 · 방열 소재를 적용한 반도체 모델링을 바탕으로 Simulation 가이드 제작 · 학교와 산업체의 협동 연구를 통한 최적 설계기술 도출
AP시스템	대면적 600mm 패널레벨 이종 복합 패키징 공정 및 Encapsulation 시스템 개발	2016~2020	· 대면적 패널레벨 이종 복합 Packaging 공정 개발 · 대면적 패널용 몰딩 소재 개발 · 720x600mm FOPLP 제작을 위한 공정 Simulation · 대면적 패널용 Encapsulation 시스템 개발
트리엔(주)	반도체 패키징을 위한 Sheet 타입 소재 Via Hole 가공용 CO2 레이저 드릴러 광학계 설계 및 드릴링 성능 검증	2021~2022	· 반도체 Substrate용 Sheet타입 소재을 위한 400W 이상 고출력 CO2 레이저 드릴링 공정 장비용 광학계의 설계해석과 테스트 베드에서의 광학계 구성과 시험 가공을 통한 개발 광학계의 가공 성능 검증 · CO2 레이저 드릴러 광기구 설계 제작, 광학계 시현용 테스트 베드 제작, 가공 시험을 통한 기술 검증
페코텍(주)	초미세 반도체 패키징 공정용 고 정밀도 collet 개발	2020~2022	· collet용 silicone rubber 재질의 신규 소재 개발 및 rubber 사출 공정기술 개발을 통해 초미세 반도체 패키징 공정용 고 정밀도 collet 개발 · 내마모성 및 전기적 특성이 강화된 rubber 신규 소재 개발 · 원소재 배합의 균일성 향상을 통한 Mixing 공정 개발 · 고 정밀도 collet 개발을 위한 금형 설계 기술 개발 · collet 사출용 rubber 소재의 공정성 향상 · rubber 재질의 collet 사출 공정기술 개발
와이투라인(주)	반도체 패키징 생산용 압력Chamber의 Big Size Bubble(Void) 불량해결을 위한 "진공제어 Unit" 기술개발 사업	2020~2022	· 압력Chamber에서 "진공제어"구조 및 제어Unit이 적용 되어 있지 않아 한Chamber서 진공→압력의 연속적인 TEST가 불가하여 융합됐을 시 Side Effect에 대한 대응 기술 확보 · 압력/진공Chamber는 KS 규격에의한 설계/구조해석/계산하여 산업안정 인증을 획득 · 압력Chamber는 대류(Radiation)로 Heating을 하여 Heating Condition에 대한 차이점 확인 후 대응 기술 확보

3. 특허 동향

가. 특허동향 분석

(1) 특허 증가율

- ☐ 과거부터 최근까지 해당품목에 대한 특허기술 출원의 양적 트렌드 분석을 통해 해당품목의 기술개발 동향 파악[40]
- ☐ 한국(KIPO), 미국(USPTO), 일본(JPO), 유럽(EPO) 국가별 특허기술 출원 점유율 분석을 통해 해당품목을 선도하는 국가 파악

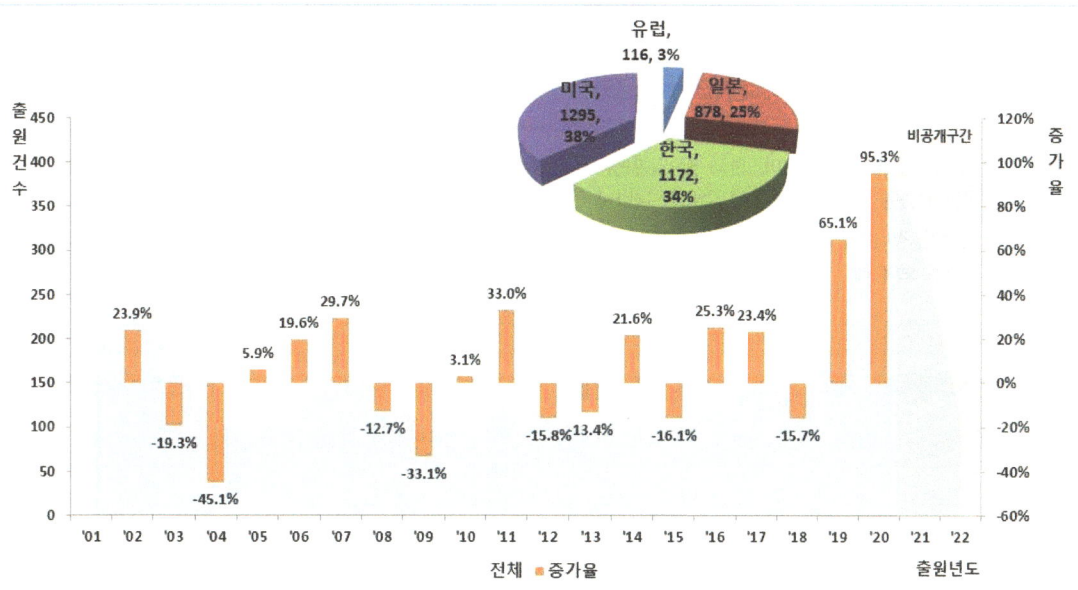

- 반도체 패키징 장비 품목은 지난 20년간 꾸준히 출원활동이 진행된 것으로 나타남
- 전년대비 증가율을 살펴볼 때 분석구간 전반적으로 소폭의 증감이 반복되고 있으며 2019년과 2020년 사이에 큰 폭의 상승률을 보임. 2019년에는 65.1%의 증가율로 큰 폭의 상승을 보이는 것으로 나타났고, 2020년 증가율은 95.3%로 분석구간에서 가장 큰 상승을 보임
- 국가별 특허출원 점유율을 분석 시 반도체 패키징 장비 품목은 한국 및 미국이 기술개발을 선도하는 것으로 판단됨

---

[40] 특허출원 후 1년 6개월 경과 후 데이터가 공개되는 특허제도의 특성상, 2021년과 2022년에는 실제 출원이 이루어졌으나 아직 공개되지 않은 미공개데이터의 존재로 유효데이터가 적게 나타날 수 있음에 유의해야 함

(2) 특허 점유율

☐ 과거부터 최근까지의 국가별 특허기술 출원의 양적 트렌드를 비교하여 타 국가 대비 국내의 기술적 위치 파악

☐ 한국(KIPO), 미국(USPTO), 일본(JPO), 유럽(EPO) 국가별 내·외국인의 출원분포를 파악하여 해당 국가 내 국외기술의 유입상황 및 국외기술에 대한 의존도 여부, 자국 기술력 등을 유추

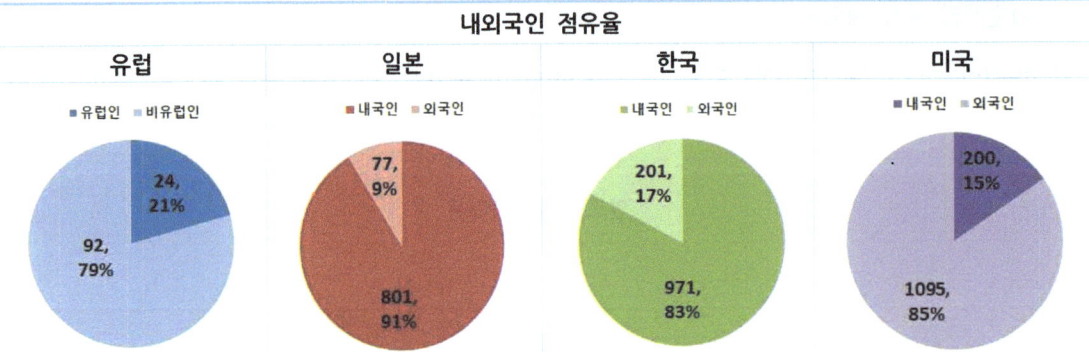

- 반도체 패키징 장비 품목에 있어, 한국 및 일본은 내국인의 출원 점유율이 더 높은 것으로 나타났으며, 미국 및 유럽의 경우 외국인의 출원 점유율이 더 높은 것으로 나타남
- 반도체 패키징 장비 품목에 있어 일본의 기술 자립도가 높은 것으로 평가되며, 미국과 유럽의 경우 외국인의 진입이 활발한 것으로 보아 해당 국가 시장에 대한 시장 매력도가 높은 것으로 분석됨

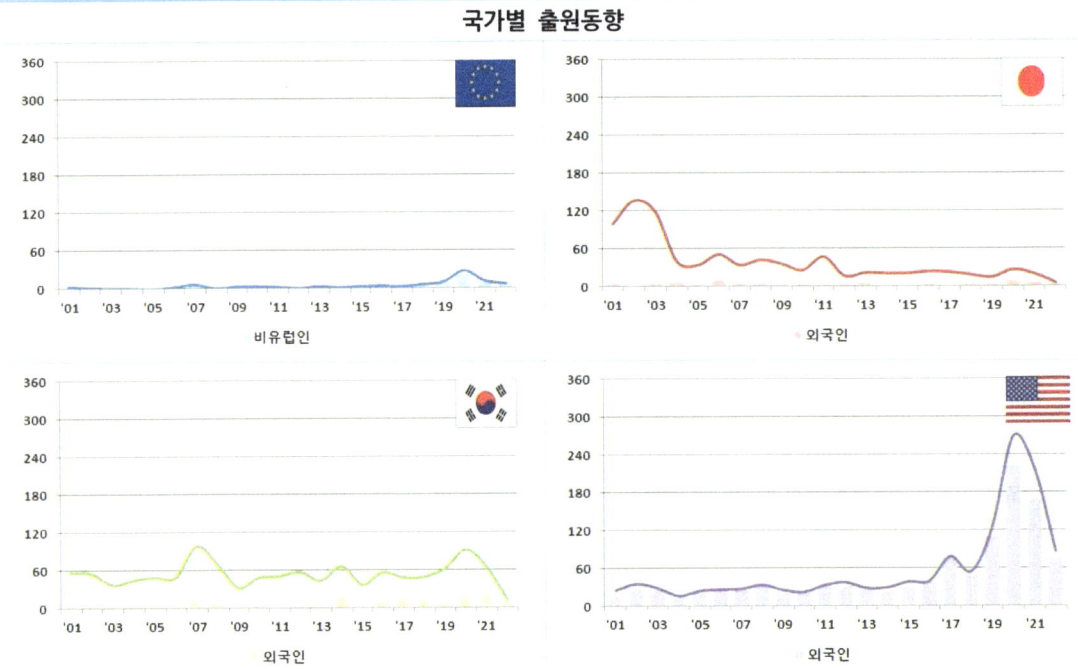

- 지난 20년간 미국의 출원 활동이 가장 활발히 진행된 것으로 나타나며, 한국은 분석 구간 동안 출원 건수는 일정 수준 유지되고 있는 것으로 보임. 미국 및 유럽의 출원 활동은 외국인에 영향을 많이 받고 있는 것으로 나타남

(3) 특허 영향력

☐ 기술영향력(CPP) 지수는 특정 등록특허가 다른 특허들에 의해 인용된 횟수를 나타내며, 특허권자의 입장에서 이 값이 클수록 질적 수준이 높은 핵심특허 또는 원천특허를 많이 보유하고 있을 가능성이 높다고 판단

* CPP = 특정 주체의 등록특허의 피인용 횟수 / 해당 주체의 등록특허 수

☐ 시장지배력(PFS) 지수는 출원인 국적별 패밀리국가수를 분석하는 것으로, 해당품목에서 글로벌 시장을 타겟팅한 출원인이 누구인지 파악 가능

* PFS = 특정 주체의 평균 패밀리 국가수 / 전체평균 패밀리 국가수

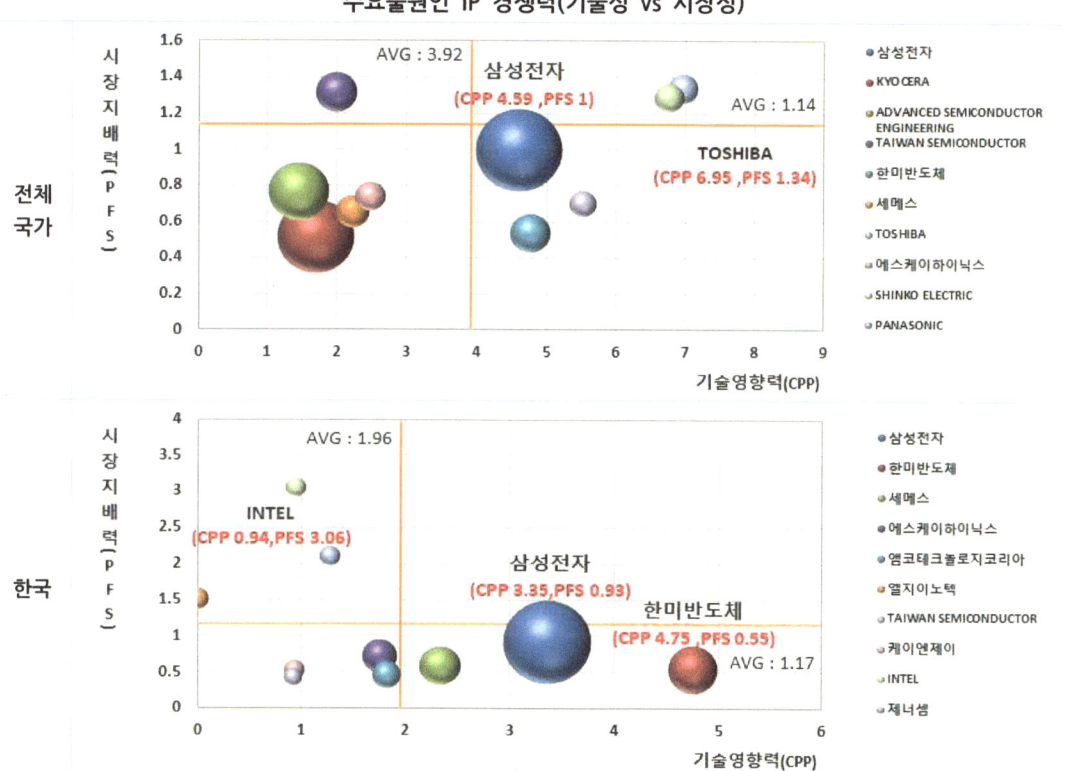

- 반도체 패키징 장비 품목에 대한 주요 출원인들의 IP 경쟁력 분석 결과, 전체 국가에서는 TOSHIBA가 시장확보력 및 기술영향력이 높고, 한국에서는 한미반도체가 가장 높은 기술영향력을 INTEL이 가장 높은 시장확보력을 보이는 것으로 나타남. 이에 따르면 전체 시장에서 TOSHIBA의 기술적 파급력과 상업적 가치가 큰 것으로 평가되며, 한국 시장에서는 한미반도체의 특허가 기술적 파급력이 큰 것으로 평가됨

  (전체) TOSHIBA : 기술영향력(CPP) 6.95 / 시장확보력(PFS) 1.34
  (한국) 한미반도체 : 기술영향력(CPP) 4.75 / 시장확보력(PFS) 0.55

- 한국 출원인 중에는 전체 국가에서 삼성전자가 가장 높은 시장지배력 및 기술영향력을 가지고 있으며, 한국에서 한미반도체의 기술영향력이 가장 높은 것으로 분석되며, INTEL이 가장 높은 시장확보력을 보이는 것으로 나타남.

  (전체) 삼성전자 : 기술영향력(CPP) 4.59 / 시장확보력(PFS) 1
  (한국) 한미반도체 : 기술영향력(CPP) 4.75 / 시장확보력(PFS) 0.55

나. 주요 기술 키워드 분석

(1) 기술개발 동향 변화 분석

□ AI 알고리즘을 활용하여 해당품목의 분석구간의 특허 기술 키워드를 비주얼 차트로 나타낸 것으로, 키워드 확인을 통한 집중연구 분야를 파악할 수 있으며, 구간별 기술 키워드 확인을 통해 해당품목에 대한 구간별 연구 트렌드 변화를 유추

* 분석범위 : 요약, * 키워드 구성 : 구문, * 키워드 출력수 : 전체구간 100개, 최근구간 50개

전체구간(2001년~2022년) 특허 주요 기술 키워드

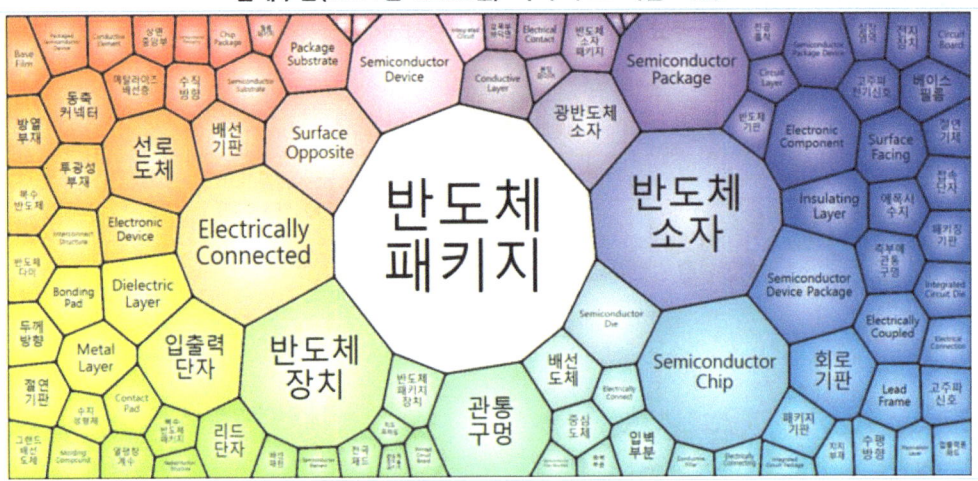

- 반도체 패키징 장비 품목에 대한 지난 20년간의 특허 주요 기술 키워드 분석 결과, 반도체 패키지 기본 기술 관련 키워드가 주로 도출되었으며, 반도체 패키지 장비와 관련된 '반도체 장치' 및 '반도체 소자' 키워드가 도출된 것으로 조사됨

  (전체구간 주요 키워드) 반도체 패키지, Semiconductor Chip, 반도체 소자, Semiconductor Device, 관통 구멍, Semiconductor Package, 반도체 장치, Electrically Connected Semiconductor, Die Electronic Component

최근구간(2011년~2022년) 특허 주요 기술 키워드

1구간(2011년~2015년)	2구간(2016년~2022년)
	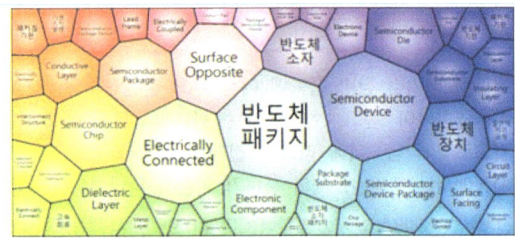

- 반도체 패키징 장비 품목에 대한 최근 구간 특허 주요 기술 키워드 분석 결과, 1구간에는 '반도체 패키지'가 주요 기술 키워드로 도출되었고, 2구간에서는 'Electronic Component'가 주요 기술 키워드로 도출됨

  (1구간 주요 키워드) 반도체 패키지, Semiconductor Chip, Semiconductor Package, 관통 구멍, 반도체 장치

  (1구간 주요 키워드) 반도체 패키지, Semiconductor Device, Semiconductor Die, Electronic Component, Electrically Connected

(2) 기술 현황 분석

☐ 전 세계적으로 통용되고 있는 국제특허분류를 통해 해당품목의 기술현황 및 집중기술 분야를 확인할 수 있으며, 연도별 기술현황 변화추이를 확인함으로써 해당품목에 대한 기술변화 트렌드 변화를 유추

* IPC(International Patent Classification) : 국제특허분류

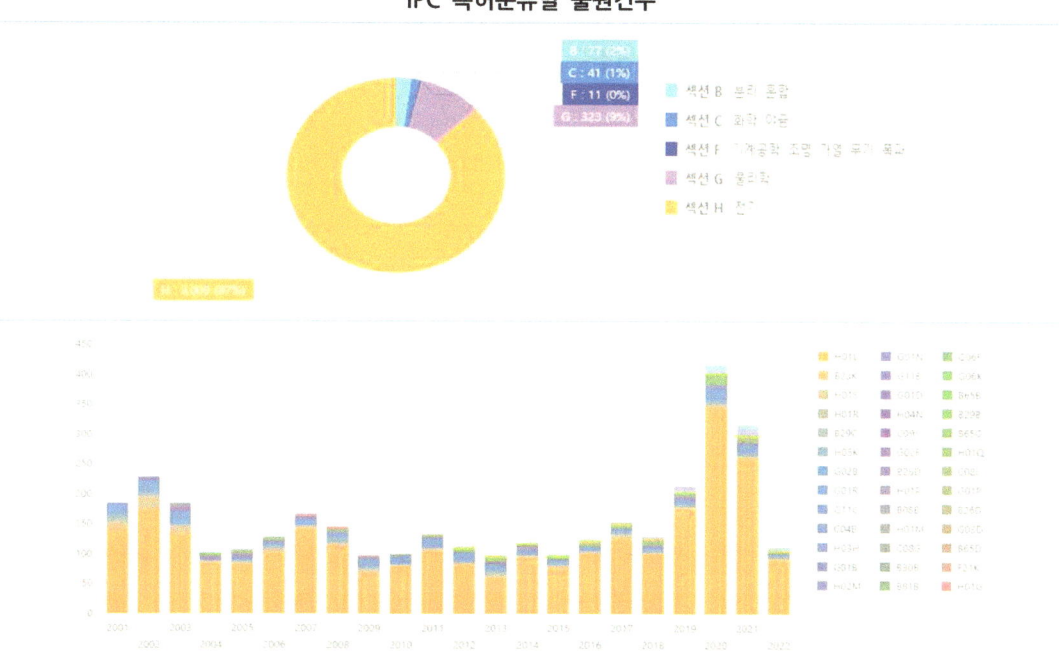

- 반도체 패키징 장비 품목은 섹션 H 전기 기술 분야의 비중이 가장 높은 것으로 나타났으며, 그중에서도 반도체 장치; 다른 곳에 속하지 않는 전기적 고체 장치 (H01L) 기술 분야에서 집중 연구개발 되고 있는 것으로 분석됨
- 연도별 기술 현황 변화 추이를 보았을 때, 최근에는 (H01S) 기술 분야인 '광을 증폭 또는 생성하기 위해 복사의 유도 방출[레이저]에 의한 광 증폭 프로세스를 이용한 장치; 광학 이외의 파동 범위에서 전자기 방사의 유도 방출을 이용한 장치' 관련 분야와 (G02B) 기술 분야인 '광학 요소, 시스템 또는 장치' 관련 분야에서 출원이 진행된 것으로 나타남

IPC - Sub Class	출원건수
• (H01L) 반도체 장치; 다른 곳에 속하지 않는 전기적 고체 장치	2,739
• (G01R) 전기변량의 측정; 자기변량의 측정	156
• (C25B) 화합물 또는 비금속의 제조를 위한 전기분해 또는 전기영동 방법; 그것을 위한 장치	86
• (H01S) 광을 증폭 또는 생성하기 위해 복사의 유도 방출[레이저]에 의한 광 증폭 프로세스를 이용한 장치; 광학 이외의 파동 범위에서 전자기 방사의 유도 방출을 이용한 장치	76
• (G02B) 광학 요소, 시스템 또는 장치	37

(3) 기술 집중력 분석

> ☐ 주요출원인에 의한 특허점유율을 분석하여 기술집중력(시장 독과점 수준)을 판단하는 것으로, 특허동향조사에서는 통상 CR4를 사용하며, CRn값이 0에 가까울수록 시장 독과점 수준이 낮은 것을 의미하고, CR4 값이 40에서 60일 경우(CR1 지수는 50 이상일 경우, CR2 또는 CR3 지수는 75 이상일 경우) 시장의 독과점 수준이 높은 것으로 해석됨
>
> * CRn(집중률지수, Concentration Ratio n) = (1위 출원인의 특허점유율) + ... + (n위 출원인의 특허점유율)

	주요출원인	출원건수	특허점유율	CRn	n
주요 출원인 집중력	삼성전자	508	14.7	15	
	KYOCERA	400	11.6	26	
	ADVANCED SEMICONDUCTOR ENGINEERING	259	7.5	34	
	한미반도체	105	3.0	**37**	4
	세메스	75	2.2	39	
	에스케이하이닉스	58	1.7	41	
	TSMC	56	1.6	42	
	TOSHIBA	45	1.3	44	
	PANASONIC HOLDINGS	45	1.3	45	
	앰코테크놀로지코리아	34	1.0	46	
	전체	3,461	100%	CR4 = 37	
	출원인 구분	출원건수	특허점유율	CRn	n
국내시장 중소기업 집중력	중소기업(개인)	458	39.1	**39.1**	중소기업
	대기업	498	42.5		
	연구기관/대학	15	1.3		
	기타(외국인)	201	17.2		
	전체	1,172	100.0%	CR중소기업 = 39.1	

- 반도체 패키징 장비 품목에 대한 시장 관점의 기술 독점 집중률 지수(CRn) 분석 결과, 상위 4개 기업의 시장점유율이 37로, 주요 출원인에 의한 독과점 정도는 높지 않은 것으로 분석됨
- 국내시장에 있어서 대기업에 의한 출원점유율이 42.5로 가장 높게 나타나며, 그 뒤를 이어 중소기업(개인)의 출원점유율이 39.1로 나타남. 대기업과 중소기업의 출원점유율의 합이 전체 81.6으로 반도체 패키징 장비 품목은 주로 기업에 집중되어있는 것으로 분석됨. 대기업의 특허 점유율이 높게 나타났으나, 국내시장 중소기업의 특허점유율도 시장 내 높은 수준으로 반도체 패키징 장비 품목의 진입장벽은 높지 않을 것으로 판단됨

다. 주요 출원인 분석

(1) 주요 출원인 동향

☐ 주요출원인을 기준으로, 해당품목에 대해 기술개발을 주도하고 있는 기관 및 기업을 파악하고, 한국(KIPO), 미국(USPTO), 일본(JPO), 유럽(EPO) 국가별 출원현황 분석을 통해 주요출원인들이 고려하고 있는 주요시장국이 어디인지 예측하여 거시적 관점의 향후 트렌드를 전망

☐ 타 국가 대비 국내 기관 및 기업의 출원 활동 현황 및 수준을 파악하여 연구개발에 있어 비중 있는 사전 파악이 필요한 기관 및 기업 제시

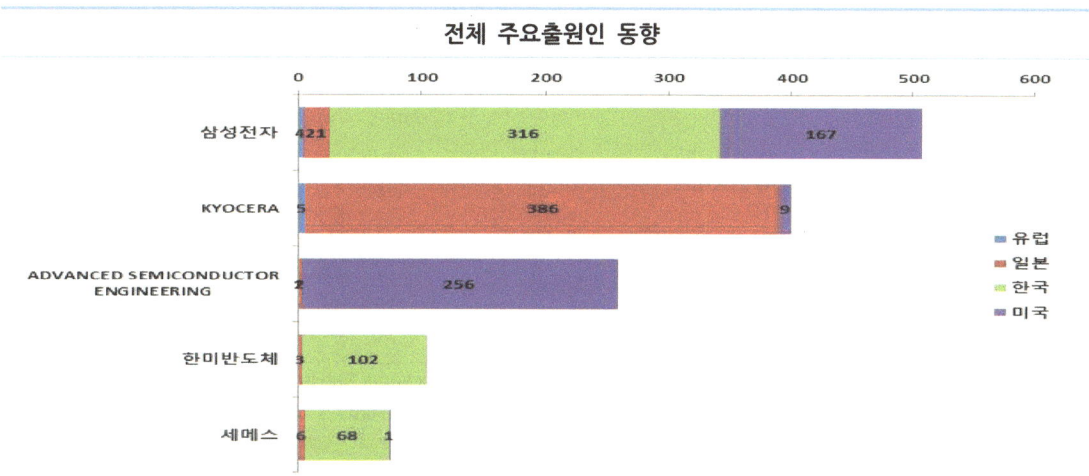

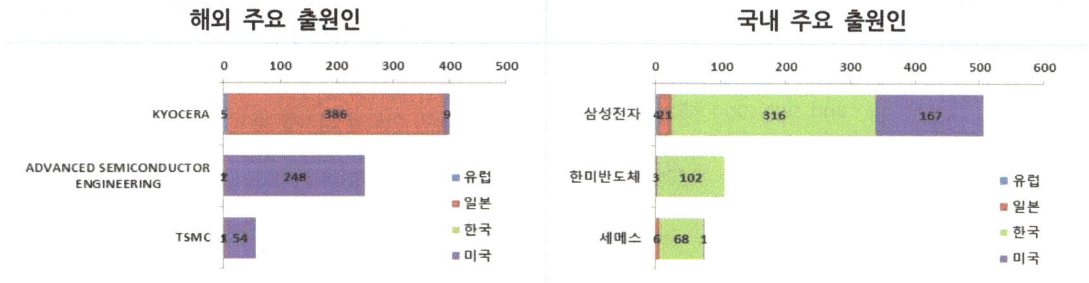

- 반도체 패키징 장비 품목의 주요 출원인 Top 5를 살펴보면, 한국, 일본 및 미국 국적의 출원인이 포함되어 있는 것으로 나타나며, 특히 한국 출원인에 의해 기술 개발이 주도되고 있는 것으로 나타남
- 한국 국적의 출원인으로는 삼성전자, 한미반도체 및 세메스가 주요 출원인 Top 5에 포함됨
- 국내 주요 출원인은 삼성전자뿐 아니라 한미반도체 및 세메스도 도출되어, 주로 연구기관/학교보다는 대기업 및 중소기업에 의해 기술 개발이 주도적으로 진행되고 있는 것으로 분석됨

(2) 주요 출원인 기술 키워드 및 주요특허 분석

□ 주요출원인이 출원한 해당품목의 특허 기술 키워드 확인을 통해 출원인별 집중연구 분야를 파악할 수 있으며, 등록특허를 기준으로 피인용문헌수 및 패밀리 국가수가 큰 주요특허를 사전검토 함으로써 주요출원인의 주력기술 분야를 예측

  * 기술 키워드 분석범위 : 요약, * 키워드 구성 : 구문, * 키워드 출력 수 : 50개
  * 주요특허 도출 기준 : 등록특허를 기준으로 피인용문헌수 및 패밀리 국가수가 큰 특허를 주요특허로 도출

◎ 삼성전자

주요 키워드 및 주요특허 분석

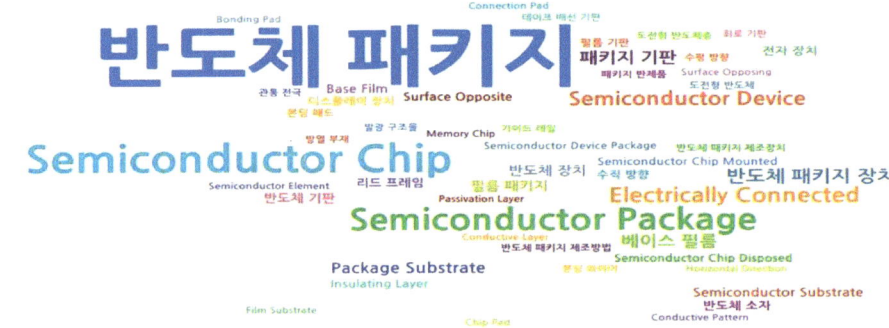

- 반도체 패키지, Semiconductor Chip, Semiconductor Package, Package Substrate, 패키지 기판, 베이스 필름, 반도체 기판, Semiconductor Device, Semiconductor Substrate, Base Film

등록번호 (출원일)	명칭	기술적용분야	IP 경쟁력	
			피인용 문헌수	패밀리 국가수
US 8592991 (2011.09.17.)	Semiconductor device, fabricating method thereof and semiconductor package including the semiconductor device	재배선 패턴을 반도체 기판 내에 내장함으로써 반도체 장치의 특성 저하를 방지함과 동시에, 반도체 기판과 관통 전극의 단락을 방지할 수 있는 반도체 장치, 그 제조 방법 및 반도체 장치를 포함한 반도체 패키지	38	6
US 8008771 (2008.08.18.)	Semiconductor chip package, electronic device including the semiconductor chip package and methods of fabricating the electronic device	기존의 솔더 볼 레이아웃에 적용 가능하며 솔더 접합 신뢰성을 향상시킬 수 있는 반도체 칩 패키지 및 이것을 포함한 전자 소자	38	5
US 7012325 (2006.03.14)	Multi-chip package flash memory device and method for reading status data therefrom	반도체 칩 패키징 기술에 관한 것으로서, 보다 상세하게는 초박형 반도체 패키징 및 그 제조방법	34	5

- 삼성전자는 반도체 패키징 장비 품목과 관련하여 Top 1 출원인으로 한국 및 미국을 위주로 출원을 진행하였으며, 반도체 패키지 제조 및 반도체 패키지 장치 기술에 집중하여 출원을 진행하고 있어 관련 기술력이 높은 것으로 조사됨

◎ KYOCERA

주요 키워드 및 주요특허 분석

- 반도체 소자, 관통 구멍, 선로 도체, 입출력 단자, 배선 도체, 광반도체 소자, 리드 단자, 반도체 장치, 회로 기판, 동축 커넥터

등록번호 (출원일)	명칭	기술적용분야	IP 경쟁력	
			피인용 문헌수	패밀리 국가수
JP 3702200 (2001.06.06.)	광반도체 소자 수납용 패키지 및 광반도체 장치	반도체 레이저(LD), 포토 다이오드(PD) 등의 광반도체 소자를 수용하기 위한 광반도체 소자 수납용 패키지 및 그 광반도체 소자 수납용 패키지를 이용한 광반도체 장치	9	1
JP 6272140 (2014.05.26.)	반도체 소자 수납용 패키지 및 이것을 구비한 반도체 장치	파워 반도체 소자를 탑재하는 반도체 소자 수납용 패키지 및 이것에 파워 반도체 소자를 탑재한 반도체 장치	8	1
JP 5730038 (2011.01.27.)	반도체 소자 수납용 패키지 및 이것을 구비한 반도체 장치	틀을 구성하고 있는 측벽의 열팽창 또는 열수축에서 발생하는 응력을 감소시킬 수 있는 반도체 소자 수납용 패키지 및 이것을 구비한 반도체 장치	8	1

- KYOCERA는 반도체 패키징 장비 품목과 관련하여 Top 2 출원인으로, 자국인 일본을 위주로 출원을 진행하였으며, 광반도체 소자, 파워반도체 소자, 열팽창 반도체 소자등 다양한 특성을 가진 반도체 소자 수납용 패키지 구성과 관련한 기술에 있어서 기술력이 높은 것으로 조사됨

◎ ADVANCED SEMICONDUCTOR ENGINEERING

주요 키워드 및 주요특허 분석

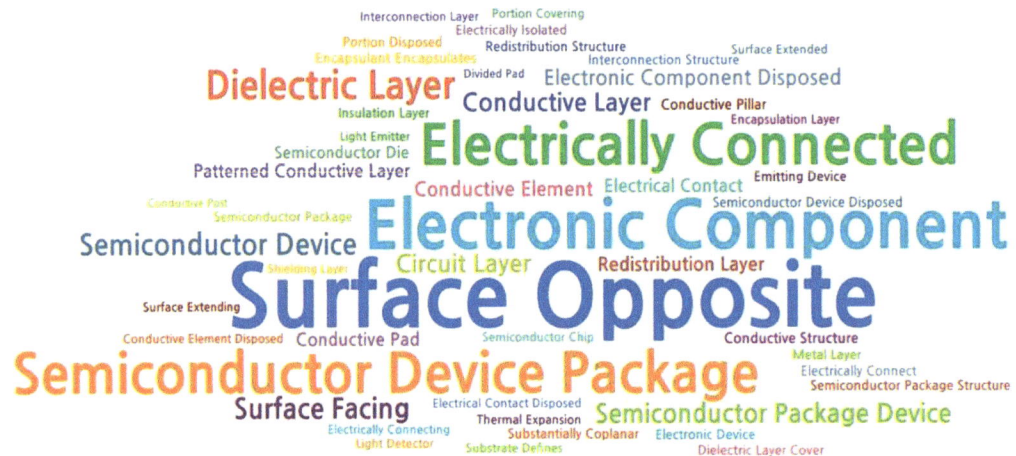

- Electronic Component, Dielectric Layer, Surface Opposite, Semiconductor Device Package, Conductive Layer, Electrically Connected, Circuit Layer, Semiconductor Device, Conductive Pad, Patterned Conductive Layer

등록번호 (출원일)	명칭	기술적용분야	IP 경쟁력 피인용 문헌수	패밀리 국가수
US 10784208 (2016.06.07.)	Semiconductor package device and method of manufacturing the same	반도체 패키지 장치 및 그 제조 방법에 관한 것으로, 안테나와 차폐커버를 가진 반도체 패키지 장치 및 그 제조 방법	19	4
US 6825568 (2003.09.01.)	Flip chip package structure and flip chip device with area bump	플립 칩 패키지 구조에 관한 것으로, 영역 범프를 갖는 플립 칩 패키지 구조	18	4
US 7948070 (2008.02.13.)	Semiconductor package having impedance matching device	반도체 패키지에 집적된 서로 다른 시스템 간의 임피던스 정합을 위한 임피던스 정합 장치를 구비한 반도체 패키지	13	2

- ADVANCED SEMICONDUCTOR ENGINEERING는 반도체 패키징 장비 품목과 관련하여 Top 3 출원인으로, 미국을 위주로 출원을 진행하였으며, 반도체 패키지 장치 및 플립 칩 패키지 구조 등 반도체 패키지 구조 및 구성 등에 있어서 기술력이 높은 것으로 조사됨

4. 전략품목 기술로드맵

가. 핵심기술

(1) 요소기술 도출

◎ 특허 키워드 클러스터링 기반 요소기술 후보도출

[반도체 패키징 장비 토픽 클러스터링 결과]

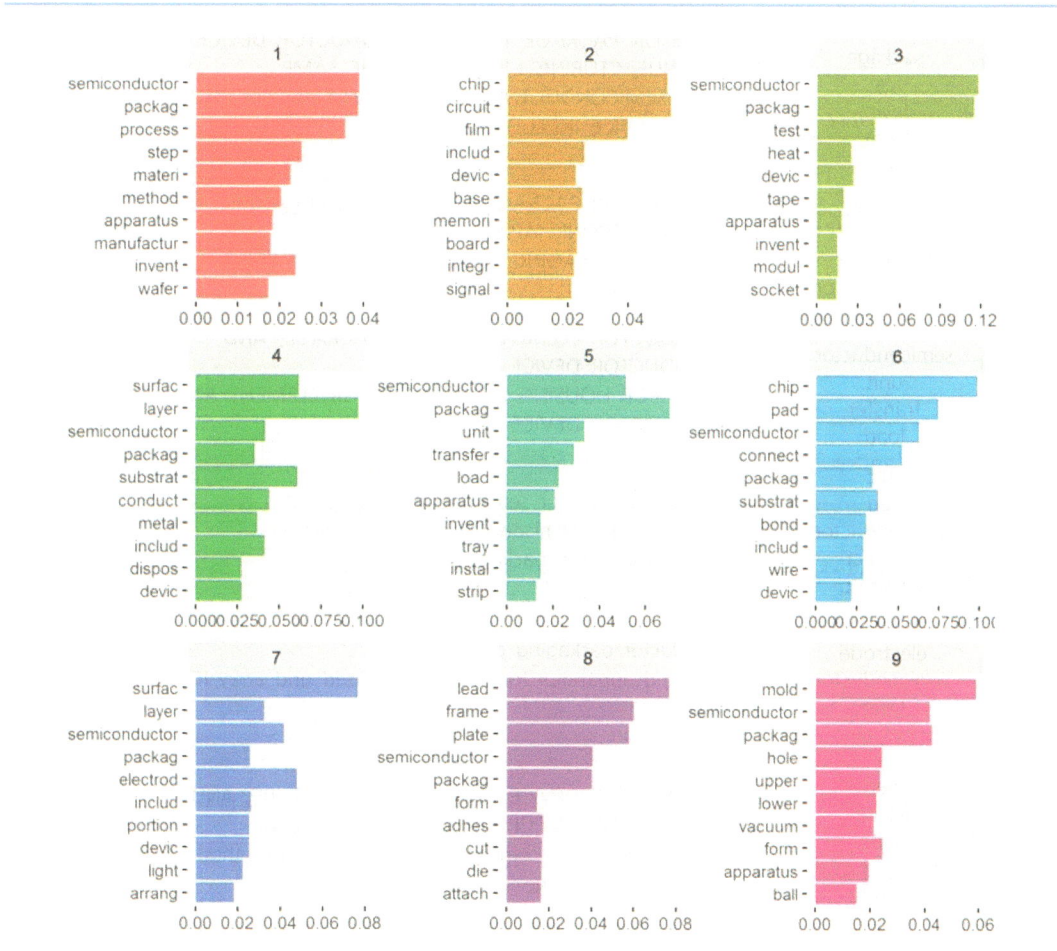

* 출처: 자체작성

[LDA 클러스터링 기반 요소기술 후보도출]

No.	상위 키워드	대표적 관련 특허	요소기술 후보
클러스터 01	semiconductor package process step invent	• SEMICONDUCTOR DEVICE AND METHOD FOR FORMING 3D INTERPOSER SYSTEM-IN-PACKAGE MODULE • MULTICHIP INTEGRATION INCLUDING THROUGH SILICON VIA (TSV) DIE EMBEDDED IN PACKAGE	3차원(3D) 집적된 집적 회로(IC) 패키지 어셈블리 기술
클러스터 02	circuit chip film include base	• Packaging methods for semiconductor devices • Devices, packaged semiconductor devices, and semiconductor device packaging methods	반도체 패키지 제조를 위한 회로필름 부착 및 융착 기술
클러스터 03	semiconductor package test device heat	• PACKAGE ON PACKAGE TYPE SEMICONDUCTOR DEVICE AND MANUFACTURING METHOD OF THE SAME • FAN-OUT SEMICONDUCTOR PACKAGE AND PACKAGE ON PACKAGE DEVICE INCLUDING SAME	패키지 온 패키지(package-on-package) 소자의 패키징 기술
클러스터 04	layer surface substrate conductor semiconductor	• SEMICONDUCTOR PACKAGE HAVING MULTI-CHANNEL AND RELATED ELECTRONIC APPARATUS • METHOD OF PACKAGING SEMICONDUCTOR DEVICE	QFN(Quad Flat No-lead) 패키지 기술
클러스터 05	package semiconductor unit transfer load	• SEMICONDUCTOR ELEMENT STORING PACKAGE, AND SEMICONDUCTOR DEVICE • PACKAGE FOR HOUSING SEMICONDUCTOR ELEMENT AND SEMICONDUCTOR DEVICE	웨이퍼 레벨 칩 스케일 반도체 소자 패키징 조성물 기술
클러스터 06	chip pad semiconductor connect substrate	• Packaging methods for semiconductor devices • Devices, packaged semiconductor devices, and semiconductor device packaging methods	반도체 패키지 제조를 위한 회로필름 부착 및 융착 기술
클러스터 07	surface electrode semiconductor layer include	• Semiconductor packaging device • Method and apparatus for lead-frame based grid array IC packaging	멀티 칩 패키지 공정을 위한 장치 기술
클러스터 08	lead frame plate semiconductor package	• SEMICONDUCTOR DEVICE AND ITS MANUFACTURE, AND SEMICONDUCTOR DEVICE PACKAGING STRUCTURE • Molded packaging for semiconductor device and method of manufacturing the same	기재에 수지를 함침시킨 프리프레그를 중첩한 반도체 패키지용 적층판 기술
클러스터 09	mold packag semiconductor form hole	• SEMICONDUCTOR PACKAGE MANUFACTURING MOLDING APPARATUS CAPABLE OF COMPLETING A SEMICONDUCTOR PACKAGE BY MOLDING-PROCESSING THE PACKAGE HALF-PRODUCT IN WHICH WIRE BONDING IS COMPLETED USING MOLDING RESIN • RETRACTOR PIN DEVICE FOR A SEMICONDUCTOR PACKAGE MOLD MACHINE, CAPABLE OF ELEVATING RETRACTOR PINS WITHOUT A SERVOMOTOR	웨이퍼 레벨 칩 스케일 반도체 소자 패키지를 위한 몰딩 장치 기술

* 출처: 자체작성

◎ 특허 분류체계 기반 요소기술 후보도출

[IPC 분류체계에 기반 요소기술 후보도출]

IPC 기술트리		요소기술 후보
(서브클래스) 내용	(메인그룹) 내용	
(B65D) 물품 또는 재료의 보관 또는 수송용의 용기,	(B65D-085) 특정 물품 또는 재료에 특히 적용되는 용기, 포장 요소 또는 포장체	-
(H01L) 반도체 장치; 다른 곳에 속하지 않는 전기적 고체 장치	(H01L-021) 반도체 장치 또는 고체 장치 또는 그러한 부품의 제조 또는 처리에 특별히 적용되는 방법 또는 장비	Die Stack 기술
	(H01L-023) 반도체 또는 다른 고체장치의 세부	-
	(H01L-025) 복수의 개별 반도체 또는 다른 고체장치로 구성된 조립체	-
	(H01L-027) 하나의 공통기판내 또는 기판상에 형성된 복수의 반도체구성부품 또는 기타 고체구성부품으로 구성된 장치	3D TSV(Through Silicon Via) 기술

* 출처: 자체작성

◎ 최종 요소기술 도출

☐ 기술·시장 분석, 기술수요, 기술(특허)분석, 전문가 추천을 바탕으로 요소기술 후보 도출

☐ 요소기술 후보를 대상으로, 전문가를 통해 기술의 범위, 요소기술 간 중복성 등을 조정·검토하여 최종 요소기술 확정

[반도체 패키징 장비 요소기술 도출]

요소기술	출처
TSOP(thin small outline package) 패키징 기술	특허 클러스터링, IPC 기술체계, 전문가추천
QFN(Quad Flat No-lead) 패키징 기술	특허 클러스터링, 전문가추천
FOWLP(fan out wafer level package) 패키징 기술	특허 클러스터링, 전문가추천
3차원(3D)으로 TSV기술 인터포저를 이용한 모듈화 적층기술	특허 클러스터링, 전문가추천
열 영상 획득 기술	특허 클러스터링, 전문가추천
대면적 고속 몰딩 패키지 공정장비 기술	특허 클러스터링
광원 및 스캐닝 기술	특허 클러스터링
반도체 패키지 제조를 위한 회로필름 부착 및 융착 기술	특허 클러스터링, IPC 분류체계

(2) 핵심기술 선정 및 기술로드맵 기획 절차

☐ 특허 분석을 통한 요소기술과 기술수요와 기술시장분석을 기반으로 한 요소기술, 전문가 추천 요소기술 등을 종합하여 요소기술을 도출한 후, 전문가위원회의 평가과정 및 검토/보완을 거쳐 핵심기술 확정

☐ 핵심기술 선정 지표: 기술개발 시급성, 기술개발 파급성, 기술의 중요성 및 중소기업 적합성

[핵심기술 선정 및 기술로드맵 기획 프로세스]

① 요소기술 도출	② 요소기술 평가	③ 핵심기술 확정	④ 기술로드맵 기획
• 전략품목 현황 분석 • 특허 IPC 분류체계 • 전문가 추천	• 전문가위원회 전략품목별 요소기술 평가 • 핵심기술 선정	• 전략품목별 핵심기술 검토 • 핵심기술 개요 범위 검토	• 핵심기술을 대상으로 전략품목별 기술로드맵 구축

(3) 핵심기술 리스트

[반도체 패키징 장비 핵심기술]

핵심기술	개요
TSOP(thin small outline package) 패키징 기술	▪ 디지털 기기의 소형화에 대응하기 위한 가장 많이 사용되는 패키지 형태 중 하나로써 SOP 형태의 패키지 보다 Pin 간의 간격이 더 줄어든 표면 실장형 IC 패키징 기술
QFN(Quad Flat No-lead) 패키징 기술	▪ 표면 실장형 IC 패키징인 SOP 의 4 방향 버전으로써 좀 더 많은 Pin을 연결할 수 있는 패키징 기술
FOWLP(fan out wafer level package) 패키징 기술	▪ 칩을 웨이퍼에 직접 실장하는 소형 경량화된 패키징 기술로써 열적 및 전기적 특성이 개선된 패키징 기술
3차원(3D)으로 TSV기술 인터포저를 이용한 모듈화 적층기술	▪ 고성능, 저전력의 집적화된 칩을 패키징하기 위한 3D 패키징 기술
열 영상 획득 기술	▪ 고성능 반도체 패키징 공정의 신뢰성을 높이기 위한 패키징 발열 특성 분석 기술

나. 기술개발 로드맵

(1) 중기 기술개발 로드맵

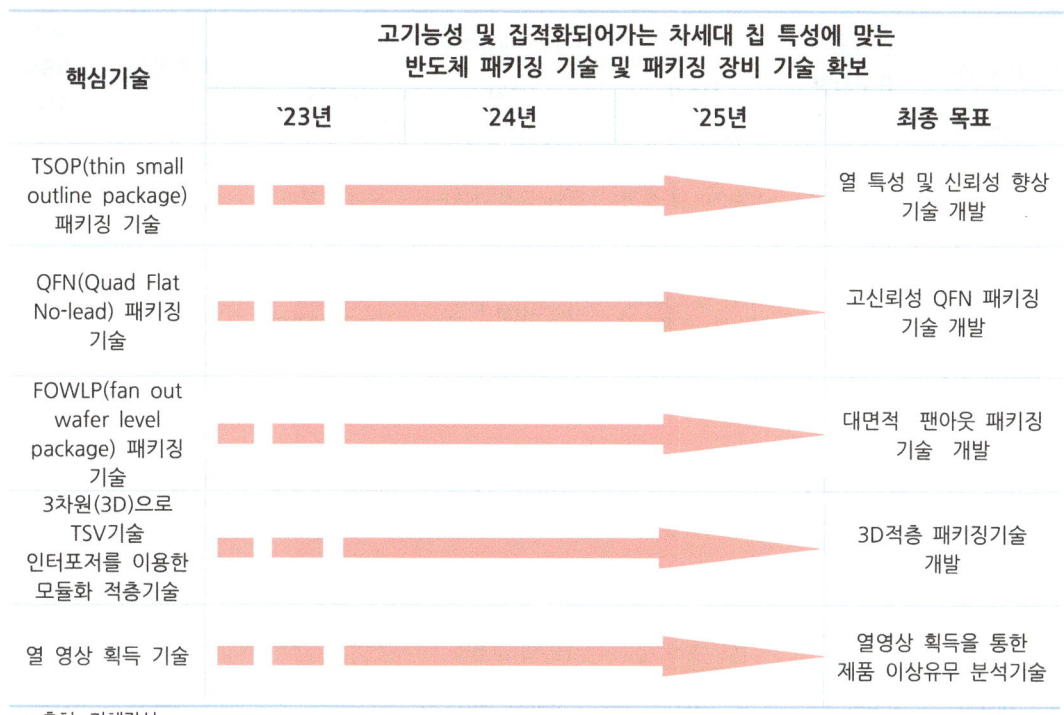

[반도체 패키징 장비 기술개발 로드맵]

* 출처: 자체작성

(2) 기술개발 목표

☐ 최종 중소기업 기술로드맵은 기술/시장 니즈, 연차별 개발계획, 최종목표 등을 제시함으로써 중소기업의 기술개발 방향성을 제시

[반도체 패키징 장비 핵심기술 연구목표]

핵심기술	기술 요구사항	연차별 개발목표			최종목표	연계 R&D 유형
		1년차	2년차	3년차		
TSOP(thin small outline package) 패키징 기술	재료, 설계, 및 열특성 분석 기술	TSOP 개발 제품에 대한 기본 설계 및 열 특성 분석, 개선	TSOP에 적합한 몰딩 재료 및 몰딩 공정, 본딩 공정 개발	시제품 제작및 신뢰성 평가	열 특성 및 신뢰성 향상 기술 개발	기술혁신
QFN(Quad Flat No-lead) 패키징 기술	QFN 설계, 신뢰성 기술	두께 및 애퍼처 최적화, 리플로우 프로파일링 제어 기술	Die attatch & Wire 본딩기술 개발	시제품 제작및 신뢰성 평가	고신뢰성 QFN 패키징 기술 개발	기술혁신
FOWLP(fan out wafer level pakcage) 패키징 기술	설계, 열/전기 특성 분석 기술, 공정 기술	FOWLP 공정 기술 확보 (각종 막 특성)	FOWLP 본딩/몰딩 공정 기술 개발	시제품 제작및 신뢰성 평가	대면적 팬아웃 패키징 기술 개발	기술혁신
3차원(3D)으로 TSV기술 인터포저를 이용한 모듈화 적층기술	비아홀, 박막형성, 공정기술, 신뢰성 분석 기술	TSV 형성 및 interposer 기술 개발	TSV의 고주파 특성 및 signal model 개발	TSV 적용 On Board Type Module Package 기술 개발 (시제품 제작)	3D적층 패키징기술 개발	기술혁신
열 영상 획득 기술	패키징제품 열특성 검출, 광원 및 스캐닝기술	열특성 검출, 열고장 감지 기술 개발	초미세 광감도 기술 획득 및 광원 및 스캐닝 기술 개발	SW 및 UI 적용된 시제품 제작 및 신뢰성 평가	열영상 획득을 통한 제품 이상유무 분석기술	기술혁신

다. 중소기업 기술개발 전략

☐ 반도체 패키징 장비 및 패키징 장비용 핵심 부분품의 개발을 위해서는 대기업에서 생산된 반도체 칩이 필요하며 패키징된 소자의 신뢰성 분석이 수반되어야 하므로 중소기업 자체만으로 수행되기에는 어려움

☐ 반도체 칩을 생산하는 대기업과 패키징의 열적, 전기적 신뢰성을 면밀히 분석할 수 있는 연구소 및 대학이 패키징 장비를 개발하는 중소기업과 유기적인 협력관계를 형성하여야 함

☐ 반도체 관련 기술은 국가 기간 산업으로서 중소기업들이 지속적인 연구개발을 수행할 수 있는 기반 조성이 필요하므로 정부 주도하에 산학연이 협업할 수 있는 연구과제의 개발이 필요

☐ 중소기업에서는 자체적으로 지속적인 연구개발이 어려운 실정이므로 대학 및 연구소의 기술이 중소기업으로 이전되거나 공동 개발이 원활히 진행될 수 있는 사회적 분위기 조성이 절실함

☐ 패키징 장비를 생산하는 중소기업들은 반도체 칩을 생산하는 대기업과의 상호 신뢰성에 기초한 패키지 기술 및 신뢰성 평가 기술 표준의 확립이 중요하며 정부가 주도하는 협력 지원이 필요함

☐ 중소기업이 기술 개발을 원활히 지속하고 관련 장비를 생산하기 위해서는 정부의 규제 및 관련 제도 개선이 필요하며 이를 위한 정부 및 지자체의 전담 채널 형성이 필요함

전략품목 현황분석

반도체 열 특성 분석 시스템

반도체 열 특성 분석 시스템

전략품목 정의 및 범위

- 반도체 열 특성 분석 시스템은 측정 시료의 온도에 따라 시료의 광학적 반사율이 변한다는 물리적인 현상에 근거하여 광학적인 반사율을 측정함으로써 대상 시료의 온도를 산출해 내는 기술로, 열 특성 분석 현미경은 적외선 영상과 같은 전통적인 발열 영상 이미징 기법으로는 얻을 수 없었던 국소적인 영역에 대한 고해상도 현미경적 열영상 이미징을 가능하게 함

- 이러한 열 특성 분석 현미경 기법을 레이저 스캐닝 컨포컬 방식으로 구현한 것이 컨포컬 열 반사 현미경이며, 일반 열 반사 현 미경보다 우수한 열영상 해상도의 열분포 이미지를 제공하며, 또한 컨포컬 특성을 이용한 후면의 온도측정도 가능하며, 아래와 같은 반도체 열 특성 분석을 가능하게 함

전략품목 관련 동향

◎ 시장전망 및 제품 동향

- **(시장전망)** `21년 16억 7,100만 달러였던 세계 반도체 열 특성 분석 시장 규모는 `26년 25억 5,700만 달러로 증가할 것으로 전망되며, 국내시장은 `21년 5,831억 원에서 `26년 8,728억 원으로 증가할 것으로 전망됨
- **(제품동향)** 반도체 열 특성 분석 시스템은 반도체 및 디스플레이 산업 성장에 따른 수요증가 기대되는 품목이며, 시장의 가치 사슬(Value-chain)은 연구개발, 원자재 및 구성요소 공급, 고장 분석 장비 및 도구 제조업체, 유통 및 서비스 제공업체, 최종사용자로 구성

◎ 기술개발 및 플레이어 동향

- **(기술동향)** 열 성능에 대한 반도체 디바이스 사용자들의 인식 수준이 상향평준화됨. 열 특성 측정을 모든 전자 부품이나 시스템의 설계 프로세스에 일상적인 단계로서 포함시킬 필요가 있음
- **(플레이어)** CARL ZEISS(독), Leica(독), Olympus(일), JEOL(일), TESCAN OSRAY(체), HITACHI HIGHTECHNOLOGIES(일), THERMO FISHER SCIENTIFIC(미), 삼성전자(한), SK하이닉스(한)
- **(중소기업)** 나노스코프시스템즈, 파크시스템즈

◎ 핵심기술

- 열 고장 감지 기술
- 초미소 광감도 기술
- 광원 및 스캐닝 기술
- 열 영상 획득 및 특성 검출 기술
- 반사광 검출 기술

중소기업 기술개발 전략

→ 고성능 기반의 대량생산이 가능한 회로 선폭 미세공정을 분석할수 있는 원천기술개발

→ 초미세회로 검사를 위한 나노미터급 열 특성 분석 방법 최적화

→ 메모리에서부터 비메모리에 이르는 다양한 분야에서의 열특성 분석을 통한 국내 반도체 산업의 경쟁력을 강화

1. 개요

가. 정의 및 필요성

(1) 정의

- 반도체 열 특성 분석 시스템은 측정 시료의 온도에 따라서 시료의 광학적 반사율이 변한다는 물리적인 현상에 근거하여, 광학적인 반사율을 측정함으로써 대상 시료의 온도를 산출해 내는 기술로, 열 특성 분석 현미경은 적외선 영상과 같은 전통적인 발열 영상 이미징 기법으로는 얻을 수 없었던 국소적인 영역에 대한 고해상도 현미경적 열영상 이미징을 가능하게 함

- 이러한 열 특성 분석 현미경 기법을 레이저 스캐닝 컨포컬 방식으로 구현한 것이 컨포컬 열반사 현미경이며, 일반 열 반사 현미경보다 우수한 열영상 해상도의 열분포 이미지를 제공하며, 또한 컨포컬 특성을 이용한 후면의 온도측정도 가능하며, 아래와 같은 반도체 열 특성 분석을 가능하게 함

  - 반도체소자 발열특성 측정 및 분석
  - 플렉서블 디스플레이 패널 결함 검사
  - 반도체소자 발열특성 측정 및 분석
  - OLED 내부 미세 결함 검사
  - 고출력 전력소자 발열특성 측정 및 분석
  - 적외선 이미지센서 단위 화소 구조에 따른 발열특성 측정 및 분석
  - 산화물 박막트랜지스터 발열특성 분석
  - 3차원 적층형 반도체 발열특성 측정 및 분석
  - 플렉서블 디스플레이용 산화물 박막트랜지스터 발열특성 측정 및 분석
  - 플렉서블 OLED 소자 발열특성 측정 및 분석
  - InGaZnO 박막트랜지스터 발열특성 및 신뢰성 분석
  - 반도체 레이저 발열특성 측정 및 분석
  - 가스센서용 MEMS 소자 발열특성 측정 및 분석

[컨포컬 열반사 현미경]

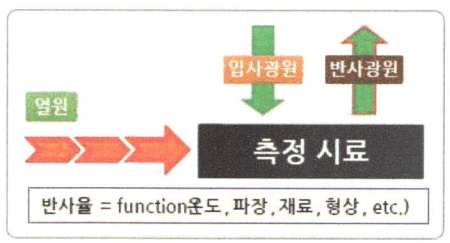
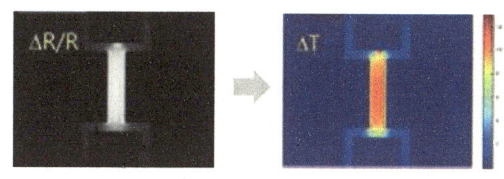

→ 반사율의 변화를 측정하여 온도 특성을 분석

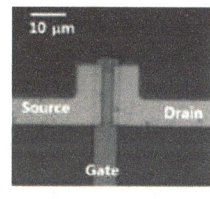
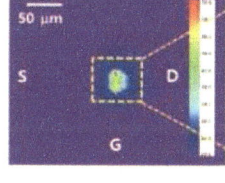
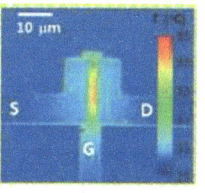

광학 현미경 이미지   발열 영상 이미지   열반사 현미경 이미지

* 출처 : 나노스코프 시스템즈 CTRM700, 2021

□ 반도체 열 특성 분석 시스템은 반도체·디스플레이 분야에서 평가 및 측정 정밀화를 위한 전략품목으로, 우수 분석기술 개발을 통해 반도체·디스플레이 분야에 있어서 소자 신뢰성 향상이 가능할 것으로 전망됨

[반도체·디스플레이 품목로드맵 내 반도체 열 특성 분석 시스템]

* 출처: 자체작성

(2) 필요성

☐ 반도체 생산 공정에서 회로 선폭의 두께는 기술의 발전으로 점점 얇아지고 있음

- 파운드리의 핵심은 의뢰받은 설계 도면대로 얼마나 더 빨리 양질의 제품을 생산하는지 여부에 달려있으며, 이는 회로 선폭의 미세함 여부에 따라 좌우됨
- 반도체 생산 공정에서 회로 선폭의 두께는 기술의 발전으로 점점 얇아지고 있음. 삼성전자의 경우 2019년 4월에 7나노 파운드리 제품을 출하하였고 5나노 공정을 개발하고 있다고 밝혔음. 그리고 2020년에는 3나노 공정까지 설계하고 있다고 발표함
- 회로 선폭이 미세할수록 같은 크기의 웨이퍼(반도체 원재료)에서 더 많은 반도체를 생산할 수 있음. 그리고 미세 공정을 통해 생산된 칩은 작동 시 저항으로 인해 발생하는 열을 감소시킬 수 있고 밀집화 할 수 있어 고성능의 반도체를 만들 수 있음
- 회로 선폭이 미세해질수록 품질 검사 과정에서 미세한 회로를 검사해야함. 따라서 나노미터 단위의 검사를 위해 열 특성 분석 현미경은 반도체 산업에 필수적인 장비가 되었으며 검사에는 컨포컬 열반사 현미경이 많이 이용됨
- 10나노급 이하의 극미세 공정에서는 트랜지스터의 크기를 미세화하더라도 소자 간 간격이 좁아지면서 메탈의 저항(RC delay)이 커지며 발열 문제가 발생함. '발열 통제' 기술이 향후 업계의 경쟁력을 가르는 가장 중요한 요소가 될 전망

☐ 초기 제품 불량에 대비한 보험 조치로써의 역할 수행할 수 있음

- 정션온도를 정량화하는 것은 사전에 제품 설계에 불량이 없도록 하기 위한 '사전 분석' 영역의 한 부분이며, 이는 설계자들이 예측하지 못했던 높은 수준의 정션온도를 감지하고, 장비의 구동 전류를 낮추거나 다른 부품을 선택하도록 도움을 줌
- 설계 과정 후반은 물론, 최악의 경우 시판 이후에 일어날 수 있는 고장을 미연에 방지할 수 있음
- 제조업자들은 잘못 선택한 부품을 설계단계에서 재고하는 비용이 고객의 손에 들어간 제품을 리콜하는 것에 필요한 비용보다 적다는 것을 인지하고 있음

☐ 완전한 열 전달 경로의 구현의 실현 가능

- 동작 상태에서의 단일 정션온도 측정은 설계의 성공 여부를 나타내는 합리적인 예측변수이나, 장치를 켜거나 끌 때 발생하는 정션온도 변화량을 측정하면 한층 더 유용한 정보를 얻을 수 있음
- 열 측정은 설계자가 광범위한 재료·부품·인터페이스 소재 중에서 가장 적합한 요소를 선택하고, 각 요소의 정밀한 조정을 통해 시스템 설계의 목표를 최상으로 실현할 수 있도록 함

- ☐ 라이브러리 모델의 개선 및 최적화
  - 라이브러리 모델이 실세계의 부품에서 나타날 수 있는 수많은 결함들을 전부 반영하는 경우는 드물며, 결합 표면이 평탄하지 않을 수도 있고, 접착제나 그리스의 도포가 균일하지 않을 수도 있으며, 소재가 공차누적(tolerance stacking) 효과를 겪을 수도 있음. 또한 라이브러리 모델이 낡은 것이거나 혹은 현존하는 최신 툴보다 훨씬 정확성이 떨어지는 툴을 이용한 측정에서 얻은 것일 수도 있음
  - 이와 같은 예기치 않은 문제들은 실제적인 열 특성에 영향을 미치며, 이에 대한 해결책으로 샘플 장치에 대해 엄격한 열 측정을 수행함으로써 라이브러리 모델들이 필요로 하는 만큼의 정확성을 갖도록 만들고, 해당 모델들을 개선해야 할 경우 이를 지원할 수 있는 데이터를 제공하는 것임

- ☐ 정확하고 검증 가능한 제품 데이터의 필요성
  - 반도체 최종 사용자들은 제품 제조업체들이 발표하는 장치의 성능자료에 의존하며, 새로운 열 표준이 도래함에 따라, 데이터시트는 특히 파워 LED에 있어 열 특성에 대한 새롭고도 보다 심층적인 세부사항까지 밝혀야 함
  - 오늘날에는 패키지의 콤팩트 열 모델을 가지고 작업할 수 있는 열 시뮬레이션 툴들이 점차 보편화되고 있으며, 따라서 엔지니어들은 중요한 데이터를 제조업체의 재량에 맡겨둘 필요가 없음. 통합된 열 측정 솔루션을 선택함으로써 반도체 업체들은 정확한 열 성능 데이터를 습득 및 분석하고 문서화하며 손쉽게 발표할 수 있는 수단을 갖게 됨

- ☐ 제조성과 생산의 지원
  - 열 측정은 공정 최적화를 위한 귀중한 도구로써, 새로이 등장하는 제품이 본격적인 생산으로 돌입하는 속도를 앞당길 수 있음
  - 고 신뢰성 응용사례나 스트레스가 많은 환경을 겨냥한 부품 등 필요하다면 열 측정 시스템이 인라인 다이 부착 테스트를 수행하도록 적응시킬 수도 있으며, 이 같은 경우에는 높은 처리 속도의 다채널 열 테스트를 제조 흐름 속에 짜 넣는 것이 바람직함. 이러한 측정은 로트별 변화와 수율 급락을 감지해 추적하거나, 공급업체 및 기타 제조업체들의 관련 제품 및 공정들을 분석하는 데에도 유용함

- ☐ 품질에 대한 투자 및 전력 요구 증가
  - 최근 사용자들이 실질적으로 사용하는 플랫폼의 전력 요구가 커지고 있으며, 동시에 논문과 산업지 등에서 열 문제를 더욱 많이 다루고 있음. 이에 따라 열 성능에 대한 반도체 장치 사용자들의 인식 수준은 필연적으로 높아질 수밖에 없음. 열 성능은 인기 있는 제품 품질의 한 축을 차지하게 될 것이며, 신뢰성으로부터 클럭 속도에 이르기까지 많은 것에 영향을 미침
  - 열 특성 측정 툴, 기술 및 전략에 투자하는 업체들은 향후 수 년 동안 고객들의 요구에 부응할 수 있는 위치에 서게 될 것임

나. 범위 및 분류

(1) 가치사슬

□ 글로벌 반도체 열 특성 분석 시스템 시장의 가치 사슬(Value-chain)은 연구개발, 원자재 및 구성요소 공급, 고장 분석 장비 및 도구 제조업체, 유통 및 서비스 제공업체, 최종사용자로 구성됨

- 신규 업체들이 진입하고 새로운 제휴모델들이 도입됨에 따라 업계 판도는 기존의 OEM – Tier 1 – Tier 2 – Tier 3의 정형화된 틀을 깨고 급속도의 재편 과정을 겪을 것으로 보임

□ 코로나(COVID-19)는 고장 분석 장비가 다수 적용되는 반도체 제조 산업 전반에 악영향을 미치고 있음

- 고장 분석 장비 제조사는 대부분 북미, 유럽, 한국, 일본에 기반을 두고 있으며, 고장 분석 장비 제조량은 감소할 것으로 예상됨

□ 코로나(COVID-19)의 발생으로 부품 공급이 중단되었으나, 고장 분석 장비의 수요에는 큰 영향을 미치지 않음

[글로벌 고장 분석 시장의 가치 사슬]

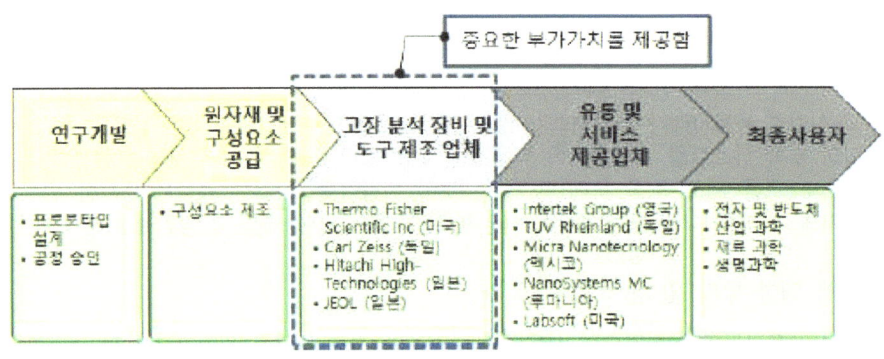

* 출처 : Markets and Markets, Failure Analysis Market, 2020

[반도체 열 특성 분석 시스템 품목 산업구조]

후방산업	반도체 열 특성 분석 시스템	전방산업
반도체 및 디스플레이 제조 및 검사장비에 사용되는 부품, 반도체 및 디스플레이 제조 및 검사공정에 사용되는 소재, 반도체 장비	반도체 제조 및 검사 관련 장치	반도체 소자, 디스플레이, LED, OLED, 스마트폰, PC 등의 전자산업

* 출처: 자체작성

(2) 용도별 분류

☐ 변위 계측

- 국외의 경우 Agilent, Renishaw, Zygo 등에서 레이저 간섭계를, Lincoln Lab. 및 Northrop Grumman사에서 3차원 스캐너를 판매하고 있음

- 국내에서는 이오시스템이 전기광학 거리측정기(EDM) 및 3차원 스캐너를 개발하였으며, 한국표준과학연구원, 한국과학기술원(KAIST) 등에서 개발한 레이저를 이용한 정밀 변위계측 기술이 중소기업에 이전된 바 있음

- 간섭계 측정에서 가장 큰 문제인 환경변화 문제를 해결하기 위해 실시간으로 광 경로상의 공기 굴절률 변화를 누적하여 보상하는 기술에 대한 R&D가 진행 중임

- 3차원 스캐너는 건물이나 구조물 측량 용도에서는 정확도와 측정속도를 향상시키는 방향으로, 군사용도로는 수중 측정 분야로 R&D가 진행 중임

☐ 표면형상 계측

- 파면 측정용 피조우 간섭계는 대부분 Zygo, 4D사 등의 제품을 수입하여 사용하며, 국내에서는 한국과학기술원(KAIST) 등에서 개발이 진행 중임

- 미소형상 측정용 위상 이송 간섭계 및 백색광 주사 간섭계의 결합시스템은 국내의 나노시스템(주)과 에스엔 유프리시젼이 생산하고 있음

- 대영역 표면형상 측정용 무아레 간섭계는 인텍플러스(주)가 생산 중임

- 간섭계의 발전 방향은 정밀도 및 분해능 향상, 측정 면적 확장, 원샷 측정, 극저온 등 특수 환경에서 사용 가능한 간섭계 개발로 요약됨

☐ 광학계 평가

- 결상 광학계 성능평가기술은 미국과 독일은 표준연구소(NIST)와 물리연구소(PTB)를 중심으로, 일본은 카메라 산업체를 중심으로 R&D를 진행함. 전략물자인 대형 광학계의 성능평가기술은 선진국에서는 기술이전을 엄격하게 제한하고 있는 실정임

- 한국표준과학연구원에서 휴대폰 렌즈, 디지털 카메라, 자외선 리소 광학계, 인공위성 카메라용 변조전달함수(MTF) 측정 장치를 개발하였으며, 휴대폰 카메라용 실시간 MTF 측정 장치를 삼성전자와 엘지전자에 보급하였으며, 지우기술에 기술 이전하였음

- 고분해능/고속측정 자동화기술, 제품제작에 필요한 다기능 평가장치 기술 및 저가형 적외선 성능평가 장치기술등이 발전 방향임

☐ 타원계측

- 반도체 산업에서는 타원계측기를 공정용 박막두께 및 나노패턴 형상측정 장치로 쓰며, Nanometrics, TEL/Timbre, KLA-Tencor 사에서 제품을 생산 중임

- 국내에서는 분광 타원계측기에 대한 연구개발이 한국표준과학연구원, 아주대, 한양대, 경희대, 한국과학기술원(KAIST)을 중심으로 R&D가 진행 중임

- 2000년초에 엘립소테크놀러지와 나노뷰에서 분광타원계측기를 상용화하였으며, 태양광 소자 및 평판 디스플레이 등의 산업에서 사용됨
- 적외선, 진공자외선, 극자외선으로 분광범위 확대, 분광 이미징, 뮐러행렬 방식, 이중위상변조 방식의 타원계측기 등이 연구 방향임

[광학계측분야 기능의 5가지 영역]

용도	세부 내용
변위측정	3차원 레이저 스캐너 개발
표면형상 계측분야	2m 대면적 자유곡면 형상 측정 기술 개발
광학계 평가	고속 분광이미징 기술
타원계측	차세대 반도체 산업수요 충족 나노패턴 광측정 장비 개발
비선형 현미경	분자진동모드 이미징 CARS 현미경 기술
근접장 현미경	액체환경 구동 근접장 현미경 기술
공초점 현미경	다파장 형광 공초점 현미경 국산화 기술

* 출처 : OPTICAL SCIENCE AND TECHNOLOGY, 2019

☐ 비선형 현미경

- 국외를 살펴보면, 생물시료의 경우 미국 Pacific Northwest National Lab, 이스라엘 Weizmann 연구소, 미국 Beckman 연구소 등에서 성공했으며, 고분자, 액정, 실리콘 반도체 시료에서도 미국 하버드대의 CARS 연구팀, 켄트대학 액정연구팀 등에 좋은 결과를 얻었음
- 코히어런트 반 스톡스 라만산란(Coherent Anti-Stokes Raman Scattering) 현미경이 한국표준과학연구원에서 국내최초로 개발되어 무표지 고속 촬영기술을 확립하여, 바이오 및 의료분야에 활용 중임. 연세대, 고려대, 광주과학기술원 등에서 이차조화파 발생 현미경을 이용한 콜라겐 이미징 기술을 개발하고 있음
- 보다 높은 선택적 이미징 기술 및 소형/마이크로 광학계와 결합된 비선형내시경현미경 개발이 발전할 것임
- 고출력 레이저의 발전으로, 소형/마이크로 비선형 현미경이 상용화될 것임

☐ 근접장 현미경

- 외국의 다수 주사탐침현미경(Scanning Probe Microscope, SPM)이 회사에서 상용화되어 여러 분야에서 활용되고 있으며, 최근 2007년 버지니아 폴리텍 주립대학교(Virginia Polytechnic Institute and State University)의 용수(Yong Xu)그룹에서 광 탐침 끝에 탄소 나노튜브를 부착하여 광 탐침의 분해능을 1nm급 이상으로 향상시킴
- 서울대, 인하대등 국내 대학 및 연구소에서도 자체 개발하여 사용하고 있으며, 국내 타 기술 회사들도 기반기술 및 경험은 있으나 아직 상용화되지 못한 상태임
- 향후 분해능을 수 nm급으로 향상하는 기술 개발이 진행될 것임
- 액체 환경에서 동작하는 근접장 현미경의 개발이 요구되고 있으며, 광 탐침과 나노 센서의 결합 기술 개발도 진행될 것임

☐ 공초점 현미경

- 반도체 동작 시 발생하는 열의 분포를 고분해능으로 측정하여 영상화하는 현미경 기술로, 반도체 업계의 핫이슈로 부각된 반도체 발열문제 해결을 위해 필수적인 기술
- 반사형의 경우 Olympus와 Keyence에서, 형광형의 경우는 Carl Zeiss, Leica Olympus, Nikon 등에서 꾸준히 신규 모델을 출시하고 있음
- 국내에서는 나노스코프시스템즈(주)에 의해 반사형이 상용화되어 산업에 활용되고 있고, 형광형도 출시됨
- 반사형에서는 측정 속도를 높이기 위한 시도 및 고 해상도를 위한 자외선 대역(200-400nm)를 사용하는 반사형이 출시될 것임
- 이론적으로 초고속 3D 측정이 가능한 다색 공초점 현미경 방식(Chromatic Confocal Microscopy)과 관련된 기술 개발 시도가 지속될 것임

2. 동향 조사 분석

가. 시장 분석

◎ 반도체 디바이스의 성능 상향평준화

- 최근 반도체의 고성능화 및 비용절감을 위해 미세 선폭 공정기술의 개발과 작업 성능 우수, 설치면적이 축소된 반도체 생산 장비에 대한 요구가 증대되고 있는 실정임. 특히 생산성 향상을 위해 고청정 환경인 진공 환경에서 높은 부상 정밀도를 갖는 생산 장비가 요구되고 있는 실정

- 열 성능에 대한 반도체 디바이스 사용자들의 인식 수준이 상향평준화됨. 사용되는 디바이스의 품질 평가기준의 큰 부분을 차지하고 있으며, 신뢰성으로부터 클럭 속도 등 많은 것에 영향을 미침. 따라서 이제는 열 특성 측정을 모든 전자 부품이나 시스템의 설계 프로세스에 일상적인 단계로서 포함시킬 필요가 있음
    - 정션온도가 10°C 증가하면 반도체 장치의 기대 수명은 최대 50%까지 줄어듦. 이로 인해 서로 다른 열팽창 특성을 갖는 패키징 소재들의 계면부분을 열화하게 만들며, 나아가 장치를 파괴할 위험이 있음. 특히 LED에서는 정션온도가 증가함에 따라 휘도와 색상 모두에 악영향이 미칠 수 있음

- 반도체에서 안전성과 냉각이라는 개념은 단지 발열의 원인인 반도체 장비뿐 아니라 시스템 전체의 설계에까지 영향을 줄 수 있어 열 측정의 중요성이 강조
    - 열 특성은 물론, 열 인터페이스 소재(TIM)와 심지어 히트싱크까지도 철저하게 파악할 필요가 있음
    - Mentor Graphics MicReD T3Ster과 같은 열 특성 측정 시스템은 이러한 사례에 필요한 효율성·재현성·유연성·사용 편의성을 제공할 수 있음

◎ 반도체 시장의 수요 증가에 따른 성장 기대

- 열 특성 현미경은 시료를 나노 단위로 분석 가능하게 하면서 시료의 전기적, 자기적, 물리적 특성 등을 알아낼 수 있다는 특징을 가짐. 이로 인해 반도체, HDD(HardDisk Drive), FPD(Flat Panel Display)는 물론 정밀화학, 분자생물학 등 각종 연구에 활용이 급증하고 있음

- 특히, 반도체 산업에서 사용되는 원자현미경은 기존의 표면거칠기(Surface Roughness) 분석을 넘어 CMP(Chemical Mechanical Polishing) 공정으로 인한 결함(Dishing, Erosion 등)의 정밀한 측정과 웨이퍼(Wafer) 전체 영역에서의 균일도까지 측정이 가능하여, 주요 반도체 관련 기업들을 중심으로 도입이 이어지고 있음

☐ 반도체 소자는 크기가 작아질수록 속도가 향상되고 소비전력은 감소하면서 생산비용이 내려가는 장점이 있지만, 기존 평면 구조의 반도체 설계로는 그 크기를 줄이는데 물리적으로 한계를 가짐. 또한 반도체 소자가 3D 구조로 변함에 따라, 소자의 기본이 되는 트렌치(Trench) 패턴의 측면(Sidewall)의 면적이 윗면보다 커짐에 따라 노광(Photolithography)과 식각(Etching) 공정에서 3차원의 정보가 점차 중요해지고 있음

- 반도체 산업의 설계 규칙(Design Rule)이 작아짐에 따라 기존의 계측 기술로는 측정할 수 없는 항목이 점점 늘어남. 이에 산업용 현미경의 기술이 최근 주목을 받고 있고, 산업용 현미경 시장은 전방 산업인 반도체 시장 수요증가에 따른 영향으로 성장이 기대됨

- 반도체의 최소선폭 감소에 따라 반도체용 주사전자현미경(Scanning Electron Microscopy, SEM)의 가장 중요한 활용 분야인 임계치수(Critical Dimension, CD) 측정을 원자현미경이 대신하게 될 것으로 전망되어, 주사전자현미경보다 뛰어난 분해능과 정밀도를 기반으로 기존 반도체용 주사전자현미경 수요의 점진적인 흡수가 가능할 것으로 기대됨

☐ 반도체, 임베디드 산업 부문 기술이 미세화, 고집적화로 더욱 복잡해지고 있는 등 각 산업 부문의 기술발전은 현미경에 대한 수요를 촉발시키고 있으며, 주사전자 현미경의 배율 한계에 따른 결함 분석 능력의 한계 역시 시장 견인의 주요 요인으로 작용하고 있음

◎ 디스플레이 산업 성장에 따른 수요증가 기대

☐ 디스플레이 분야는 전자산업에 포함되는 고부가가치 산업이라는 점에서, 고품질·고집적 제품을 제조하면서도 탄소중립 정책에 부합하는 기술개발을 통해 지속적인 시장성장이 전망되는 분야로 주목받고 있음

☐ 디스플레이는 각종 전자기기에서 화면표시장치로 사용되는 산업분야임. OLED 제조공정에서 가장 큰 원가를 차지하고 있는 OLED 패널 제작 시 높은 수율을 달성하기 위해서는 공정 및 검사 기술이 반드시 필요함. 또한 패턴이 미세화되고 커버글라스와 같이 부속품에 대한 수율 향상도 제조 공정에서 중요성이 부각되고 있어 자동화 검사장비에 대한 수요 증가가 예상됨

- 특히 OLED의 경우 패널의 특성이 LCD와는 상이한 구조로 인해 신규 검사장비에 대한 수요가 이어지고 있음. 디스플레이 분야는 국내의 삼성디스플레이와 LG디스플레이가 전세계 디스플레이 시장에서 기술적인 우위를 바탕으로 시장을 선점하고 있음

- OLED와 Flexible 디스플레이 기술은 우리나라가 주도하고 있는 상황으로, 국내 패널업체들은 OLED 기술을 지속적으로 개발 중에 있으며, 향후에도 OLED 라인에 대한 투자가 예상되고 있어 꾸준히 성장할 전망임. 따라서 국내 완성품 업체들의 기술개발과 공동연구개발 되는 검사장비 시장에서도 국내 업체들의 기술적 우위가 지속될 것으로 판단됨

◎ 글로벌 반도체 산업 동향

☐ 미국

- 비메모리 반도체 시장 점유율 66%, 팹리스 시장 점유율 68%로 고부가가치 분야에 집중

- 미국 최대 메모리 반도체 제조사인 마이크론테크놀로지는 '12년 일본 엘피다 사 인수 합병 후 세계 5위 반도체 기업으로 성장

- Intel, Qualcomm, Broadcom, Nvidia, AMD, Xilinx 등 비메모리 반도체 설계 및 개발에 특화되어 있는 기업 다수 보유. 특히, 시스템 반도체 세계 10대 기업 중 6개 기업 보유

- 미국 마이크론테크놀로지와 중국 푸젠진화반도체(JHICC), 대만 UMC 간 영업 기밀 유출에 관한 기술 분쟁 발생, 중국과 무역 분쟁 요인으로 작용. '19년 10월 스몰딜을 통해 미·중 무역 분쟁은 일시적으로 해소되었으나 반도체 시장 내 점유율 확보를 위한 기술 경쟁은 지속될 것으로 전망

- 바이든 대통령은 반도체산업육성법 발효하였으며, 이는 미국 반도체 생산 및 연구에 527억 달러(약 68조 5100억 원)의 보조금을 지급하고 390억 달러(약 50조7000억 원)의 예산으로 자국 내 제조 반도체에 25%의 세액공제(인센티브)를 해주는 내용임

☐ 중국

- 삼성전자, SK하이닉스와의 기술 격차 줄이지 못하고 있으며 메모리 반도체 전망 악화로 인하여 개발비에 부담감이 증가하고 있는 실정이며, 저사양의 저가형 메모리 반도체 위주 생산

- '17년 세계 시스템 반도체 점유율 13%로 '10년 5% 대비 260% 증가하였으며, 시스템 반도체 기업 수 1,698社로 '10년 582社 대비 292% 증가함. 미국과의 관계 악화로 인하여 Intel과의 협력 관계 단절됨에 따라 향후 기술 개발 난항이 예상됨

- 베이팡화창커지(北方华创科技)와 저쟝징성지디엔(浙江晶盛机电)이 선도 기업을 이루고 있으나, 글로벌 반도체 제조 장비 시장에서의 점유율은 2.5%으로 낮은 편임

- 중국 내 대규모 반도체 수요 증가가 예상되는 가운데 중국정부는 높은 해외의존도로 인한 반도체 수지 적자 확대와 미국의 견제로 인한 반도체 공급망 리스크에 대한 우려를 동시에 안고 있음.[41]
  - '2020년 기준 중국의 반도체 자급률은 15.9%에 불과하며, 반도체의 해외 의존도뿐만 아니라 반도체 제조를 위한 소재 및 장비의 해외 의존도도 높음

☐ 대만

- 세계 반도체 제조(파운드리) 1위 국가로 생산 경쟁력을 보유하고 있으며, 팹리스 기업과 유기적 협력을 통해 글로벌 팹리스 기업이 성장 중임

- TSMC(세계 반도체 3위 기업)가 대만 반도체 산업의 구심점 역할을 하고 있으며, '22년 3나노미터 양산 체제 돌입 예정

- AI 반도체 제조공정 및 칩 시스템 R&D 프로젝트를 통해 반도체 설계 인재를 육성중이며, 글로벌 경쟁력 확보를 위해 '18년부터 4년간 약 1,500억 원의 예산 투입 중

---

41) KIEP세계경제 포커스, 미·중 갈등과 중국의 반도체 산업 육성전략 및 전망,2021.07.01

- 대만은 코로나19 및 디지털 경제 전환에 따른 단기적 반사 이익뿐 아니라 장기적으로 각국의 반도체 자주화 움직임에 따른 위협이 예상되어 이에 대응하고 산업의 비교우위 유지 및 경쟁력 강화를 위한 전략을 추진하고 있음[42]

☐ 일본
- '12년 이후 가격 경쟁력 저하로 주요 반도체 기업들의 사업 부진 지속, 반도체 시장 위축되어 있는 상황임. 그러나 반도체 장비 및 소재 분야에서 원천 기술을 보유하고 있어 높은 점유율을 보이고 있음
- 엘피다는 NEC, 히타치, 도시바의 D램 사업을 묶어 탄생한 일본 대표 반도체 기업이었으나 지속적인 영업 부진으로 인하여 미국 마이크론사에 인수됨
- 반도체 장비 세계 시장의 약 30%를 점유하고 있음. 세정 장치, 현상 장치, 절단장치에서 높은 점유율을 보이고 있으며, 실리콘웨이퍼, 마스크, 포토레지스트 등 주요 소재 분야에서 약 60~80% 점유 중임
- 일본 경제산업성은 민관합동의 '반도체·디지털산업 전략검토회의'를 개최하고, 일본의 반도체산업 경쟁력 강화 방안과 서플라이 체인 안정화 관점에서 반도체전략 수립을 논의

◎ 국내 반도체 산업 동향

☐ 메모리 반도체 산업(D램, 낸드플래시)가 주를 이루고 있으며, 최근 시스템 반도체 부문 투자 확대
- 메모리 반도체는 한국 반도체 매출의 92.7%, 반도체 수출의 67.7%를 메모리 반도체 산업이 차지
- 비메모리 반도체는 한국 반도체 매출의 7.3%, 수출의 25.2% 차지
- 시스템 파운드리 매출 규모 세계 2위 수준(점유율 14.9%)이나 1위 국가인 대만(TSMC, 점유율 51.2%)과의 격차 여전히 존재
- 석·박사 이상의 인재와 고난도 설계 기술이 중요한 분야이나 국내 중소기업의 설계 역량 부족 및 중국 기술력 향상으로 인한 경쟁 심화로 2018년 10대 팹리스 기업 중 4개 업체 적자 기록

☐ 한국은 중국 및 미국으로 이어지는 글로벌 공급망 거점을 구축하여 지역별로 특화된 생산체제를 구축[43]
- 중국에는 패키징 업계가 많아 이를 활용하기 위해 웨이퍼 가공된 반제품 수출이 대부분을 차지하며, 중국으로부터 수입은 삼성전자, SK하이닉스 등 현지 투자법인으로부터 한국으로 수출하는 기업 내 무역이 많음

---

42) KIEP세계경제 포커스, 대만 반도체 전략의 주요 내용과 전망, 2021.08.25
43) KIEP 오늘의 세계경제, 한국 반도체 산업의 공급망 리스크와 대응방안, 2021.11.23

◎ 국내 정부 정책

- 메모리 반도체로 집중화되어 있는 국내 반도체 생태계 개선을 위해 '19년 4월 시스템 반도체 비전과 전략 발표
    - 시스템 반도체 비전과 전략(2019)관련 메모리반도체 강국에서 종합 반도체 강국으로 도약하기 위해 1조원 규모 예산 투입
    - 2030년까지 시스템 반도체 파운드리 시장점유율 35%, 팹리스 시장점유율 10%, 시스템반도체 고용 6만 명 달성 목표
    - 시스템 반도체 설계 인력 양성을 위해 국내 대학에 시스템 반도체 설계 전공 트랙 과정 개설, 연간 시스템 반도체 인력 200명 양성하여 팹리스 기업으로 취업 연계
    - 韓-日 수출 규제 관련 '19년 7월 일본 정부의 반도체·디스플레이 소재 수출 제한, 일본 수출 규제 대응하여 소재·부품·장비 경쟁력 강화 대책 발표, 3년간 5조원을 투입하여 소재, 부품, 장비 등의 국산화 추진

- 첨단기술 보호 및 미국 등과 전략적 반도체 협력 등 공급망 협력체계 강화
    - 정부는 미국 등 반도체 기술 선도국과의 공급망 협력을 촉진하며, 외국기업의 투자 유치를 중점적으로 추진할 계획
    - 국가첨단전략산업특별법(소위 반도체특별법) 2022.08.04. 시행

(1) 세계시장

- 2021년 16억 7,100만 달러였던 반도체 열 특성 분석 시스템 세계시장 규모는 2026년 25억 5,700만 달러로 증가할 것으로 전망됨
    - 2021년부터 2026년까지의 연평균 성장률은 9.00%로 전망

[반도체 계측 장비 시장 세계 시장규모 및 전망]

(단위 : 백만 달러, %)

구분	'20	'21	'22	'23	'24	'25	'26	CAGR ('20~'26)
세계시장	1,558	1,671	1,794	1,954	2,151	2,333	2,557	9.00

* 출처 : MarketsandMarkets, Semiconductor Manufacturing Equipment Market with COVID-19 impact analysis (MarketsandMarkets, 2022)

- 반도체 계측장비 시장에 있어서 아시아 태평양 지역은 예측 기간 동안 계측장비 시장에서 가장 큰 점유율을 차지함

[반도체 계측 장비 시장 지역별 점유율]

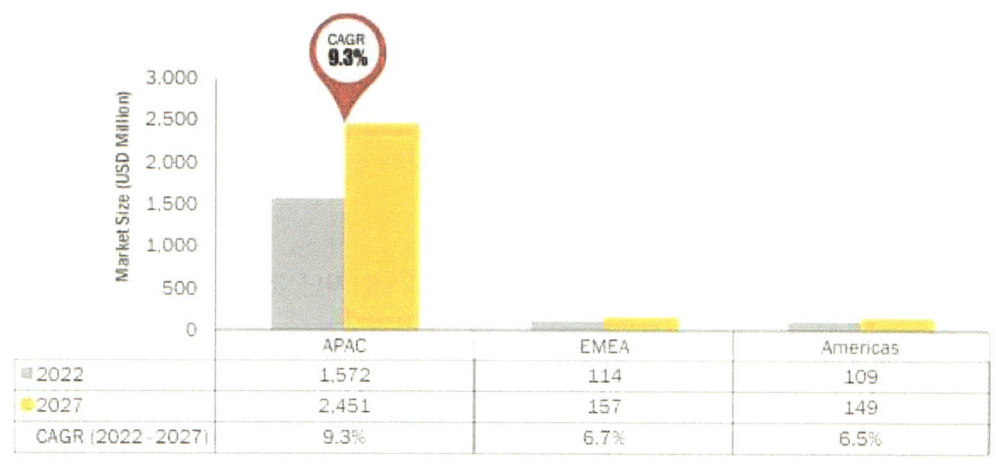

* 출처 : MarketsandMarkets, Semiconductor Manufacturing Equipment Market with COVID-19 impact analysis (MarketsandMarkets, 2022)

(2) 국내시장

☐ 2021년 5,831억 원이였던 반도체 열 특성 분석 시스템 국내시장 규모는 2026년 8,728억 원으로 증가할 것으로 전망됨

- 2021년부터 2026년까지의 연평균 성장률은 6.30%로 전망

[반도체 계측 장비 국내 시장규모 및 전망]

(단위 : 억 원, %)

구분	'20	'21	'22	'23	'24	'25	'26	CAGR ('20~'26)
국내시장	5,436	5,831	6,252	6,865	7,490	8,064	8,728	6.30

* 출처 : MarketsandMarkets, Semiconductor Manufacturing Equipment Market with COVID-19 impact analysis (MarketsandMarkets, 2022)
* 1달러 환율 1,275.96원(2022.12월 기준)으로 계산하여 재가공

나. 기술개발 동향 분석

☐ 기술경쟁력
- 반도체 열 특성 분석 시스템은 미국이 최고기술국으로 평가되었으며, 우리나라는 최고기술국 대비 69.4%의 기술수준을 보유하고 있으며, 최고기술국과의 기술격차는 2.2년으로 분석
- 중소기업의 기술경쟁력은 최고기술국 대비 63.1%, 기술격차는 2.7년으로 평가
- 일본(95.6%)>EU(79.9%)>한국(69.4%)>중국(58.2%)의 순으로 평가

☐ 기술수명주기(TCT)[44]
- 반도체 열 특성 분석 시스템은 6.28의 기술수명주기를 지닌 것으로 파악

(1) 기술개발 이슈

◎ 고감도 다중 채널 이미징 기술

☐ 스펙트럼 탐지 기술을 사용하여 고감도 및 스펙트럼 유연성을 결합함으로써 가장 희미한 형광단도 탐지
- 기존 스펙트럼 탐지 기술에 비해 최대 3배 더 많은 광 투과율
- 각 형광단의 신호 검출을 최적화하기 위해 독립적으로 조절 가능한 채널
- 람다 스캐닝 모드를 통해 복잡한 중첩 형광 신호의 정확한 스펙트럼 분류 가능
- 가변형 배리어 필터 모드는 최대 16개 채널의 가상 채널 모드에서 동시 4개 채널 촬영 제공

◎ 매크로-마이크로 이미징 및 초고해상도 구현 기술

☐ 매크로-마이크로 워크플로는 데이터 수집을 위한 로드맵을 제공하므로 상황에 맞는 데이터를 확인하고 고해상도 이미징을 위해 관심 영역을 쉽게 찾는 기술
- 저배율 1.25배 또는 2배율 대물 렌즈를 사용하여 전체 표본에 대한 넓은 시야(FOV) 지도를 빠르게 포착할 수 있음
- 중첩 지도에서 관심 영역을 식별한 다음 초고해상도 기술(FV-OSR)을 사용하여 120nm까지의 고해상도 컨포칼 이미징을 위해 더 높은 배율로 전환
- TruSight 이미지 처리를 통해 촬영을 완료하고 게시 가능한 현미경 이미지를 얻을 수 있음

---

44) 기술수명주기(TCT, Technical Cycle Time): 특허 출원연도와 인용한 특허들의 출원연도 차이의 중앙값을 통해 기술 변화속도 및 기술의 경제적 수명을 예측

◎ 고속 이미징 및 생산성 향상을 위한 하이브리드 스캔 기술

☐ 하이브리드 스캐너는 한 번에 두 개의 스캐너를 제공하여 컨포칼 이미징 기능을 향상
- 정밀 스캔을 위해 검류계 스캐너와 공명 스캐너를 사용하여 실시간 생리학적 이벤트의 고속 이미징
- 클립 스캔을 사용하여 18 시야수에서 최대 438fps까지 초당 30 프레임의 속도를 제공하는 공명 스캐너와 함께 큰 시야에서 비디오 속도 이미지를 포착
- 공명 스캐너를 사용하여 심장 박동, 혈류 또는 세포 내부의 칼슘 이온(Ca^{2+}) 역학과 같은 빠른 현상을 관찰

◎ 공초점 현미경

☐ 공초점 현미경은 반도체의 발열특성을 정밀하게 측정할 수 있으며, 시료에서 초점이 맞는 부분의 상을 얻어낼 수 있음
- 두꺼운 시료를 관찰한다고 하더라도 초점이 정확히 맞는 점의 영상을 획득할 수 있고 초점이 맞지 않는 배경 부분의 신호는 지워서 보이지 않음
- 깨끗하고 선명한 영상을 얻을 수 있으며 실제로 해상도는 XY 평면으로 180-250 nm, Z축으로 축으로 500-700 nm 정도를 가짐

☐ 공초점 현미경은 형광을 발광하는 시료의 형광 신호를 인식하기 때문에 시료의 두께에 대한 한계가 크지 않음
- 실제로 100 μm 이상의 두꺼운 시료에서도 초점이 맞는 얇은 섹션을 만들어 낼 수 있기 때문에 시리얼 섹션을 통해 두꺼운 시료로부터 정보를 입체적으로 쌓을 수 있음
- 각 XY 평면들은 현미경에서 제공하는 소프트웨어를 통해서 3D 입체 영상으로 구현할 수 있어 두꺼운 배아 샘플이나 오가노이드, 스페로이드 샘플의 입체적인 모양과 내부의 구조까지 고해상도로 관찰할 수 있다는 장점이 있음

☐ 공초점 현미경은 레이저를 광원으로 사용하는데 일반적인 레이저에서 이용 가능한 흥분 파장(excitation wavelength)의 숫자는 매우 제한적이어서 제한된 수의 레이저 라인만을 이용할 수밖에 없는 단점이 있음

☐ 공초점 열반사 현미경 기술의 현장 수요를 반영해 개발하는 업무와 함께 '다중모드 광학현미경' 개발 중
- 미세 나노 입자를 한 가지 모드로 보는 현미경이 아니라 공간, 시간 등 모드를 다중으로 달리해 보는 현미경으로, 앞으로 연구가 진전되면 나노, 바이오, 의료 쪽에도 상용화될 수 있음

◎ 투과 전자 현미경(TEM)

☐ 투과시킨 전자선을 광학계 안의 세 가지 전자 렌즈 (집속, 대물, 투사렌즈)를 통해 확대하여 관찰하는 현미경

- 투과 전자 현미경의 배율은 범위가 100 배에서 100 만 배 정도 되며 해상도는 광학 현미경에 비해 10억 배 정도 향상된 약 0.2nm임

- 뛰어난 해상도로 세포 내의 소기관까지 자세히 관찰할 수 있지만, 전자는 가시광선에 비해 투과성이 떨어지기 때문에 세포의 관찰을 위해서는 시료를 아주 얇게 절편으로 제작하여야 함

- 보통 20-60nm의 두께로 절편을 제작하고 또한 얇은 시료를 투과 전자 현미경으로 영상화하기 위해 시료의 안정화가 필요하므로 오스믹산(osmic acid), 과망간산, 우라늄 (uranium)등의 염료를 이용한 표면 처리가 필요함

- 염료들은 원자량이 큰 원자들로 구성되어 있어 전자를 산란시키게 되고 보다 대비가 뛰어난 영상을 얻을 수 있으며, 아주 얇은 절편의 시료를 관찰하기 때문에 평면적인 영상만 얻을 수 있으며 내부의 구조를 자세히 알고 싶을 때 주로 이용됨

◎ 차세대 소재 기술 개발

☐ 특정한 전압에 다다르면 물질의 상이 절연체에서 금속으로 빠르게 바뀌는 상전이(相轉移) 산화물 반도체

- 그동안 반도체 분야의 기술 혁신은 미세화를 통한 트랜지스터 회로의 집적도를 높이는 방향으로 진행돼 왔으나, 반도체 집적도가 커질수록 소비하는 전력은 줄어들고 동작속도는 빨라지지만 이로 인해 발생하는 열로 오작동 등 새로운 문제가 발생할 가능성이 커짐

- 트랜지스터의 구동 전압을 낮추고 기존 실리콘을 대체하는 신규 소재를 개발하거나 실리콘과 신규 소재를 접합하여, 상전이 산화물 반도체의 일종인 단결정 산화바나듐(금속 바나듐과 산소가 결합해서 만들어진 화합물)이 기존 실리콘 대비 전류를 흘릴 때 필요한 전압이 낮아 발열이 덜 되는 성질에 주목해, 단결정 산화바나듐을 실리콘 웨이퍼 위에 적층할 수 있는 기술을 개발

(2) 생태계 기술동향

◎ 해외 플레이어 동향

☐ CARL ZEISS(독일)
- 산업 품질 및 연구, 의료 기술, 반도체 제조 기술, 소비자 시장, 기타 부문을 통해 사업을 운영하고 있음
- 산업 품질 및 연구 부문에서는 광학, 이온, 전자 및 X선 현미경을 포함한 현미경 제품을 제공함
- ZEISS Crossbeam 350/550과 ZEISS Atlas 5 제품에 대한 새로운 기능을 개발함. 새로운 기능을 통해 적층 제조, 전자, 배터리 연구, 생체 재료 및 생물학적 조직 검사 시 속도 및 데이터 품질이 향상됨

☐ Leica(독일)
- 공초점 이미징의 검출 제한을 재정의 LIGHTNING은 이전에는 볼 수 없거나 접근할 수 없었던 미세한 구조나 세부 정보로부터 중요한 영상 정보를 추출하여, 기존의 공초점 범위는 물론 회절 한계를 넘어 120nm까지 이미징 기능을 확장

☐ Olympus(일본)
- 레이저 컨포칼 현미경은 첨단 광학 시스템으로 비파괴 관찰 방법에 의한 뛰어난 이미지 품질 및 정확한 3D 측정을 제공

☐ JEOL(일본)
- 전자 현미경 및 기타 광학 기기 관련 주요 기업 중 하나로, 과학 및 계측기기(전자 광학 기기 및 분석 기기), 산업 장비, 의료 장비 부문으로 사업을 운영하고 있음
- 제품 포트폴리오에는 투과형 전자 현미경(TEM), 주사형 전자 현미경(SEM), 집속 이온 빔(FIB), 반도체 결함 분석 장치, 에너지 필드 전자 현미경 및 전자 현미경 주변 장치가 포함됨

☐ TESCAN OSRAY(체코)
- 주사형 전자 현미경(SEM) 및 집속 이온 빔 주사형 전자 현미경(FIB-SEM) 전문 기업인 체코의 TESCAN과 맞춤형 집속 이온 빔(FIB) 및 전자 빔 전문 기업인 프랑스의 ORSAY PHYSICS가 합병하며 설립된 다국적 기업임
- 주사형 전자 현미경(SEM), 집속 이온 빔 주사형 전자 현미경(FIB-SEM), 주사형 전자 현미경(SEM)용 보조 액세서리, 광학 현미경 액세서리, 이미지 처리, 특수 진공 챔버, 맞춤형 시스템, 감지 시스템을 포함하는 과학 기기 및 실험실 장비의 연구개발 및 제조에 중점을 두고 있음

- ☐ HITACHI HIGHTECHNOLOGIES(일본)
    - HITACHI의 자회사로, 전자 및 전기 장비, 시스템에 대한 서비스를 지원, 개발, 제조 및 판매 중
    - 분석 및 의료 솔루션, 나노 기술 솔루션, 산업 솔루션 부문을 통사 사업을 운영하고 있음
    - 나노 기술 솔루션 부문에서는 전자 현미경, 집속 이온 빔(FIB) 시스템 및 원자력 현미경을 제조함
    - 첨단 고전압 CD(Critical Dimension) 주사형 전자 현미경(CD-SEM)인 "CV6300 시리즈"를 출시하였으며, 고해상도, 고품질 이미징을 구현할 수 있는 첨단 시스템으로 깊이와 바닥 치수를 정확하게 측정할 수 있음
    - 새로운 첨단 CD(Critical Dimension) 측정 주사형 전자 현미경 (CD-SEM*1)인 CG7300을 개발하였으며, 고정밀 측정 및 향상된 처리 성능을 제공함

- ☐ THERMO FISHER SCIENTIFIC(미국)
    - 연구 임상 및 산업 응용 분야를 위한 분석기기, 실험실 장비, 진단 제품, 소프트웨어 및 서비스의 설계, 제조 및 공급에 중점을 두고 있음
    - 실험실 제품 및 서비스, 생명과학 솔루션, 특수 진단, 분석기기 부문을 통해 사업을 운영하고 있음
    - 자동차 공급업체와 적층 제조업체의 개발 및 생산에 사용되는 재료의 품질관리 및 분석을 더욱 빨리 수행할 수 있도록 설계된 주사형 전자 현미경(SEM) 솔루션인 Thermo Scientific PhenomParticle X를 출시함

◎ 국내 플레이어 동향

☐ **삼성전자**
- 비메모리 반도체 경쟁력 강화를 위해 R&D 73조원, 생산 설비 60조원 투자
- 2030년까지 메모리 반도체, 비메모리 반도체 세계 1위 달성 목표
- 정부 「시스템 반도체 비전과 전략(2019)」 정책과 함께 시스템 반도체 분야 성장 견인

☐ **SK하이닉스**
- 2022년 이후 120조 원 규모 투자하여 4개 반도체 팹(FAB) 건설
- 국내·외 50개 이상 장비·소재·부품 협력 업체 단지 입주하여 반도체 생태계 강화
- 1조 2,200억 원 별도 투자하여 협력업체 상생을 통해 소재 및 장비 국산화 추진

◎ 국내 중소·중견기업

☐ **나노스코프시스템즈**
- 2006년 KAIST 기계공학과에서 광학현미경으로 박사학위를 받은 전문가 3인이 모여서 만든 공초점현미경 전문기업
- 미세 패턴 관측이 필요한 산업체에서 주로 사용되는 반사형 공초점 현미경과 생화학용 형광 공초점 현미경 개발
- 측정 성능 면에서 세계 최고 수준을 자랑하는 반사형 공초점 현미경 NS-3500은 국내 산업현장의 1㎛이하 정밀도를 관리하는 공정에서 해외 제품보다도 정확한 측정 결과를 자랑함
- 전자 부품 표면뿐만 아니라 내부 발열 분포를 측정할 수 있는 기술 보유

☐ **파크시스템즈**
- 세계 최초로 원자현미경을 개발한 연구팀 출신의 박상일 대표이사가 설립한 국내 유일의 원자현미경 제조 기업으로, 완전 비접촉 모드 스캔, 스캐너 분리/기울임, 사용자 인터페이스 등의 핵심 원천기술을 확보하고 있는 세계 최고수준의 기술기업
- 파크시스템즈의 원자현미경 제조기술은 2015년 중소기업 최초로 국가핵심기술에 지정되었으며, 원자현미경 시장에서 데이터의 신뢰성 및 재현성, 다양한 시료에 대한 응용성 등의 품질력을 인정받아 신규 거래처가 지속적으로 확대되고 있음
- 산업용 원자현미경의 신규 고객 확보와 기존 고객으로부터의 재구매로 인해 최근 5년간 지속적인 매출 성장을 기록하였으며, 2020년 1분기에 125억 원의 매출을 기록하며 전년 동기 대비 51% 성장함. 2020년 05월 15일 기준 수주잔고는 약 260억 원으로 파악되며, 산업용 원자현미경 시장에서의 독보적인 기술력과 낮은 경쟁 강도로 인해 지속적인 성장이 전망됨

다. 국내 연구개발 기관 및 동향

(1) 연구개발 기관

[반도체 열 특성 분석 시스템 주요 연구조직 현황]

기관	소속	연구분야
한국기초과학지원연구원	광분석장비개발팀	• 레이저 스캔 공초점 열반사 현미경 기술
한국기초과학지원연구원	연구장비개발부	• 30kV 보급형 투과전자현미경 개발
한국전자부품연구원	반도체·디스플레이 연구본부	• 자기/열전/진동 기반의 MEMS 에너지 변환 소자의 측정 • 차세대 반도체 표준 대상 후보 분야 분석
한국기초과학지원연구원	광분석장비개발연구부	• 마이크로-전자소자 열분석 장비 개발
한국산업기술대학교	나노반도체공학과	• 초고분해능 발광현미경 핵심 모듈 개발 및 나노 발광물질 • 다파장 관찰 광원 적용 모듈 개발 • 개별 나노구조체의 발광 메커니즘 규명

(2) 기관 기술개발 동향

☐ 한국기초과학지원연구원(KBSI)

- KBSI 광분석장비개발팀 장기수, 김동욱 박사 연구팀이 개발한 공초점 열반사 현미경 기술은 시료를 레이저로 스캔하면서 열반사율의 분포를 측정해 발열영상을 구현하는 기술로 발열영상의 공간분해능을 높이고 시료 내부의 발열영상 측정도 가능케 한 획기적인 기술

- 반도체의 온도변화에 따른 빛의 반사율 변화 분포를 레이저로 스캐닝하면서 측정해 발열영상을 구현하는 공초점 열반사 현미경 기술을 개발, 350 나노미터의 분해능을 구현하고 소자 내부의 발열영상까지 측정 할 수 있음

- 한철수 연구장비개발부 선임연구원 연구팀이 KBSI 30kV 보급형 투과전자현미경 개발

- '텅스텐 필라멘트 전자원 모델'과 '전계방출형 전자원 모델' 등 두 가지 모델이 적용되었으며, 이들은 모두 30kV 수준의 낮은 전압에서도 분해능을 nm 수준으로 낼 수 있어 세포 등 생체 바이오 시료나 그래핀과 같은 소재 분석에 사용할 수 있음

- 투과전자현미경은 고전압의 전자빔을 물질에 투과시켜 내부 구조를 수십만 배 이상 확대해 관찰할 수 있는 첨단 장비로 나노미터(nm) 수준의 분해능을 가지고 있어 원자 수준에서 정교하게 관측할 수 있어 기초과학 연구뿐만 아니라 반도체 연구 등 산업적 활용 가치가 큼

☐ 한국전자부품연구원

- 에너지 하베스팅 소자에 관한 표준안을 개발하기 위하여 선행 연구자료 및 특허 분석을 시행할 계획이며, 이를 바탕으로 최적화된 측정 및 평가법을 고안하여 실험을 수행할 계획임. 결과를 바탕으로 NP 기고문 발표 및 draft를 작성할 계획임
- 그 외 유연반도체 등 차세대 반도체 표준 대상 후보 분야에 대한 분석 및 타당성 검증

☐ 한국기초과학지원연구원

- 다양한 물질, 다층박막 시료의 발열영상 측정을 위한 분광 열반사 현미경 개발
- 시료의 온도변화에 따른 광반사율 변화의 스펙트럼을 측정할 수 있는 분광 열반사 측정기술 개발
- 열반사 스펙트럼 데이터를 분석, 최적파장을 선택하여 열반사 이미지를 획득할 수 있는 분광 열반사 이미징 기술 개발
- 마이크로-전자소자 열분석 장비 수요자들의 성능 및 기능 요구사항들을 충족시킬 수 있는 기술들을 개발하고, 개발된 기술들을 본 과제 참여기업에 이전하고, 기술개발 연구원들이 직접 기업에 파견/출장을 통해 제품개발, 성능테스트를 지원하여 조기에 사업화

☐ 한국산업기술대학교

- 나노 구조물들의 광전기적 특성 분석을 일정영역에서 발생하는 평균값을 관찰하는 종래의 방법이 아니라, 나노 구조물 개별 특성을 상압-현미경 관찰환경에서 구현 가능한 기술을 개발하여 저차원 나노구조물 등의 물성을 평가할 수 있는 방법과 공정 등을 개발

◎ 국내 반도체 열 특성 분석 시스템 관련 선행연구 사례

[국내 선행연구(정부/민간)]

수행기관	연구명(과제명)	연도	주요내용 및 성과
나노스코프시스템즈(주)	분광분해능 1.2wave, 25,600wave/sec 이상인 라인스캔 공초점 라만 스펙트로스코피 현미경 개발	2018~2022	• 고분해능 고속 라인스캔 라만 스펙트로스코피 현미경 테이블탑 형 프로토타입 개발 • 고분해능 라만 스펙트로스코피 현미경 시작품 제작 및 성능 평가
주식회사 나노프로텍	반도체 패키징 검사용 근적외선 공초점 현미경 개발	2012~2013	• 초정밀 스캐닝 메커니즘의 개발 • 레이져를 이용한 Scanning Engine 개발 • 레이져 Scanning용 광학계 개발
선문대학교	분산광학계를 이용한 초고속 공초점 현미경 기술 개발	2011~2012	• 마이크로 어레이 렌즈를 이용한 공초점 3차원 측정기를 구성하는 각종 광학 렌즈 시스템 설계 • 공초점 측정기용 시편 이동 스테이지 및 Loading 시스템 개발 • 고속 3차원 영상획득 알고리즘 및 시스템 개발과 분석 소프트웨어 개발
한국산업기술대학교	초고분해능 현미경 기술 기반 나노-광전소자 분석기술 개발	2017~2022	• 초고분해능 발광현미경 핵심 모듈 개발 및 나노 발광물질 관찰 응용 • 다파장 관찰 광원 적용 모듈 개발 및 개별 나노구조체의 발광 메커니즘 규명 • 자체 발광 나노 구조물의 초고분해능 이미 획득 및 전계 특성 등 관찰
한국표준과학연구원	멀티스케일 3차원 이미징을 위한 융합현미경 개발	2014~2020	• 융합현미경으로 관찰 가능한 생체모방형 구조체 개발 • 공초점현미경과 투과전자현미경을 통해 동시에 관찰 가능한 샘플 프로토콜 최적화
한국과학기술원	초저전력 나노 열 구동 기반 차세대 배선 소자와 이를 응용한 3차원 반도체 시스템 아키텍처 개발	2022~2023	• 고성능 NEMS 배선 소자를 위하여 신개념 나노 열 구동 메커니즘을 제시하고, 나노 열 구동 메커니즘에서 발현되는 특성을 분석 • 단위 Cell 수준의 CMOS 집적 회로에 NEMS 배선 소자를 병합 설계 및 제작
현대일렉트릭앤에너지시스템(주)	특고압 직류수전용 2MW급 모듈형 컨버터스테이션 기술개발	2022~2027	• MFT 최적설계 및 스위칭기법 연구, 전력반도체 분석 및 열해석 • 단위모듈 개념설계에 따른 스위칭 소자 분석 및 열해석 • 고효율 스위칭 기법 선정

* 출처: 자체작성

3. 특허 동향

가. 특허동향 분석

(1) 특허 증가율

- ☐ 과거부터 최근까지 해당품목에 대한 특허기술 출원의 양적 트렌드 분석을 통해 해당품목의 기술개발 동향 파악[45]

- ☐ 한국(KIPO), 미국(USPTO), 일본(JPO), 유럽(EPO) 국가별 특허기술 출원 점유율 분석을 통해 해당품목을 선도하는 국가 파악

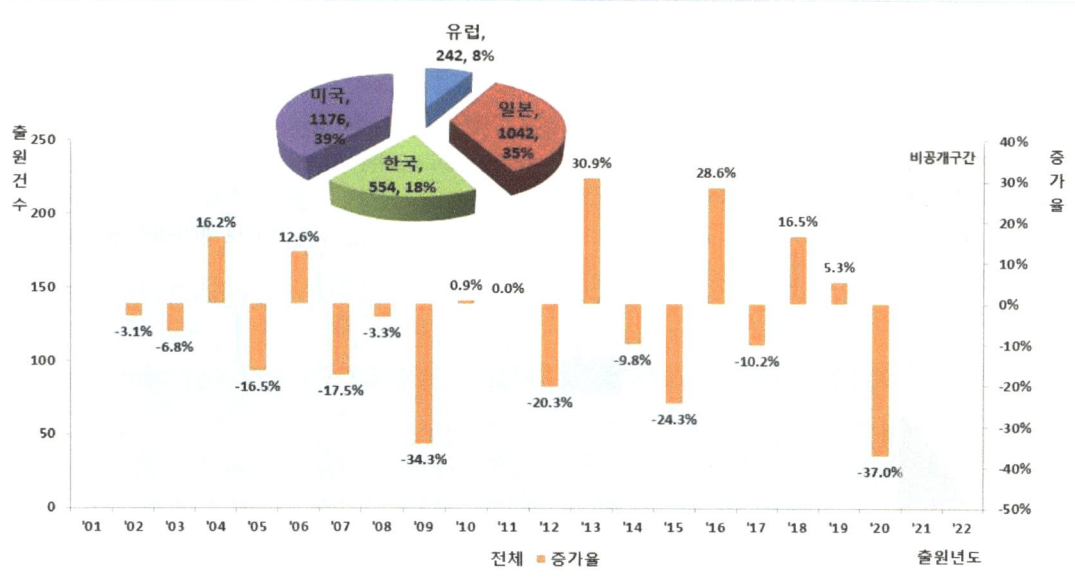

- 반도체 열 특성 분석 시스템 품목은 지난 20년(2001년~2020년) 간 꾸준히 출원 활동이 진행된 것으로 나타남
- 전년대비 증가율을 살펴볼 때, 2013년 31%의 최대 증가율을 보인 이후로 꾸준히 증가율이 감소하고 있는 것으로 나타남. 이는 양적 특허 중심에서 질적 특허를 중심으로 특허출원 양상이 전환되고 있다는 점에 기인한 것으로 판단됨
- 국가별 특허출원 점유율을 분석 시 반도체 열 특성 분석 시스템 품목은 미국 및 일본이 기술 개발을 선도하는 것으로 판단됨

---

45) 특허출원 후 1년 6개월 경과 후 데이터가 공개되는 특허제도의 특성상, 2021년과 2022년에는 실제 출원이 이루어졌으나 아직 공개되지 않은 미공개데이터의 존재로 유효데이터가 적게 나타날 수 있음에 유의해야 함

(2) 특허 점유율

☐ 과거부터 최근까지의 국가별 특허기술 출원의 양적 트렌드를 비교하여 타 국가 대비 국내의 기술적 위치 파악

☐ 한국(KIPO), 미국(USPTO), 일본(JPO), 유럽(EPO) 국가별 내·외국인의 출원분포를 파악하여 해당 국가 내 국외기술의 유입상황 및 국외기술에 대한 의존도 여부, 자국 기술력 등을 유추

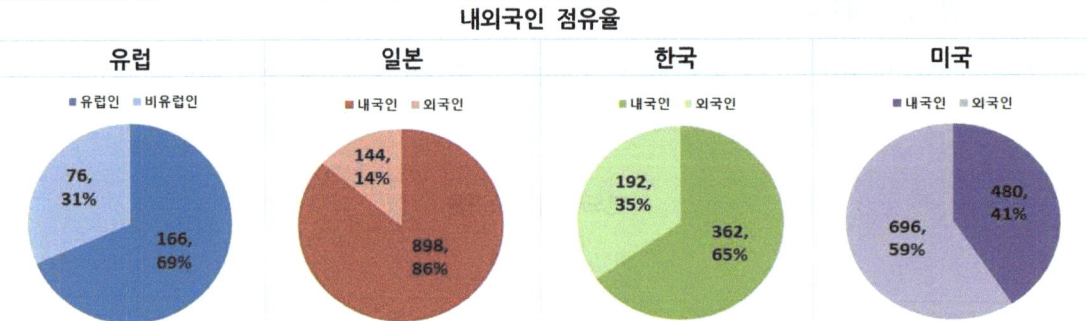

내외국인 점유율

- 반도체 열 특성 분석 시스템 품목에 있어, 일본, 한국, 유럽의 3국에서 내·외국인 비중이 각각 86%대 14%, 65%대 36% 및 69%대 31%로 내국인의 출원 점유율이 강세를 보이는 것으로 분석됨. 반면, 미국의 경우 외국인의 출원 점유율 59%로 내국인보다 외국인의 출원 점유율이 더 높은 것으로 나타남
- 반도체 열 특성 분석 시스템 품목에 있어 한국 및 일본은 기술 자립도가 가장 높은 것으로 평가되며, 반면에 미국은 외국인의 유입이 큰 국가인 것으로 보아 시장 매력도가 큰 것으로 판단됨

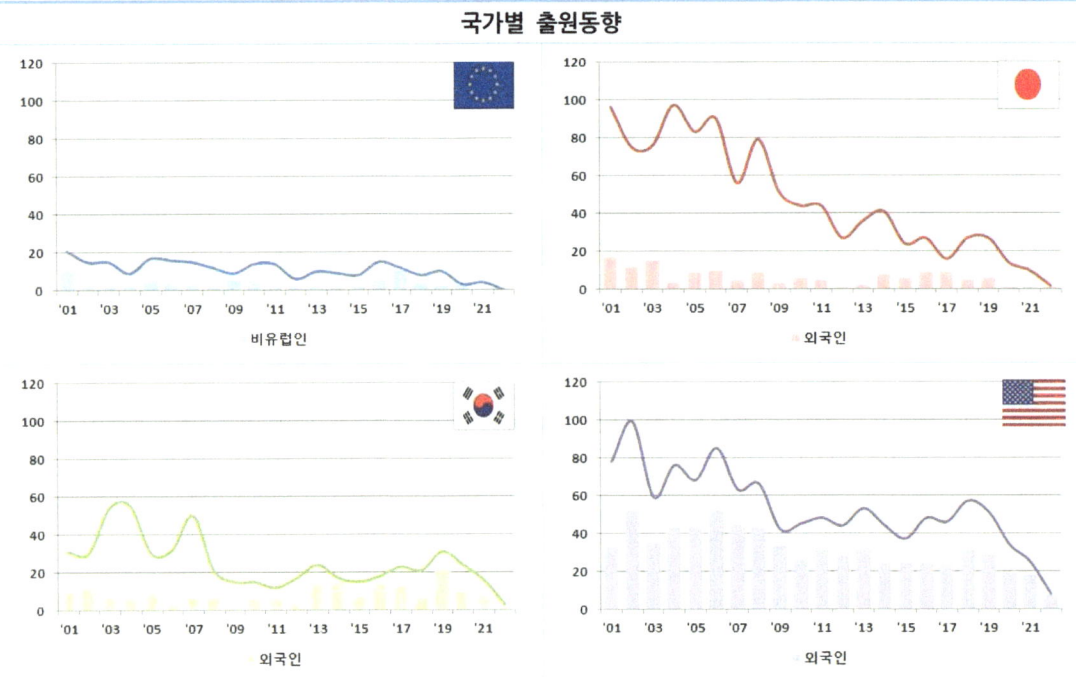

국가별 출원동향

- 지난 20년간 미국의 출원 활동이 가장 활발히 진행된 것으로 나타나며, 미국의 출원 활동은 대부분 외국인에 의해 진행된 것으로 나타남

(3) 특허 영향력

☐ 기술영향력(CPP) 지수는 특정 등록특허가 다른 특허들에 의해 인용된 횟수를 나타내며, 특허권자의 입장에서 이 값이 클수록 질적 수준이 높은 핵심특허 또는 원천특허를 많이 보유하고 있을 가능성이 높다고 판단

* CPP = 특정 주체의 등록특허의 피인용 횟수 / 해당 주체의 등록특허 수

☐ 시장지배력(PFS) 지수는 출원인 국적별 패밀리국가수를 분석하는 것으로, 해당품목에서 글로벌 시장을 타겟팅한 출원인이 누구인지 파악 가능

* PFS = 특정 주체의 평균 패밀리 국가수 / 전체평균 패밀리 국가수

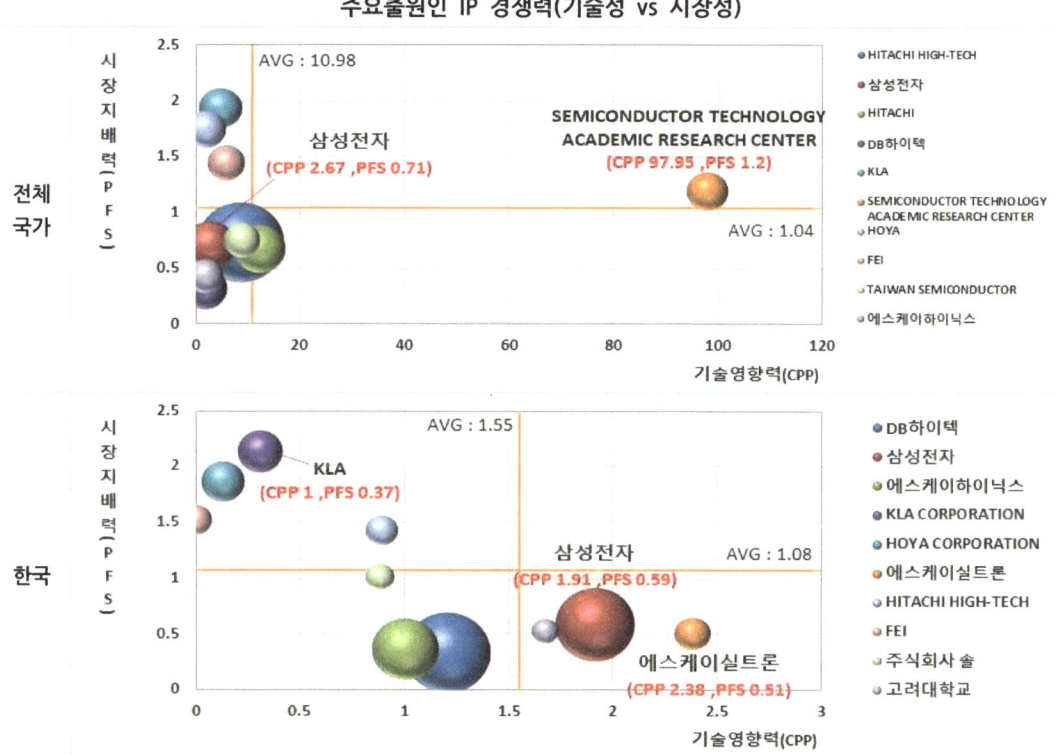

주요출원인 IP 경쟁력(기술성 vs 시장성)

- 반도체 열 특성 분석 시스템 품목에 대한 주요 출원인들의 IP 경쟁력 분석 결과, 전체 국가에서는 SEMICONDUCTOR TECHNOLOGY ACADEMIC RESEARCH CENTER이 기술영향력 및 시장확보력이 가장 높은 것으로 나타남. 한국 시장에서는 에스케이실트론의 특허가 질적 수준이 높아 상업적 가치가 큰 것으로 평가됨

 (전체) SEMICONDUCTOR TECHNOLOGY ACADEMIC RESEARCH CENTER : 기술영향력(CPP) 97.95 / 시장확보력(PFS) 1.2

 (한국) 에스케이실트론 : 기술영향력(CPP) 2.38 / 시장확보력(PFS) 0.51

- 한국 출원인 중에는 전체 국가에서는 삼성전자의 기술영향력 및 시장확보력이 가장 높은 것으로 나타나며, 한국 시장에서는 에스케이실트론이 가장 높은 기술영향력을 보이며 일본의 KLA는 높은 시장확보력을 가지고 있는 것으로 분석됨

 (전체) 삼성전자 : 기술영향력(CPP) 2.67 / 시장확보력(PFS) 0.71

 (한국) 삼성전자 : 기술영향력(CPP) 1.91 / 시장확보력(PFS) 0.59

나. 주요 기술 키워드 분석

(1) 기술개발 동향 변화 분석

☐ AI 알고리즘을 활용하여 해당품목의 분석구간의 특허 기술 키워드를 비주얼 차트로 나타낸 것으로, 키워드 확인을 통한 집중연구 분야를 파악할 수 있으며, 구간별 기술 키워드 확인을 통해 해당품목에 대한 구간별 연구 트렌드 변화를 유추

* 분석범위 : 요약,   * 키워드 구성 : 구문,   * 키워드 출력수 : 전체구간 100개, 최근구간 50개

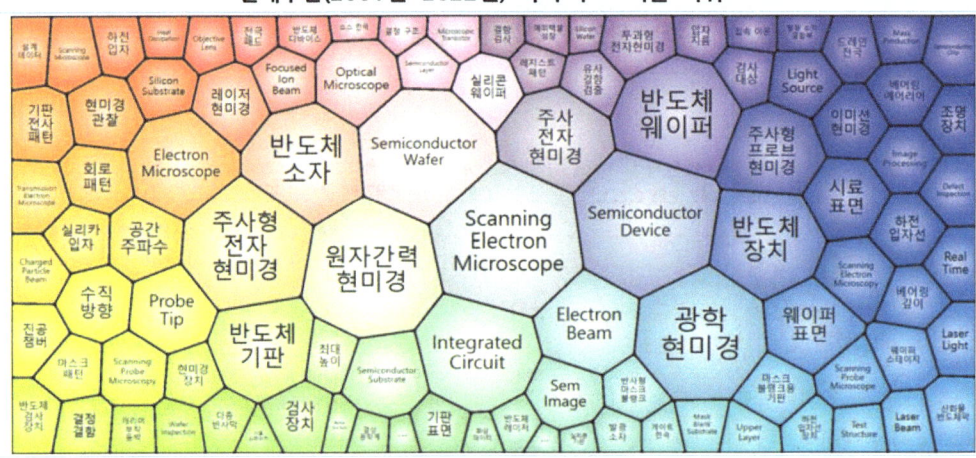

- 반도체 열 특성 분석 시스템 품목에 대한 지난 20년간의 특허 주요 기술 키워드 분석 결과, 분석 시스템 기본 기술 관련 키워드가 주로 도출되었으며, 반도체 시스템 응용을 위한 'Semiconductor Device' 및 'Semiconductor Wafer' 키워드가 도출된 것으로 조사됨

  (전체구간 주요 키워드) Semiconductor Device, Semiconductor Wafer, 반도체 웨이퍼, Scanning Electron Microscope, 광학 현미경, 주사형 전자 현미경, 반도체 기판, 원자간력 현미경, 반도체 소자, Integrated Circuit

- 반도체 열 특성 분석 시스템 품목에 대한 최근 구간 특허 주요 기술 키워드 분석 결과, 1구간에는 분석 시스템 기술과 관련한 '원자간력 현미경'이 주요 기술 키워드로 도출되었고, 2구간에서는 반도체 시스템 응용 관련 기술과 관련한 'Semiconductor Wafer'가 주요 기술 키워드로 도출됨

  (1구간 주요 키워드) 원자간력 현미경, Electron Beam, 반사형 마스크 블랭크, 마스크 블랭크용 기판, 공간 주파수

  (2구간 주요 키워드) Probe Tip, Semiconductor Wafer, Integrated Circuit, Scanning Electron Microscope, 반도체 웨이퍼

(2) 기술 현황 분석

☐ 전 세계적으로 통용되고 있는 국제특허분류를 통해 해당품목의 기술현황 및 집중기술 분야를 확인할 수 있으며, 연도별 기술현황 변화추이를 확인함으로써 해당품목에 대한 기술변화 트렌드 변화를 유추

* IPC(International Patent Classification) : 국제특허분류

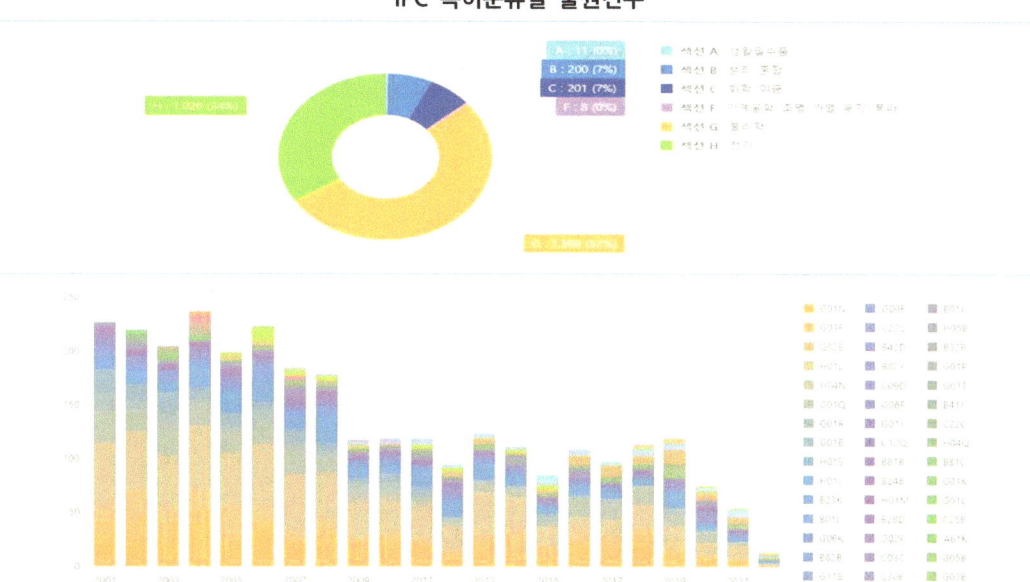

- 반도체 열 특성 분석 시스템 품목은 섹션 'G 물리학' 기술 분야의 비중이 가장 높은 것으로 나타났으며, 그중에서도 '반도체 장치; 다른 곳에 속하지 않는 전기적 고체 장치' (G01N) 기술 분야에서 집중 연구개발되고 있는 것으로 분석됨
- 연도별 기술 현황 변화 추이를 보았을 때, 최근에는 (H01L) 기술 분야인 '반도체 장치; 다른 곳에 속하지 않는 전기적 고체 장치' 관련 분야와 (G01N) 기술 분야인 '재료의 화학적 또는 물리적 성질의 검출에 의한 재료의 조사 또는 분석' 관련 분야에서 출원이 진행된 것으로 나타남

IPC - Sub Class	출원건수
• (H01L) 반도체 장치; 다른 곳에 속하지 않는 전기적 고체 장치	701
• (G01N) 재료의 화학적 또는 물리적 성질의 검출에 의한 재료의 조사 또는 분석	389
• (G01Q) 스캐닝 프로브 기술 혹은 장치; 스캐닝 프로브 기술의 적용 예. 스캔 프로브 현미경[SPM]	286
• (H01J) 전자관 또는 방전램프	241
• (G03F) 사진제판법에 의한 요철화 또는 패턴화 표면의 제조, 예. 인쇄용, 반도체장치의 제조법용; 그것을 위한 재료; 그것을 위한 원료; 그것을 위한 특별히 적합한 장치	194

(3) 기술 집중력 분석

☐ 주요출원인에 의한 특허점유율을 분석하여 기술집중력(시장 독과점 수준)을 판단하는 것으로, 특허동향조사에서는 통상 CR4를 사용하며, CRn값이 0에 가까울수록 시장 독과점 수준이 낮은 것을 의미하고, CR4 값이 40에서 60일 경우(CR1 지수는 50 이상일 경우, CR2 또는 CR3 지수는 75 이상일 경우) 시장의 독과점 수준이 높은 것으로 해석됨

* CRn(집중률지수, Concentration Ratio n) = (1위 출원인의 특허점유율) + ... + (n위 출원인의 특허점유율)

	주요출원인	출원건수	특허점유율	CRn	n
주요 출원인 집중력	HITACHI HIGH-TECH	268	8.9	9	
	HITACHI	94	3.1	12	
	삼성전자	92	3.1	15	
	디비하이텍	74	2.5	**18**	4
	KLA	66	2.2	20	
	HOYA	55	1.8	22	
	SEMICONDUCTOR ENERGY LAB	54	1.8	23	
	FEI	52	1.7	25	
	TSMC	48	1.6	27	
	에스케이하이닉스	47	1.6	28	
	전체	3,014	100%	CR4 = 18	
	출원인 구분	출원건수	특허점유율	CRn	n
국내시장 중소기업 집중력	중소기업(개인)	75	13.5	13.54	중소기업
	대기업	208	37.5		
	연구기관/대학	78	14.1		
	기타(외국인)	193	34.8		
	전체	2,422	100.0%	CR중소기업 = 13.54	

- 반도체 열 특성 분석 시스템 품목에 대한 시장 관점의 기술 독점 집중률 지수(CRn) 분석 결과, 상위 4개 기업의 시장점유율이 18로, 주요 출원인에 의한 독과점 정도는 현재까지는 심하지는 않은 것으로 분석됨
- 국내시장에 있어서 중소기업의 특허 점유율은 13.54로, 반도체 열 특성 분석 시스템 품목에서 중소기업의 점유율은 다소 낮은 것으로 분석됨. 대기업의 출원 점유율과 기타(외국인)에 의한 출원 점유율은 각각 37.5, 34.8로 독과점 정도는 현재까지는 심하지는 않은 것으로 나타남. 따라서 반도체 열 특성 분석 시스템 품목은 국내시장에서 기존 반도체 기술을 기반으로 기술을 구축한 대기업 및 기타(외국인)을 중심으로 다소 출원이 집중되어 있으며, 중소기업은 점진적으로 시장에 진입 중인 것으로 판단됨

다. 주요 출원인 분석

(1) 주요 출원인 동향

- 주요출원인을 기준으로, 해당품목에 대해 기술개발을 주도하고 있는 기관 및 기업을 파악하고, 한국(KIPO), 미국(USPTO), 일본(JPO), 유럽(EPO) 국가별 출원현황 분석을 통해 주요출원인들이 고려하고 있는 주요시장국이 어디인지 예측하여 거시적 관점의 향후 트렌드를 전망

- 타 국가 대비 국내 기관 및 기업의 출원 활동 현황 및 수준을 파악하여 연구개발에 있어 비중 있는 사전 파악이 필요한 기관 및 기업 제시

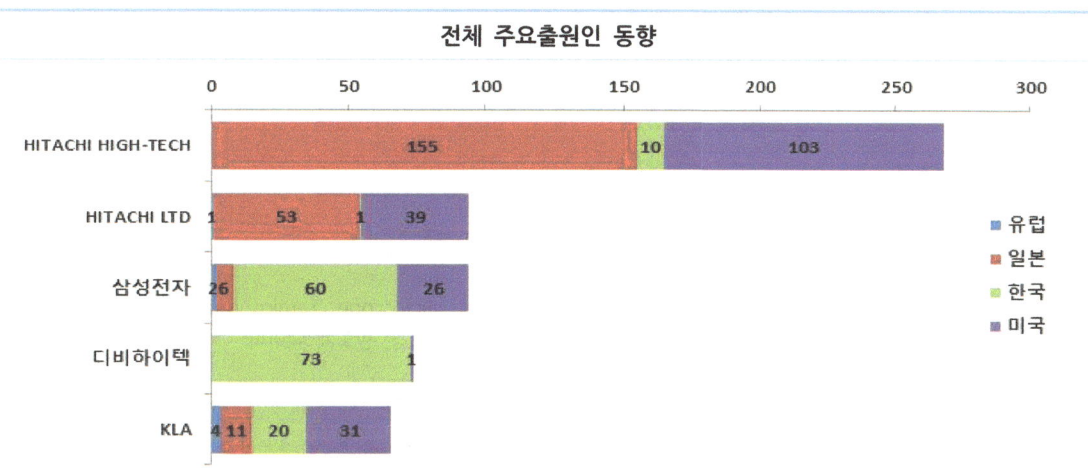

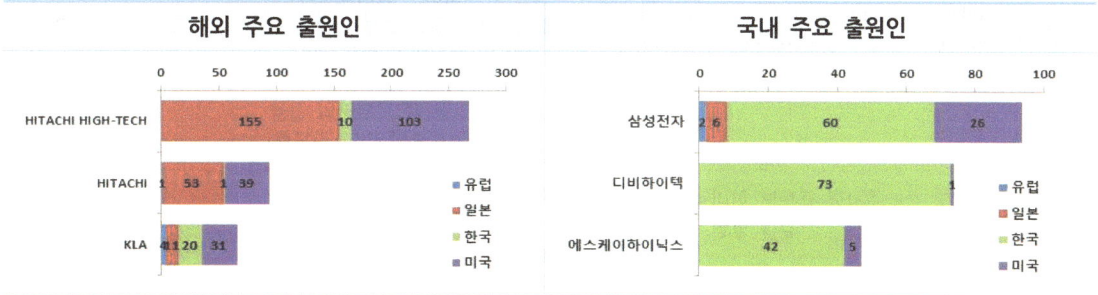

- 반도체 열 특성 분석 시스템 품목의 주요 출원인 Top 5를 살펴보면, 일본, 한국 및 미국 국적의 출원인으로 구성되어 있으며, 일본 출원인에 의해 기술 개발이 주도되고 있는 것으로 나타남
- 한국 국적의 출원인으로는 삼성전자가 가장 많은 출원을 진행하였으며, 삼성전자 외에도 디비하이텍 또한 전체 주요 출원인 Top 5에서 나타남
- 국내 주요 출원인은 삼성전자, 디비하이텍 및 에스케이하이닉스로 도출되어, 대기업 중심으로 반도체 열 특성 분석 시스템 품목의 기술 개발을 활발히 진행하고 있는 것으로 분석됨

(2) 주요 출원인 기술 키워드 및 주요특허 분석

□ 주요출원인이 출원한 해당품목의 특허 기술 키워드 확인을 통해 출원인별 집중연구 분야를 파악할 수 있으며, 등록특허를 기준으로 피인용문헌수 및 패밀리 국가수가 큰 주요특허를 사전검토 함으로써 주요출원인의 주력기술 분야를 예측

* 기술 키워드 분석범위 : 요약, * 키워드 구성 : 구문, * 키워드 출력 수 : 50개
* 주요특허 도출 기준 : 등록특허를 기준으로 피인용문헌수 및 패밀리 국가수가 큰 특허를 주요특허로 도출

◎ HITACHI HIGH-TECH

주요 키워드 및 주요특허 분석

- 주사형 전자 현미경, Scanning Electron Microscope, Electron Microscope, Semiconductor Device, Electron Beam, 검사 장치, Cross Sectional Shape, Cad Data, 주사 전자현미경, 반도체 웨이퍼

등록번호 (출원일)	명칭	기술적용분야	IP 경쟁력	
			피인용 문헌수	패밀리 국가수
US 9666408 (2017.05.30)	Apparatus and method for processing sample, and charged particle radiation apparatus	샘플을 처리하는 장치에 관한 것으로서, 샘플 온도 조절 기구를 갖는 장치 및 하전입자 방사 장치	3	3
JP 5140179 (2012.11.22)	주사형 프로브 현미경의 변위 검출 방법	측정 대상에 광원으로부터의 광을 조사하고 조사 후의 빛의 강도를 광감지기로 검출하는 광학식 변위 검출 기구와 관련된 변위 검출 방법으로, 측정 대상으로의 조사광에 의한 측정 대상의 열 변형 등의 결함의 영향이 줄일 수 있고 최적의 조건 하에서 측정 정밀도를 확보	3	4
US 7559047 (2002.07.16.)	Charged particle radiation apparatus	정전기 인력을 갖는 시편을 고정하기 위한 정전척 기구를 구비하는 하전입자 방사장치로서, 열변형이 없는 상태에서 하전입자 빔을 이용하여 측정을 수행하기 위한 방법	2	3

- HITACHI HIGH-TECH는 반도체 열 특성 분석 시스템 품목과 관련하여 Top 1 출원인으로, 일본 및 미국을 위주로 출원을 진행하였으며, 반도체 정밀 검사 장치에 있어 샘플의 온도조절 기구 및 검출 방법의 구성을 통해 열 변형 영향을 줄이거나 없는 상태의 정밀 검사 장치 관련 기술로 지속적인 출원을 진행하고 있는 것으로 나타남. 이에 따라 반도체 열 특성 분석 시스템 품목의 정밀 분석에 대한 기술력이 높은 것으로 조사됨

◎ HITACHI LTD

주요 키워드 및 주요특허 분석

- Microstructured Pattern, Dislocation Vector, 하전 입자선, Semiconductor Device, 반도체 소자, 검사 장치, Provide Scanning, 주사 전자 현미경, Part Constituting, Distribution Status

등록번호 (출원일)	명칭	기술적용분야	IP 경쟁력	
			피인용 문헌수	패밀리 국가수
JP 4199939 (2001.04.27)	반도체 검사 시스템	오퍼레이터 프리의 완전 자동화된 높은 처리량의 반도체 검사 시스템	86	2
US 7133550 (2001.11.08.)	Pattern inspection method and apparatus	웨이퍼에 주입된 이온, 패턴접합 등의 요인으로 인한 악영향에 의한 화상검출오차 없이 화상검출이 가능한 패턴검사방법	33	2
JP 7365322 (2008.04.29)	주사전자현미경의 제조법 및 반도체 장치 패턴의 형상 평가 장치의 배열 방법 및 장치	SEM 장치 등에서 이미징-레시피의 자동 배열 또는 생성을 위한 선택 규칙이 교시에 의해 최적화될 수 있도록 적응된 이미징 레시피 배열 장치 및 방법	32	2

- HITACHI는 반도체 열 특성 분석 시스템 품목과 관련하여 Top 2 출원인으로, 일본 및 미국을 위주로 출원을 진행하였으며, 반도체 검사 시스템, 웨이퍼 분석 장치, SEM 분석 시스템 기술 등을 주력 기술로 최근에도 적극적인 출원을 진행하고 있으므로 열 특성 분석 시스템 관련 기술력이 높은 것으로 조사됨

◎ 삼성전자

주요 키워드 및 주요특허 분석

- 분석 포인트, Quantum Dot, 반도체 기판, 광학 현미경, Sem Image, 분석 영역, Semiconductor Substrate, Semiconductor Nanocrystal, 오버레이 패턴, Electrically Conducting Layer

등록번호 (출원일)	명칭	기술적용분야	IP 경쟁력 피인용 문헌수	패밀리 국가수
JP 5874011 (2011.01.28.)	Apparatus and method to inspect defect of semiconductor device	전자빔의 조건을 다중으로 설정하고, 각 조건에 따라 발생하는 2차 전자의 신호를 다수의 패턴 이미지로 스캔하며, 저장된 다수의 이미지를 차감 연산하여 새로운 패턴 이미지로 창출하는 반도체 소자의 디펙트 검사 장치 및 방법	17	2
JP 5238478 (2008.12.19.)	반도체 웨이퍼 검사용 현미경장치 및 그 검사방법	시료대를 소정의 각도로 기울어짐이 가능토록 구성하여 웨이퍼의 전면(에지부, 베벨부, 저면부)을 하나의 현미경장치에 의해 동시에 검사를 할 수 있도록 한 반도체 웨이퍼 검사용 현미경장치 및 그 검사 방법	10	4
JP 5923732 (2009.11.20.)	Pattern analysis method of a semiconductor device	웨이퍼 상의 불량 요인(핫스팟)을 검출하는 반도체 소자의 패턴 분석 방법	10	2

- 삼성전자는 반도체 열 특성 분석 시스템 품목과 관련하여 Top 3 출원인으로, 한국 및 미국을 위주로 출원을 진행하였으며, 반도체 소자의 검사 장치 및 방법, 웨이퍼 검사용 현미경 장치 등에 주력하고 있으며, 반도체 기판 등 분석 시스템 응용 방법을 주요 키워드로 특허출원을 진행하여 반도체 열 특성 분석 시스템 품목에 있어서 기술력이 높은 것으로 조사됨

4. 전략품목 기술로드맵

가. 핵심기술

(1) 요소기술 도출

◎ 특허 키워드 클러스터링 기반 요소기술 후보도출

[반도체 열 특성 분석 시스템 토픽 클러스터링 결과]

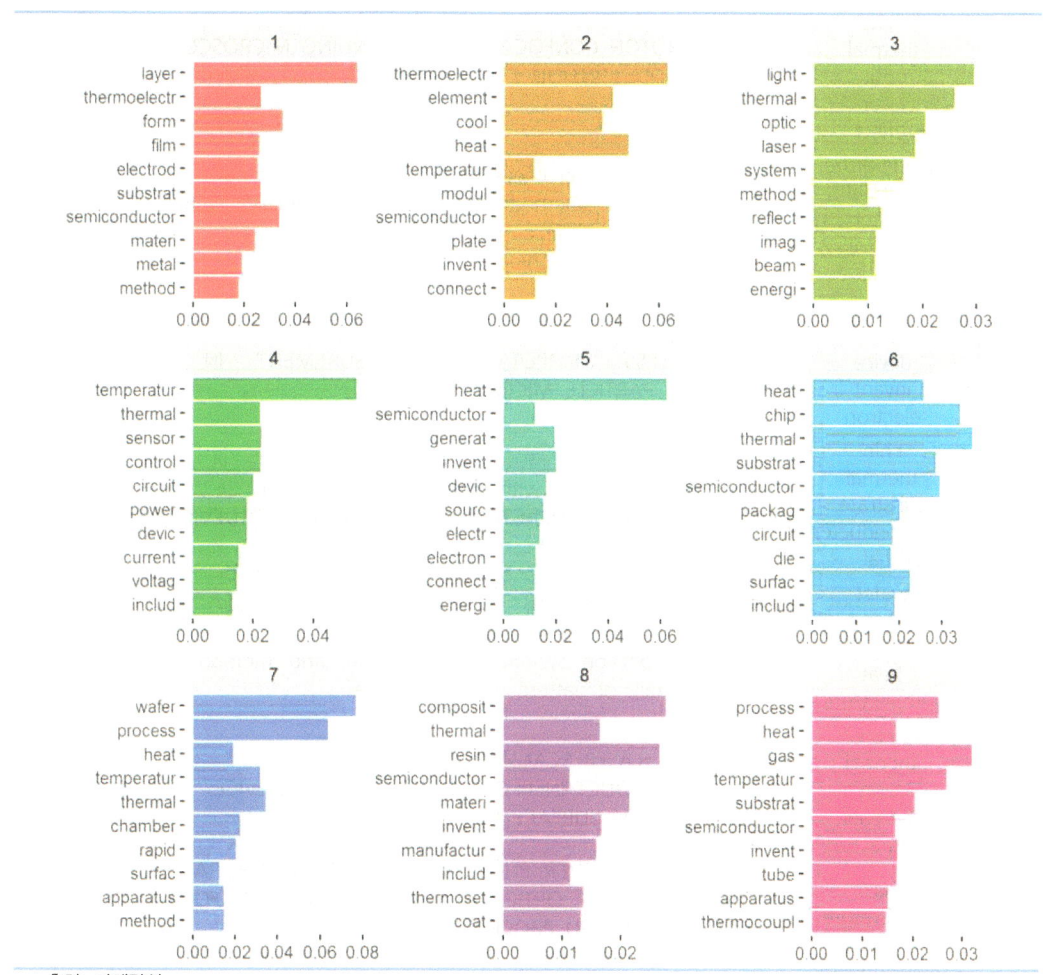

* 출처: 자체작성

[LDA 클러스터링 기반 요소기술 후보도출]

No.	상위 키워드	대표적 관련 특허	요소기술 후보
클러스터 01	layer form semiconductor thermoelectric substrate	• MULTI PHOTON CONFOCAL LASER SCANNING MICROSCOPE • METHOD FOR MANUFACTURING SEMICONDUCTOR DEVICE	두께에 따른 분해성능 저하 문제 개선
클러스터 02	thermoelectric heat semiconductor cool element	• A 3-Dimensional Shape Measuring System • WAFER DEFECT DETECTION SYSTEM WITH TRAVELING LENS MULTI-BEAM SCANNER	미세 시편의 3차원적 측정을 통한 결함 검출 기술
클러스터 03	light thermal optic laser reflect	• MULTI PHOTON CONFOCAL LASER SCANNING MICROSCOPE • DEVICE AND METHOD FOR INSPECTING SEMICONDUCTOR WAFERS	다광자 흡수를 통한 목적물에 따른 광흡수 문제 개선
클러스터 04	temperature thermal sensor control circuit	• Semiconductor wafer check system • The evaluation method of the semiconductor sample containing the surface in which the infrared scanning microscope and light shine	열 특성 검출
클러스터 05	heat semiconductor device invent electron	• LAMP UNIT OF AN OPTICAL APPARATUS • CONTACTLESS TEMPERATURE MEASUREMENT IN A CHARGED PARTICLE MICROSCOPE	열 고장 감지 기술
클러스터 06	chip thermal substrate semiconductor heat	• Semiconductor device with thermal fault detection • METHOD FOR MANUFACTURING SEMICONDUCTOR DEVICE	발열 온도 분포 화상 해석 기술
클러스터 07	wafer process thermal heat temperature	• Microscope Apparatus and Inspection Method for Semiconductor Wafer Inspection • Pattern inspection system detectable fail and method for detecting fails of pattern using the same	웨이퍼 반사각도 제어를 통한 정확한 불량 검출
클러스터 08	composit thermal resin material manufacture	• CONFOCAL LASER SCANNING MICROSCOPE • OPTICAL PRODUCT INSPECTION METHOD AND DEVICE • DETECTOR FOR SURFACE FLAW OF BLOOM	암시야 관찰을 통한 공초점 화상 획득 기술
클러스터 09	gas temperature substrate semiconductor process	• ULTRAEMPFINDLICHER PHOTODETECTOR WITH INTEGRATED ONE PIN-GETS OPTICAL SIGNAL FOR CONFOCAL MICROSCOPES AND PROCEDURES FOR DETECTION • DISPOSITIVO FOTORIVELATORE ULTRASENSIBILE CON DIAFRAMMA MICROMETRICOINTEGRATO PER MICROSCOPI CONFOCALI	초미소 광강도 기술

* 출처: 자체작성

◎ 특허 분류체계 기반 요소기술 후보도출

[IPC 분류체계에 기반 요소기술 후보도출]

	IPC 기술트리		요소기술 후보
(서브클래스) 내용	(메인그룹) 내용		
(H01L) 반도체 장치	(B65G-049/07) 반도체 웨이퍼(wafer)를 위한 것		반도체 웨이퍼
	(H01L-031/101) 적외선, 가시광선 또는 자외선의 방사에 감응하는 장치		광 감응장치
(G01R) 전기변량의 측정; 자기변량의 측정	(G01R-031/26) 개개의 반도체장치의 시험		반도체 장치 시험
	(G01R-031/28) 전자회로의 시험		-
(G01N) 재료의 화학적 또는 물리적 성질의 검출에 의한 재료의 조사 또는 분석	(G01N-001/28) 조사용 표본의 조제		-
	(G01N-021/88) 결함, 상처 또는 오염의 존재조사		반도체 결함 검사
(G02B) 광학요소, 광학계 또는 광학장치	(G02B-021/00) 현미경(접안렌즈 편광계 측량용 현미경)		반도체 현미경
	(G02B-021/10) 어두운 시야 조명을 주는 것		암시야 측정

* 출처: 자체작성

◎ 최종 요소기술 도출

☐ 기술·시장 분석, 기술수요, 기술(특허)분석, 전문가 추천을 바탕으로 요소기술 후보 도출

☐ 요소기술 후보를 대상으로, 전문가를 통해 기술의 범위, 요소기술 간 중복성 등을 조정·검토하여 최종 요소기술 확정

[반도체 열 특성 분석 시스템 요소기술 도출]

요소기술	출처
열 고장 감지 기술	특허 클러스터링, 전문가추천
초미소 광감도 기술	특허 클러스터링, 전문가추천
광원 및 스캐닝 기술	특허 클러스터링, 전문가추천
열 영상 획득 및 특성 검출 기술	특허 클러스터링, 전문가추천
반사광 검출 기술	특허 클러스터링, 전문가추천
두께에 따른 분해성능 저하 문제 개선	특허 클러스터링
미세 시편의 3차원적 측정을 통한 결함 검출기술	특허 클러스터링, IPC 분류체계
열 특성 검출	특허 클러스터링
웨이퍼 반사각도 제어를 통한 정확한 불량 검출	특허 클러스터링
발열 온도 분포 화상 해석 기술	특허 클러스터링, IPC 분류체계

(2) 핵심기술 선정 및 기술로드맵 기획 절차

☐ 특허 분석을 통한 요소기술과 기술수요와 기술시장분석을 기반으로 한 요소기술, 전문가 추천 요소기술 등을 종합하여 요소기술을 도출한 후, 전문가위원회의 평가과정 및 검토/보완을 거쳐 핵심기술 확정

☐ 핵심기술 선정 지표: 기술개발 시급성, 기술개발 파급성, 기술의 중요성 및 중소기업 적합성

[핵심기술 선정 및 기술로드맵 기획 프로세스]

① 요소기술 도출	② 요소기술 평가	③ 핵심기술 확정	④ 기술로드맵 기획
• 전략품목 현황 분석 • 특허 IPC 분류체계 • 전문가 추천	• 전문가위원회 전략품목별 요소기술 평가 • 핵심기술 선정	• 전략품목별 핵심기술 검토 • 핵심기술 개요 범위 검토	• 핵심기술을 대상으로 전략품목별 기술로드맵 구축

(3) 핵심기술 리스트

[반도체 열 특성 분석 시스템 핵심기술]

핵심기술	개요
열 고장 감지 기술	▪ 전기적 신호 및 차동 전기적 신호를 기초로 주파수 영역 분석
초미세 광강도 기술	▪ 초미세 반도체 구조 분석을 위한 고성능 빔 스플리터(Beam Splitter)개발
광원 및 스캐닝 기술	▪ 레이저 스캐닝 기술
열 영상 획득 및 특성 검출 기술	▪ 획득된 열 영상을 통해 처리 S/W 및 UI 개발
반사광 검출 기술	▪ 미세 시편의 반사광 검출에 있어 발열과 관련없는 반사광 세기 변화를 제거 또는 완화하여 미세 발열 검출의 민감도 향상기술

나. 기술개발 로드맵

(1) 중기 기술개발 로드맵

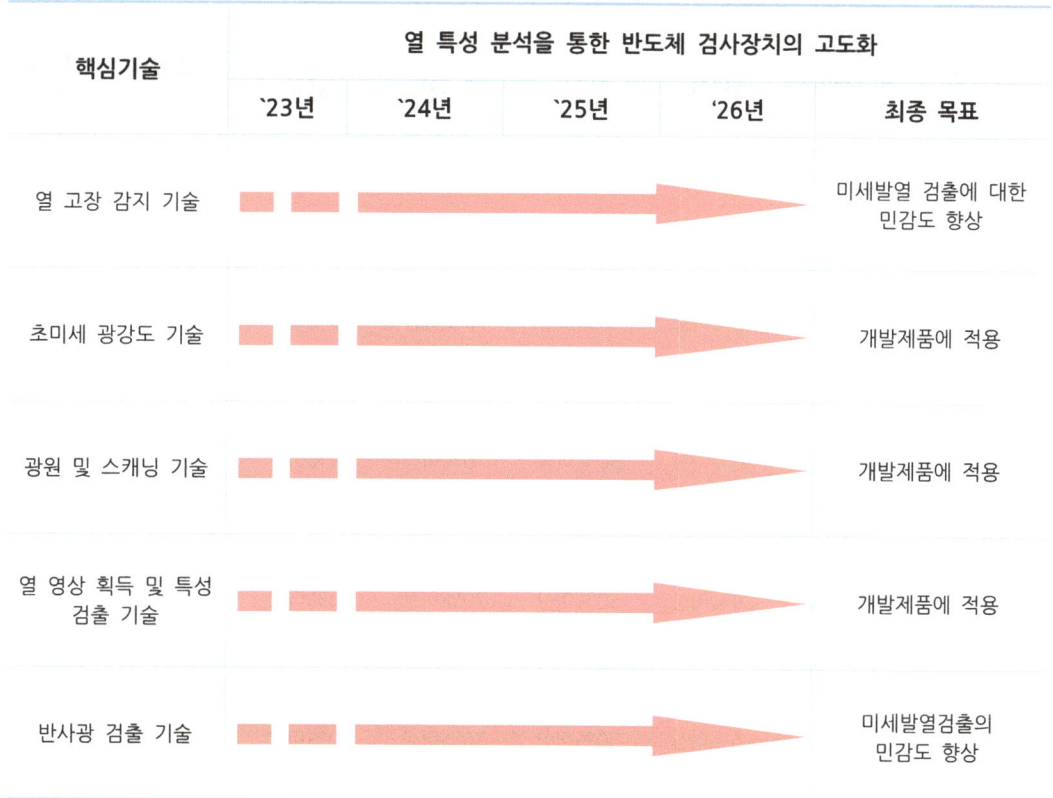

* 출처: 자체작성

(2) 기술개발 목표

☐ 최종 중소기업 기술로드맵은 기술/시장 니즈, 연차별 개발계획, 최종목표 등을 제시함으로써 중소기업의 기술개발 방향성을 제시

[반도체 열 특성 분석 시스템 핵심기술 연구목표]

핵심기술	기술 요구사항	연차별 개발목표				최종목표	연계 R&D 유형
		1년차	2년차	3년차	4년차		
열 고장 감지 기술	주파수 분석	20%이상	50%이상	70%이상	90%이상	미세발열 검출에 대한 민감도 향상	상용화
초미소 광강도 기술	빔 스플리터	20%이상	50%이상	70%이상	90%이상	개발제품에 적용	기술혁신 산학연
광원 및 스캐닝 기술	레이저 스캐닝	20%이상	50%이상	70%이상	90%이상	개발제품에 적용	산학연
열 영상 획득 및 특성 검출 기술	S/W 및 UI	20%이상	50%이상	70%이상	90%이상	개발제품에 적용	산학연
반사광 검출 기술	광검출기술	20%이상	50%이상	70%이상	90%이상	미세발열검출의 민감도 향상	기술혁신/ 산학연

다. 중소기업 기술개발 전략

☐ 고성능 기반의 대량생산이 가능한 회로 선폭 미세공정을 분석할수 있는 원천기술개발

☐ 초미세회로 검사를 위한 나노미터급 열 특성 분석 방법 최적화

☐ 메모리에서부터 비메모리에 이르는 다양한 분야에서의 열특성 분석을 통한 국내 반도체 산업의 경쟁력을 강화

전략품목 현황분석

반도체 증착 장비

반도체 증착 장비

전략품목 정의 및 범위

- 반도체 증착 장비는 반도체 칩 내부에 아주 작은 소자를 만들기 위해서는 얇은 박막을 증착 후, 불필요한 부분들을 식각하는 공정을 여러 번 반복하여 트랜지스터나 메모리 셀 뿐 아니라 다른 개별 장치를 분리 및 유지할 수 있는 재료들을 쌓아야 하는데, 이러한 얇은 박막을 웨이퍼 위에 원하는 분자, 혹은 원자 단위의 산화막, 절연막 등의 박막을 입히는 장비를 말함
- 대표적인 증착장비는 화학기상증착장비(CVD, Chemical Vapor Deposition), 물리기상증착장비(PVD, Physical Vapor Deposition), 원자층 증착방비(ALD, Atomic Layer Deposition)를 지칭함

전략품목 관련 동향

◎ 시장전망 및 제품 동향

- **(시장전망)** 2021년 143억 달러였던 증착 장비 세계시장 규모는 2026년 221억 1,400만 달러로 증가할 것으로 전망됨
- **(제품동향)** 반도체 증착 장비는 3D 낸드플래시, FinFET 등 3D 구조를 적용하는 매우 복잡하고 어려운 공정을 사용하게 되면서 증착 장비 및 부품의 친환경, 고정밀, 고균일, 고종횡비 제어 기술에 대해 활발히 연구개발이 진행되고 있는 추세이고, 소자 Scaling에 대한 어려움을 극복하기 위한 대안으로 초저전력 3D 반도체 소자 및 적층 공정 기술개발에 관심이 증가했으며, 차세대메모리인 DRAM, MRAM, ReRAM, PRAM 등의 소자개발에 활용할 수 있는 고정밀, 고균일, 고종횡비 증착 장비 기술이 개발 또는 양산 판매가 진행 중

◎ 기술개발 및 플레이어 동향

- **(기술동향)** 파운드리 에코시스템이 점차 확대되고 있으며 반도체 IP의 확보가 매우 중요해지고, 공정 미세화와 반도체 복잡도 증가에 따라 NPU, GPU, ISP, 코덱, 인터커넥트, 프로세서 코어 등 전문 IP가 활성화되고 매출 규모도 커짐
- **(플레이어)** AMAT(미) LAM(미) TEL(일) ASM(네) 등
- **(중소기업)** 테스, 원익IPS, 유진테크, 주성엔지니어링 등

◎ 핵심기술

- 반도체 원자층박막증착장비
- SiC 대면적 에피택시 성장 기술
- 반도체 대면적 박막 균일도 향상기술
- 반도체 히터 온도 균일도 향상기술
- 레이저 열처리 기술

중소기업 기술개발 전략

➔ 차량용 반도체의 수요가 급격히 증가하고 있고, Si기반의 전력반도체보다 SiC 기반의 전력반도체는 고온에서도 내구성이 뛰어나 차세대 전력반도체용으로 수요가 급격히 증가하고 있어, 대면적 SiC 기반에 Epi를 증착할 수 있는 장비의 개발 필요

➔ 패턴의 미세화 및 고집적 소자의 수율에 큰 영향을 미치는 히터 온도의 균일도 향상을 위해 고정밀, 고균일 온도제어가 가능한 세라믹 멀티존 Heater 개발이 필요함

1. 개요

가. 정의 및 필요성

(1) 정의

- ☐ 반도체 증착 장비는 반도체 소자를 구동하기 위해 필요한 다양한 물질을 통상 1μm이하의 얇은 막을 Wafer위에 다양한 Film을 화학적, 물리적 방법으로, 절연체, 전도체 등의 증착하는데 사용하는 장비

- ☐ 증착(deposition)은 기판 위에 고체 또는 박막의 물질을 생성하는 과정임. 증착 공정은 반도체를 만드는 데 사용되는 유전체(절연)와 금속(전도) 재료의 층을 형성하는 공정임. 재료의 종류와 구조에 따라 다양한 증착 기법이 사용됨. 증착은 수 나노미터에서 100 마이크로미터에 이르는 박막을 생산하는 데 사용되기 때문에 프론트엔드 반도체 제조 공정에서 핵심 기술임

- ☐ 박막을 증착하는 방법에 따라 물리적 기상증착법(PVD, Physical Vapor Deposition)과 화학적 기상증착법(CVD, Chemical Vapor Deposition), 원자층증착법(ALD, Atomic Layer Deposition), 에피증착(Epitaxial Deposition) 장비의 군으로 나눌 수 있음

  - 원자층 증착장비는 원자층 한층씩 증착하는 방식으로 Self Limiting Film Growth Mechanism을 적용하여, 20nm 이하의 DRAM 등의 미세공정과 3D NAND 제조 공정에서의 Oxide나 Nitride 절연막 등에 적용하는 증착(ALD) 장비

  - PVD 장비중 스퍼터링은 플라즈마 안의 이온을 타겟 물질에 입사시키는 방식으로, 진공 챔버 내에 Ar 기체를 주입하여 강한 전압을 가하여 자유전자와 Ar 기체가 충돌하여 그로 인해서 Ar 양이온이 형성되고 이 양이온이 음전하 방향인 타겟으로 이동하여 충돌, 타깃 물질은 운동에너지에 의해 반대편에 위치한 웨이퍼로 이동하여 증착

  - 증착 척도는 품질(Quality), 두께 균일도(Thickness Uniformity), 단차(Step coverage), 갭필(Filling), Stress 등이 있으며, 이는 증착장비에 따라 다른 결과를 제시함

  - CVD 증착장비는 반응에너지원에 따라 Thermal CVD, PECVD, HDP CVD, Photon CVD로 분류하며, 공정압력에 따라 APCVD, SACVD, LPCVD등으로 분류한다. 최근에는 PVD 공정으로 증착시 단차의 한계를 극복하기 위해 MOCVD등이 CVD 증착장비로 분류

  - ASD(Area Selective Deposition, 선택적 증착)는 패터닝을 위해 노광 공정을 최소화하면서 기판의 원하는 영역에만 균일한 증착을 하는 차세대 프로세스임. ASD를 도입하면 노광, 증착, CMP 등과 같은 프로세서의 단계를 줄일 수 있음

☐ 반도체 증착 장비는 반도체·디스플레이 장비 분야에서 장비(부품) 국산화 및 첨단화를 위한 전략품목으로, 초미세화 및 고집적 기술개발을 통해 반도체 장비 고도화가 가능할 것으로 전망됨

[반도체·디스플레이 품목로드맵 내 반도체 증착 장비]

* 출처: 자체작성

(2) 필요성

☐ 반도체 증착 장비는 반도체 산업 생태계를 지원하는 역할을 수행하고 있으며, 형태를 갖춘 하나의 산업으로서 존재하기보다는 반도체 제조 생태계에서 8대 공정의 연결에 있어서 다양한 증착 기술군의 특성을 가지고 있음

☐ 반도체 증착 장비를 하나의 산업으로 본다면 그다지 큰 규모는 아니지만 반도체 증착 장비는 반도체 산업 전반의 기술 성숙도를 좌우하는 기반 기술이기 때문에 반도체 제조에 있어서 중요성은 매우 높음

☐ 반도체 산업의 규모가 급속하게 커지고 주요기업이 막대한 투자를 통해 경쟁자와 기술 격차를 최대한 벌리고 앞서나가는 전략을 취하고 있기 때문에 기술격차의 근본이 되는 반도체 증착 장비는 반도체 산업의 기술 자립을 위한 핵심 무기의 성격을 가짐

☐ 4차 산업의 현장에서 수집된 빅데이터의 분석, 판단, 추론을 하기 위한 반도체의 경우 전력소비량을 줄이고, 많은 데이터의 저장과, 안정성에 부합되는 방법의 하나인 반도체 공정의 미세화와 3D 반도체의 추구로 인하여 다양한 문제점이 발생하고 있는데 이는 다양한 반도체 증착 장비로 해결할 수 있음

  - 반도체 소자의 미세공정이 확대되면서 증착공정의 난이도가 커지고 있음 즉, 3D 낸드플래시의 단수가 증가하고, Logic은 FinFET 구조를 적용하고, DRAM도 3D로 진행하는 매우 복잡하고 어려운 공정을 사용하게 되면서 증착 장비 및 부품의 친환경, 고정밀, 고균일, 고종횡비 제어 기술 매우 중요해짐

  - 식각공정장비, 증착공정 장비, CMP/세정 공정 장비, MI 장비군으로 초전력화, 초미세화, 고집적화 메모리 제조에 필수

  - 에너지 효율성 개선을 위한 공정 미세화 및 소자들의 3D 반도체 제작하기 위한 반도체 공정장비 기술에 대한 관심이 고조되고 있음, 특히 증착 장비에 대한 관심이 매우 높음

  - 3D 메모리 반도체 및 차세대 메모리 소자 양산을 위한 핵심 기술, 즉 3D 낸드플래시, MRAM, RRAM, PRAM 등 차세대 메모리 소자의 특성 확보를 위한 핵심 기술인 친환경, 고정밀, 고균일, 고종횡비 증착 장비 기술의 선점이 필요

  - 소자 Scaling Down에 대한 어려움을 극복하기 위한 대안으로 초저전력 3D 반도체 소자 및 적층 공정 기술 개발에 대한 관심이 매우 증가하고 있으며 현재 낸드플래시의 경우 최고 238단까지 개발이 되어 있고, 232단은 양산에 적용중임

  - 반도체증착장비의 기술은 디스플레이, 태양광, LED등의 유사 관련 산업으로 그 기술이 전파되어 기술의 활용도가 매우 높음

☐ GAA 등 고난이도 구조 채용에 따른 Si/SiGe 박막 Epitaxy 장비의 수요의 증가

  - 고난도 구조의 채용에 따라 소재의 측면에서 Si/SiGe 박막 Epitaxy에 사용되는 Si과 Ge 프리커서의 수요 또한 증가할 것으로 예상

나. 범위 및 분류

(1) 가치사슬

- 반도체 제조 장비의 가치사슬(Value chain)은 연구 및 개발, 설계, 원부자재, 반도체 제조장비, 마케팅 및 판매, 고객으로 구성됨

- 반도체 증착 장비는 반도체 생산시 반도체에 결정적인 영향을 미치는 박막 성장 및 증착 공정, 그리고 절연막층 및 금속배선을 위한 금속막층을 형성시키는 공정 진행하는 장비

- 반도체 증착 장비의 전방산업은 다양한 반도체를 만드는 산업으로 메모리 반도체 산업, 시스템 반도체 산업, 파워 반도체 산업 등을 들 수 있음

- 반도체 증착 장비의 후방산업은 장비를 구성하는 Wafer Transfer, Heating, Gas Box, Process Chamber, Pump, Scrubber 등의 소재 부품 산업 등을 들 수 있음

- 반도체 공정의 미세화에 따른 부품의 코팅-세정 수요의 구조적 성장이 진행되고 있으며, 특히 NAND의 고단화, System IC/ DRAM의 점진적인 EUV 공정 채택 비중 증가가 부품의 내마모, 내플라즈마 성질 강화와 파티클 제어를 위한 특수 코팅 수요 증가

- 반도체 공정의 미세화/고단화에 따른 특수가스 수요가 구조적으로 증가가 예상되며, 특히 NAND 고단화에 사용되는 특수가스의 수요는 증가가 예상됨

- 반도체 공정의 고단화 즉 3D NAND의 단수가 증가하면서 CVD SiC 코팅부품의 수요가 증가

[반도체 증착 장비 품목 산업구조]

후방산업	반도체 증착 장비	전방산업
반도체 소재산업 반도체 부품산업,	반도체장비 기구설계 기술 반도체장비 SW 설계 기술 반도체장비 전장 기술 반도체장비 관리 기술	메모리 반도체 산업, 시스템 반도체 산업, 전력 반도체 산업, 파운드리 산업 등

* 출처: 자체작성

(2) 용도별 분류

☐ 반도체 증착장비는 서로 다르지만 상호 협력하는 다양한 기반기술의 집합으로, 전체적으로는 다음과 같이 분류할 수 있음

- 반도체장비 기구설계
  - 장비 컨셉기술, 진공플라즈마장비 기구설계, 박막장비 기구설계
- 반도체장비 SW설계
  - 시스템 소프트웨어 개발, 유틸리티 소프트웨어 개발, 통신 소프트웨어 개발, 감지제어 소프트웨어 개발
- 반도체장비 전장기술
  - 반도체장비 보드설계, 반도체장비 보드 로직설계, 반도체장비 전장설계, 반도체장비 전장 조립
- 반도체장비 관리기술
  - 반도체장비 생산관리, 반도체장비 기구조립, 반도체장비 성능평가, 반도체장비 공정 성능평가, 반도체장비 품질관리, 반도체장비 품질보증, 반도체장비 안전관리

◎ 기술적 분류

☐ 박막을 증창 방법에 따라 물리적 기상증착법(PVD, Physical Vapor Deposition)과 화학적 기상증착법(CVD, Chemical Vapor Deposition)으로 나눌 수 있음

[증착의 종류]

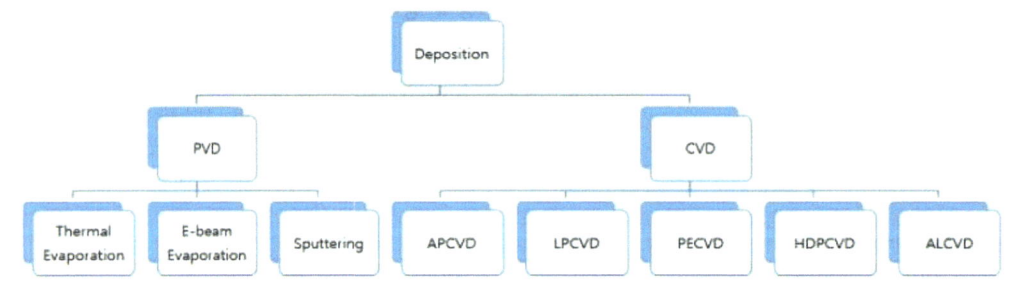

* 출처 : SK Careers Journal 반도체? 이 정도는 알고 가야지: (6) 박막증착 공정, (SK Careers Journal, 2017)

- (PVD) 웨이퍼 표면에 증착하고 싶은 물질을 직접 날려 보내 붙게 하는 방법. 증착하고 싶은 물질을 그대로 기화시켜 웨이퍼에 달라붙게 하는 방법으로, 주로 사용되는 방식은 스퍼터링(Sputtering)임. 증착하려는 물질의 덩어리인 표적에 가속된 이온(주로 불활성 기체)을 날려 보냄으로써 증착하려는 물질의 입자가 떨어져 나오게 하는 방법으로 떨어져 나온 입자는 반대 방향으로 가속돼 웨이퍼에 증착하게 됨
  - (장점) 부산물에 기체가 없으므로 물질의 순도가 매우 높음. 또한 순수한 텅스텐, 코발트 등 반응성이 없는 순수한 물질들도 증착할 수 있음
  - (단점) 필름의 품질이 CVD에 비해 낮은 수준으로 높은 저항률과 결함이 생길 수 있음
  - (주용도) 순수한 물질이 많이 사용되는 금속 배선을 만들 때 주로 사용됨

- (CVD) 웨이퍼 표면에 화학적 방법을 통해 물질을 씌우는 것을 포괄하는 방법. 가장 흔한 방식은 혼합기체에 에너지를 가해주는 방식임. 표면물질에 증착을 한다고 가정하면, 표면물질을 생성할 수 있는 두 기체를 주입한 뒤, 반응을 일으키기 위해 에너지 등 반응을 촉발하는 원리임
  - (장점) 공정 속도가 빠르며, 웨이퍼 위에 반응이 일어나기 때문에 스텝 커버리지가 우수함
  - (단점) 부산물 기체가 계속 발생하며, 이를 공정 진행 과정에서 완벽하게 제거할 방법이 없기 때문에 각종 불순물이 섞일 수 있음
  - (주용도) 특성 제어가 매우 세밀해야하는 영역 보다는 각종 소모성 막질이나 두꺼운 차단막 생성에 사용됨

[화학 기상 증착과 물리 기상 증착 방법]

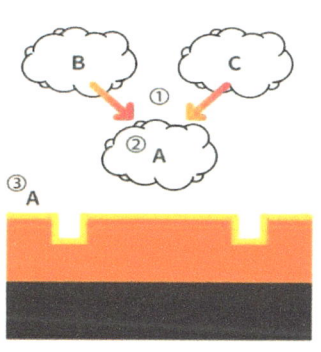
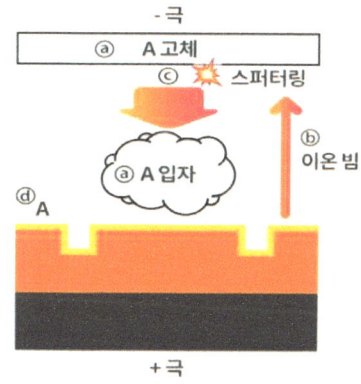

* 출처: [반도체 전공정 5편] "더 작게, 더 많이" 미세화를 위한 핵심 '증착 공정' (5/6), (SK hynix 뉴스룸, 2022.12.23.)

[반도체 증착 방법의 기술적 분류]

	물리적 기상증착기법(PVD)	화학적 기상증착기법(CVD)
장점	• 저온공정 • 진공상태 • 순도가 높음 • 순수물질 증착 가능	• 접합성 및 박막 품질 우수 • 스텝 커버리지 우수
단점	• 증착속도 느림 • 박막 접합성 떨어짐 • 저항률이 높음	• 고온공정으로 인한 재료 선택 문제 • 두께 조절 컨트롤 어려움 존재 • 불순물이 섞일 우려가 있음
방법	• Sputtering • E-beam Evaporation • Thermal Evaporation	• APCVD • LPCVD • PECVD • HDPCVD • ALCVD

* 출처 : SK Careers Journal 반도체? 이 정도는 알고 가야지: (6) 박막증착 공정, (SK Careers Journal, 2017) 윕스 재구성

2. 동향 조사 분석

가. 시장 분석

◎ **반도체 증착 장비 국산화율**

☐ 전 공정 장비 중 증착 일부 세정·열처리 장비는 경쟁 가능한 수준이나, 노광장비, 이온주입 장비 및 측정 장비는 기술 기반이 매우 취약

[반도체 주요 공정장비 제조사 및 기술 수준 국산화율]

공정단계		해외기업	국내기업	국내 기술수준	국산화
전공정	노광	ASML, 니콘	세메스	10%	0%
	식각	Lam Research, TEL, AMAT	세메스, APTC	25%	50%
	세정	TEL, DNS	세메스, PSK, KE-Tech	85%	65%
	평판(CMP)	AMAT	KC-Tech	75%	60%
	이온주입	AMAT, Axcelis	-	20%	0%
후공정	증착(CVD)	AMAT, TEL	JEL, W-IPS, 유진테크, 테스	90%	65%
	열처리	AMAT, TEL	W-IPS, AP시스템	90%	70%
	측정·분석	KLA-Tencor, AMAT	세메스 한미반도체, 이오테크닉스	90%	60%
	패키지	테스코, 히타치하이텍, ASM Pacific	세메스, 한미반도체, 이오테크닉스	90%	60%
	테스트	Advantest, Teradyne	엑시콘, 유니테스트	80%	60%

* 출처 : 미국, 유럽, 일본 대비 국내기술수준. (한국산업기술평가원, 2019.02) 웝스 재구성

◎ **세계 반도체 수요·공급 현황**

☐ 최근 각국의 반도체 자급화 노력으로 팹 건설과 함께 반도체장비 수요가 급증하여 적시에 반도체장비를 조달하기 어려운 상황

☐ 코로나 사태 이후 반도체 수요가 급증하고 코로나 봉쇄와 러시아·우크라이나 전쟁으로 물류난이 일어난 상황에서 노광·식각·증착 등 핵심 공정에 필요한 반도체 장비들의 공급난마저 가중

☐ 반도체장비 리드타임은 코로나19 이전 3~6개월, 2021.6월 기준 최대 12~18개월에 이어 2022.6월 기준 18~30개월로 늘어남

☐ 공급난이 가장 심각한 장비군은 노광(Photo)공정의 DUV장비로 알려졌고, 이어서 증착(deposition) 장비군과 식각(etching) 장비군 순으로 리드타임이 긴 것으로 파악

◎ 반도체 장비 시장에서 증착 장비 시장의 점유율

☐ 2022년 전체 반도체 시장에서 반도체 증착 장비가 갖는 시장 점유율은 약 18.39%임

☐ 2027년 전체 반도체 시장에서 반도체 증착 장비가 갖는 시장 점유율은 약 17.54%로 예상됨

[2027년 반도체 장비 시장 점유율 예상]

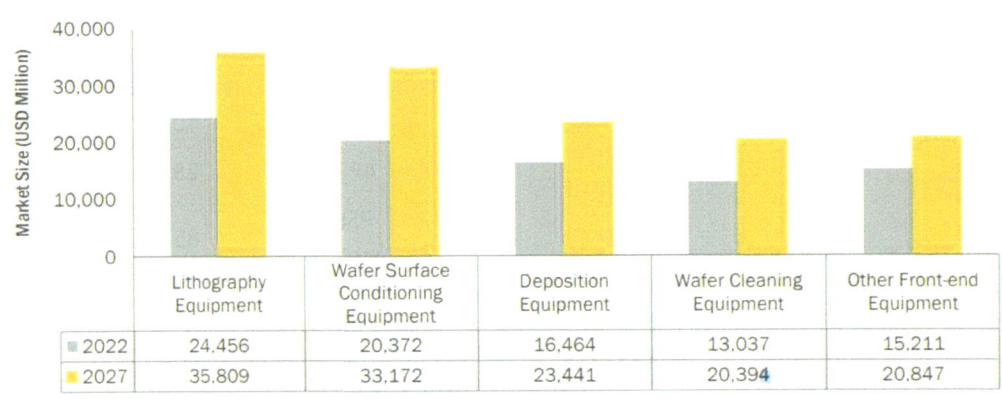

* 출처 : MarketsandMarkets, Semiconductor Manufacturing Equipment Market with COVID-19 impact analysis (MarketsandMarkets, 2022)

◎ 국내의 반도체 증착 기술 수준

☐ 테스, 원익 IPS, 유진테크, 주성엔지니어링 등이 해외 선진사 대비 90% 기술 수준으로 세계시장 경쟁력 보유

- 3D 낸드 플래시 제조를 위해서 ONO 증착 장비, ARC 증착 장비, ACL 증착 장비가 필수적이며, 소자의 미세화, 다층화로 ALD 장비 시장 증가 추세
- 기존 CVD 공정이 ALD로 대체되고 있으며, 증착 난이도가 높아질수록 비중은 더욱 증가할 전망
- 외산장비와 경쟁이 가능한 수준이나, ALD 등 기술 트렌드를 따라잡기 위한 지속적인 장비개발 필요하며, 관련 공정분석 비용이 지속 증가, 양산성 검증을 위한 Marathon 테스트가 필수적

[국내 반도체 기술수준]

공정	주요장비	기능설명	장비기업(국외/국내)	비고
증착	CVD, ALD, PVD	웨이퍼 위에 특정 용도막 (산화막, 절연막 등)을 증착하는 장비	AMAT, TEL / 주성, 원익IPS, 유진테크, 테스 등	- 세계시장: 67억불 - 국내 기술수준: 90% - 부품국산화: 65%

* 출처 : 반도체 미세화를 위한 반도체 공정장비 기술, (한국산업기술평가관리원, 2017.04)

☐ 우리나라 반도체 장비 제조업체는 상당수 후공정에 집중되어 있음. 국내 반도체 장비업체들은 고부가가치 생산이 가능한 노광이나 식각 등에 관련된 장비가 아니라 상대적으로 진입장벽이 낮은 본딩과 몰딩 장비 등에 집중

☐ 가트너에 따르면 전세계 반도체 장비업체 순위에서 한국기업은 10위 내 한곳도 이름을 올리지 못함. 삼성전자 자회사인 세메스가 16위, 원익IPS가 18위를 차지해 20위를 차지하는 낮은 수준임

(1) 세계시장

☐ 2021년 143억 달러였던 증착 장비 세계시장 규모는 2026년 221억 1,400만 달러로 증가할 것으로 전망됨

- 2020년부터 2026년까지의 연평균 성장률은 7.30%로 전망

[반도체 후공정 증착 장비 세계 시장규모 및 전망]

(단위 : 백만 달러, %)

구분	'20	'21	'22	'23	'24	'25	'26	CAGR
증착장비 세계시장	14,300	15,344	16,464	17,941	19,368	20,739	22,114	7.30

* 출처 : MarketsandMarkets, Semiconductor Manufacturing Equipment Market with COVID-19 impact analysis (MarketsandMarkets, 2022)

☐ 반도체 증착장비 시장에 있어서 아시아 태평양 지역은 예측 기간 동안 증착 장비 시장에서 가장 큰 점유율을 차지함

[반도체 증착장비 지역별 시장 점유율]

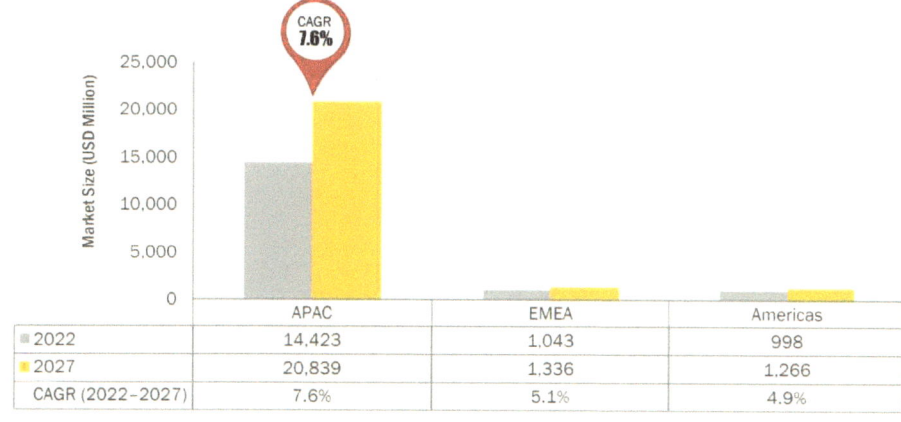

* 출처 : MarketsandMarkets, Semiconductor Manufacturing Equipment Market with COVID-19 impact analysis (MarketsandMarkets, 2022)

(2) 국내시장

☐ 2021년 5조 752억 원이던 증착 장비 국내시장 규모는 2026년 8조 2,355억 원으로 증가할 것으로 전망됨

- 2020년부터 2026년까지의 연평균 성장률은 7.10%로 전망

[반도체 후공정 증착 장비 국내 시장규모 및 전망]

(단위 : 억 원, %)

구분	'20	'21	'22	'23	'24	'25	'26	CAGR
증착장비 국내시장	50,752	54,457	58,435	64,207	68,770	73,060	82,355	7.10

* 출처 : MarketsandMarkets, Semiconductor Manufacturing Equipment Market with COVID-19 impact analysis (MarketsandMarkets, 2022)
* 1달러 환율 1,275.96원(2022.12월 기준)으로 계산하여 재가공

나. 기술개발 동향 분석

☐ 기술경쟁력
- 반도체 증착 장비는 미국이 최고기술국으로 평가되었으며, 우리나라는 최고기술국 대비 90.1%의 기술수준을 보유하고 있으며, 최고기술국과의 기술격차는 0.8년으로 분석
- 중소기업의 기술경쟁력은 최고기술국 대비 71.4%, 기술격차는 2.0년으로 평가
- 일본(94.7%)>EU(90.4%)>한국(90.1%)>중국(77.2%)의 순으로 평가

☐ 기술수명주기(TCT)[46]
- 반도체 증착 장비는 6.22의 기술수명주기를 지닌 것으로 파악

(1) 기술개발 이슈

◎ 반도체 Device별 공정의 난이도

☐ Logic/Foundry
- GAA Nano Wire에 Step Coverage 높은 박막 증착 수요 증가로 ALD 장비 수요 증가
- Logic 반도체는 MOSFET 구조의 변화로 인하여 GAA 구조 채용에 따라 Si/SiGe 박막 Epitaxy 장비의 수요가 늘어날 것으로 전망
- Si/SiGe 박막 Epitaxy 장비에 사용되는 Si와 GE 프리커서의 수요 또한 증가할 것으로 전망
- 박막 증착 이후, SiGe를 선택적으로 제거하는 공정이 추가될 수 있음

☐ DRAM
- 횡방향 Capacitor 박막 증착의 수요가 증가하면서 Capacitor 용 ALD 장비 수요가 증가함
- 메모리 소자 고도화에 따른 ILD, IMD 저온 증착 수요가 증대, PECVD는 저온 공정이 가능하기 때문에 하부 금속층에 미치는 부작용이 적어 ILD, IMD 등 수요가 증가함
- High-k 유전막 증착을 위한 ALD 수요 증가
- Capacitor구조에서 정전용량을 증가 시키기 위해 현재의 ZAZ 유전막에 TiN 전극을 사용하고 있는데 이를 TiO_2 유전막과 동시에 전극도 Ru(Ruthenium)으로 변경함
- DRAM의 구조가 2D에서 3D로의 검토가 구체적으로 제시되면서 개발이 진행중이며, 적층의 방식이 Si/SiGe Epitaxy등을 이용한 단결정 적층 방식의 적용 가능성 높음
- Si/SiGe Selective Etching은 $HF/H_2O_2/CH_3COOH$를 이용한 Wet Etching 방식이 유력하며, 3D DRAM의 횡방향 Capacitor 표면의 유전체 증착을 위한 ALD 수요 또한 증가할 것으로 예상

---

46) 기술수명주기(TCT, Technical Cycle Time): 특허 출원연도와 인용한 특허들의 출원연도 차이의 중앙값을 통해 기술 변화속도 및 기술의 경제적 수명을 예측

- ☐ NAND Flash
  - Deck 수 증가(Double Stacking)으로 Hardmask ACL 증착이 가능한 PECVD 장비의 수요가 증가함
  - ONON 공정 즉 Oxide-Nitirde Stack 수 증가로 ON Stacking 용 PE CVD 수요가 증가함
  - Stack간 Layer Vertical Pitch 감소로 W(텅스텐) ALD 장비수요가 증가함
  - 3D NAND 고적층화의 속도 증가와 더불어 피치 축소와 셀 소재 변경에 기술 집중됨. 피처 스케일링은 레이어 개수를 늘리지 않고도 더 많은 수의 셀을 적층할 수 있어 집적도의 향상이 예상됨
  - Stack 수의 증가로 인하여 증착된 Wafer상에 Stress의 유발로 이를 완하하기 위한 장비인 Back Side Deposition 장비의 수요가 증가가 예상됨

- ☐ 3D 낸드플래시, 3D Logic의 FinFET 구조 적용으로 매우 복잡하고 어려운 공정을 사용하게 되면서 증착 장비 및 부품의 친환경, 고정밀, 고균일, 고종횡비 제어 기술이 매우 중요
  - 고온증착, 고밀도 플라즈마 증착 기술은 박막 및 소자 신뢰성 저하의 원인이 되기 때문에, 3D 반도체 제조를 위한 고품질, 고성능 박막을 증착하기 위한 저온 증착 공정 및 장비 개발이 활발히 진행
  - 3D 낸드플래시는 238층 이상 적층 트랜지스터 제작을 위한 고균일 PECVD 증착 기술 관련 공정 장비 및 부품 개발을 미국 AMAT가 선도하고 있으며, 국내 기업은 원익IPS, 테스 등의 기업들이 시장진입을 위한 장비 개발을 진행중
  - 패턴의 미세화 및 디바이스의 고집적화로 제품의 수율에 큰 영향을 미치는 히터 온도의 균형을 맞추기 위한 고정밀, 고균일 온도제어가 가능한 세라믹 멀티존 히터 부품은 일본의 NGK가 기술을 선도하고 있으며, 국내 기업은 보부 하이테크, 미코 등의 기업들이 개발을 통하여 삼성전자, SK하이닉스에 납품하기 위한 양산 평가를 진행중
  - 고정밀 증착을 위하여 CVD 증착 공정 재료, 가스의 초정밀 유량 제어 기술에 대한 연구를 국내외에서 활발히 연구 개발 중임
  - 공정의 미세화 및 3D 적층된 소자구조 활용, 복잡한 나노패턴 설계 등으로 인해 APC/AEC가 적용된 효율적 공정관리 기술개발을 위해 증착장비와 다양한 센스가 융합된 기술 개발을 진행
  - 공정진단 센서의 소형화, 직접화, 지능화를 통해 차세대 디바이스의 새로운 공정 및 장비 상태를 실시간으로 정밀하게 측정 및 분석하는 공정 진단 센서의 필요성이 강조되고 있으며, 웨이퍼형태의 센서 및 툴박스와 실시간 통신이 가능한 공정 진단 센서의 개발중

◎ 원자층 증착기술 (Atomic Layer Deposition: ALD)

- CVD, PVD처럼 기체를 웨이퍼 표면에 화학적으로 붙이거나, 이온을 강하게 가속해 붙이는 방법과는 다르게 ALD 공정은 증착하고 싶은 물질을 위한 두 가지 재료 반응물질들(웨이퍼 표면에 흡착성이 높은 물질과 반응성이 높은 물질)을 이용함

- 웨이퍼 표면에 흡착이 잘 되는 물질을 흡착시킴. 이 물질이 같은 물질끼리 잘 달라붙지 않는 특성이 있다면, 이 물질은 원자 1개 층만 웨이퍼 표면에 남을 것임

- 잔여 기체를 제거하고 반응성이 높은 물질을 투입하면 흡착된 물질과 반응성이 높은 물질이 반응해 기대했던 물질의 박막과 부산물이 발생함

- 부산물 가스를 제거하며, ALD 공정을 반복하면 원하는 막의 두께를 원자 단위로 제어할 수 있음

- 메모리 소자 고도화에 따른 ILD, IMD 저온 증착 수요 증대로 저온 증착이 가능한 PECVD와 저온 유전체용 Si 프리커서의 수요 확대가 기대됨. ALD의 수요는 소자와 공정의 구조적 방향성에 따라 증가할 것으로 예상됨. 특히, 근본적 약점인 Through put 개선에 대한 관심도가 높으며 공간분할을 통해 ALD 리드타임을 최소화 시키는 SD-ALD장비의 수요가 강할 것으로 전망

[ALD 증착의 개념]

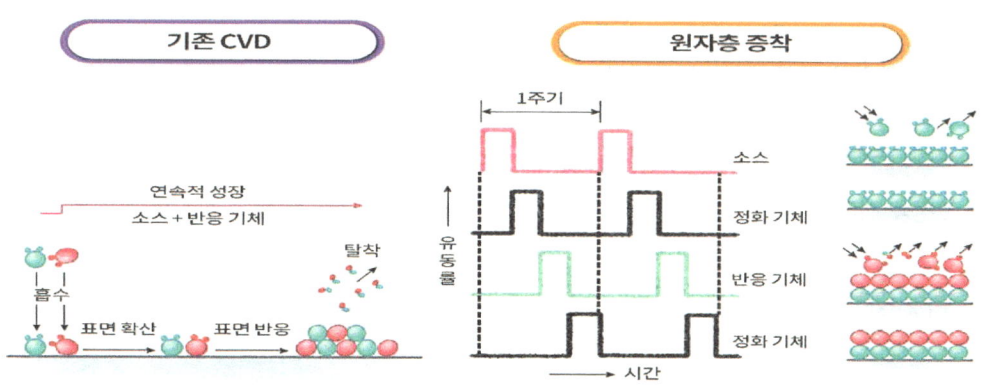

* 출처 : [반도체 전공정 5편] "더 작게, 더 많이" 미세화를 위한 핵심 '증착 공정' (5/6), (SK hynix 뉴스룸, 2022.12.23.)

[국내 업체별 ALD 시장 규모 추이]

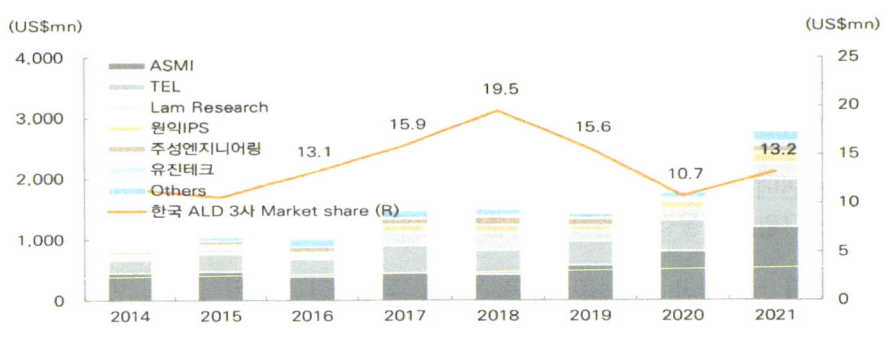

* 출처 : 반도체[비중확대] - 김영건: Promising Wafer: 전략 자원에 대한 기술적 접근, (미래에셋증권, 2022.06.8)

◎ 분자선 에피택시 (molecular Beam epitaxy, MBE)

- 에피택시는 결정 기판 위에 방향성을 가진 결정막이 자라는 현상. 소자의 응용을 위한 결정성장 방법으로. 호환성이 있는 결정으로 이루어진 웨이퍼상에 얇은 결정을 성장시키는 개념임

- 에피층 성장에 가장 유연성을 갖는 기술로서 고진공 상태(<~10-9 Pa)에 고정된 기판에 원자 또는 분자선을 충돌(impingement) 시켜 에피층을 성장시키는 기술

- 분자선 소스는 분리된 원통형 셀 안에 포함된 재료를 가열하여 형성되며 각 셀에 부착된 셔터에 의해 증착을 조정할 수 있음

- 셔터 조정을 통해 성장되는 박막의 조성 변화를 다양하게 해줄 수 있음. MBE의 장점은 분자선을 고진공에서 이용하므로 고순도의 결정을 얻을 수 있으며 상대적으로 저온의 기판(예를 들어 GaAs의 경우 580℃)을 사용할 수 있으며 정밀한 제어가 가능함

- 고진공 상태에서 전자선 회절장치 (RHEED: reflection high energy electron diffraction)과 같은 부가적인 분석설비를 부착하여 실시간 두께를 관찰하여 단일원자층의 성장도 가능함

◎ 펄스 레이저 증착기술 (Pulsed laser deposition PLD)

- 일반적으로 펄스 레이저 증착 방법은 증착타겟 재료에 집광조사하는 레이저의 출력을 변화시켜, 증착층의 성분을 변화시키는 방법으로 이루어짐. 최근 들어 박막의 원자층 두께를 정밀하게 제어하는 여러 가지 박막 성장 방법에 관한 관심이 높음. 그 중에서 원자층 두께를 조절할 수 있는 펄스레이저증착방법(PLD)은 매우 폭넓은 관심을 받고 있음

- PLD는 진공 챔버 내부의 원 표적에 초점을 맞춘 고출력 펄스 레이저 빔을 활용하는 또 다른 물리적 기상 증착(PVD) 기법임

- 고출력 레이저 빔을 통해 증발된 물질은 표적을 마주하는 기판(실리콘 웨이퍼 등)에 박막으로 증착되며, 이 과정은 초고진공 또는 산소와 같은 배경 가스가 있는 상태에서 발생할 수 있으며, 산화 물질을 증착할 때 일반적으로 사용됨

(2) 생태계 기술동향

◎ 해외 플레이어 동향

☐ 기술장벽이 높은 전공정장비 공급시장은 선진국(미국,일본,네덜란드)기업에 의해 주도되는 독과점 구조
- 2021년 기준 상위 5대 반도체장비업체가 세계 반도체장비시자의 79.55 점유

☐ AMAT(미국)
- 반도체 제조 공정에 사용되는 식각·증착 장비 부문에서 독보적 규모를 보유
- 반도체 제조 장비 시장의 핵심 기업 중 하나이며, 새로운 칩과 첨단 디스플레이를 생산하는데 사용되는 엔지니링 솔루션을 제공하는 글로벌 기업임
- 차세대 Logic를 위한 Low k(~2.2) 장비를 개발 양산 판매중
- 차세대 메모리 3종 M램, Re램, PC램등 대량 생산에 적합한 새로운 시스템 출시
- M램용 '엔듀라 클로버 PVD 플랫폼, PC램 및 Re램용 엔듀라 임펄스 PCVD 플랫폼 출시
- PVD 플랫폼은 진공상태로 구성된 9개의 공정 챔버로 구성되며, 온보드 계측이 내장되어 정밀한 측정을 통한 우수한 생산 수율을 실현
- 2021년 전세계 반도체 장비 약 22%의 글로벌 시장점유율을 가지고 있는 반도체장비 회사임
- 새로운 PPACt 플레이북을 가속화하는 광범위한 제품 및 기술 포트폴리오 보유
  (PPACt = 전력, 성능, 칩크기-비용, 출시소요시간)

☐ ASM International(네덜란드)
- 반도체 증착장비 부문에서 경쟁력을 갖춘 네덜란드의 대표기업
- 3D Device에 강한 순수 Thermal ALD 장비 기술을 보유하고 있음
- ALD 장비 특히 플라즈마 기반 ALD 장비는 차세대 반도체 제조시 메탈막 및 증착막을 형성할 때 활용되는 장비로 증착시 기포나 공극 없이 막을 형성하는 장비를 보유함
- Thermal 과 PEALD를 이용하여 High-K 증착, Metal Gate, Metal Nitride 등의 증착 기술 보유하고 있음
- 에피택시 증착 공정장비는 웨이퍼 표면에 실리콘(Si), 실리콘-저마늄(SiGe), 실리콘인광(SiP)등 실리콘 기반 화합물 증착하는 장비
- 2021년 전세계 반도체 장비회사 매출에서 10위 2%의 점유율을 차지함

- ☐ LAM Research (미국)
  - 반도체 제조 장비의 선두 기업중 하나임
  - ALD, CVD, HDP-CVD, PECVD, ECD, UVPT 등 다양한 증착장비를 보유하고 있음
  - 최근 개발된 제품 센스아이는 컴팩트한 장비로 공간 절감을 50% 이상 줄이며, 장비의 고도화를 통한 특정 부품의 교환 시기를 자동으로 알려주는 장비를 출시 판매함
  - 차세대 Device는 2D에서 3D로 진화를 하고 있으며 이에 대응하기 위한 ALD 기술에 집중하면서 스페이스, 캡필, 메탈 증착 등에 다양한 기술을 선보이고 있음
  - 식각 장비, 증착 장비, 세정 장비를 공급하며, 식각 장비 시장에서 50% 넘는 시장 점유
  - 2021년 전세계 반도체 장비회사 매출에서 3위 16%의 점유율을 차지함

- ☐ Tokyo Electron (일본)
  - 반도체 장비 3~4 위를 다투는 기업. 특히, 트랙 설비 분야에서는 점유율 87%로 1 위를 차지하고 있음. 그 외 식각(27%), 증착(38%), 세정(20%), 테스트(45%) 등 여러 분야에서 높은 점유율을 갖고 있는 반도체 장비 종합 솔루션 업체
  - 주요 고객은 삼성전자(18.3%), 인텔(13.8%), TSMC(11.7%) 등 주요 반도체 기업이 총 망라되어 있음
  - 반도체 제조장비 시장의 핵심업체이며, 반도체 생산장비(SPE)와 평면 디스플레이(FPD) 생산 장비 등 2개의 제품군을 보유하고 있음
  - 다양한 장비를 보유하고 있으며, 특히 증착 장비 관련하여 Batch, Semi Batch, Single Type를 보유하여 Oxidation/CVD/ALD/PVD 공정이 가능함
  - 반도체 디바이스가 2D에서 3D로 전환이 되면서 High Aspect ratio 적용이 가능한 ALD 장비를 보유하고 있음
  - 2021년 전세계 반도체 장비회사 매출에서 3위 16%의 점유율을 차지함

◎ 국내 플레이어 동향

☐ 국내 공정장비 업체는 높은 기술진입 장벽, 핵심부품의 낮은 국산화율, 원천기술 확보 미비 등으로, 세계시장을 선도하는 국내소자업체와 비교하여 세계시장 점유율이 낮은 실정임

- 국내 증착장비를 개발하여 판매하고 있는 업체는 테스, 원익IPS, 유진테크, 주성엔지니어링 등이 해외 선진사 대비 80% 기술 수준으로 세계시장 경쟁력을 보유

- 3D 낸드 플래시 제조를 위해서 ONO 증착장비, ARC 증착장비, ACL 증착 장비가 필수적이며, 소자의 미세화 다층화로 ALD 장비 시장이 증가하는 추세로 테스, 원익IPS, 유진테크, 주성엔지니어링 등의 기업에서 제조 판매

- 공정의 미세화와 3D 구조로 변경되면서 기존의 CVD공정에서 ALD 공정으로 대체하는 분위기이며, 증착 난이도가 높아질수록 ALD 비중은 더욱 증가할 전망

- 외산장비(AMAT, LAM, TEL)와의 경쟁이 가능한 수준이나, ALD등의 기술 트렌드를 따라잡기 위한 지속적인 장비개발을 하고 있음

☐ ㈜테스

- 테스는 반도체 제조에 필요한 전공정 장비를 생산하는 장비제조업 뿐만 아니라 디스플레이, UVC LED등 장비 제조업을 영위

- 주요 매출 구성은 반도체 장비(PECVD, GPE)와 디스플레이 장비(UVC LED 장비 등)으로 약 88%를 차지함

- 주력제품은 PE CVD 증착장비, GPE 및 클리닝 장비 등이 주력제품임

- 3D NAND 공정용 Hardmask 증착 장비를 국내 소자업체에 납품하고 있으며 향후 메모리 업체향 PECVD 장비 공급이 예상됨

- 3D NAND 공정용 Hardmask 증착 장비의 고도화를 통한 시스템 최적화 및 차세대 전구체를 적용 통한 하드마스크 밀도를 높여 내식가성을 향상시킨 PEAXCL 장비 개발중

- 시스템반도체용 Low-k 스마트 PECVD 증착장비 개발중

- 200단급 이상 3D NAND용 Oxide 및 Nitride 증착장비 개발중

- 차세대 3D NAND Flash 제조용 Warpage Control Layer 증착장비 개발중

- ☐ 원익IPS
  - 2019년 2월 원익테라세미콘 합병으로 국내 대형 장비 기업으로 도약
  - 7세대 V-NAND 양상 NAND 단수 증가가 본격화되면서 Oxide-Nitirde 공정에 대응할 수 있는 PECVD 장비를 보유하고 있음
  - ALD 장비를 세계 최초로 양산화하여 ALD 장비의 라인업 또는 보유하고 있어 3D NAND 공정 적용 확대에 따른 장비 수요 점차 증가 전망
  - DRAM구조에서 수평구조상의 변경의 한계로 3D DRAM의 도입이 예상되면, 횡방향 Capacitor 표면의 유전체 증착을 위한 ALD 수요 증가가 예상됨
  - 원익IPS는 반도체, 디스플레이, Solar Cell 장비 사업 부문을 영위하며, 2021년 기준 매출액은 1조232억원이며 제품품 매출 비중은 반도체 장비 약 75%, 디스플레이 장비 약 25%로 구성, 반도체 장비중 PECVD 분야 경쟁력이 확보됨
  - 매출구성은 제품(반도체/Display/Solar Cell 제조 장비) 93.7%, 기타(장비 및 장치 유지보수에 필요한 부품, 기술용역 등) 6.3%로 구성됨
  - 삼성전자/삼성디스플레이가 7%대 지분을 보유

- ☐ 유진테크
  - LPCVD 장비의 국내 독보적 경쟁력을 보유하고 있으며, 반도체 공정의 미세화에 따라 Step Coverage가 우수하게 박막을 증착시키는 난이도가 상승하면서 LP CVD 장비의 채택이 확대 되면서 글로벌 6% 수준의 유의미한 점유율 확보
  - LPCVD 장비의 개선으로 Large Batch 타입 장비로 개발하여 생산성 향상으로 효율성을 극대화함
  - 최근에 개발된 Batch Type ALD 개발을 통하여 TEL 100% 독점하는 시장이었지만, 유진테크가 ALD 장비 개발에 성공하며 소자업체 납품 시작
  - Large-Batch Type ALD 개발에 성공, 메모리 공정의 미세화, 고단화에 따른 ALD적용이 증가하면서 삼성전자향 납품을 시작
  - 비메모리향 Mini Batch Type ALD, NAND 고단화를 겨냥한 메탈 QXP 장비 등 포트폴리오 확대에 따른 적용처 다각화 또한 기대
  - 반도체용 산업가스 충전, 제조 정제 및 판매를 사업으로 하는 유진테크머티리얼즈를 종속회사로 두고 있음. 삼성전자, SK하이닉스, 마이크론 등 유수의 글로벌 반도체 회사들과 제조장비 공급계약을 체결
  - 매출 구성은 LPCVD 장비 외 91.89%, 상품 및 기타 4.81% 등으로 구성

◎ 국내 중소·중견기업

☐ 주성엔지니어링

- DRAM Capacitor 유전막 공정, 소자의 구조 발전에 따른 ALD의 적용분야 확대와 더불어 공간분할 ALD 등 소자와 공정의 혁신 측면에서 주도함

- 현재 DRAM Capacitor의 High-k 물질 증착이 지르코늄에서 하프늄으로 전환되는 추세 속에서 하프늄 기반 High-K 증착 ALD 장비를 개발해 SK하이닉스 향 독점적으로 공급 중

- NAND 고단화 추세 속 ALD 수요가 증가함으로 수요가 많을 것으로 예상됨

- 비메모리 증착 기술 또한 확보된 상태로 전장용 반도체 및 글로벌 파운드리 업체에 납품 진행중, 비메모리 어플리케이션의 다각화 기대

- 중국의 반도체 회사에 ALD 증착장비 사용이 늘어남. 중국 매출 비중은 21년 기준 52% 수준으로 다수의 중화권 고객사를 확보함

- DRAM Capacitor 유전막 공정 등 본업이 견조한 가운데, 소자의 구조 발전에 따른 ALD의 적용분야 확대와 더불어 공간분할 ALD 등 소자와 공정의 혁신 측면에서 공히 주도

- 단일 사업부문은 생산되는 제품을 산업 및 고객, 제조공정의 특징 등을 고려하여 총 3개의 부문으로 나누어 그 현황을 기재함

- 하프늄 기반 High-K 증착 ALD 장비를 개발해 SK하이닉스에 독점적으로 공급

☐ 쎄미시스코

- 플라즈마 진단장비의 경우 높은 점유율을 유지하고 있으며, 동 제품과 관련된 기술에 대한 특허를 보유하고 있어 후발업체의 진입 장벽은 높음

- 매출은 전기차사업부 59.98%, 반도체/디스플레이 40.02% 정도로 구성됨

☐ AP시스템

- 다양한 AMOLED용 공정장비를 개발하여 양산용 공정장비를 공급

- 개발하여 공급하고 있는 ELA, LLO, Encapsulation 장비는 삼성디스플레이(SDC)사뿐만 아니라 중국을 포함한 다수의 해외 디스플레이 패널 제조사로 공급영역을 확대

☐ 솔브레인

- 삼성전자, SK하이닉스, LG디스플레이 등 국내 유수의 반도체 및 디스플레이 기업을 고객사로 두고 공정에 필요한 화학 재료를 공급

- 반도체 재료사업 부문에서는 SiO_2 박막 증착용 화합물인 TEOS를 국내 최초로 국산화함

다. 국내 연구개발 기관 및 동향

(1) 연구개발 기관

[반도체 증착 장비 주요 연구조직 현황]

기관	소속	연구분야
고려대학교	기계공학부	• 원자층 증착 장비 개발 • 양자 구조의 산화물 반도체
한국생산기술연구원	한국생산기술연구원(본부)	• 고생산성 semi-batch ALD 공정 • 마이크로갭 제어의 대구경 마그넷실링 플랫폼
울산과학기술원	신소재공학부	• 2차원 텔루륨 화합물의 적층성장
전주비전대학교	전기공학과	• 무분진 반도체, 디스플레이 증착공정용 고정밀 자기부상물류이송시스템
한양대학교	융합전자공학부	• 시뮬레이션 기반 원자층증착법 산화물 반도체 소재 미세구조 제어 • 3차원 소자 집적 연구
제주대학교	메카트로닉스공학과	• 스마트 박막 소자 제조를 위한 롤투롤 연속공정 기반 저온·상압 패턴 증착 장비
연세대학교	전기전자공학부	• 롤투롤 원자층 증착 공정 • 유연 소자용 고성능 투명 산화막

(2) 기관 기술개발 동향

☐ 고려대학교

- 다양한 종류의 기판에 단차피복성이 우수하며 원자단위 박막 두께 조절이 용이한 thermal 타입 원자층 증착 장비(Atomic layer deposition)를 구축

- 구축된 ALD 장비를 기반으로 반도체 산화물(ZnO, TiO_2, Al_2O_3, CeO_2 등)의 증착 공정 조건을 확립하고, 제작된 반도체 산화물에 대한 최적화된 특성 파악(SEM, TEM, XRD, XPS, AFM 등)을 수행

☐ 한국생산기술연구원

- 고생산성 수직형 semi-batch ALD 공정 플랫폼의 요소기술 최적화 -대구경 챔버 magnet-sealing 진공기술 개발 -방착판 증착방지 표면 처리 기술 개발

- 고생산성 수직형 semi-batch ALD 공정 플랫폼의 완성 -Micro-gap 제어기술 개발 -100 mm 웨이퍼용 micro-gap 제어 방식의 대구경 마그넷실(magnet seal) ALD공정 플랫폼 설계 및 제작, 검증 -300 mm 웨이퍼용 수직형 semi-batch ALD공정 플랫폼 설계 최적안 완성

- ☐ 울산과학기술원
  - 화학기상증착법을 이용한 2차원 기판소재 위에서의 텔루륨 기반 나노구조화합물의 합성연구
  - 합성된 텔루륨 기반 나노구조화합물의 특성분석 및 소자화

- ☐ 전주비전대학교
  - 반도체, 디스플레이 증착공정용 자기부상이송시스템 핵심 기술 개발
  - 머신러닝 기반의 자기부상시스템 성능 최적화 제어 및 HILS 기반 제어시스템 테스트베드 구축

- ☐ 한양대학교
  - 공정시뮬레이션 활용하여 산화물 박막 증착, 결정화 및 식각 단위공정별 미세구조와 기대되는 전기적 특성을 예측하기 위해서는 열역학적, 속도론적 관점에서 다양한 공정변수 설정 및 산화물 반도체 조성 설계를 분석
  - 조성, 열처리 온도, 식각 조건 변화에 따라 비정질, 다결정, 유사 단결정 미세구조 제어가 가능한 In 기반 삼성분계 혹은 사성분계 모델 시스템을 설계하고 공정시뮬레이션을 활용하여 고이동도, 고신뢰성을 갖는 차세대산화물 반도체 소재를 특정

- ☐ 제주대학교
  - 롤투롤 연속공정 기반 저온·상압 원자층 선택적 박막 패턴 증착 시스템 개발
  - 롤투롤 연속공정 기반 저온·상압 원자층 선택적 박막 패턴 증착 공정 기술 개발
  - 마스킹 제거 시스템에서의 참여기관간 마스킹 패턴 제거 연계 공정 연구

- ☐ 연세대학교
  - 기존의 스퍼터 방법과는 차별화된 공정법과 새로운 산화물 반도체 물질의 개발을 목표로함
  - 롤투롤 방식의 신개념 원자층 박막 증착 공정법에 관한 기초 연구를 진행하여 획기적인 공정 효율의 상승 및 원가 절감을 이룬다. 이를 위해 기존의 원자층 박막 증착장비와는 다른 진보된 형태의 새로운 챔버 디자인과 외부 대기와 반응기체를 분리 및 접촉을 차단하는 고도의 공기막(air barrier)기술을 연구
  - 새로운 증착방법을 이용하여 4족, 3족 원소, 또는 5족 원소와 이들 2~3개의 산화물을 첨가하는 방법으로 우수한 특성의 새로운 산화물 반도체를 개발

◎ 국내 반도체 증착 장비 관련 선행연구 사례

[국내 선행연구(정부/민간)]

수행기관	연구명(과제명)	연도	주요내용 및 성과
㈜비아트론	기존장비 대비 200%의 고생산성을 갖는 5nm 이하의 반도체용 다층 SiSiGe 에피택시 장비 개발	2022~2024	• 에피 장비의 핵심 요소 기술 개발 • Si, SiGe 단일 에피 성장막 기초 평가 • VCSEL Drive용 Power Supply 모듈 개발 • Epitaxial Si과 SiGe의 strain, surface, defect, 계면 분석을 통한 단일 epitaxial 박막의 특성 평가
㈜테스	시스템반도체용 Low-k 스마트 PECVD 증착장비 및 공정개발	2021~2023	• Low-k (k<2.5) 공정 및 장비 개발 로, 특히 비메모리(시스템 반도체)에서 필요로 하는 핵심 기술임 • 현재 시스템 반도체용 Low-k 증착 장비는 해외 장비기업이 독점적으로 점유하고 있으며, 국내 장비기업에서 개발 중이나, 아직 양산 적용은 성공하지 못함 • 개발을 통해 Low-k (k<2.5) 핵심 기술을 확보하여 양산성 있는 공정 장비를 확보함. Low-k 증착 장비의 국산화 및 수입 대체 효과가 기대됨 • Quad System 적용을 통한 생산성 향상과 스마트 공정 제어를 통한 반도체 수율 개선으로 글로벌 시장에서의 경쟁력 강화로 이어질 수 있음
㈜테스	200단급 이상 3D NAND용 Oxide 및 Nitride 증착장비개발	2020~2023	• Stack Oxide / Nitride를 증착하는 장치로 세계 최고의 UPEH를 가지는 Quad Station 장비를 개발함 • 안정된 온도 구배를 위한 HTR 기술 국산화 개발 • 안정적인 Plasma 공급을 위한 RF 기술 국산화 개발
㈜테스	차세대 3D NAND Flash 제조용 Warpage control Layer 증착 공정 및 장비 개발	2019~2021	• warpage control이 가능한 backside 증착 장비 개발 • warpage control 장비의 양산성 향상을 위한 twin 챔버용 backbone 개발 • warpage control 장비용 히터 및 전극 개발
㈜예스티	차세대 디바이스용 다성분계 물질 증착을 위한 고생산성 Batch Type ALD 장비개발	2020~2023	• 복합막, 다성분계 유전막 증착 • 박막 기초 물성 평가 및 박막 분석 • Chamber 개조 개선 • 시작품 설계 및 제작
㈜씰링크	반도체 증착장비용 R축 부품 양산화성능 평가 지원사업	2020~2021	• 반도체 증착 장비용 회전축 씰링 유니트인 KE 나이트라이드 R축 유닛 및 폴리형 R축 유닛의 양산 성능평가를 통해 국산화로 인한 수입대체 및 일본 수출을 통해 소재부품의 선진화

* 출처 : 자체구성

3. 특허 동향

가. 특허동향 분석

(1) 특허 증가율

- ☐ 과거부터 최근까지 해당품목에 대한 특허기술 출원의 양적 트렌드 분석을 통해 해당품목의 기술개발 동향 파악[47]
- ☐ 한국(KIPO), 미국(USPTO), 일본(JPO), 유럽(EPO) 국가별 특허기술 출원 점유율 분석을 통해 해당품목을 선도하는 국가 파악

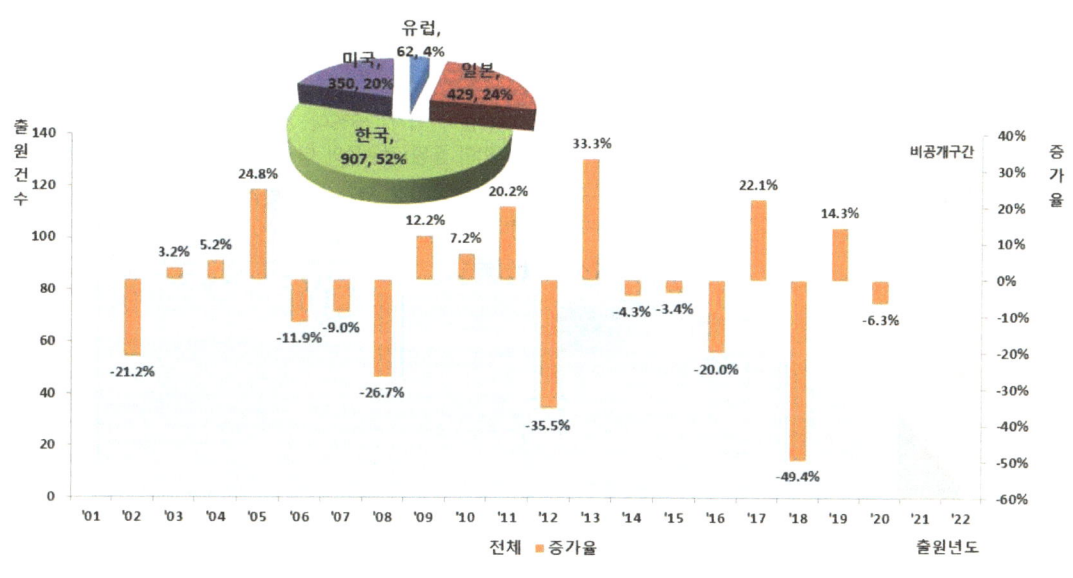

연도별 출원증가율

- 반도체 증착 장비 품목은 지난 20년(2001년~2020년) 간 꾸준히 출원 활동이 진행된 것으로 나타남
- 전년대비 증가율을 살펴볼 때 2013년 33%의 최대 증가율을 보인 이후로 꾸준히 증가율이 감소하고 있는 것으로 보임. 이는 양적 특허 중심에서 질적 특허를 중심으로 특허출원 양상이 전환되고 있다는 점에 기인한 것으로 판단됨
- 국가별 특허출원 점유율을 분석 시 반도체 증착 장비 품목은 일본이 기술 개발을 선도하는 것으로 판단됨

---

[47] 특허출원 후 1년 6개월 경과 후 데이터가 공개되는 특허제도의 특성상, 2021년과 2022년에는 실제 출원이 이루어졌으나 아직 공개되지 않은 미공개데이터의 존재로 유효데이터가 적게 나타날 수 있음에 유의해야 함

(2) 특허 점유율

☐ 과거부터 최근까지의 국가별 특허기술 출원의 양적 트렌드를 비교하여 타 국가 대비 국내의 기술적 위치 파악

☐ 한국(KIPO), 미국(USPTO), 일본(JPO), 유럽(EPO) 국가별 내·외국인의 출원분포를 파악하여 해당 국가 내 국외기술의 유입상황 및 국외기술에 대한 의존도 여부, 자국 기술력 등을 유추

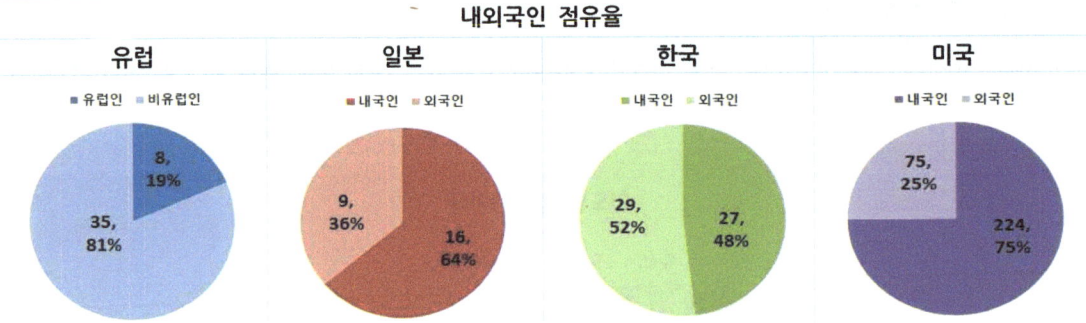

- 반도체 증착 장비 품목에 있어, 미국 및 일본은 내·외국인 비중이 각각 75%대 25%, 64%대 36%로 내국인의 출원점유율이 강세를 보이고 있으며, 한국 및 유럽의 경우 외국인의 출원 점유율이 더 높은 것으로 나타남
- 반도체 증착 장비 품목에 있어 미국은 기술 자립도가 가장 높은 것으로 평가되며, 반면에 한국과 유럽은 외국인의 유입이 큰 국가인 것으로 보아 시장 매력도가 큰 것으로 판단됨

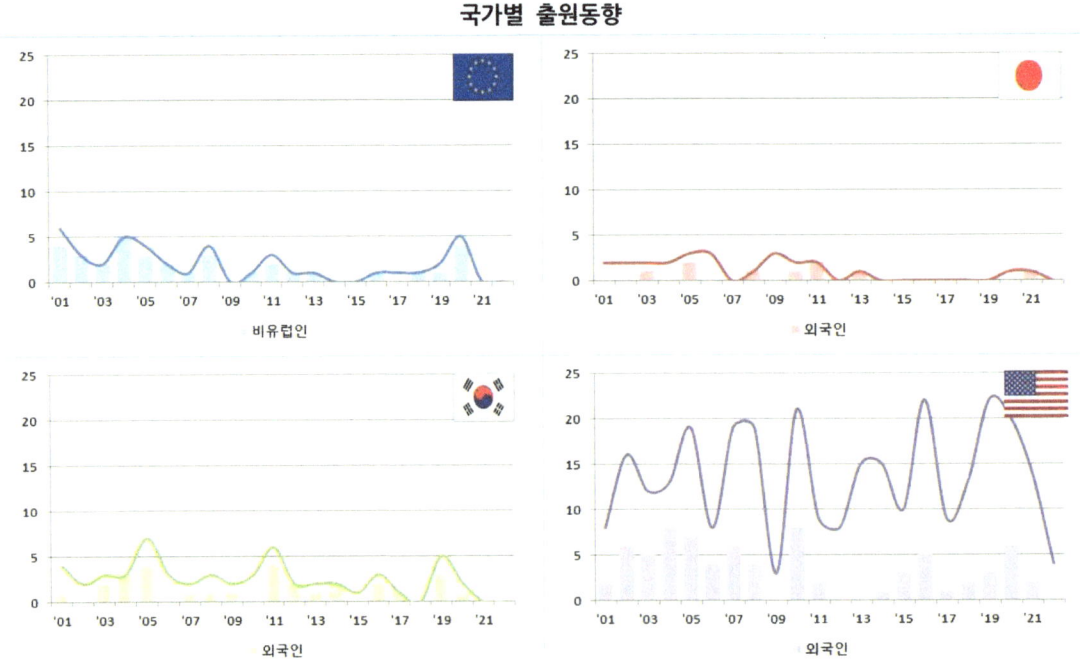

- 지난 20년간 미국의 출원 활동이 가장 활발히 진행된 것으로 나타나며, 한국 및 유럽의 출원 활동은 대부분 외국인에 의해 진행된 것으로 나타남

(3) 특허 영향력

☐ 기술영향력(CPP) 지수는 특정 등록특허가 다른 특허들에 의해 인용된 횟수를 나타내며, 특허권자의 입장에서 이 값이 클수록 질적 수준이 높은 핵심특허 또는 원천특허를 많이 보유하고 있을 가능성이 높다고 판단

* CPP = 특정 주체의 등록특허의 피인용 횟수 / 해당 주체의 등록특허 수

☐ 시장지배력(PFS) 지수는 출원인 국적별 패밀리국가수를 분석하는 것으로, 해당품목에서 글로벌 시장을 타겟팅한 출원인이 누구인지 파악 가능

* PFS = 특정 주체의 평균 패밀리 국가수 / 전체평균 패밀리 국가수

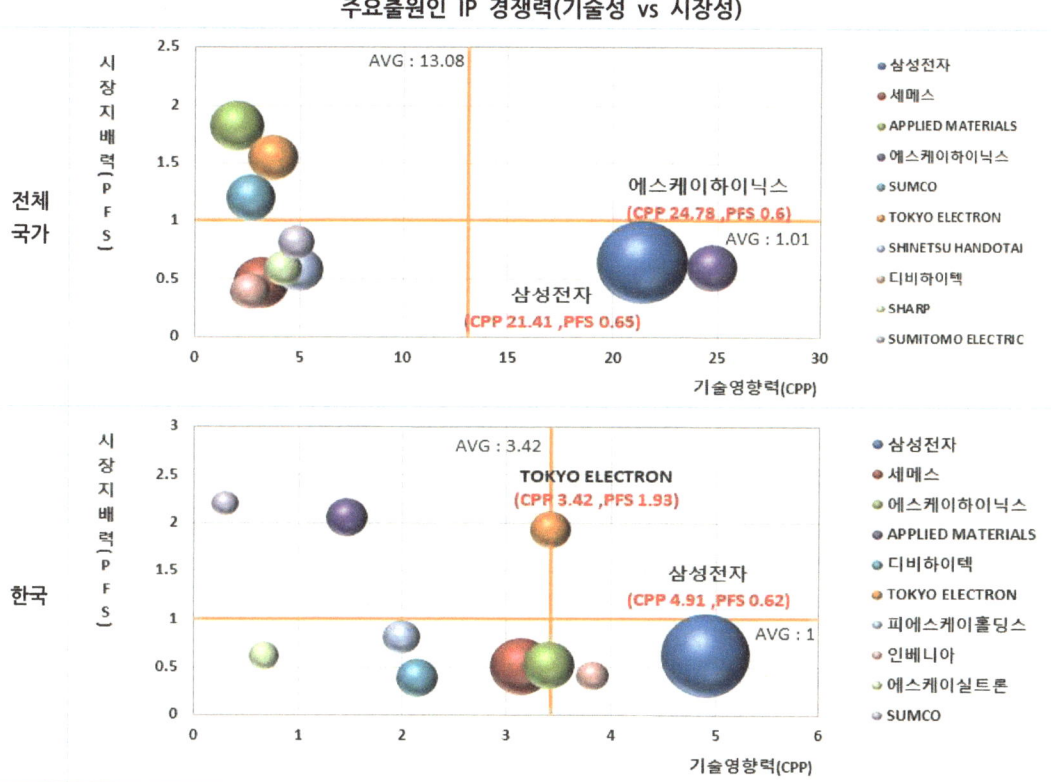

- 반도체 증착 장비 품목에 대한 주요출원인들의 IP 경쟁력 분석결과, 전체 국가에서는 에스케이하이닉스의 기술영향력이 가장 높은 것으로 나타났으며, 국내 출원인인 삼성전자 또한 높은 수준의 기술영향력을 보이는 것으로 나타남. 한국시장에서는 일본국적의 TOKYO ELECTRON의 특허가 시장확보력 및 질적 수준이 높아 기술적 파급력과 상업적 가치가 큰 것으로 평가됨.

  (전체) 에스케이하이닉스 : 기술영향력(CPP) 24.78 / 시장확보력(PFS) 0.6
  (한국) TOKYO ELECTRON : 기술영향력(CPP) 3.42 / 시장확보력(PFS) 1.98

- 한국출원인 중에는 전체 국가에서는 에스케이하이닉스가 한국에서는 삼성전자의 기술영향력 및 시장확보력이 가장 높은 것으로 분석됨

  (전체) 에스케이하이닉스 : 기술영향력(CPP) 24.78 / 시장확보력(PFS) 0.6
  (한국) 삼성전자 : 기술영향력(CPP) 4.91 / 시장확보력(PFS) 0.62

나. 주요 기술 키워드 분석

(1) 기술개발 동향 변화 분석

☐ AI 알고리즘을 활용하여 해당품목의 분석구간의 특허 기술 키워드를 비주얼 차트로 나타낸 것으로, 키워드 확인을 통한 집중연구 분야를 파악할 수 있으며, 구간별 기술 키워드 확인을 통해 해당품목에 대한 구간별 연구 트렌드 변화를 유추

* 분석범위 : 요약,　* 키워드 구성 : 구문,　* 키워드 출력수 : 전체구간 100개, 최근구간 50개

전체구간(2001년~2022년) 특허 주요 기술 키워드

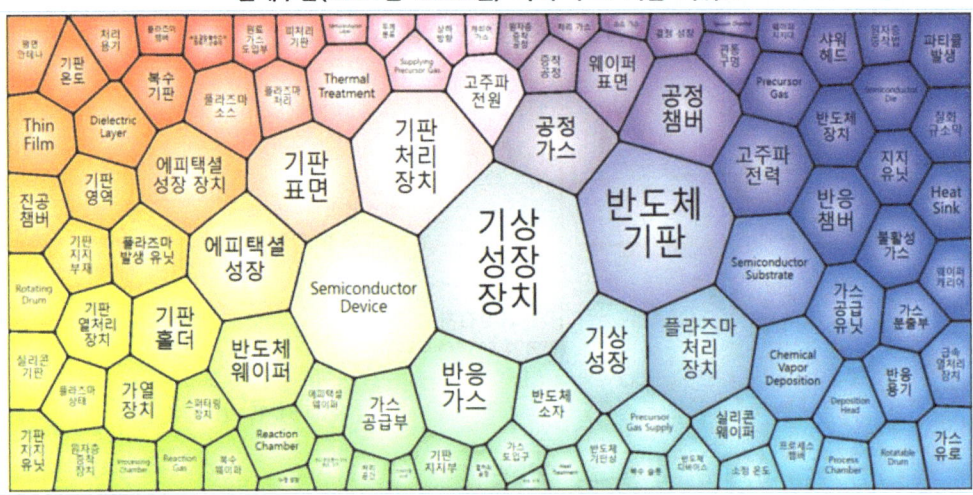

- 반도체 증착 장비 품목에 대한 지난 20년간의 특허 주요 기술 키워드 분석 결과, 증착 기본 기술 관련 키워드가 주로 도출되었으며, 증착기술 응용을 위한 '기상 성장 장치' 및 '반도체 기판' 키워드가 도출된 것으로 조사됨

(전체구간 주요 키워드) 기상 성장 장치, 반도체 기판, Semiconductor Device, 기판 처리 장치, 공정 챔버, 플라즈마 처리 장치, 기판 표면, Semiconductor Substrate, 반도체 웨이퍼, 에피택셜 성장

최근구간(2011년~2022년) 특허 주요 기술 키워드

1구간(2011년~2015년)	2구간(2016년~2022년)
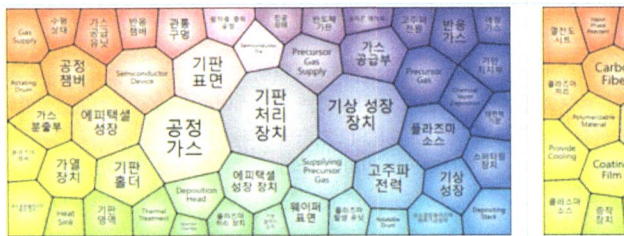	

- 반도체 증착 장비 품목에 대한 최근 구간 특허 주요 기술 키워드 분석 결과, 1구간에는 '기상 성장 장치' 및 '공정 가스' 등 증착 장비 및 공정과 관련된 키워드가 주요 기술 키워드로 도출되었고, 2구간에서는 '반도체 웨이퍼' 및 '처리 공간' 등 증착 공정을 통한 반도체 웨이퍼 형성 및 증착 장치의 처리 공간에 관한 연구 등 반도체 증착과 관련된 키워드가 주요 기술 키워드로 도출됨

(1구간 주요 키워드) 기상 성장 장치, Semiconductor Die, 공정 가스, 기판 처리 장치, 기판 표면

(2구간 주요 키워드) 반도체 웨이퍼, 처리 공간, Semiconductor Device, 기판 처리 장치, 기상 성장 장치

(2) 기술 현황 분석

☐ 전 세계적으로 통용되고 있는 국제특허분류를 통해 해당품목의 기술현황 및 집중기술 분야를 확인할 수 있으며, 연도별 기술현황 변화추이를 확인함으로써 해당품목에 대한 기술변화 트렌드 변화를 유추

  * IPC(International Patent Classification) : 국제특허분류

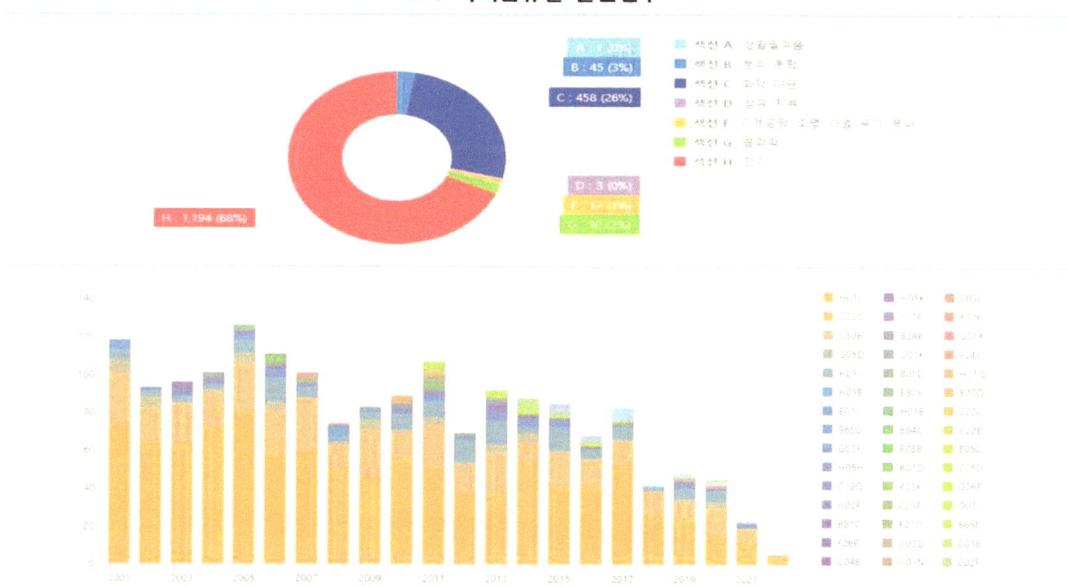

- 반도체 증착 장비 품목은 섹션 'H 전기' 기술 분야의 비중이 가장 높은 것으로 나타났으며, 그중에서도 '반도체 장치; 다른 곳에 속하지 않는 전기적 고체 장치' (H01L) 기술 분야에서 집중 연구개발 되고 있는 것으로 분석됨
- 연도별 기술 현황 변화 추이를 보았을 때, 최근에는 (C23C) 기술 분야인 '코팅 금속물질' 관련 분야와 (H01J) 기술분야인 '전자관 또는 방전램프 ' 관련 분야에서 출원이 진행된 것으로 나타남

IPC - Sub Class	출원건수
• (H01L) 반도체 장치; 다른 곳에 속하지 않는 전기적 고체 장치	1,019
• (C23C) 코팅 금속물질; 금속물질을 포함하는 피복재료; 표면확산, 화학적 전환 또는 치환에 의한 금속 재료의 표면 처리; 진공증착, 스퍼터링, 이온 주입 또는 화학증착법에 코팅 일반	364
• (H01J) 전자관 또는 방전램프	129
• (C30B) 단결정성장; 공정물질의 일방향고체화 또는 공석정물질의 일방향석출; 물질의 존멜팅(Zone meting)에 의한 정제; 특정구조의 균질상의 다결정물질의 제조; 반도체장치 또는 그 부품을 제조하기 위한 것 H01L; 단결정 또는 특정구조의 균질상 다결정재료의 후처리; 그것을 위한 장치	60
• (H05H) 플라스마(Plasma) 기술	16

(3) 기술 집중력 분석

☐ 주요출원인에 의한 특허점유율을 분석하여 기술집중력(시장 독과점 수준)을 판단하는 것으로, 특허동향조사에서는 통상 CR4를 사용하며, CRn값이 0에 가까울수록 시장 독과점 수준이 낮은 것을 의미하고, CR4 값이 40에서 60일 경우(CR1 지수는 50 이상일 경우, CR2 또는 CR3 지수는 75 이상일 경우) 시장의 독과점 수준이 높은 것으로 해석됨

* CRn(집중률지수, Concentration Ratio n) = (1위 출원인의 특허점유율) + ... + (n위 출원인의 특허점유율)

	주요출원인	출원건수	특허점유율	CRn	n
주요 출원인 집중력	삼성전자	198	11.3%	11	
	AMAT	75	4.3%	16	
	세메스	74	4.2%	20	
	에스케이하이닉스	61	3.5%	**23**	**4**
	SUMCO	57	3.3%	27	
	SHIN ETSU HANDOTAI	57	3.3%	30	
	TOKYO ELECTRON	53	3.0%	33	
	SUMITOMO ELECTRIC	32	1.8%	35	
	동부일렉트로닉스	30	1.7%	36	
	SHARP	30	1.7%	38	
	전체	1748	100%	CR4 = 23	
	출원인 구분	출원건수	특허점유율	CRn	n
국내시장 중소기업 집중력	중소기업(개인)	237	26.1	26.13	중소기업
	대기업	358	39.5		
	연구기관/대학	54	6		
	기타(외국인)	258	28.4		
	전체	907	100.0%	CR중소기업 = 26.13	

- 반도체 증착 장비 품목에 대한 시장 관점의 기술 독점 집중률 지수(CRn) 분석 결과, 상위 4개 기업의 시장점유율이 23으로, 주요 출원인에 의한 독과점 정도는 현재까지는 심하지는 않은 것으로 분석됨
- 국내시장에 있어서 중소기업의 특허 점유율은 26.13으로, 반도체 증착 장비 품목에서 중소기업의 점유율은 보통인 것으로 분석됨. 대기업의 출원 점유율 및 기타(외국인)에 의한 출원 점유율은 각각 39.5 및 28.4로 중소기업(개인)과 다소 차이가 있는 것으로 나타남. 반도체 증착 장비 품목은 국내시장에서 대기업을 중심으로 출원 점유율이 다소 높게 파악되었으나, 기존 반도체 관련 출원을 다수 진행함에 따라 관련 키워드가 포함된 특허가 다수 파악된 것으로 반도체 증착 장비 품목에 관련된 독과점 정도는 현재까지는 심하지 않은 것으로 분석됨. 따라서 중소기업의 점유율 진입장벽은 보통 수준인 것으로 판단됨

다. 주요 출원인 분석

(1) 주요 출원인 동향

☐ 주요출원인을 기준으로, 해당품목에 대해 기술개발을 주도하고 있는 기관 및 기업을 파악하고, 한국(KIPO), 미국(USPTO), 일본(JPO), 유럽(EPO) 국가별 출원현황 분석을 통해 주요출원인들이 고려하고 있는 주요시장국이 어디인지 예측하여 거시적 관점의 향후 트렌드를 전망

☐ 타 국가 대비 국내 기관 및 기업의 출원 활동 현황 및 수준을 파악하여 연구개발에 있어 비중 있는 사전 파악이 필요한 기관 및 기업 제시

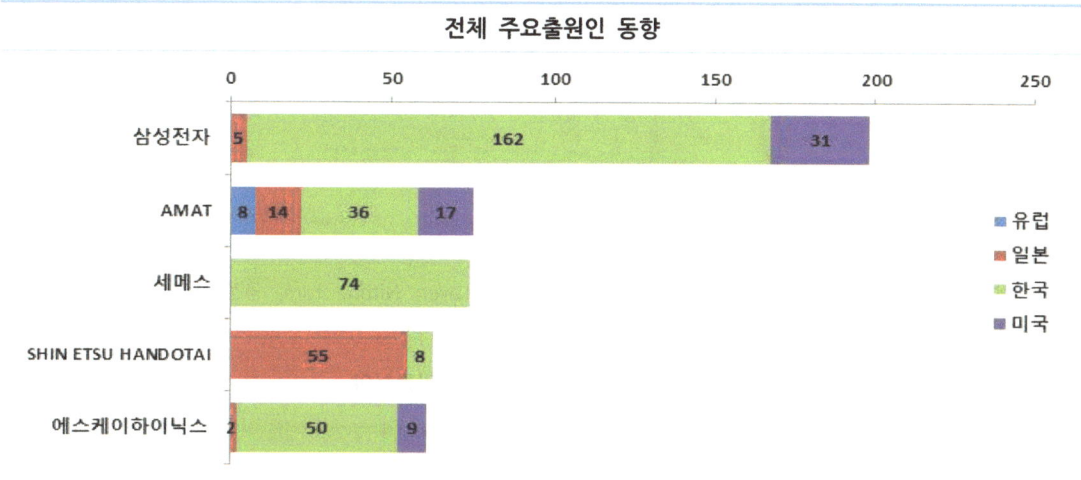

- 반도체 증착 장비 품목의 주요 출원인 Top 5를 살펴보면, 한국, 미국 및 일본 국적의 출원인으로 구성되어 있으며, 한국 출원인에 의해 기술 개발이 주도되고 있는 것으로 나타남
- 한국 국적의 출원인으로는 삼성전자가 가장 많은 출원을 진행하였으며, 전체 주요 출원인 Top 5에 세메스 및 에스케이하이닉스가 나타남
- 국내 주요 출원인은 삼성전자, 세메스 및 에스케이하이닉스로 도출되어, 대기업을 중심으로 반도체 증착 장비 품목의 기술 개발을 활발히 진행하고 있는 것으로 분석됨

(2) 주요 출원인 기술 키워드 및 주요특허 분석

☐ 주요출원인이 출원한 해당품목의 특허 기술 키워드 확인을 통해 출원인별 집중연구 분야를 파악할 수 있으며, 등록특허를 기준으로 피인용문헌수 및 패밀리 국가수가 큰 주요특허를 사전검토 함으로써 주요출원인의 주력기술 분야를 예측

* 기술 키워드 분석범위 : 요약, * 키워드 구성 : 구문, * 키워드 출력 수 : 50개
* 주요특허 도출 기준 : 등록특허를 기준으로 피인용문헌수 및 패밀리 국가수가 큰 특허를 주요특허로 도출

◎ 삼성전자

주요 키워드 및 주요특허 분석

- 반도체 기판, Semiconductor Device, 반응 가스, Dielectric Layer, Nitride Film, 공정 챔버, Semiconductor Substrate, 플라즈마 처리 장치, Reaction Chamber, Process Chamber

등록번호 (출원일)	명칭	기술적용분야	IP 경쟁력	
			피인용 문헌수	패밀리 국가수
US 7087482 (2003.07.10.)	Method of forming material using atomic layer deposition and method of forming capacitor of semiconductor device using the same	ALD를 이용하여 유전 물질을 형성하는 방법과 이러한 물질로 반도체 소자에 유전층을 형성하는 방법	404	3
US 6348376 (2001.01.19.)	Method of forming metal nitride film by chemical vapor deposition and method of forming metal contact and capacitor of semiconductor device using the same	CVD를 이용한 금속 질화막의 형성 방법, 이를 이용한 반도체 장치의 금속 콘택 형성 방법 및 반도체 캐패시터	326	3
US 7183214 (2005.09.22.)	High-density plasma (HDP) chemical vapor deposition (CVD) methods and methods of fabricating semiconductor devices employing the same	일반적으로 반도체 제조 분야에 관한 것으로, 특히 고밀도 플라즈마(HDP) 화학 기상 증착(CVD) 방법 및 이를 사용하여 반도체 소자를 형성하는 방법	221	2

- 삼성전자는 반도체 증착 장비 품목과 관련하여 Top 1 출원인으로, 한국을 위주로 출원을 진행하였으며, CVD 및 ALD 등 증착법 기술에 관련한 주요 등록특허는 높은 피인용 문헌수를 갖는 것으로 나타남. '반도체 기판' 및 'Semiconductor Device' 등 반도체 응용에 관련된 키워드가 주요 키워드로 분석되어 반도체 증착 장비 품목에 대한 기술력이 높은 것으로 조사됨

◎ AMAT

주요 키워드 및 주요특허 분석

- 가열 요소, 차폐 디바이스, 기판 표면, 진공 챔버, Evaporated Material, 증착 장치, 플라즈마 레이스트랙, Plasma Racetrack, Processing Zone, 자석 조립체

등록번호 (출원일)	명칭	기술적용분야	IP 경쟁력	
			피인용 문헌수	패밀리 국가수
JP 10403535 (2015.08.12.)	Method and apparatus of processing wafers with compressive or tensile stress at elevated temperatures in a plasma enhanced chemical vapor deposition system	반도체 기판을 처리하기 위한 장치 및 방법으로, 플라즈마 챔버에 사용되는 정전 척	18	5
KR 10-2245729 (2014.07.22.)	에피택셜 성장 이전에 기판 표면을 사전 세정하기 위한 방법 및 장치	플라즈마 프로세스 및 원격 플라즈마 보조 건식 에칭 프로세스의 이용에 의해 기판 표면들로부터 오염물들 및 자연 산화물들을 제거하기 위한 방법	8	6
10-2430454 (2022.08.03.)	플라즈마 강화 화학 기상 증착 시스템에서 높은 온도들로 압축 또는 인장 응력을 갖는 웨이퍼들을 프로세싱하는 방법 및 장치	높은 온도들로 플라즈마 반응기에서 프로세싱되고 있는 기판의 평탄도를 유지하기 위한 정전 척	6	5

- AMAT는 반도체 증착 장비 품목과 관련하여 Top 2 출원인으로, 한국 위주로 출원을 진행하였으며, 미국, 일본, 유럽의 이외 국가에도 고른 출원을 진행한 것으로 나타남. 반도체 기판 처리 장치 및 플라즈마 프로세스 관련 기술에 주목하고 있으며, '가열 요소' 및 '진공 챔버' 등 증착 장비 구성에 관련된 키워드가 주요 키워드로 파악됨. 최근에도 적극적인 출원을 진행하고 있으므로 기술력이 높은 것으로 조사됨

◎ 세메스

주요 키워드 및 주요특허 분석

기판 처리 장치, 가스 공급 유닛, 공정 챔버, 공정 가스, 플라즈마 상태, 플라즈마 발생 유닛, 플라즈마 공정, 플라즈마 처리 장치, 고주파 전원, 플라즈마 소스, 지지 유닛, 증착 공정, 처리 가스, 박막 증착 장치, 임피던스 정합, 출력 임피던스, 처리 가스 흐름, 플라즈마 처리, 복수 기판, 가스 공급부, 이상 슬릿 검출 유닛, 기판 지지 유닛, 소프트 일단, 장치 효율, 조절 패드, 안테나 유닛, 고주파 전원 인가부, 플라즈마 생성부, 가변 리액턴스 소자, 챔버 임피던스, 플라즈마 처리 공간, 방전 전극, 가변 커패시터, 고온 폐수, 전류 분배기, 가변 부하, 직류 전원, 윈지홈 증착 장치, 패러데이 쉴드, 임피던스 정합기, 밀도 분포 플라즈마, 처리 공간, 기판 지지 어셈블리, 입력 임피던스, 전력 분배기, 기판 지지 부재, 기판 운동

- 기판 처리 장치, 공정 챔버, 플라즈마 처리 장치, 고주파 전원, 공정 가스, 플라즈마 발생 유닛, 가스 공급 유닛, 플라즈마 소스, 고온 폐수, 지지 유닛

등록번호 (출원일)	명칭	기술적용분야	IP 경쟁력	
			피인용 문헌수	패밀리 국가수
JP 10-0800125 (2006.06.30.)	유기발광소자 증착장비의 소스셔터 및 기판 제어방법	유기발광소자 증착장비의 소스셔터 및 기판 제어방법에 관한 것으로, 챔버 내에서 기판 이송시 대기 시간이 없도록 하여 기판의 처리 속도를 향상시키는 유기발광소자 증착장비의 소스셔터 및 기판 제어방법	74	1
JP 10-0725037 (2005.01.21.)	반도체 플라즈마 처리 장치 및 방법	유도결합 플라즈마 소스의 단점인 라디칼 측면 집중 현상을 보완하여 식각 균일도를 높일 수 있는 반도체 플라즈마 처리 장치	12	5
JP 10-0734778 (2005.08.25.)	플라즈마를 이용한 기판 처리 장치 및 방법	반도체를 제조하는 장치에 관한 것으로, 플라즈마를 이용하여 반도체 기판을 처리하는 장치	7	1

- 세메스는 반도체 증착 장비 품목과 관련하여 Top 3 출원인으로, 한국을 위주로 출원을 진행하였으며, 증착 장비 제어방법 및 반도체 기판 제조 기술 등에 주력하고 있으며, '플라즈마 처리 장치' 및 '플라즈마 발생 유닛' 등 플라즈마 제어 관련 키워드가 주요 키워드로 나타나 반도체 증착 장비 품목에 있어서 기술력이 높은 것으로 조사됨

4. 전략품목 기술로드맵

가. 핵심기술

(1) 요소기술 도출

◎ 특허 키워드 클러스터링 기반 요소기술 후보도출

[반도체 증착 장비 토픽 클러스터링 결과]

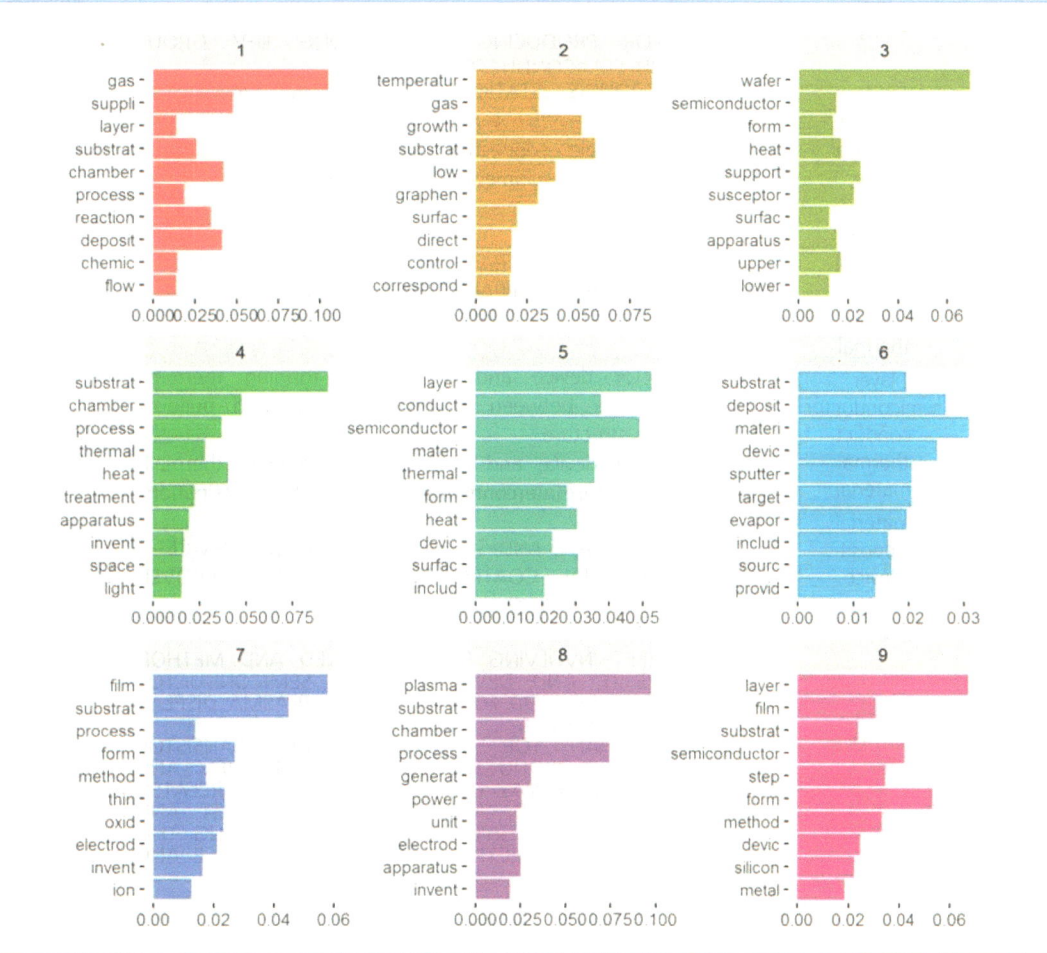

* 출처: 자체작성

[LDA 클러스터링 기반 요소기술 후보도출]

No.	상위 키워드	대표적 관련 특허	요소기술 후보
클러스터 01	gas supply chamber deposite reaction	• ATOMIC LAYER DEPOSITON APPARATUS USED IN MANUFACTURING SEMICONDUCTOR DEVICE • Metal-organic vaporizing and feeding apparatus, metal-organic chemical vapor deposition apparatus, metal-organic chemical vapor deposition method, gas flow rate regulator, semiconductor manufacturing apparatus, and semiconductor manufacturing method	증착가스 제어 기술
클러스터 02	temperature substrate growth low gas	• Manufacturing method of low-temperature substrate graphene growth without using metal catalyst and low-temperature substrate graphene growth without using metal catalyst and manufacturing device • VAPOR PHASE GROWTH METHOD FOR Al-CONTAINING III-V GROUP COMPOUND SEMICONDUCTOR, AND METHOD AND DEVICE FOR PRODUCING Al-CONTAINING III-V GROUP COMPOUND SEMICONDUCTOR	증착장비 증착표면 온도 제어 기술
클러스터 03	wafer support susceptor upper heat	• WAFER COOLING STATION OF THERMAL PROCESSING EQUIPMENT • The thermocouple connection apparatus of the chemical vapor deposition equipment for the semiconductor device fabrication.	증착장비 증착표면 온도 제어 기술
클러스터 04	substrate chamber heat process thermal	• SEMICONDUCTOR SUBSTRATE MEASURING APPARATUS AND PLASMA TREATMENT APPARATUS USING THE SAME • DEVICE FOR THERMALLY TREATING SUBSTRATES	증착장비 증착표면 온도 제어 기술
클러스터 05	layer semiconductor conduct thermal material	• Semiconductor device and method of forming thermally conductive layer between semiconductor die and build-up interconnect structure • Semiconductor device and method of embedding thermally conductive layer in interconnect structure for heat dissipation	증착장비 리엑터 온도 조절 기술
클러스터 06	material deposit device sputter target	• SPUTTERING DEVICE AND SUBSTRATE TREATMENT DEVICE • NON-ORTHOGONAL COATER GEOMETRY FOR IMPROVED COATINGS ON A SUBSTRATE	증착 물질 제어 기술
클러스터 07	film substrate form thin oxide	• GREEN SHEET INVOLVING FILM PATTERNED AND METHOD PRODUCING IT, AND DEVICE FORMING SEMICONDUCTOR ELEMENT AND METHOD FORMING IT AND PLASMA DISPLAY PANNEL COMPRISING IT • THIN-FILM TRANSISTOR AND THIN-FILM TRANSISTOR SUBSTRATE AND PRODUCTION METHODS FOR THEM AND LIQUID CRYSTAL DISPLAY UNIT USING THESE AND RELATED DEVICE AND METHOD, AND, SPUTTERING TARGET AND TRANSPARENT CONDUCTIVE FILM FORMED BY USING THIS AND TRANSPARENT ELECTRODE AND RELATED DEVICE AND METHOD	증착층 제어 기술
클러스터 08	plasma process substrate generate chamber	• PLASMA SOURCE AND APPARATUS FOR TREATING SUBSTRATE INCLUDING THE SAME • Apparatus for and Method of treating substrate using inductively coupled plasma	증착장비 리엑터 클리닝 기술
클러스터 09	layer form semiconductor step method	• SEMICONDUCTOR DEVICE USING SELECTIVE EPITAXIAL GROWTH AND METHOD FOR FABRICATION OF THE SAME • A semiconductor device using the epitaxial process, and a method of forming a polishing thereof	증착 레이어 제어기술

* 출처: 자체작성

◎ 특허 분류체계 기반 요소기술 후보도출

[IPC 분류체계에 기반 요소기술 후보도출]

(서브클래스) 내용	IPC 기술트리 (메인그룹) 내용	요소기술 후보
(H01L) 반도체 장치	(H01L-021/205) 고체를 석출시키기 위해 기상 화합물의 환원 또는 분해를 이용하는 것	기상증착 에피텍시 성장 기술
	(H01L-021/324) 반도체본체의 특성을 변경하기 위한 열처리	증착장비 열처리 기술
	(H01L-021/67) 제조 또는 처리중의 반도체 또는 전기 고체 장치 취급에 특별히 적용되는 장치	증착장비용 전기전자부품
	(H01L-021/02) 반도체장치 또는 그 부품의 제조나 처리	증착장비 부품
(C23C) 코팅 금속물질	(C23C-016/455) 반응실 안으로 가스를 도입하거나 반응실 안의 가스흐름을 조정하는 방법에 특징이 있는 것	증착장비 리엑터 가스 흐름 조정 기술
	(C23C-014/34) 스퍼터링	스퍼터링 증착장비
(H01J) 전자관 또는 방전램프	(H01J-037/32) 가스 넣는 방전관	증착가스 흐름제어 기술

* 출처: 자체작성

◎ 최종 요소기술 도출

☐ 기술·시장 분석, 기술수요, 기술(특허)분석, 전문가 추천을 바탕으로 요소기술 후보 도출

☐ 요소기술 후보를 대상으로, 전문가를 통해 기술의 범위, 요소기술 간 중복성 등을 조정·검토하여 최종 요소기술 확정

[반도체 증착 장비 요소기술 도출]

요소기술	출처
반도체 원자층박막증착장비	특허 클러스터링, IPC 분류체계, 전문가추천
SiC 대면적 에피택시 성장 기술	특허 클러스터링, IPC 분류체계, 전문가추천
반도체 대면적 박막 균일도 향상기술	특허 클러스터링, 전문가추천
반도체 히터 온도 균일도 향상기술	특허 클러스터링, IPC 분류체계, 전문가추천
레이저 열처리 기술	특허 클러스터링, 전문가추천
OLED용 대면적용 8.5G FMM 기술	특허 클러스터링

(2) 핵심기술 선정 및 기술로드맵 기획 절차

☐ 특허 분석을 통한 요소기술과 기술수요와 기술시장분석을 기반으로 한 요소기술, 전문가 추천 요소기술 등을 종합하여 요소기술을 도출한 후, 전문가위원회의 평가과정 및 검토/보완을 거쳐 핵심기술 확정

☐ 핵심기술 선정 지표: 기술개발 시급성, 기술개발 파급성, 기술의 중요성 및 중소기업 적합성

[핵심기술 선정 및 기술로드맵 기획 프로세스]

① 요소기술 도출	→	② 요소기술 평가	→	③ 핵심기술 확정	→	④ 기술로드맵 기획
• 전략품목 현황 분석 • 특허 IPC 분류체계 • 전문가 추천		• 전문가위원회 전략품목별 요소기술 평가 • 핵심기술 선정		• 전략품목별 핵심기술 검토 • 핵심기술 개요 범위 검토		• 핵심기술을 대상으로 전략품목별 기술로드맵 구축

(3) 핵심기술 리스트

[반도체 증착 장비 핵심기술]

핵심기술	개요
반도체 원자층박막증착장비	▪ 반도체 제조 과정에서 보호막 등을 증착하는데 활용되는 기술로 매우 얇은 물질을 실리콘 웨이퍼처럼 평평한 물질 위에 증착시킬 수 있는 장비
SiC 대면적 에피택시 성장 기술	▪ Si와 C를 포함하는 소스를 가열된 단결정 기판이 있는 반응기로 주입하여 기판 표면에서의 화학반응으로 에피택셜 층을 대면적에 성장하는 기술
반도체 대면적 박막 균일도 향상기술	▪ 반도체 디바이스의 스케일다운으로 300mm의 대면적에서 증착시 Heater, Chamber 구조, Shower Head, Gas 비율, Power 등의 Parameter를 관리하여 증착시 박막의 두께 균일도를 향상 시키는 기술
반도체 히터 온도 균일도 향상기술	▪ 반도체 증착시 온도의 경우 Heater에 의존하게 되는데 현재 Heater의 Zone에 따라 온도 구배가 발생하여 Heater Zone의 관리를 통하여 증착시 온도의 균일도를 일정하게 유지 하는 기술
레이저 열처리 기술	▪ 반도체 제조시 웨이퍼에 불순물 이온을 주입한 후 활성화하거나, 실리콘을 재결정화 할 때 레이저 열처리 기술을 이용하여 웨이퍼 전체를 가열하지 않고, 특정 부분만 선택적으로 열처리 하는 기술

나. 기술개발 로드맵

(1) 중기 기술개발 로드맵

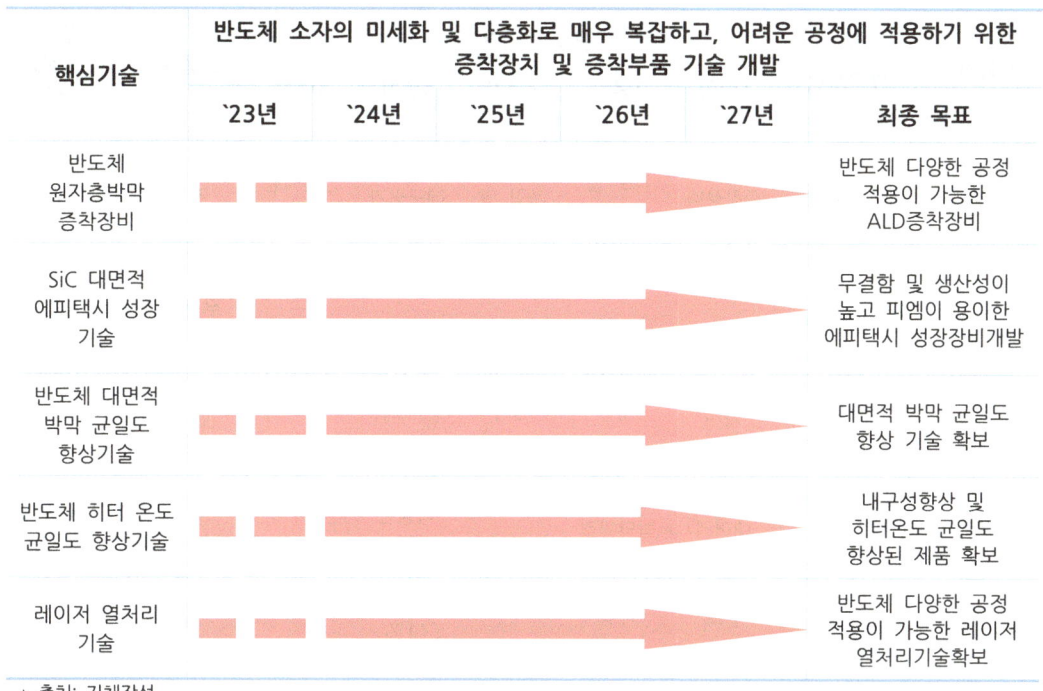

[반도체 증착 장비 기술개발 로드맵]

* 출처: 자체작성

(2) 기술개발 목표

☐ 최종 중소기업 기술로드맵은 기술/시장 니즈, 연차별 개발계획, 최종목표 등을 제시함으로써 중소기업의 기술개발 방향성을 제시

[반도체 증착 장비 핵심기술 연구목표]

핵심기술	기술 요구사항	연차별 개발목표					최종목표	연계 R&D 유형
		1년차	2년차	3년차	4년차	5년차		
반도체 원자층박막 증착장비	저온, 균일하고 생산성 있는 증착장비 개발	원자층 증착장비 설계	핵심부품 검토 및 선정 제작	시제품 제작 및 평가	단위공정 데모평가 및 개선	양산적용 평가	반도체 다양한 공정 적용이 가능한 ALD증착장비	기술혁신
SiC 대면적 에피택시 성장 기술	무결함 및 생산성이 높은 에피택시 장비개발	에피성장 장비 및 핵심부품 설계	장비 및 핵심부품 제작	시제품제작 및 평가	SiC대면적 성장 데모평가 및 개선	양산적용 평가	무결함 및 생산성이 높고 피엠이 용이한 에피택시 성장장비개발	산학연
반도체 대면적 박막 균일도 향상기술	대면적 균일도 향상을 위한 부품기술개발	대면적 챔버 설계 및 검토	박막관련 핵심부품 검토 및 제작	시제품 제작 및 평가	다양한 공정 적용 평가 <1%	양산적용 평가	대면적 박막 균일도 향상 기술 확보	기술혁신
반도체 히터 온도 균일도 향상기술	저온,고온에 적용 가능하며 온도의 편차가 적은 히터 개발	히터존별 설계 및 신규조성 개발	온도별 시제품 개발 및 제작	450C이하 적용 평가	650C이상 적용 평가	양산적용 평가	내구성향상 및 히터온도 균일도 향상된 제품 확보	기술혁신
레이저 열처리 기술	레이저선정 및 광학계 설계 기술,스테이지기술	광학계 제작 및 빔 형성	레이저기반 전처리 실험장치 설계 및 제작	레이저빔 품질 향상 및 스테이지 정밀제어	레이저 특성 및 생산성 향상 최적화	레이저 열처리 기술 개발 및 설비 구현	반도체 다양한 공정 적용이 가능한 레이저 열처리기술확보	기술혁신

다. 중소기업 기술개발 전략

- [ ] 반도체 소자의 크기가 점점 작아지면서 증착 공정에 대한 요구가 지속적으로 증가하고 있으며, 특히 ALD 증착장비는 LOGIC, DRAM, NAND 등의 소자에 필수 장비로 자리 매김하고 있음

- [ ] 반도체 소자의 scaling down으로 인하여 Wafer 상의 국소적인 위치에서도 양질의 소자를 얻기 위해 증착장비에서 Heater의 증착온도 균일도, 증착된 박막의 균일도 향상이 지속적으로 요구되어 지고 있음

- [ ] 차량용 반도체의 수요가 급격히 증가하고 있으며 이는 Si기반의 전력반도체보다 SiC 기반의 전력반도체는 고온에서도 내구성이 뛰어나 차세대 전력반도체용으로 수요가 급격히 증가하고 있으며 특히 대면적 SiC 기반에 Epi를 증착할 수 있는 장비의 개발이 필요함

- [ ] 반도체 소자의 3D 구조의 변화로 소자 제조는 매우 복잡하고 어려운 공정이 사용하면서 증착장비 및 부품의 친환경, 고정밀, 고균일, 고종횡비 제어 기술에 대한 활발히 연구개발되고 있음

- [ ] 패턴의 미세화 및 고집적 소자의 수율에 큰 영향을 미치는 히터 온도의 균일도 향상을 위해 고정밀, 고균일 온도제어가 가능한 세라믹 멀티존 Heater 개발이 필요함

전략품목 현황분석

반도체 검수용 프로브 핀 본딩 시스템

반도체 검수용 프로브 핀 본딩 시스템

전략품목 정의 및 범위

- 반도체 검수용 프로브 핀 본딩 시스템은 프로브 카드가 본딩(꽂히는)되는 반도체/비반도체 검수용 장치
- 반도체 검수용 프로브 핀을 공간변환기에 접합시켜서 고정하는 데 사용되는 본딩 시스템

전략품목 관련 동향

◎ 시장전망 및 제품 동향

- **(시장전망)** `21년 44억 9,130만 달러였던 세계 반도체 프로브 핀 본딩 시장 규모는 `26년 70억 2,743만 달러로 증가할 것으로 전망되며, 국내시장은 `21년 2조 6,072억 원에서 2026년 3조 9,995억 원으로 증가할 것으로 전망됨
- **(제품동향)** 반도체 제조공정에 있어서 신기술들이 개발됨에 따라 반도체 검수용 장치 및 부품의 수요가 증가하는 상황

◎ 기술개발 및 플레이어 동향

- **(기술동향)** 반도체 집적도 증가, 고속화 등에 따른 공정기술의 정밀도가 증가되고 있으며, 공정용 웨이퍼 크기의 증가로 인해 이를 만족할 수 있는 수준의 성능 향상 요구
- **(플레이어)** FormFactor(미), Technoprobe(이탈), MJC(일), Japan electronic materials(일), KLA(미), AMAT(미) ,Advantest(일), Teradyne(미), ASML(네덜), LAM Research(미), 삼성전자(한) 등
- **(중소기업)** 마이크로프랜드, 퀄맥스, 디아이, 윌테크놀러지, 화인인스트루먼트, 파이컴, 유니테스트, 티에스아이, 코리아인스트루먼트, 세메스 등

◎ 핵심기술

- 다수 반도체 검수를 위한 멀티 프로브
- 미세 접촉 프로브 구조
- Pin Align 고속 auto-focusing 기술
- 3차원 IC 검수용 프로브카드
- 다중 검사용 프로브 핀

중소기업 기술개발 전략

➔ 반도체 소자의 크기 및 배열의 형태가 계속 작아지거나 축소됨에 따라 미세 피치를 갖고 검사용 핀의 수가 많은 프로브 카드가 필요하며, 중소기업에서 빠르게 대응 필요

➔ 여러 개의 칩 다이를 수직으로 적층하여 매우 작은 점유 공간에 이종의 기술을 포함하는 고밀도 집적을 달성하는 것이 필요

➔ 최고의 프로브 카드 기술을 바탕으로 조기 개발 제품을 선점하고 제품별 초기 개발에서 양산화를 통한 제품화가 필요하며, 산학연의 기술개발에 정부의 협업지원 등이 필요

➔ 반도체 검수용은 수직형 멤스 탐침핀을 이용하여 미세피치 및 고경도 저력탐침핀을 최적의 조건으로 본딩하는 시스템을 조기 개발하여 수요기업에 맞춤식으로 대응하여야 하며 이를 통한 높은 매출이 기대됨

1. 개요

가. 정의 및 필요성

(1) 정의

- ☐ 반도체 검사는 제조된 반도체가 정상적으로 동작하는지 확인하는 작업으로, 고객사에 정상 동작하는 양품만을 전달함으로써 고객 만족도 및 신뢰도를 제고시키기 위한 일련의 프로세스를 의미함
    - 반도체 검사는 불량품의 오동작 이유를 분석하고 제조 공정 및 설계에 반영함으로써 수율 향상과 생산단가 인하에 기여함
    - 반도체 검사는 반도체 웨이퍼 위에 설계한 패턴의 모양이 제대로 형성되었는지 확인하는 광학식 검사와 전기신호를 인가하여 설계된 대로 기능을 수행하는지 확인하는 전기식 검사로 분류함

- ☐ 반도체 측정/검사 장비는 필연적으로 장비와 반도체 소자 간 연결을 위한 장치를 필요로 하며, 반도체 후공정 검사의 경우 마찬가지로 probing card 또는 소켓과 같은 유형의 구조물을 필요로 함
    - 반도체 패키징의 소형화, 웨이퍼 레벨 패키징 기술 등의 도입으로 인해 probing card 또한 높은 기술적 수준을 필요로 하게 됨
    - probing card는 검사 항목의 종류에 따라 요구되는 특성에 맞게 설계 및 제작되며, 수요자 요구에 따라 설계 및 제작되는 고객맞춤형 부품에 해당됨

[반도체 공정 및 검사 순서도 및 검사장비]

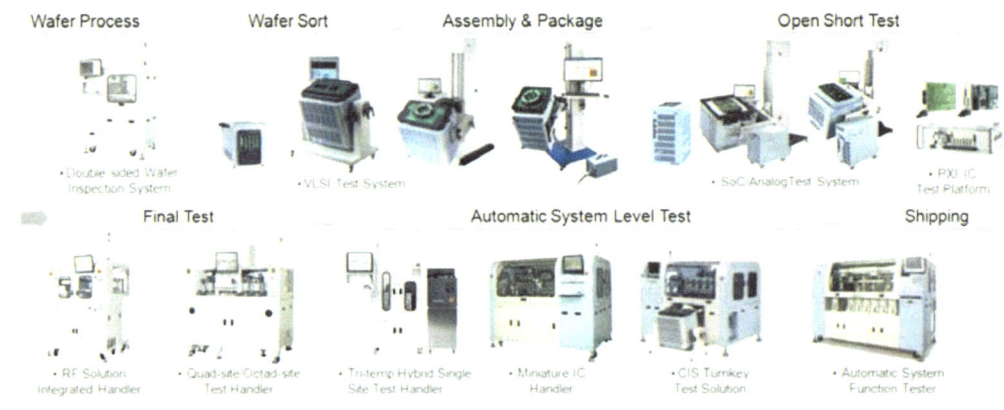

* 출처: Chroma webpage

- ☐ 프로브 카드는 반도체 웨이퍼 칩(wafer chip)을 제작한 후에 개별 패키지(package) 제작을 위한 절단(sawing)을 하기 전에 웨이퍼 수준에서 특성을 확인하기 위한 웨이퍼 프로브 테스트에 사용되는 반도체 검사장비의 핵심 부품임

- 프로브 카드는 프로브와 웨이퍼 패드를 접촉하여 전기적 신호를 입력시키고 그 결과에 따라 칩 결함을 찾아내는 고부가가치의 소모성 부품임
- 수리가 가능하거나 굿 다이(good die)로 판정된 IC 칩은 후속 공정을 통해 패키징 되거나 KGD(Known Good Die)형태 등의 완제품으로 출하됨

[IC 칩 제조의 후공정에서 프로브 카드의 적용]

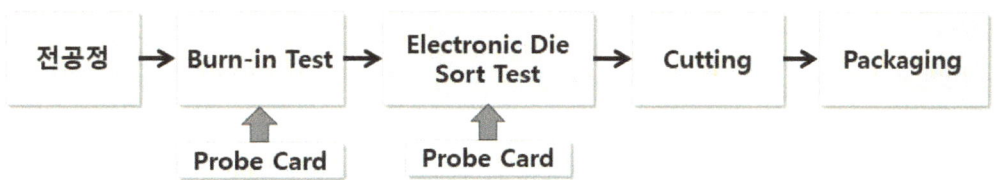

* 출처: 한국과학기술정보연구원, 2010, "차세대 모듈형 프로브 카드 기술시장 동향 분석"

☐ 반도체 웨이퍼 제조 공정이 끝난 다음, 웨이퍼에 형성된 다수의 IC들은 먼저 웨이퍼 상에서 웨이퍼 탐침 테스트 또는 웨이퍼 분류 테스트를 거치게 되고, 스테이션에 연결된 탐침(프로브)들을 IC의 I/O 패드(pad)에 직접 위치시켜 압력을 가하고 그에 대한 출력을 검사함

- 한 웨이퍼에는 수십에서 수백 개의 IC들이 동시에 제작되며, 한 IC에 대해 탐침들의 위치를 정해 놓으면, 그 다음 IC를 테스트할 때는 그 탐침들의 위치를 수평 또는 수직 이동시켜 사용할 수 있도록 되어 있음
- 탐침 스테이션의 기판을 프로브 카드라고 하며, 즉 프로브 카드는 웨이퍼상의 각 칩을 테스트하기 위해 PCB위에 에폭시(epoxy)로 고정시킨 프로브를 테스트 하고자 하는 칩의 결합 패드(bonding pad)에 접촉시킨 후 테스트 시스템의 전기적 신호를 칩 상에 전해주는 기기이며, 웨이퍼가 실질적인 테스트를 할 수 있도록 테스터의 각 신호 배선과 웨이퍼상의 각 패드를 칩 단위로 동시에 접속시켜주는 핵심적인 검사 장비임

[IC 칩 수준 검사 장비 개략도]

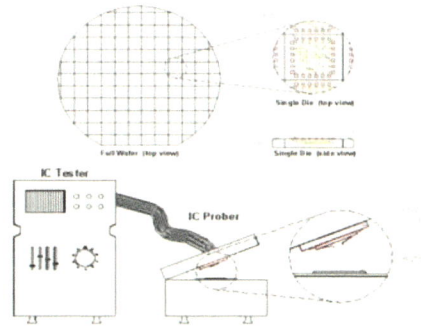

* 출처: 한국과학기술정보연구원, 2010, "차세대 모듈형 프로브 카드 기술시장 동향 분석"

☐ 반도체 검수용 프로브 핀 본딩 시스템은 반도체·디스플레이 장비 분야에서 평가 및 측정 정밀화를 위한 전략품목으로, 기술개발을 통해 소자 신뢰성 향상이 가능할 것으로 전망됨

[반도체·디스플레이 장비 품목로드맵 내 반도체 검수용 프로브 핀 본딩 시스템]

* 출처: 자체작성

(2) 필요성

☐ 최근 반도체의 집적도가 지속적으로 높아짐에 따라 미세 패턴화 기술, 적층 기술, TSV 기술(Through Silicon Via) 등이 발전하고 있으며, 반도체의 집적도가 올라가고 동작 클럭 (RAM, 메모리 동작 속도)이 증가함에 따라 전통적 패키징 구조를 벗어난 웨이퍼 레벨 패키징 기술도 상용화가 시작되고 있음

- 기존 프로브 방식은 이러한 패키징 구조에 대응이 어려우며, 프로브의 탐침 수가 많아지고 프로브의 크기도 작아져야 하므로 이에 대응할 수 있는 검사장비의 개발이 필요함
- 전기적 특성 검사 외에 광학적 검사도 실시하는데, 반도체 패키징 공정이 단순화되고, 반도체 동작이 고속화됨에 따라 미세 패턴화가 진행 중임
- 광학적 검사의 중요도도 높아지고 있으며, 나아가 X-Ray, Laser, IR 분석과 같은 새로운 분석기술이 적용된 광학 검사장비의 수요도 증가하고 있음

☐ 현재 300mm 반도체 웨이퍼의 양산과 더불어 반도체 칩의 I/O 패드간격 (Pad Pitch)은 계속 축소되고 있으며, SoC(System on Chip) 및 SiP(System in Package) 기술의 발전에 따라 기존 수평형 및 수직형 프로브 카드는 프로빙 밀도의 한계에 다다름에 따라 그 복잡성을 극복할 수 있는 차세대 MEMS 프로브 카드 기술이 요구되고 있음

- 그러기 위해서는 고밀도의 I/O 패드 간격, 낮은 접촉저항 및 신뢰성을 확보한 새로운 형태의 프로브 탐침 구조를 갖는 MEMS 프로브 카드가 필요한데 기존 수평형 프로브 카드나 수직형 프로브 카드로는 고밀도의 프로브 테스트의 한계가 있음
- 따라서 많은 프로브 카드 제조업체들은 반도체 공정을 이용한 MEMS 프로브 카드의 개발에 집중하고 있으나 기술적인 문제점과 시설 확보에 따른 부담으로 인해 개발의 진척이 늦어지고 있음
- 또한 상용화된 기존 MEMS 프로브 카드들은 공정이 복잡하고 제작기간이 길어 제품의 가격이 비싼 단점을 가지고 있으나 제조단가와 기간을 줄일 수 있는 제조방법이 필요한 시점임

[MEMS 기술로 구현한 프로브 카드 핀]

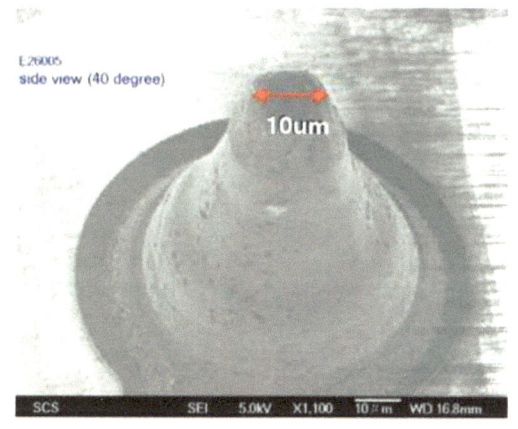
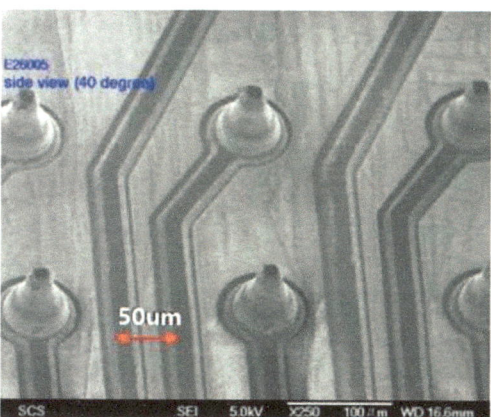

* 출처: NIPA Quarterly MEMS Market Brief 재가공

- 과거 반도체 검사 장비를 공정 후 최종 제품의 검증, burn-in 테스트와 같은 수동적 검사 수준으로 한정하여 왔으나, 공정의 정밀도 향상, 장비 운용 중지에 따른 손실 방지, 반도체 기술의 패러다임 변화 등의 이유로 보다 능동적인 공정 모니터링 기술 및 새로운 평가, 분석기술에 대한 요구가 증가하고 있음
    - 반도체 검사/분석/측정 기술은 넓은 의미에서 반도체 공정장비의 진단까지 포함될 수 있으며, 진단 기술의 향상에 따라 상용 수준의 진단 장비들이 시장에서 적용범위를 넓히고 있는 추세임
    - 반도체 공정장비의 진단 장비는 공정의 최종 결과물인 반도체를 검사하는 것보다 능동적으로 공정을 관리하기 위한 수단으로서 접근할 수 있음
    - 반도체 공정기술의 정밀도가 높아짐에 따라 능동적 검사에 대한 수요가 증가하고 있으며, 반도체의 품질 관리 및 선제적 시설 유지 관리에 의한 생산 비용 절감, 신뢰성 향상 등의 효과를 기대할 수 있음

- 반도체 산업은 주요 수출품목에 해당함에 따라 반도체 장비의 수요도 매우 높은 편으로, 핵심 검사장비와 공정장비는 주로 국외에서 수입하고 있는 실정임. 이는 고속 성장을 지향하는 국내 산업 환경의 특징으로 분석되며, 그만큼 축적된 기술이 부족하여 경쟁력을 확보하지 못하고 있는 실정임
    - 반도체 검사 장비를 포함하는 반도체 장비 산업은 센서, 구동부, 제어부, 반도체, 전력, 시스템, IoT, 인공지능 등 전 영역의 기반기술이 집적된 구조로, 구성되는 각 산업의 균형적인 발전이 필수적인 사업 영역이며, 종합적이고 유기적인 관계를 필요로 하는 산업임
    - 산/학/연 기반이 강화되고 있고 기초산업의 발전이 적극적으로 이루어지고 있는 국내 산업 현황을 보았을 때 고성능화 전략을 통한 산업 진입이 가능한 분야에 해당하며, 따라서 기술 개발을 통한 고기능성, 고성능, 고부가가치 중심의 반도체 관련 장비 산업의 육성이 필요한 시점임
    - 프로브 핀은 반도체 검사 공정에 쓰이는 필수 소모성 부품이며, 사물인터넷, 차량용반도체 등 새로운 반도체 시장이 확대되면서 수요 증가 추세에 있음

나. 범위 및 분류

(1) 가치사슬

☐ 반도체 검사장비 산업은 반도체 산업의 하위산업으로 결합형 지식산업이자 벤처기업형 산업, 차세대 성장동력 산업 및 국제산업이라는 산업적 특징이 있으며, 기술적으로는 기술집약적 첨단산업이자 IT·NT 융복합형 지식산업임

- 제품 성능의 요구사항의 증대와 기술발전 가속화에 따라 검사장비 자체를 반도체 공정을 활용하여 제조하는 측면에서 기술적 진입장벽과 초기시설 투자비가 높아지고 있고, 공정상 장기적인 기술 축적이 점차적으로 중요해지는 기술집약적 산업의 특성을 보이고 있음
- 최종 제품의 기술발전 및 제품 스펙의 다변화에 따른 주문제작에 의한 다품종 소량생산, 주문제작 제품의 반복적 소량 생산에 의한 생산라인 운영, 2~3년의 기술 수명, 짧은 이익 회수 기간 등 벤처기업형 산업의 특징을 가지고 있음
- 최종제품인 반도체의 특성상 공정장비와 더불어 검사장비 역시 반도체 공정을 활용하는 기술집약적 첨단산업의 특성을 가지고 있으며, 특히 무어의 법칙(Moore's Law)에 따르는 빠른 기술발전 속도에 따라 기존의 전자·기계·재료공학·화학공학 산업분야와 더불어 IT·NT 융복합형 지식산업의 특성을 가지는 산업임

☐ 전공정이 완료된 후의 반도체 웨이퍼 칩 검사는 메모리 제조 공정에 필수적인 과정으로 최종 제품인 반도체 메모리의 수급과 기술발전 수준에 직접적인 영향을 받는 반도체 산업의 특징을 그대로 가짐

- 반도체 메모리가 활용되는 컴퓨터, 휴대폰, 디지털카메라, 이동식/고정식 저장장치 등 개인용, 가정용, 산업용 IT 기기의 수요가 정보화 흐름을 타고 지속적으로 증대되고 있으며 이러한 반도체의 수요 증가는 반도체 산업내의 반도체 웨이퍼 칩 검사의 수요를 동시에 견인하고 있음
- 또한 IT 기기의 성능에 대한 높아지는 사회의 요구 수준을 충족시키기 위한 반도체 메모리 분야의 기술적 진보는 최종 제품의 빠른 세대 교체를 촉진하고 최종적으로 동 제품이 활용될 반도체 웨이퍼 칩 검사의 수요를 증가시킴으로써 프로브 카드 산업을 성장시키고 있음

☐ 프로브 카드(Probe card)는 반도체 제조 공정 중 웨이퍼 칩(wafer chip)의 완성 후, 절단 전 반도체 웨이퍼 칩의 검사를 위해 프로브 스테이션에 장착되어 사용되어 대분류상 반도체 산업군에 속하며, 중분류상으로 반도체 장비산업, 소분류상으로 반도체 검사 장비 산업에 해당됨

- 프로브 카드는 반도체 웨이퍼 칩 검사 장비인 프로브 스테이션의 소모성교체 부품으로써, 동 제품의 후방 산업은 프로브 카드 제조에 요구되는 부품·소재 산업으로, 전방 산업은 반도체 검사장비 산업으로 정의할 수 있음

[반도체 검수용 프로브 핀 본딩 품목 시스템 산업구조]

후방산업	반도체 검수용 프로브 핀 본딩 시스템	전방산업
자동 검사 장비, 핸들러, 프로브 스테이션, 광학검사 장비, 비파괴 분석 장비, Burn-in 테스트 장비, 공정장비 진단 등	반도체 측정/분석/검사 산업	팹리스 및 종합 반도체 제조업체를 포함하는 반도체 제조 산업

* 출처: 자체작성

(2) 용도별 분류

☐ 프로브 카드는 크게 PCB(Printed Circuit Board)와 반도체 소자 각 패드에 접촉하는 프로브 핀으로 구성되며, 입출력 패드와의 수천~수백만 번의 반복적인 접촉과 효율적인 검사를 위해 텅스텐과 같이 전도성이 높고 내구성 강한 물질로 프로브 핀을 제조함

☐ 반도체 소자의 집적도가 높아지면서 회로 선폭 및 입출력 패드의 간격도 더욱 미세해졌으며, 패드의 숫자는 증가하고 크기는 감소하고 있음

- 프로브 카드도 이에 대응할 수 있도록 fine pitch 프로브 핀 구현 등이 요구되나 기존 캔틸레버나 버티컬 방식의 프로브 카드는 정밀도 측면에서 한계를 갖고 있어 새로운 제조 방식이 필요

- 이에 반도체 공정기술 기반의 초소형 정밀 기계제작 기술인 MEMS를 이용한 프로브 카드가 개발되었고, 미국기업인 FormFactor에 의해 처음 상용화되었으며, MEMS 프로브 카드는 정확도, 1회 검사량, 검사시간 등에서 탁월한 성능으로 인하여 반도체의 웨이퍼 테스트에 적용되었으며 비반도체 분야로 확대되고 있음

- MEMS 기술은 식각 기술을 이용한 반도체 공정을 이용하므로 다양한 형상의 프로브 구현이 가능하여 의도하는 여러 응용 형태의 프로브를 제작할 수 있는 장점을 가지고 있음

[반도체 검수용 프로브 핀 본딩 시스템 기술별 분류]

분류		상세 내용
프로브 카드	캔틸레버	• 프로브 핀을 수평 방향으로 적층하는 방법으로서, 기판에 핀을 접착제로 고정하여 제작 • 수작업으로 조립하며 니들의 길이, 각도 등을 조절하기 어려움 • 불량률이 높아 대량생산에 적합하지 않음 • 반도체 집적도 증가에 따른 정밀성 확보가 어려움
	버티컬	• 프로브 핀을 수직 방향으로 배열하여, 캔틸레버 방식보다 집적도 상승 • Guide Plate (핀을 고정하기 위한 지지체)에 핀을 삽입하여 제작 • 기존의 수작업에서 자동화로 발전하였고, 비반도체 중심으로 개발
	MEMS 2D	• 프로브 핀의 형성 공정과 형성된 핀의 조립 과정으로 구성 • 조립공정이 필수적이며 원가 부담 높음
	MEMS 3D	• 기판 위에 일괄 생산 방식으로 수만 개의 핀을 동시에 형성 • 정밀도가 높고 내구성이 강하며 대면적에 대응 가능 • 일괄 생산공정으로 초기 설비투자 금액 높음

2. 동향 조사 분석

가. 시장 분석

◎ 기술 융·복합에 따른 적용 분야의 확대

- ☐ 반도체 검수용 장치는 광범위한 영역으로, 보수적으로는 핸들러, 프로브 스테이션, 지수 분석기의 조합으로 이루어진 검사 장비를 의미하며, 광범위하게는 결함 분석 장비 등이 포함되고, 최근 공정 진단 검사 장비도 반도체 검사 장비 범주로서 연구가 활발히 진행 중임
  - 최근 반도체 산업이 회복기에 진입하고 제조공정에 있어서 신기술들이 개발됨에 따라 반도체 검수용 장치 및 부품의 수요가 높은 편이며, 반도체 공정의 유지보수 효율화, 반도체의 고성능화, 제품군의 다양성 확대 및 복합화 등의 요구에 따라 검사 장비 또한 고도화, 복합화를 요구하고 있음
  - 기본적 검사를 위한 검사 장비도 존재하며, 수요자 요구 중심의 제품 개발도 복합적으로 존재하는 분야임. 국내의 경우 기술 지원 및 수요자 요구에 맞춘 소량 주문제작 형태의 전략을 가진 중소기업이 다수 포진되어 있음
  - 반도체 공정의 효율적 관리에 대한 관심이 증가함에 따라 연구개발이 활발히 이루어지고 있으며, 해당 공정 진단 검사장비의 경우 선진국과의 기술적 격차가 크지 않은 상황임
  - 플라즈마 진단기술, 공정장비 진단기술 등 정부의 신성장동력 개발 지원사업 등을 통한 연구개발이 진행되고 있으며, 신뢰성을 갖춘 상용 수준의 제품 개발 성공 여부, 시장 진입 여부, 홍보 효과 등에 따라 성패 여부가 결정될 것으로 예상됨
  - 융합적인 기술을 요구하므로 다양한 전문 인력 및 기술을 필요로 하며, 융합기술을 통한 경쟁력 확보 측면과 일자리 창출 측면에서 이와 같은 고도화된 산업으로의 진입이 시급히 요구되고 있음

- ☐ 센서, 제어를 위한 S/W, 구동부, 신뢰성, 계측기술 등 기술의 융합이 절대적으로 필요한 산업 분야에 해당함
  - 반도체산업은 다양한 분야의 고급 기술을 요구하는 산업으로, 높은 수준의 기술 융합이 필요한 산업 분야이며, IoT, 인공지능과 같은 정보기술과 융합된 고차원적인 영역으로 진입할 것으로 예상됨
  - 각 분야의 기술 융합 뿐 아니라 기술 격차를 줄이기 위한 연구개발도 꾸준히 이루어져야 하므로 산업의 고도화 측면, 중견 기업의 육성 측면에서 발전이 필요한 산업임
  - 반도체 산업은 VR, 인공지능, IoT, 이동통신 등 분야의 기술발달에 따라 다양한 분야에서 발전이 이루어질 것으로 예상되며, 기술적 고도화에 따라 검사장비도 높은 수준의 기술 개발을 요구할 것으로 예상됨
  - 응용 분야의 확장에 따라 검사장비의 기능적 측면에서도 다양한 접근이 요구되며, 수요 측면에서도 대폭 확대될 것으로 예상됨

- ☐ 첨단 고급 패키징 제품의 시장 개발
  - 특히 반도체 산업에서 첨단 패키징 제품 시장은 정확성과 이미징 데이터 제어에 대한 요구 사항이 높아짐에 따라 성장하고 있음
  - 첨단 패키징 제품 시장은 IC의 정확도와 더 작은 풋프린트에 의해 주도되며, 이는 EUVL 시스템에 새로운 기회를 제공함

◎ 글로벌 업체에 주도되는 시장

☐ 한국반도체산업협회에 따르면, 현재 국내 반도체 검수용 장치 및 부품의 기술 수준은 해외 선진 업체 대비 80% 수준까지 근접해 있으며, 부품의 국산화율은 60% 정도 수준인 것으로 조사되었으나, 세계 시장에서는 주요 선진 업체들이 업체별로 특화 영역을 가지고 시장을 거의 독점하고 있는 것으로 분석

- 막질특성 계측 장비의 경우 미국의 KLA-Tencor사와 Nanometrics사가 95% 이상을 점유
- 임계선 폭 계측 장비의 경우 일본의 Hitachi사가 90% 이상, 미국의 AMAT사가 약 10%를 점유하고 있으며, 오정렬 측정 장비의 경우 KLA-Tencor사가 거의 100% 독점
- 패턴 결함 검사 장비는 KLA-Tencor사가 80% 이상, AMAT사가 20% 정도의 점유율을 보이고 있음
- 국내에서도 오로스테크놀로지, 넥스틴 등 일부 국내 업체들이 검사장비를 개발하여 시장 진입을 하고 있으나, 최신 기술인 3D 반도체 관련 장비는 상용화 실적이 없으며, 3D 반도체 관련 검사 장비는 KLA-Tencor사와 국내 넥스틴에서 개발 중에 있음
- 프로브 카드 분야는 일본의 MJC, 미국의 Formfactor, 이탈리아의 Technoprobe사가 65% 정도의 점유율을 보임

◎ 후발 국가들의 추격 심화

☐ 2021년 기준 세계 반도체장비 수요는 1,027억 달러 규모로, 이 중 77.5%에 해당하는 796억 달러의 장비가 동아시아 3국(한국·중국·대만)에서 소비됨[48]

☐ (중국) 반도체 장비는 지속적으로 미국, 유럽, 일본 기업들이 독식하고 있는 가운데, 최근 중국의 메모리산업 진입 및 장비 및 재료산업 육성 본격화에 따라 중국기업의 추격이 거센 상황

- 파운드라인 SMIC는 24나노 플래시 메모리 분야, 메모리기업인 XMC는 플래시 및 3D 낸드 플래시에 집중할 예정으로 향후 3~4년 이내에 국내 기업과 경쟁이 예상
- 반도체 장비 업체는 테스트 장비 업체인 Grand 이외에 약 15개 공정별 핵심 장비기업을 선정하여 정부 차원의 자금을 지원하고 있음
- 중국 정부는 반도체 제조의 경쟁력은 설계/공정 경쟁력과 핵심 반도체 장비와 소재의 경쟁력에서 만들어지는 것으로 이해하고, 장비 산업육성에도 막대한 지원을 하고 있으며, 특히 국유기업인 칭화유니그룹은 반도체 회사뿐만 아니라 장비회사 인수에도 큰 관심을 갖고 있음

☐ (대만) 대만 반도체산업의 핵심 기업인 TSMC가 첨단 미세공정에 지속적으로 투자하고 있으며, 이는 대만 반도체 제조용 장비 업계가 성장 동력을 확보할 수 있는 계기로 작용

- 업체별로는 GPM이 측정 및 부품 실장 검사 장비(AOI)를 개발하고 있으며, Allring은 첨단 공정용 부품 실장 검사 장비(AOI) 및 디스펜서를 개발하고 있음

---

48) 한국무역협회 국제무역통상연구원, 2022, 최근 반도체장비 교역 동향 및 시사점

◎ 정책적 지원 강화

☐ (한국) 산업통상자원부는 2019년 8월 대외의존형 산업구조 탈피를 위한 '소재·부품·장비 경쟁력 강화대책'을 발표

- 기업 및 전문가 검토를 거쳐 반도체, 디스플레이, 자동차 등 6대 분야 100개 품목을 선정하였으며, 반도체 분야에서는 단기 5개, 장기 8개 등 총 13개 핵심소재 및 장비 부품을 선정하여 지원

- 화학연구원, 다이텍연구원, 재료연구소, 세라믹기술원 등 4대 소재 관련 연구소를 소재·부품·장비 개발 실증·양산 테스트 베드로 확충 구축

- 해외 의존도가 높은 반도체 소재·부품·장비의 국산화 지원을 위해 나노종합기술원에 12인치 반도체 테스트베드 구축

☐ (중국) 중국은 '반도체 굴기'를 선언하며 국가차원의 반도체 육성정책을 수립하였으며, '중국 제조 2025' 계획을 통해 반도체의 자립을 주요 목표로 설정

- 다만 미국의 견제로 기존 목표인 반도체 자급률 75%(현재 20%)의 도달은 쉽지 않을 것으로 전망되며, 중국 기업은 M&A를 통해 기술력을 확보해 나갈 계획이었으나 미국 정부의 견제와 장비 및 소재 수출 금지 규제로 기술획득과 생산계획에 어려움을 겪고 있음

[메모리 선두기업과 중국 기업의 공정 개발 현황 비교]

		'14	'15	'16	'17.1H	'17.2H	'18.1H	'18.2H	'19.1H	'19.2H
D램	삼성전자		20nm		1Xnm(18nm)			1ynm		1znm
	SK하이닉스			21nm		1Xnm(18nm)			1ynm	
	마이크론			20nm		1Xnm(18nm)			1ynm	1znm
	中푸젠진화						30nm 양산준비		사업중단 가능성	
	中이노트론								투자시작	25nm 양산계획
낸드	삼성전자			48단		64단		96단		128단
	SK하이닉스		36단	48단		72단			96단	
	도시바+WD*			48단		64단			96단	
	中YMTC								32단 시제품	64단

*웨스턴디지털

* 출처: 산업테마보고서, 반도체 장비(한국IR협의회, 2019.11)

☐ (대만) 대만 반도체 제조용 장비산업은 반도체 검수용 장치를 포함한 후공정 장비 위주로 발전해 왔으며, 신주(新竹)·주베이(竹北), 타이중(台中), 타이난(台南) 과학 단지 지역을 위주로 산업 클러스터를 형성하고 있음

- 대만은 파운드리 업계 세계 1위인 TSMC를 중심으로 하는 선순환 구조의 파운드리 생태계 시스템을 보유하고 있으며, 여기에서 나오는 반도체 후공정에 대한 수요를 바탕으로 큰 반도체 검사 시장이 형성되어 있음

- 대만 외 국가에 근거지를 둔 팹리스 업체들도 TSMC의 파운드리를 사용하면서, 반도체 전공정 공장 인근에 위치한 반도체 후공정 업체들에 가공을 위탁하므로, 위치적 이점을 보유

◎ 신종 COVID-19 virus 확산에 따른 반도체 분야 영향

☐ 신종 COVID-19 Virus 감염증이 전 세계로 확산됨에 따라 일부 국가를 중심으로 국가의 통제가 강화되고, 세계화의 흐름이 위축될 것으로 예상됨

- 공유 경제가 일부 후퇴하는 반면, 원격교육, 원격진료, 재택근무, 무인 배달 등의 서비스가 주목 받으면서 비대면 기술의 수요가 증가할 것으로 보임
- 인터넷상의 서버에 데이터를 저장해 언제 어디서든 이용할 수 있는 클라우드 컴퓨팅의 수요 역시 증가하고 있고, 이는 곧 프리미엄 반도체 시장의 성장을 자극할 것으로 예상됨

☐ COVID-19 Virus 성행에 따른 생체인식 기술 급부상으로 생체인식 관련 반도체 분야의 신규 수요가 증가할 것으로 전망됨

- 최근 중국의 COVID-19 확진자 수가 감소할 수 있었던 배경에는, 안면인식 및 체온 감지 등 다양한 IT 기반의 통제기술에 기인함. 코로나19 이전에도 중국의 생체인식 기술은 세계적인 수준이었으며, 해당 분야에서 세계적인 인공지능 기업들이 대거 발생함
- 범죄 예방과 신분 확인 분야에 주력되었던 생체인식 기술이 최근에는 보행자 체온 점검 및 동선 추적 등에도 활용되고 있으며, 실제 전염병 억제에 높은 성과를 보이고 있음
- 다양한 디바이스에 관련 AI칩과 광학·온도 센서 등이 탑재될 것으로 전망됨

☐ COVID-19 Virus 발생으로 데이터 센터 및 서버의 증가

- 저전력, 높은 처리량 및 높은 스토리지를 위한 반도체 기술의 발전은 데이터 센터 및 컴퓨팅 애플리케이션의 성장이 직면한 여러 문제를 해결하는 데 도움이 됨
- 전 세계의 데이터 센터로는 Meta Platforms, Inc(미국), Microsoft Corporation(미국), Google, Inc.(미국), Apple, Inc.(미국) 및 Amazon.com, Inc.(미국) 등이 있음

☐ 중국의 생산 공장, 제조 설비 가동 중단이 장기화하면 부품 수급 차질 등 글로벌 공급망에 잠재적 위협 야기함

- 장쑤성, 광둥성 등 17개성과 직할시까지 기업 연휴기간을 연장하면서 해당 지역 공장의 조업 중단이 불가피한 상황임
- 물류·조달에 차질이 발생하면서 반도체 업체, 소재·부품사, 완제품 업체, 유통사 등으로 이어지는 글로벌 공급망에 영향을 미칠 전망임

(1) 세계시장

☐ 2021년 44억 9,130만 달러였던 반도체 계측 및 검사 장비 세계시장 규모는 2026년 70억 2,743만 달러로 증가할 것으로 전망됨

- 2020년부터 2026년까지의 연평균 성장률은 5.10%로 전망

[반도체 계측 및 검사 장비 세계 시장규모 및 전망]

(단위 : 백만 달러, %)

구분	`20	`21	`22	`23	`24	`25	`26	CAGR (`20~26)
세계시장	4,273	4,491	5,759	6,053	6,362	6,684	7,027	5.10

* 출처 : straitsreseach, Semiconductor Metrology and Inspection Equipment Market, 2022 자료를 재구성하여 추산

(2) 국내시장

☐ 반도체 검사 장비 국내 시장규모는 2021년 약 2조 6,072억 원에서 2026년 약 3조 9,995억 원으로 증가할 것으로 전망됨

[반도체 검사 장비 국내 시장규모 및 전망]

(단위 : 억 원, %)

구분	`20	`21	`22	`23	`24	`25	`26	CAGR (`20~26)
국내시장	23,932	26,072	28,404	30,944	33,711	36,726	39.995	8.90

* 출처 : 통계청 국가통계포털(2021), NICE평가정보 자료를 재구성하여 추산

나. 기술개발 동향 분석

□ 기술경쟁력
- 반도체 검수용 프로브 핀 본딩 시스템은 일본이 최고기술국으로 평가되었으며, 우리나라는 최고기술국 대비 88.4%의 기술수준을 보유하고 있으며, 최고기술국과의 기술격차는 1.0년으로 분석
- 중소기업의 기술경쟁력은 최고기술국 대비 78.2%, 기술격차는 1.8년으로 평가
- 미국(97.1%)>한국(88.4%)>EU(74.4%)>중국(66.5%)의 순으로 평가

□ 기술수명주기(TCT)[49]
- 반도체 검수용 프로브 핀 본딩 시스템은 6.56의 기술수명주기를 지닌 것으로 파악

(1) 기술개발 이슈

◎ 연구개발 트렌드

□ 반도체는 IoT 기술의 발전에 힘입어 메모리 소자뿐 아니라 다양한 패러다임의 반도체로 영역이 확장되고 있음
- 반도체 기술도 고도화가 필요한 상황에 직면하였으며, 반도체 검사장비 또한 고성능, 첨단화 요구에 직면함

□ 반도체 집적도 증가, 고속화 등에 따라 공정기술의 정밀도도 높아지고 있으며, 공정용 웨이퍼의 크기가 증가함에 따라 이를 만족할 수 있는 핸들러, 프로브 카드 등도 MEMS 프로브와 같은 패러다임 전환 수준의 성능 향상을 요구함
- DDR-4 메모리와 같이 고속화에 따라 측정 클럭 주파수도 수 GHz 이상을 필요로 하므로 이를 만족할 수 있는 검사 장비를 필요로 함

□ 주요 이슈는 고속화, 동시 측정 채널 수, 저전압 환경, 미세화, 비용 절감이 검사 장비에 요구되고 있으며, 이에 대한 다양한 접근을 하고 있음
- 프로브 카드를 통해 고속화, 미세화, 비용 절감을 달성하고자 MEMS 프로브 카드 등을 이용한 연구개발이 진행되고 있음
- 검사 대상품인 반도체의 고성능화, 대용량화에 따라 검사장비의 용량 문제도 중요한 이슈가 됨. 기존 장비 대비 다채널화, 데이터 처리 등이 요구됨
- 패턴 미세화에 따라 검사 장비에서의 정렬 문제도 기술적 향상이 필요하며, 제어기술 등도 향상이 필요함

---

[49] 기술수명주기(TCT, Technical Cycle Time): 특허 출원연도와 인용한 특허들의 출원연도 차이의 중앙값을 통해 기술 변화속도 및 기술의 경제적 수명을 예측

◎ 공정 장비와의 기술 융합화 추세

☐ 반도체 측정/검사 장비는 기타 공정 장비 기술과의 융합화가 지속적으로 확대되는 추세
- 미세화 기술은 반도체 소자의 특성 향상 및 제조원가 절감의 핵심기술로서 최신의 미세화 기술을 확보하지 못한 업체들은 경쟁에서 도태
- 공정의 미세화, 3D 적층화된 소자구조 활용, 복잡한 나노패턴 설계 등으로 인해 APC/AEC가 적용된 효율적 공정관리 기술개발을 위해 프로세스 장비와 반도체 측정/분석/검사 장비가 융복합된 IM(Integrated Metrology) 기술 개발이 진행
- 공정진단 센서의 소형화, 집적화, 지능화를 통해 신 공정 및 장비 상태를 실시간으로 정밀하게 측정 및 분석하는 공정진단 센서의 필요성이 강조되고 있으며, 웨이퍼 형태 센서 및 외부 툴박스와 실시간 통신이 가능한 공정진단 센서를 개발하는 추세로 진행

◎ 최신 검사장비 개발 동향

☐ 메모리, IC의 동작속도가 올라감에 따라 검사장비의 처리속도도 올라가는 추세
- 양산 웨이퍼의 크기가 커지고, 반도체 용량 증가, 테스트 비용 및 시간 절감을 위해 동시 처리 가능한 용량 문제도 대두되고 있음
- Vision inspection 기술은 고속 처리, 재현성, 인식기술, 네트워크 및 정보화 기술을 통해 반도체의 품질, 신뢰성을 향상시키는 기술임. Machine vision system은 사람에 의한 오류를 방지할 수 있으며, 자동화가 가능한 수준까지 기술이 향상되어 활용도가 높아지고 있음. 2D에서 3D까지 가능한 장비들이 개발되어 현장에 투입되기 시작한 도입기에 이르렀음
- 패키징 기술 고도화에 따라 검사장비의 높은 정밀도도 요구되고 있음. 또한 X-Ray, Laser, 초음파 등을 활용한 분석 기술의 중요도가 부각되고 있어 해당 분석 기술은 양산 분석이 가능하도록 자동화되거나 새로 개발 진행 중에 있음
- 반도체 및 패키징 소재도 고도화됨에 따라 원자재 수준의 검사에 대한 수요도 증가하고 있음. X-Ray, Laser, Machine vision 등의 분석 장비를 활용한 원자재 수준의 비파괴 분석에 대한 관심이 증가되고 있음

◎ 미·중 무역분쟁

☐ 최근 반도체장비를 둘러싼 미·중 무역분쟁을 통해 반도체장비 확보가 반도체 산업의 경쟁력에 미치는 영향이 재확인됨[50]
- 미국은 중국 반도체 산업의 첨단 공정 전환을 저지하기 위해 첨단 반도체장비 및 자국 기술(IP)이 중국으로 유입되는 것을 차단하여 중국과의 기술격차를 유지하려 시도함. 바이든 행정부 출범 직후 미국 상무부는 네덜란드 정부와 협조(2021.7)하여 첨단 반도체 제조공정에 필수적인 ASML 사의 극자외선(EUV) 노광장비가 중국으로 유입되는 것을 차단
- 최근 미국 상무부는 자국에 반도체장비 및 자국 지적재산권(IP)을 활용한 제3국 반도체장비의 대중 수출을 제한하는 규정을 명문화하여 발표

---

[50] 한국무역협회 국제무역통상연구원, 2022, 최근 반도체장비 교역 동향 및 시사점

- 세계 10대 반도체장비업체는 모두 미국·일본·유럽에 밀집되어 있으며 미국의 대중국 반도체장비 수출제한은 자국을 넘어 다른 동맹국의 참여를 압박하는 수단으로 작용할 가능성도 존재

☐ 미국의 전방위적인 압박으로 중국의 반도체 산업은 사실상 14nm 수준에서 정체 상태인 것으로 판단
- 이는 첨단 장비의 확보가 반도체 초격차 유지에 필수적이라는 사실을 시사
- 반도체장비는 반도체 산업의 양적·질적 성장에 필수적인 요소이며 반도체 산업의 경쟁력 유지를 위해서는 안정적인 반도체장비 조달이 필수적

(2) 생태계 기술동향

◎ 해외 플레이어 동향

☐ FormFactor(미국)
- FormFactor는 미국 나스닥에 상장되어 있는 회사로서 웨이퍼 프로브 카드와 프로브 시스템 기술 및 디자인의 세계적인 기술 선도 업체임
- 1993년 설립된 FormFactor는 Worldwide No. 1 MEMS 프로브 카드와 분석용 프로브 시스템 공급 업체로서, 업계 최고 수준의 기술력과 세계 시장 점유율 1위를 유지하고 있으며, VLSIrearch 기관에서 5년 연속 고객 만족 BEST SUPPLIER사로 선정되었음
- 전세계 고객을 지원할 수 있는 최대 규모의 서비스 조직을 보유하고 있는 FormFactor는 고객에게 최적화된 솔루션을 제공하는 반도체 산업의 신뢰할 수 있는 파트너임
- 프로브 카드, 분석 프로브, 프로브 스테이션, 통합 측정 시스템 및 열 하위 시스템을 설계, 제조 및 판매하고 관련 서비스를 제공함. 칩 제품의 시스템, 모바일 애플리케이션 프로세서, 마이크로프로세서, 마이크로컨트롤러 및 그래픽 프로세서를 포함하여 프로브 카드를 제공함

☐ Technoprobe(이탈리아)
- 반도체 및 일렉트로닉스 분야의 세계적인 선두주자인 이탈리아의 다국적기업으로, 칩의 기능을 테스트하기 위해 프로브 카드의 설계, 개발 및 제조를 전문으로 함. 현재 이 회사는 1,600명 이상의 직원과 2020년 연결 매출액이 3억 7,700만 달러로 지속적으로 증가하고 있음
- Technoprobe의 새로운 5G 밀리미터 웨이브 프로브 카드, 300mm 풀 웨이퍼 컨택 솔루션, 웨이퍼 및 최종 테스트를 위한 차세대 MEMS 스프링 핀을 개발

☐ MJC(일본)
- MICRONICS JAPAN CO LTD(MJC)는 반도체 및 액정 디스플레이(LCD)의 테스트 및 측정 장비 업체로 프로브 카드 시장에서 시장점유율 14%로 세계 3위에 위치함
- MJC는 메모리 프로브 카드(프로브 카드 판매의 약 80%를 차지하는)에서 몇 가지 경쟁 우위를 점하고 있으며, 33%의 점유율을 가진 메모리 프로브 카드의 선도적인 글로벌 공급업체로서 제품을 개발하고 제조함. 또한 프로브 및 테스터와 같은 프로브 카드와 관련된 장비를 제공함

- MJC의 프로브 카드는 캔틸레버 프로브 카드와 첨단 기술을 통해 향상된 측정 성능을 제공하는 고급 프로브 카드로 광범위하게 나눌 수 있음. 이 회사는 모든 비 캔틸레버 프로브 카드를 고급 프로브 카드로 라벨을 붙입니다. 최근 고급 프로브 카드가 프로브 카드 세그먼트 매출의 약 90%를 차지했으며 캔틸레버 프로브 카드는 약 10%에 해당함. 응용 프로그램에 의해, 메모리 프로브 카드는 약 80 %와 비메모리 프로브 카드 약 20%를 구성함
- 순이익 변동성을 줄이기 위해 메모리와 비메모리 제품 간의 균형을 맞추고자 비메모리 제품의 판매를 확대할 전망임. 궁극적으로 메모리 대 비메모리 비즈니스 비율을 80:20에서 60:40까지 가져오는 것을 목표로 하고 있음

☐ Japan electronic materials(일본)
- 반도체 테스트 제품 및 전자 튜브 부품의 개발, 제조 및 판매에 종사하는 일본 기반회사임
- 반도체 테스트 제품 부문은 주로 캔틸레버 형 프로브 카드의 제조 및 판매뿐만 아니라 수직 접촉 프로브 카드, 스프링 및 기타 고급 프로브 카드가 있는 수직 접촉 프로브 카드와 관련이 있음. 전자 튜브 부품 세그먼트는 주로 음극과 필라멘트의 제조 및 판매에 종사하고 있음

☐ KLA(미국)
- KLA는 반도체 검사 및 계측 장비 부문 세계 시장점유율 1위를 차지하고 있는 업체로, 2014년 개발한 3세대 광대역 플라즈마 광원을 활용한 D6 패턴 웨이퍼 결함 검사 장비는 16nm 이하 반도체 생산 공정에 적용되는 검사 및 리뷰가 가능
- 반도체 장치, 고급 패키징 솔루션, 발광 다이오드 (LED) 디스플레이, 전력 장치 및 데이터 저장 시스템에 구현할 수 있는 수율 관리 및 공정 제어 솔루션을 제공하고 있음
- 2018년에는 첨단 로직 및 메모리 공정 노드의 실리콘 웨이퍼와 반도체 칩 제조 과정에서 장비와 공정 모니터링의 두 가지 핵심 난제를 해결할 수 있는 새로운 결함 검사 장비를 개발함. Voyager 1015 시스템은 웨이퍼 재작업이 가능할 때 포토레지스트 형성 직후 리소그래피 셀 검사를 포함한 새로운 패턴 웨이퍼 검사가 가능

☐ Applied Materials(AMAT)(미국)
- 반도체 장비 분야 세계 시장 점유율 1위 업체인 Applied Materials는 새로운 칩과 첨단 디스플레이를 생산하는 데 사용되는 엔지니어링 솔루션을 제공하는 글로벌 기업으로, 임계선폭 계측장비 분야에서 약 10%, 패턴결함 검사장비 분야에서는 약 20% 수준의 시장 점유율을 차지
- 10나노 이하 멀티패터닝, 핀펫 구성, D램 및 3D 낸드 소자에서 연구와 조사 수요를 충족시키기 위한 고 분해능의 전자빔 장비 기술을 보유하고 있으며, 차세대 노드(node)로의 변화를 꾀하고 있는 주요 파운드리, 로직, D램 및 3D 낸드 제조사가 필요로 하는 초고도 분해능(resolution) 및 이미지 품질을 가장 빠른 처리량으로 제공 가능
- 반도체 시스템, 응용 글로벌 서비스, 디스플레이 및 인접 시장(Adjacent Markets) 등 3개 사업 부문을 운영하고 있음

☐ Advantest(일본)
- 일본 국적 반도체 산업용 자동 테스트 장비(ATE) 업체인 Advantest는 전자 계측기 및 시스템 설계·생산에 사용되는 측정 장비를 생산하고 있으며, 최근 나노 기술과 테라헤르츠 기술 발전에서 혜택을 얻는 이머징 마켓의 R&D 노력에 초점을 맞추고 있음

- 포토마스크 제조에 필수적인 멀티비전 계측 주사 전자현미경, 3D 이미징 및 분석 툴을 출시한 바 있으며, 최근 차세대 5G-NR 무선 주파수 장치 및 모듈을 확장형 단일 플랫폼에서 비용 효율적으로 테스트할 수 있는 솔루션인 V93000 Wave Scale Millimeter 솔루션을 출시

☐ Teradyne(미국)

- 미국 소재 반도체 자동테스트시스템 전문 업체인 Teradyne은 세계 반도체 테스터 부문 시장점유율 30% 이상을 차지하고 있으며, 메모리 및 비반도체를 포함하는 모든 사업부문에서 제품 개발을 진행
- Teradyne은 메모리 테스트 기술과 VLSI 테스트 기술을 접목한 고속 메모리 테스터 개발을 진행 중으로, 특히 현재 시장을 선점하고 있는 SOC용 테스터 'Catalyst'의 후속 모델인 'Tiger'를 2019년 초부터 양산 중임
- 차세대 300㎜ 웨이퍼 시대를 겨냥해 세계 최초로 128para 내지 최고 192para까지 병렬 테스트가 가능한 'Gemini 메모리 웨이퍼 테스터'를 개발

☐ ASML(네덜란드)

- 노광장비 분야 1위 기업으로, 극자외선(EUV)노광장비의 경우 독점생산하고 있음. 반도체 칩 제조업체를 위한 리소그래피(Lithography) 장비를 개발, 생산 및 판매하고 있으며, 극 자외선(EUV), 심 자외선 (DUV) 및 리퍼브 리소그래피(refurbished Lithography) 장비의 주요 공급업체임
- 반도체 제조업체에 리소그래피(Lithography), 계측 및 검사 시스템을 제공하고 있음

☐ LAM Research(미국)

- 반도체 제조 장비의 선두 기업 중 하나로, 식각장비 분야 1위 기업이며, 칩 제조업체가 더 작고 빠르며 더 나은 성능의 전자 장치를 만들 수 있도록 하는 큰 기업 중 하나임
- 증착 장비, 에칭 장비, 장비 제거 및 청소 등을 주요 서비스로 제공하고 있음

☐ Tokyo Electron(일본)

- 일본 최대의 반도체 제조장비 기업으로, 반도체 제조장비 시장의 핵심 업체이며, 반도체 생산 장비(SPE)와 평면 디스플레이(FPD) 생산 장비 등 2개의 제품군을 보유하고 있음
- 코팅, 에칭, 표면 처리, 증착, 웨이퍼 세정, 테스트 장비를 하위 부문으로 포함하는 반도체 생산 장비 부문이 주요 사업 부문임

◎ 국내 플레이어 동향

☐ 삼성전자

- 삼성전자는 매출 기준으로 세계 1, 2위를 석권하고 있는 종합 반도체 생산기업(IDM)이며 파운드리 분야에서도 대만 TSMC에 이어 세계 2위
- 반면 반도체장비는 무역통계가 집계되기 시작한 1996년 이후 현재까지 매년 적자를 기록하였고 특히 2021년에 반도체장비 수입이 급증하여 역대 최대인 171억 달러 적자 기록
- 코로나19 특수로 반도체 설비투자가 증가하면서 2021년 반도체장비 수입이 역대 최대인 250억 달러를 기록한 데 기인
- 2020.06 삼성전자 낸드 플래시 생산라인 건설을 위한 투자계획 발표

☐ 세메스

- 삼성전자의 자회사로, 반도체/디스플레이 전공정 및 후공정 핵심장비를 생산하는 국내 최대 규모의 장비업체임
- 프로브 스테이션, 테스트 핸들러 등을 주요제품으로 보유함

◎ 국내 중소·중견기업

☐ 마이크로프랜드

- 마이크로프랜드는 반도체 제조공정에서 미세전자기계시스템(MEMS) 기술을 활용해 반도체 소자의 전기적 기능의 검사를 위한 테스트에 사용되는 프로브 카드를 제조 및 판매하는 업체로 반도체 중 DRAM용 프로브 카드와 NAND용 프로브 카드를 생산하여 공급하고 있음
- 마이크로프랜드는 삼성전자를 주요 고객사로 확보하고, DRAM용 프로브 카드를 주력으로 하여 과점 시장이 구축된 상황에서 글로벌 7위, 국내 1위의 지위를 확보하고 있음
- 반도체 식각 공정을 이용하여 기판 상에서 프로브의 핀 구조물을 3D 형식으로 직접 생산하는 MEMS 방식의 프로브 카드 제조 기술력을 보유하고 있음. 마이크로프랜드의 프로브 카드는 정밀도와 내구성이 강하며, 대면적의 웨이퍼에 대응이 가능한 고부가가치 제품으로, 특히 반도체 공정의 미세화와 기판의 대형화 추세에 효과적인 대응이 가능하며, 기판 위에 핀 구조물을 일일이 본딩해야 하는 타사의 공정 대비 우수한 제조 원가 경쟁력을 확보하고 있음
- 주요제품으로는 반도체용 프로브 카드, 시스템 반도체용 프로브 카드, RF 프로브 카드, 테스트 소켓, BGA 소켓 등 보유

☐ 쿼맥스

- 반도체 테스트 부품을 생산하는 쿼맥스는 반도체 테스트용 프로브 핀과 소켓이 주력 상품으로 설계, 가공, 도금, 조립에 이르는 생산 공정을 모두 자체적으로 해결
- 쿼맥스는 시장점유율을 2배, 4차산업혁명 시대에 대응하기 위해 기존 하이엔드 오버레이 장비 뿐 아니라 패키지, 실리콘관통전극(TSV), 차량용, 미세전자기계시스템(MEMS) 오버레이 장비 분야로도 진출 준비 진행

- ☐ 디아이
  - 디아이는 반도체 검사 장비 제조 및 판매 등을 주요 사업으로 영위하고 있으며, 반도체 검사 장비 매출액이 총 매출액의 80% 이상을 차지
  - 주요 제품으로는 Monitoring Burn-In Tester(MBT), Test Burn-In Tester(TBT), Wafer Level Burn-In Tester(WLBI), Burn-In Board(BIB), Wafer Test Board(WTB) 등이 있음

- ☐ 윌테크놀러지
  - 시스템 반도체용 프로브 카드 시장에서 국내 업체로 유일하게 세계 TOP 10에 드는 기업으로 90㎛(마이크로미터 · 100만분의 1)의 머리카락보다 가느다란 30~50㎛ 단위 회로까지 검사할 수 있는 멤스(MEMS) 기술을 활용해 64개, 128개의 반도체 칩을 한꺼번에 검사할 수 있는 프로브 카드를 세계 최초로 개발함
  - 최근 작고 좁게 배열된 프로브를 넓게 펴서 테스트 장비에 연결시켜주는 장치인 공간변환기를 현재는 일본산 공간변환기에 의존하고 있는데, 이를 국산화하기 위해 도전하고 있음

- ☐ 화인인스트루먼트
  - 국내 유일 오버레이 계측장비 전문 업체로, 국내 대형 메모리 제조업체는 전체 오버레이 장비 중 절반 가량을 오로스테크놀로지 장비로 사용
  - 4차 산업혁명 시대에 대응하기 위해 기존 하이엔드 오버레이 장비 뿐 아니라 패키지, 실리콘관통전극 (TSV), 차량용, 미세전자기계시스템(MEMS) 오버레이 장비 분야로도 진출 준비 진행
  - 프로브 카드 기술의 핵심은 웨이퍼에 접촉하기 위한 수 만개의 핀들을 세라믹 기판에 접합하는 방법으로, 현재는 모든 업체가 1핀씩 Laser로 접합해 제조하는 반면, 화인인스트루먼트는 20~100핀의 디바이스(칩) 단위로 Laser 접합 제조하고 있으며, 특히 국산화가 필요한 15만 핀 규모의 DRAM용 제품은 제작 기간을 20일에 1일로 단축시키는 기술을 보유하고 있음

- ☐ 파이컴
  - 반도체, TFT-LCD 검사장비를 제조하는 업체로 주요 제품으로는 반도체 부문에 MEMS 카드, 프로브 카드가 있으며 LCD 부문에 MEMS 유닛 및 프로브 유닛 및 장비로 프로브 스테이션이 있음
  - 주력 제품으로는 MEMS Card로, 전세계에 있는 50여 개의 Probe Card 업체 중 MEMS 카드를 제조할 수 있는 업체는 현재 미국의 Formfactor 사와 파이컴이 유일. 파이컴은 MEMS 카드와 관련된 특허를 보유중이며 자체 Fab을 통해 생산

- ☐ 유니테스트
  - 반도체 검사 장비를 전문으로 제조하는 국내 업체로, 반도체의 제조 과정 중 후공정의 핵심인 메모리 모듈 테스트와 컴포넌트 테스터를 국내 최초로 개발하면서 반도체 검사 장비의 국산화를 주도
  - SK하이닉스로부터 발생하는 매출 비중이 약 60%로 높은 의존도를 보이고 있으며, 최근 고객사 다변화를 위해 이노트론, YMTC, 푸젠진화 등 중화권 기업과 마이크론, 인텔 등 미국 기업에 대한 영업 활동을 활발히 진행 중

- ☐ 티에스이
    - 반도체 검사장비와 OLED 검사장비 전문 제조 업체로, 프로브 카드, 인터페이스 보드, OLED 검사장비 등 다양한 제품 포트폴리오 보유
    - MEMS 기술을 활용한 초미세 공정기술과 설비 국산화, 자동화를 통한 프로브 카드 제조역량을 보유하고 있으며, 전기적 특성 검사기술 기반 OLED 검사장비 개발중임
    - 초고속 SoC 반도체 테스트 소켓 '엘튠' 공급을 시작했으며, 현재 널리 사용되고 있는 포고 핀(Pogo Pin) 소켓과 비교해 신호전송 길이가 짧아 전기적 특성이 뛰어나며, 접촉 단자도 넓어 수율에서 우수한 결과를 가지고 있음

- ☐ 코리아인스트루먼트
    - 프로브 팁 실장기술 전면 자동화를 통해 생산능력을 향상하였으며, 메모리 120만 핀, LSI 40여만 핀 제조역량
    - 반도체용 프로브 카드, 시스템 반도체용 프로브 카드(SoC, DDI, CIS, MCU 등 모든 제품 대응 가능) 등 보유

다. 국내 연구개발 기관 및 동향

(1) 연구개발 기관

[반도체 검수용 프로브 핀 본딩 시스템 주요 연구조직 현황]

기관	소속	연구분야
전자부품연구원	스마트센서연구센터	• 나노소재 기반 테라헤르츠 2D 어레이 이미지 센서 모듈 및 인라인 반도체 검사 장비 • cp기반 fine pitch capacitive touch pattern 검사기
한국전기연구원	전기재료연구본부	• 고속 멀티 프로빙 웨이퍼 검사 시스템 설계 기술
한국기계연구원	나노역학연구실	• 시스템 반도체 검사용 MEMS 기반 수직형 프로브 기술
한국생산기술연구원	로봇기술본부	• 고속 멀티 프로빙 웨이퍼 검사 시스템 • 5층 이상의 다층막 구조분석을 위한 토모그라피 기술 • 적층구조 내부 비파괴 검사용 광간섭 토모그래피 기술
	융합생산기술연구소 마이크로나노공정그룹	• 주문형 비반도체 웨이퍼팁 검사용 고성능 카드 제조 기술 개발
한국과학기술원	나노종합기술원	• MEMS 기술을 이용한 프로브 카드 개발

(2) 기관 기술개발 동향

☐ 전자부품연구원(KETI) 스마트센서연구센터
- 2015년 6월부터 2019년 9월까지 나노소재 기반 테라헤르츠 2D 어레이 이미지 센서 모듈 및 인라인 반도체 검사 장비 개발 과제를 수행
- 2013년 12월부터 2014년 11월까지 CP기반 fine pitch capacitive touch pattern 검사기 개발 과제를 수행

☐ 한국전기연구원 전기재료연구본부
- 2016년 12월부터 2021년 12월까지 고속 멀티 프로빙 웨이퍼 검사 시스템 개발 융합연구사업 수행

☐ 한국기계연구원 나노역학연구실
- 2013년 12월부터 2015년 12월까지 시스템 반도체 검사용 MEMS 기반 수직형 프로브 과제 수행

☐ 한국생산기술연구원 로봇기술본부
- 2016년 12월부터 2017년 12월까지 고속 멀티 프로빙 웨이퍼 검사 시스템 개발 과제 수행
- 2014년 11월부터 2019년 10월까지 5층 이상의 다층막 구조분석을 위한 토모그라피 기술 개발 과제를 수행

☐ 한국생산기술연구원 융합생산기술연구소 마이크로나노공정그룹
- 2018년 1월부터 2020년 12월까지 주문형 비반도체 웨이퍼칩 검사용 고성능 카드 제조 기술 개발 과제를 수행

☐ 한국과학기술원 나노종합기술원
- 2017년 1월부터 2017년 12월까지 MEMS 기술을 이용한 프로브 카드 개발 과제를 수행

◎ 국내 반도체 검수용 프로브 핀 본딩 시스템 관련 선행연구 사례

[국내 선행연구(정부/민간)]

수행기관	연구명(과제명)	연도	주요내용 및 성과
(주)엠투엔	High speed용 CIS 프로브 카드 개발	2019 ~ 2021	• High Speed(3G bps) 다 pin (20000핀 이상) 64Para급 CMOS image sensor 검사용 프로브 카드 개발 • 국산 MLC와 Polyimide 적용하여 적층 세라믹에 박막 공정 구현 • SK하이닉스 20M Pixel 대응 CIS 검사용 프로브 카드 개발(양산 제품 Qualification 진행, 조기 매출을 위해 Qaul. 샘플 조기 제작 예정)
(주)마이크로프랜드	미세 Pitch TSV 및 FO Package Test를 위한 Probe Card 기술 개발	2018 ~ 2020	• Low Pin force/Cres Vertical MEMS Probe 제작 공정 개발 • 50um 피치 대응 vertical MEMS 프로브 카드 구현 • Polyimide 기반 STF 구조 설계 및 6층 PI 배선 공정 개발 • 50um Pitch Vertical MEMS 프로브 카드 설계 및 조립법 개발 • 50um Pitch vertical MEMS 프로브 카드 SI/PI 기반 설계 개발
티움일렉트로닉스	반도체 검사 핵심부품인 TEST SOCKET의 소모성 interposer 생산 연마 장비 개발	2017 ~ 2018	• 반도체 생산에서 최종 검사 품질 유/무를 확인하는 Spring Pin Type Test Socket의 핵심 부품인 interposer를 생산 단가 절감을 위해서 새로운 기술을 적용한 TSV Interposer PCB를 생산성 및 품질 향상을 위한 연마 장비를 개발
주식회사티에스이	MEMS 기술을 이용한 극초미세 30㎛ pitch 및 초고속 32Gbps 반도체용 차세대 검사 장치 개발	2017 ~ 2020	• Probe 10만핀 대 55 ㎛ 피치와 50 ㎛ x 55 ㎛ 패드 사이즈의 제품 제작 • Width 50㎛ 인 MEMS Wire Probe를 적용하여 0.1mm Pitch Socket 개발 • 40㎛ TF-MLO 제품 개발로 비메모리(AP등) 웨이퍼 검사 시장 점유율 확대
다원넥스뷰	50um 피치 2D MEMS 프로브카드 제작을 위한 고속/정밀 레이저 마이크로 본딩 기술 개발	2016 ~ 2018	• min. 50㎛ 대응 정밀 gripper(finger type/vacuum type) 설계/제작 기술 개발 • 정말 gripping 제어기술 및 pin forming 기술 최적화 • Pin align 고속 auto-focusing 기술 개발 ->80fr/sec 영상 취득 제어 기술 최적화
솔브레인이엔지(주)	미세피치 40um 대응 시스템온칩 검사용 수직형 멤스 프로브카드	2013 ~ 2015	• 프로브카드 전체 시스템 개발(수량 1,000개 이상의 탐침핀 조립을 위한 미세 조립 구조 개발, 고객 고온 조건에 적합한 프로브카드 구조 개발) • 미세피치 40um 대응 초고경도 수직형 멤스 탐침핀 개발(탐침력 2gf 대응 직경 20um급 수직형 멤스 탐침핀 설계 및 제조 공정 확보, 마이크로 범프 탐침시 자체 정렬(Self-Align)을 갖는 탐침핀 끝단 구조 개발, 반복 하중 100만회 내구성 대응 초고경도 탐침핀 소재 및 제조 공정 확보)

* 출처: 자체작성

3. 특허 동향

가. 특허동향 분석

(1) 특허 증가율

- ☐ 과거부터 최근까지 해당품목에 대한 특허기술 출원의 양적 트렌드 분석을 통해 해당품목의 기술개발 동향 파악[51]
- ☐ 한국(KIPO), 미국(USPTO), 일본(JPO), 유럽(EPO) 국가별 특허기술 출원 점유율 분석을 통해 해당품목을 선도하는 국가 파악

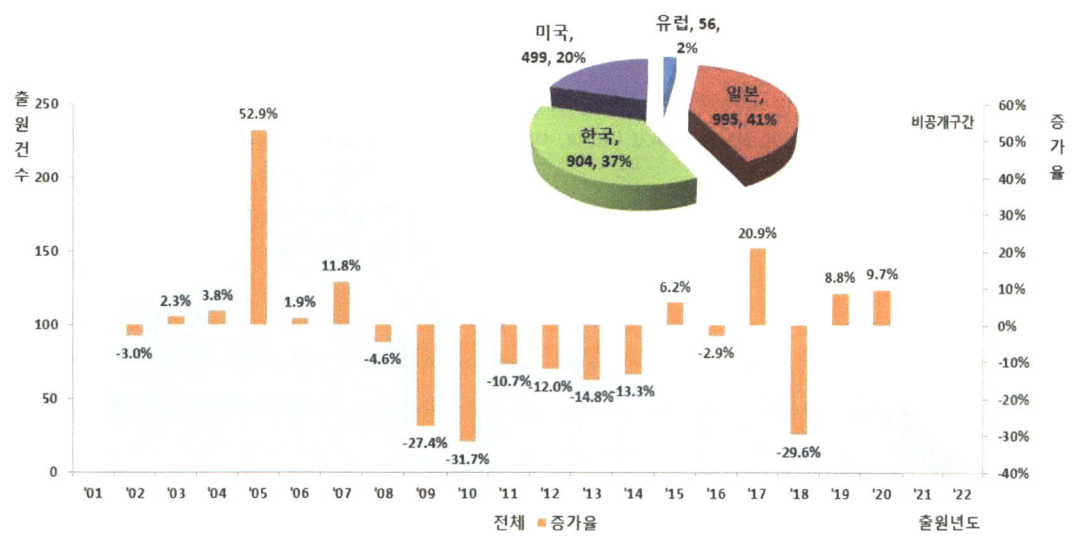

연도별 출원증가율

- 반도체 검수용 프로브 핀 본딩 시스템 품목은 지난 20년(2001년~2020년) 간 꾸준히 출원활동이 진행된 것으로 나타남
- 전년대비 증가율을 살펴볼 때 2005년 53%의 최대 증가율을 보인 이후로 꾸준히 증가율이 감소하고 있는 것으로 보임. 이는 양적 특허 중심에서 질적 특허를 중심으로 특허출원 양상이 전환되고 있다는 점에 기인한 것으로 판단됨
- 국가별 특허출원 점유율을 분석 시 반도체 검수용 프로브 핀 본딩 시스템 품목은 일본이 기술 개발을 선도하는 것으로 판단됨

---

51) 특허출원 후 1년 6개월 경과 후 데이터가 공개되는 특허제도의 특성상, 2021년과 2022년에는 실제 출원이 이루어졌으나 아직 공개되지 않은 미공개데이터의 존재로 유효데이터가 적게 나타날 수 있음에 유의해야 함

(2) 특허 점유율

☐ 과거부터 최근까지의 국가별 특허기술 출원의 양적 트렌드를 비교하여 타 국가 대비 국내의 기술적 위치 파악

☐ 한국(KIPO), 미국(USPTO), 일본(JPO), 유럽(EPO) 국가별 내·외국인의 출원분포를 파악하여 해당 국가 내 국외기술의 유입상황 및 국외기술에 대한 의존도 여부, 자국 기술력 등을 유추

내외국인 점유율

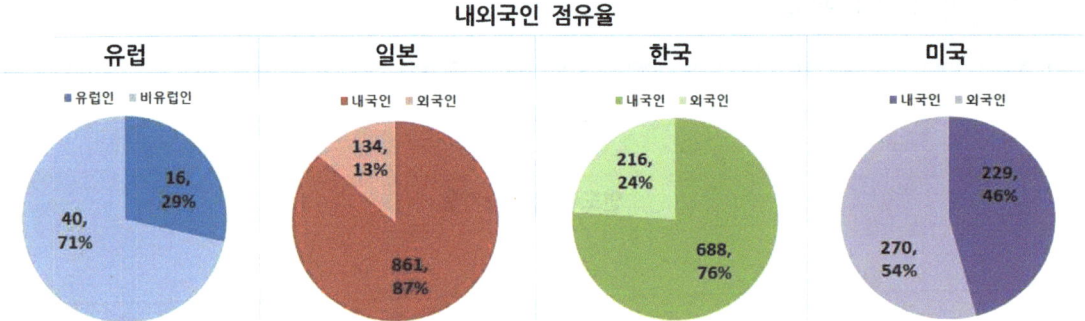

- 반도체 검수용 프로브 핀 본딩 시스템 품목에 있어, 한국 및 일본은 내·외국인 비중이 각각 76%대 24%, 87%대 13%로 내국인의 출원 점유율이 강세를 보이고 있으며, 미국 및 유럽의 경우 외국인의 출원 점유율이 더 높은 것으로 나타남
- 반도체 검수용 프로브 핀 본딩 시스템 품목에 있어 한국 및 일본은 기술 자립도가 가장 높은 것으로 평가되며, 반면에 미국과 유럽은 외국인의 유입이 큰 국가인 것으로 보아 시장 매력도가 큰 것으로 판단됨

국가별 출원동향

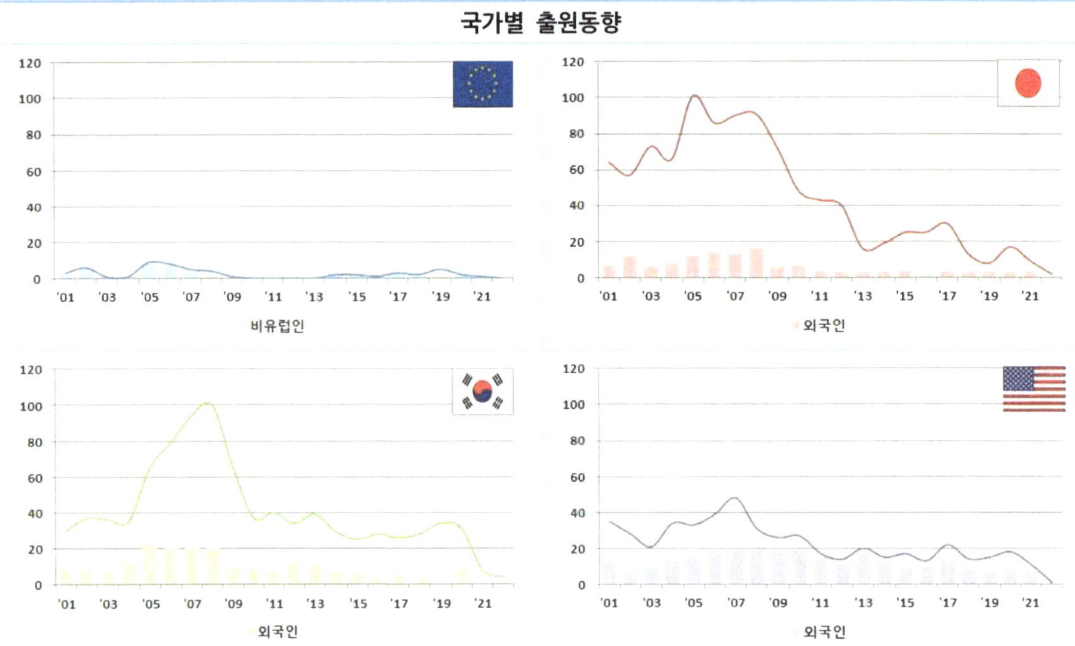

- 지난 20년간 일본의 출원 활동이 가장 활발히 진행된 것으로 나타나며, 한국은 2010년 이후 출원건수를 일정 수준으로 유지하며 지속적인 출원 활동을 유지하고 있는 것으로 나타남. 미국 및 유럽의 출원 활동은 대부분 외국인에 의해 진행된 것으로 나타남

(3) 특허 영향력

☐ 기술영향력(CPP) 지수는 특정 등록특허가 다른 특허들에 의해 인용된 횟수를 나타내며, 특허권자의 입장에서 이 값이 클수록 질적 수준이 높은 핵심특허 또는 원천특허를 많이 보유하고 있을 가능성이 높다고 판단

* CPP = 특정 주체의 등록특허의 피인용 횟수 / 해당 주체의 등록특허 수

☐ 시장지배력(PFS) 지수는 출원인 국적별 패밀리국가수를 분석하는 것으로, 해당품목에서 글로벌 시장을 타겟팅한 출원인이 누구인지 파악 가능

* PFS = 특정 주체의 평균 패밀리 국가수 / 전체평균 패밀리 국가수

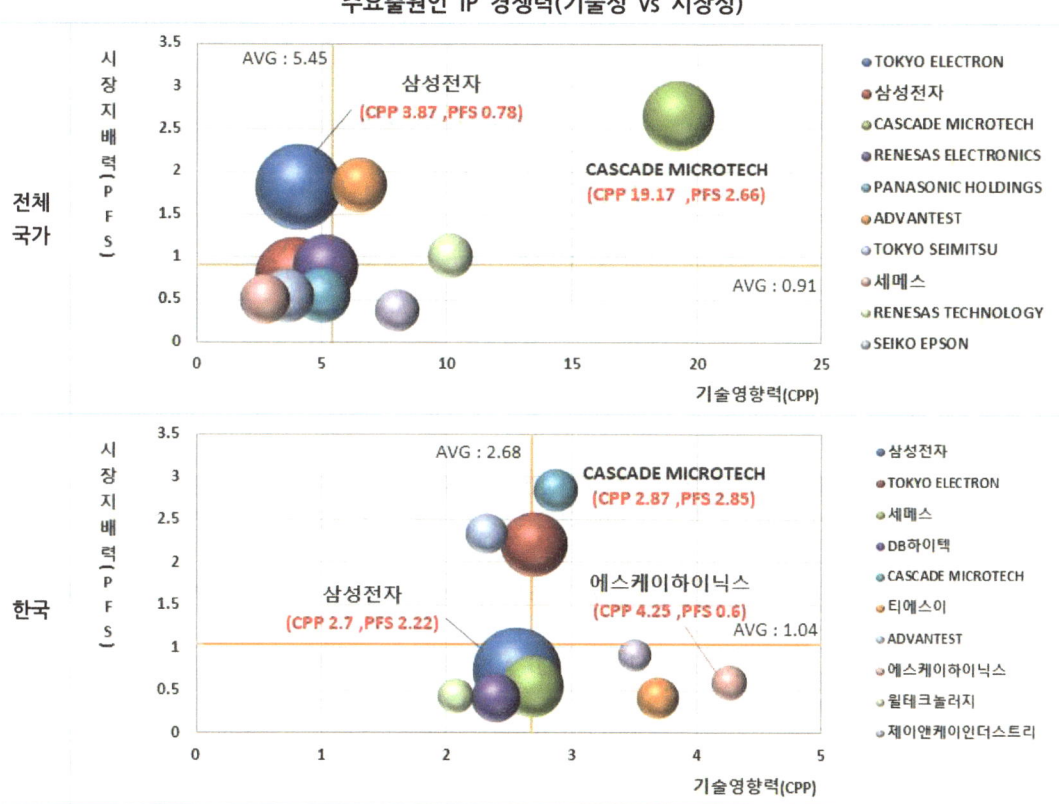

주요출원인 IP 경쟁력(기술성 vs 시장성)

- 반도체 검수용 프로브 핀 본딩 시스템 품목에 대한 주요 출원인들의 IP 경쟁력 분석 결과, 전체 국가 및 한국시장에서 모두 CASCADE MICROTECH이 기술영향력 및 시장확보력이 가장 높은 것으로 나타남. CASCADE MICROTECH의 특허가 시장확보력 및 질적 수준이 높아 기술적 파급력과 상업적 가치가 큰 것으로 평가됨

  (전체) CASCADE MICROTECH : 기술영향력(CPP) 19.17 / 시장확보력(PFS) 2.66
  (한국) CASCADE MICROTECH : 기술영향력(CPP) 2.87 / 시장확보력(PFS) 2.85

- 한국 출원인 중에는 전체 국가에서는 삼성전자가 기술영향력 및 시장확보력이 가장 높은 것으로 나타남. 한국에서는 에스케이하이닉스의 특허가 시장확보력 및 질적 수준이 높아 기술영향력이 큰 것으로 평가됨

  (전체) 삼성전자 : 기술영향력(CPP) 3.87 / 시장확보력(PFS) 0.78
  (한국) 에스케이하이닉스 : 기술영향력(CPP) 4.25 / 시장확보력(PFS) 0.6

나. 주요 기술 키워드 분석

(1) 기술개발 동향 변화 분석

□ AI 알고리즘을 활용하여 해당품목의 분석구간의 특허 기술 키워드를 비주얼 차트로 나타낸 것으로, 키워드 확인을 통한 집중연구 분야를 파악할 수 있으며, 구간별 기술 키워드 확인을 통해 해당품목에 대한 구간별 연구 트렌드 변화를 유추

  * 분석범위 : 요약,   * 키워드 구성 : 구문,   * 키워드 출력수 : 전체구간 100개, 최근구간 50개

전체구간(2001년~2022년) 특허 주요 기술 키워드

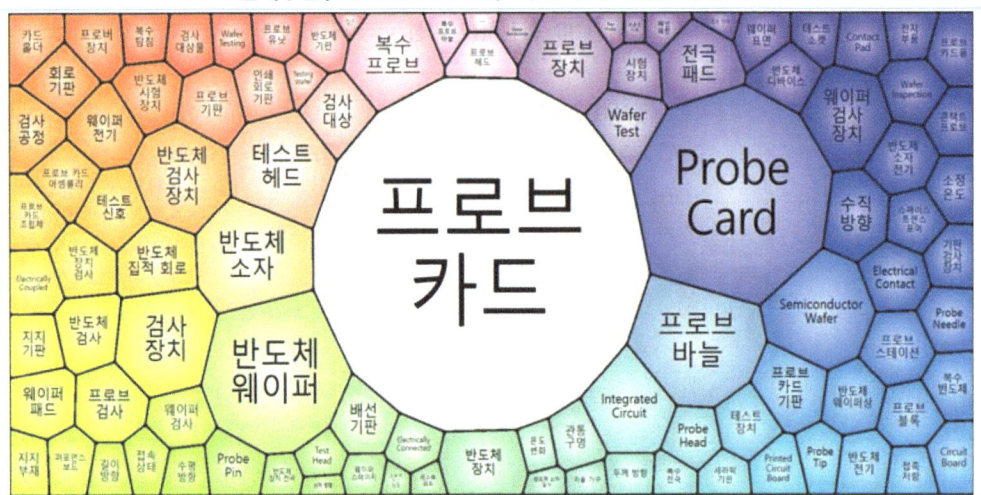

- 반도체 검수용 프로브 핀 본딩 시스템 품목에 대한 지난 20년간의 특허 주요 기술 키워드 분석 결과, 프로브 카드 및 반도체 웨이퍼 관련 기술 키워드가 주로 도출되었으며, 프로브 카드 응용을 위한 '복수 프로브' 및 '프로브 바늘' 키워드가 도출된 것으로 조사됨

  (전체구간 주요 키워드) 프로브 카드, Probe Card, 반도체 웨이퍼, 프로브 바늘, 복수 프로브, 테스트 헤드, 반도체 장치, 전극 패드, 반도체 소자, Semiconductor Wafer

최근구간(2011년~2022년) 특허 주요 기술 키워드

1구간(2011년~2015년)	2구간(2016년~2022년)

- 반도체 검수용 프로브 핀 본딩 시스템 품목에 대한 최근 구간 특허 주요 기술 키워드 분석 결과, 1구간에는 '프로브 카드' 및 '프로브 바늘'이 주요 기술 키워드로 도출되었고, 2구간에서는 '웨이퍼 검사 장치'가 주요 기술 키워드로 도출됨

  (1구간 주요 키워드) 프로브 카드, Probe Card, 프로브 바늘, 복수 프로브, 검사 장치

  (2구간 주요 키워드) 프로브 카드, Probe Card, 테스트 헤드, 복수 프로브, 웨이퍼 검사 장치

(2) 기술 현황 분석

☐ 전 세계적으로 통용되고 있는 국제특허분류를 통해 해당품목의 기술현황 및 집중기술 분야를 확인할 수 있으며, 연도별 기술현황 변화추이를 확인함으로써 해당품목에 대한 기술변화 트렌드 변화를 유추

* IPC(International Patent Classification) : 국제특허분류

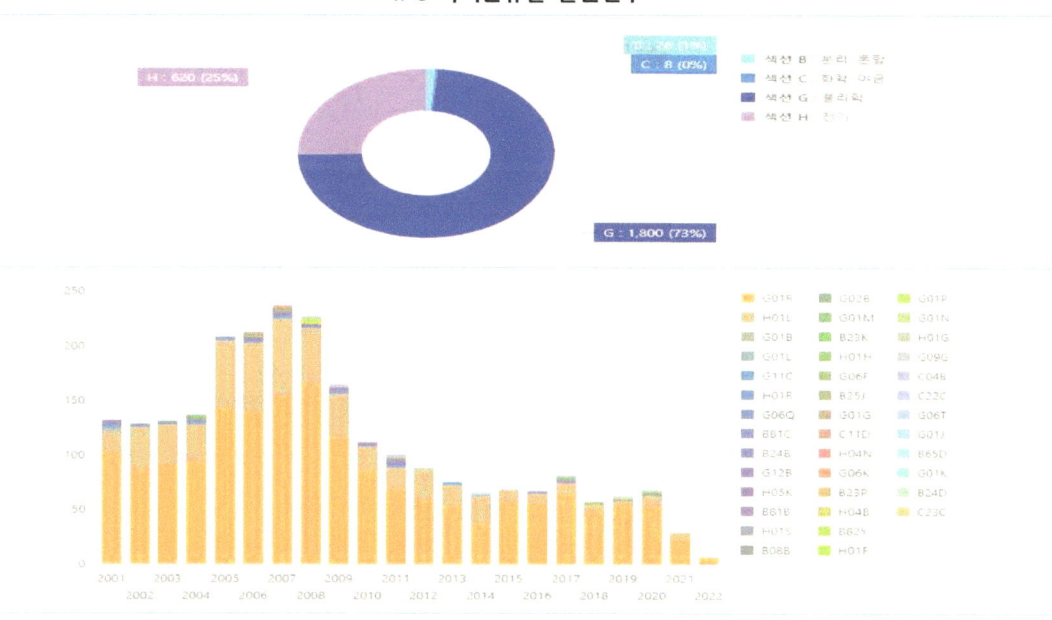

- 반도체 검수용 프로브 핀 본딩 시스템 품목은 섹션 'G 물리학' 기술 분야의 비중이 가장 높은 것으로 나타났으며, 그중에서도 '전기변량의 측정; 자기변량의 측정' (G01R) 기술 분야에서 집중 연구개발 되고 있는 것으로 분석됨
- 연도별 기술 현황 변화 추이를 보았을 때, 최근에는 (G01R) 기술 분야인 '전기변량의 측정; 자기변량의 측정' 관련 분야와 (H01L) 반도체 장치; 다른 곳에 속하지 않는 전기적 고체 장치에서 출원이 진행된 것으로 나타남

IPC - Sub Class	출원건수
• (G01R) 전기변량의 측정; 자기변량의 측정	1,755
• (H01L) 반도체 장치; 다른 곳에 속하지 않는 전기적 고체 장치	574
• (H01R) 도전접속; 복수의 다중-절연된 전기접속부의 구조적 결합; 결합장치; 집전장치	23
• (H05K) 인쇄 회로; 전기 장치의 케이싱 또는 구조적 세부; 전기 부품 조립체의 제조	15
• (B08B) 청소일반; 오염방지일반	10

(3) 기술 집중력 분석

☐ 주요출원인에 의한 특허점유율을 분석하여 기술집중력(시장 독과점 수준)을 판단하는 것으로, 특허동향조사에서는 통상 CR4를 사용하며, CRn값이 0에 가까울수록 시장 독과점 수준이 낮은 것을 의미하고, CR4 값이 40에서 60일 경우(CR1 지수는 50 이상일 경우, CR2 또는 CR3 지수는 75 이상일 경우) 시장의 독과점 수준이 높은 것으로 해석됨

* CRn(집중률지수, Concentration Ratio n) = (1위 출원인의 특허점유율) + ... + (n위 출원인의 특허점유율)

	주요출원인	출원건수	특허점유율	CRn	n
	TOKYO ELECTRON	165	6.7%	7	
	삼성전자	139	5.7%	12	
	RENESAS ELECTRONICS	132	5.4%	18	
	FORMFACTOR	77	3.1%	21	4
주요 출원인 집중력	PANASONIC	67	2.7%	24	
	TOKYO SEIMITSU	65	2.6%	26	
	ADVANTEST	49	2.0%	28	
	SEIKO EPSON	43	1.8%	30	
	세메스	40	1.6%	32	
	JSR	37	1.5%	33	
	전체	2,454	100%	CR4 = 21	
	출원인 구분	출원건수	특허점유율	CRn	n
	중소기업(개인)	448	50.7	50.66	중소기업
국내시장 중소기업 집중력	대기업	192	21.2		
	연구기관/대학	38	4.2		
	기타(외국인)	216	23.9		
	전체	904	100.0%	CR중소기업 = 50.66	

- 반도체 검수용 프로브 핀 본딩 시스템 품목에 대한 시장 관점의 기술 독점 집중률 지수(CRn) 분석 결과, 상위 4개 기업의 시장점유율이 21로, 주요 출원인에 의한 독과점 정도는 현재까지는 심하지는 않은 것으로 분석됨
- 국내시장에 있어서 중소기업의 특허 점유율은 50.66으로, 반도체 검수용 프로브 핀 본딩 시스템 품목에서 중소기업의 점유율은 높은 것으로 분석됨. 그 뒤를 이어 대기업 및 기타(외국인)의 출원 점유율은 각각 21.2, 23.9로 중소기업과 큰 차이가 있는 것으로 나타남. 따라서 반도체 검수용 프로브 핀 본딩 시스템 품목은 국내시장에서 중소기업을 중심으로 활발한 출원이 이루어지고 있으며, 중소기업의 진입장벽은 높지 않을 것으로 판단됨

다. 주요 출원인 분석

(1) 주요 출원인 동향

☐ 주요출원인을 기준으로, 해당품목에 대해 기술개발을 주도하고 있는 기관 및 기업을 파악하고, 한국(KIPO), 미국(USPTO), 일본(JPO), 유럽(EPO) 국가별 출원현황 분석을 통해 주요출원인들이 고려하고 있는 주요시장국이 어디인지 예측하여 거시적 관점의 향후 트렌드를 전망

☐ 타 국가 대비 국내 기관 및 기업의 출원 활동 현황 및 수준을 파악하여 연구개발에 있어 비중 있는 사전 파악이 필요한 기관 및 기업 제시

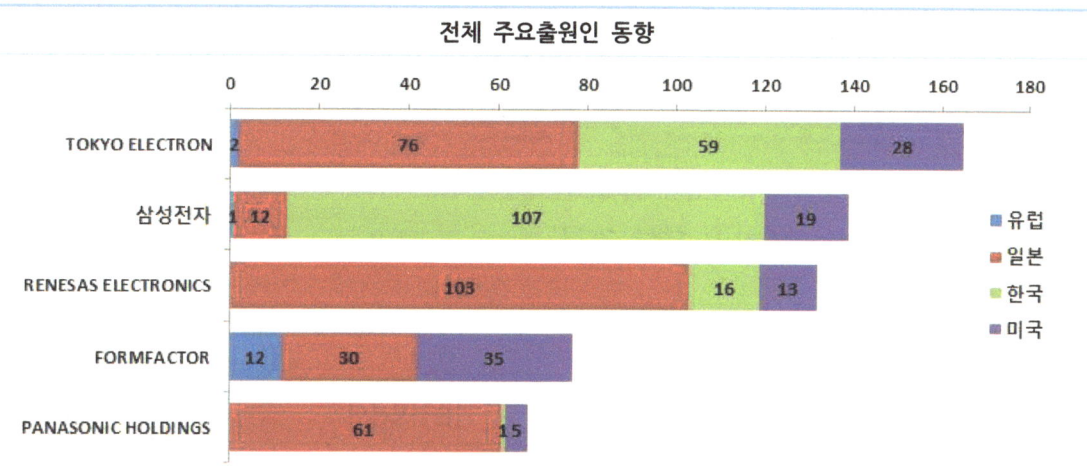

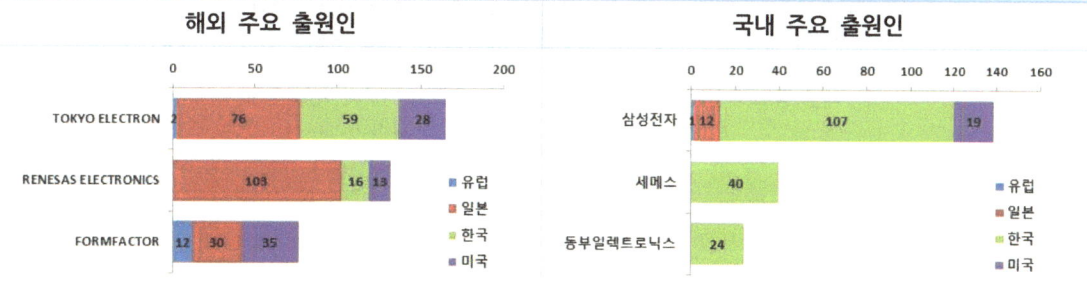

- 반도체 검수용 프로브 핀 본딩 시스템 품목의 주요 출원인 Top 5를 살펴보면, 일본 국적의 출원인이 다수 구성되어 있는 것으로 보아 일본 출원인에 의해 기술 개발이 주도되고 있는 것으로 나타남
- 한국 국적의 출원인으로는 삼성전자가 가장 많은 출원을 진행하였으며, 전체 주요 출원인 Top 5에 랭크되어 있음
- 국내 주요 출원인은 삼성전자, 세메스 및 동부일렉트로닉스로 도출되어, 대기업을 중심으로 반도체 검수용 프로브 핀 본딩 시스템 품목의 기술 개발을 활발히 진행하고 있는 것으로 분석됨

(2) 주요 출원인 기술 키워드 및 주요특허 분석

□ 주요출원인이 출원한 해당품목의 특허 기술 키워드 확인을 통해 출원인별 집중연구 분야를 파악할 수 있으며, 등록특허를 기준으로 피인용문헌수 및 패밀리 국가수가 큰 주요특허를 사전검토 함으로써 주요출원인의 주력기술 분야를 예측

  * 기술 키워드 분석범위 : 요약, * 키워드 구성 : 구문, * 키워드 출력 수 : 50개
  * 주요특허 도출 기준 : 등록특허를 기준으로 피인용문헌수 및 패밀리 국가수가 큰 특허를 주요특허로 도출

◎ TOKYO ELECTRON

주요 키워드 및 주요특허 분석

- 프로브 카드, 프로브 장치, Probe Card, 웨이퍼 검사 장치, 복수 프로브, 검사 장치, 반도체 웨이퍼, 웨이퍼 검사용 인터페이스, 콘택트 프로브, 포고 프레임

등록번호 (출원일)	명칭	기술적용분야	IP 경쟁력	
			피인용 문헌수	패밀리 국가수
JP 4356915 (2002.07.22.)	프로브 장치 및 프로브 카드의 채널 정보 작성 프로그램 및 프로브 카드의 채널 정보 작성 장치	반도체 웨이퍼 등에 형성된 복수의 집적회로 칩의 전기적 특성을 프로브 카드를 이용하여 검사하는 프로브 장치 및 프로브 카드의 채널 정보 작성 프로그램 및 프로브 카드의 채널 정보 작성 장치	28	4
JP 5952645 (2002.06.06.)	웨이퍼 검사용 인터페이스 및 웨이퍼 검사 장치	프로브 카드의 프로브 길이의 영향을 받지 않고 웨이퍼에 마련된 반도체 소자의 전극과 프로브 카드의 프로브를 양호하게 맞닿게 할 수 있는 웨이퍼 검사용 인터페이스 및 웨이퍼 검사 장치	22	6
JP 6289962 (2014.03.27.)	프로브 장치	반도체 소자의 전기적 특성 검사를 웨이퍼 레벨로 수행할 때 웨이퍼 표면 부근에서 스파크(방전)가 발생하는 것을 간편하고 효율적으로 방지할 수 있도록 한 프로브 장치	21	6

- TOKYO ELECTRON은 반도체 검수용 프로브 핀 본딩 시스템 품목과 관련하여 Top 1 출원인으로, 일본을 위주로 출원을 진행하였으며, 한국 및 미국에도 다수의 출원을 진행하였음. 반도체 검수용 프로브 구성에 있어 지속적인 출원을 진행하고 있으며, 프로브 장치 및 프로프 카드 등 주력 기술에 대한 관심이 높은 것으로 나타남. 출원된 특허의 주요 키워드는 '프로브 장치', '반도체 웨이퍼' 및 '웨이퍼 검사용 인터페이스' 등으로, 반도체 검수용 프로브 핀 본딩 시스템 품목에 대한 기술력이 높은 것으로 조사됨

◎ 삼성전자

주요 키워드 및 주요특허 분석

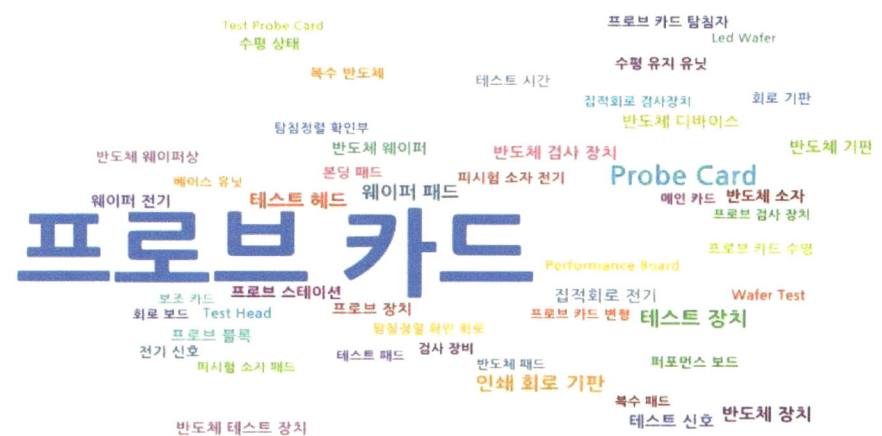

- 프로브 카드, Probe Card, 테스트 헤드, 반도체 장치, 테스트 장치, 반도체 기판, 테스트 신호, Performance Board, 인쇄 회로 기판, 웨이퍼 패드

등록번호 (출원일)	명칭	기술적용분야	IP 경쟁력	
			피인용 문헌수	패밀리 국가수
US 6894480 (2003.01.21)	Wafer probing test apparatus and method of docking the test head and probe card thereof	전기 신호가 반도체 웨이퍼 상의 집적 회로로 전달되는 프로브 카드와 도킹되는 테스트 헤드를 갖는 웨이퍼 프로빙 테스트 장치	32	4
US 8026733 (2009.06.02.)	Interface structure of wafer test equipment	테스트 대상 웨이퍼에 직접 연결되도록 구성되는 테스터 헤드와 프로브 카드 사이의 인터페이스 구조	25	2
US 7880490 (2008.08.28.)	Wireless interface probe card for high speed one-shot wafer test and semiconductor testing apparatus having the same	무선 데이터 통신을 이용하여 반도체 웨이퍼의 원샷 웨이퍼 검사를 고속으로 수행할 수 있는 무선 인터페이스 프로브 카드 및 반도체 검사장치	17	2

- 삼성전자는 반도체 검수용 프로브 핀 본딩 시스템 품목과 관련하여 Top 2 출원인으로, 한국을 위주로 출원을 진행하였으며, 프로브 카드 및 프로빙 테스트 장치 등 반도체 웨이퍼 검사 장치 구성에 주목하고 있는 것으로 나타남. '프로브 카드', '테스트 장치' 및 '테스트 신호' 등 프로빙 테스트를 통한 반도체 검사 장치 등을 주력 기술로 최근에도 적극적인 출원을 진행하고 있으므로 기술력이 높은 것으로 조사됨

◎ RENESAS ELECTRONICS

주요 키워드 및 주요특허 분석

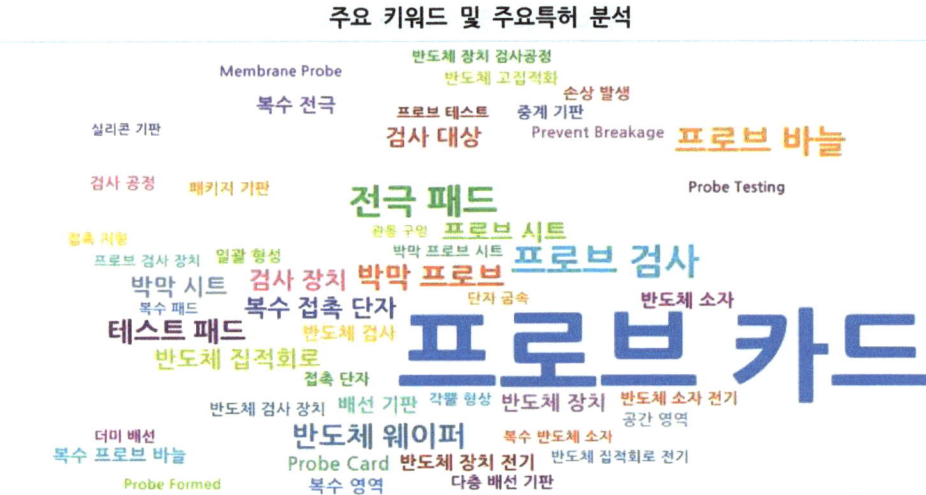

- 프로브 카드, 프로브 바늘, 전극 패드, 프로브 검사, 프로브 시트, 박막 프로브, 복수 접촉 단자, 반도체 웨이퍼, 복수 전극, 반도체 집적회로

등록번호 (출원일)	명칭	기술적용분야	IP 경쟁력	
			피인용 문헌수	패밀리 국가수
US 6727723 (2004.04.27)	Test system and manufacturing of semiconductor device	반도체 집적회로 소자 및 이의 제조에 대한 시험에 적용하기에 효과적인 기술에 관한 것으로, 웨이퍼 단계에서 시험에 적용하기에 효과적인 기술	62	8
US 7868469 (2011.01.11)	Adapter board and method for manufacturing same, probe card, method for inspecting semiconductor wafer, and method for manufacturing semiconductor device	어댑터 기판 및 그 제조 방법, 프로브 카드 및 이를 이용한 반도체 웨이퍼 검사 방법, 반도체 장치의 제조 방법	47	4
JP 4521611 (2010.06.04)	Adapter board and method for manufacturing same, probe card, method for inspecting semiconductor wafer, and method for manufacturing semiconductor device	반도체 집적회로 제조 기술에 관한 것으로, 좁은 피치로 다수개의 전극 패드가 배치된 반도체 집적회로의 전기적 검사에 적용해 유효한 기술	15	10

- RENESAS ELECTRONICS은 반도체 검수용 프로브 핀 본딩 시스템 품목과 관련하여 Top 3 출원인으로, 일본을 위주로 출원을 진행하였으며, 반도체 웨이퍼 테스트용 검사 방법 및 검사 장치 구조 등에 주력하고 있음. '좁은 피치를 가진 다수 개의 전극 패드를 이용한 반도체 전기적 검사 기술' 등 반도체 검수와 관련된 기술에 관심도가 높아, 반도체 검수용 프로브 핀 본딩 시스템 품목에 있어서 기술력이 높은 것으로 조사됨

4. 전략품목 기술로드맵

가. 핵심기술

(1) 요소기술 도출

◎ 특허 키워드 클러스터링 기반 요소기술 후보도출

[반도체 검수용 프로브 핀 본딩 시스템 토픽 클러스터링 결과]

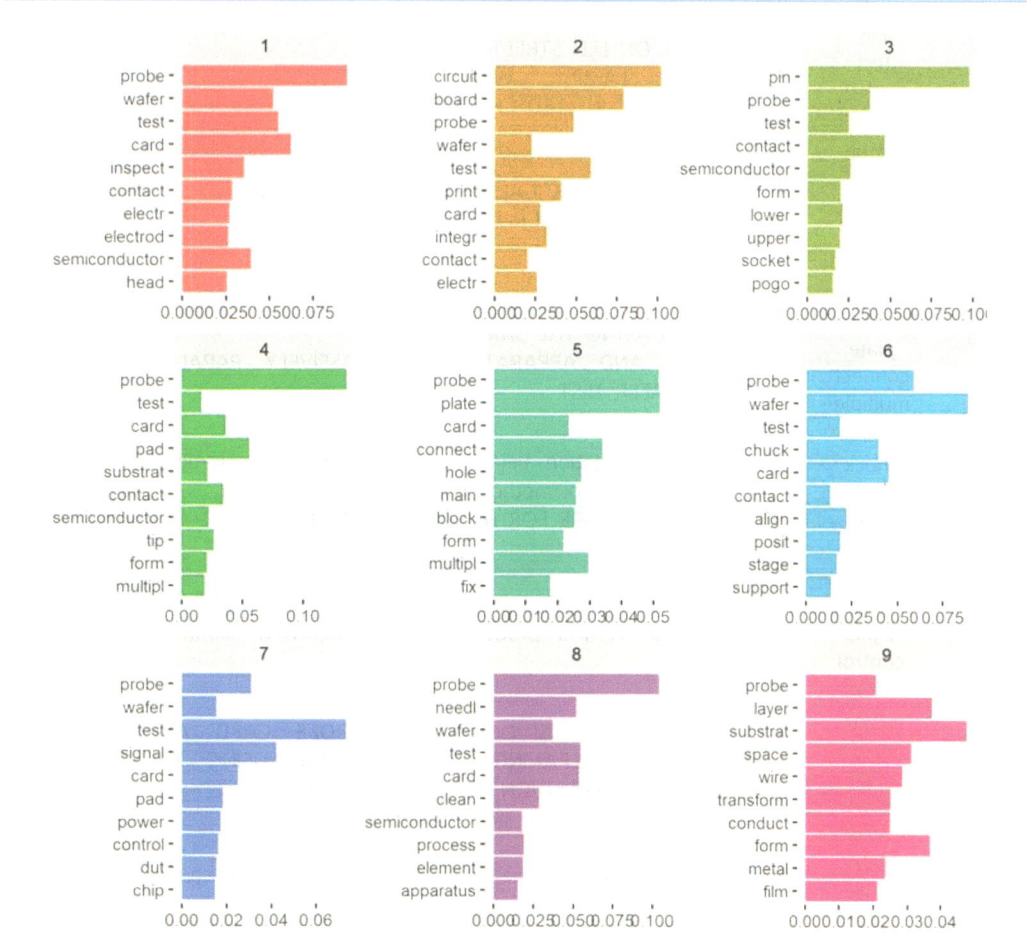

* 출처: 자체작성

[LDA 클러스터링 기반 요소기술 후보도출]

No.	상위 키워드	대표적 관련 특허	요소기술 후보
클러스터 01	probe test card head contact	• METHOD AND SYSTEM FOR COMPENSATING THERMALLY INDUCED MOTION OF PROBE CARDS • SYSTEM FOR COMPENSATING THERMALLY INDUCED MOTION OF PROBE CARDS	프로브 카드 열변형 최적화
클러스터 02	probe circuit board integrated test	• Apparatus for three dimensional integrated circuit testing • Improved MEMS probe for probe cards for integrated circuits	3차원 IC 검수용 프로브카드
클러스터 03	probe pin test socket contact	• LAMP SYSTEM HAVING A FUNCTION OF PYROGEN CONTROL ON LED STREET LIGHT • STREET LAMP WITH HIGH-POWER SINGLE POLYCRYSTALLINE LED CHIP MODULE	프로브 핀의 전기적 특성 개선을 위한 구조 형상
클러스터 04	probe card contact tip substrate	• BELLOWS TYPE VERTICAL MICRO CONTACT PROBE • CANTILEVER TYPE MICRO CONTACT PROBE	미세 접촉 프로브 구조
클러스터 05	probe card plate connect multiple	• ALIGNER FOR MULTI-PROBER SYSTEM AND MULTI-PROBER SYSTEM HAVING THE SAME • METHOD AND APPARATUS FOR MASSIVELY PARALLEL MULTI-WAFER TEST	다수 반도체 검수를 위한 멀티 프로브
클러스터 06	probe chuck align test wafer	• Wafer probe station being capable of active chuck tilting control and control method thereof • CHUCK STRUCTURE FOR HEATING A WAFER	웨이퍼 검사용 척
클러스터 07	probe pad signal control chip	• Multi needle of vertical probe card with scrub control • Needle for vertical probe card with improved alignment efficiency	프로브 카드용 니들 검사 신뢰성 향상(정렬 효율, 부식 방지, 방열성 향상 등)
클러스터 08	probe needle clean wafer apparatus	• CLEANING COMPOSITION FOR A PROBE CARD AND METHOD OF CLEANING A PROBE CARD USING THE CLEANING COMPOSITION • Cleaning system, device and method	프로브 카드 세정 시스템
클러스터 09	probe wire layer metal substrate	• Card for MEMS probe and method for manufacturing thereof • Composition for ceramic substrate comprising mullite and the manufacturing method of the same	프로브 카드 제조방법

* 출처: 자체작성

◎ 특허 분류체계 기반 요소기술 후보도출

[IPC 분류체계에 기반 요소기술 후보도출]

(서브클래스) 내용	IPC 기술트리 (메인그룹) 내용	요소기술 후보
(G01R) 전기변량의 측정; 자기변량의 측정	(G01R-001/04) 하우징, 지지부재, 단자장치	프로브 스테이션 하우징
	(G01R-001/073) 복합 탐침	다중 검사용 프로브 카드
	(G01R-031/28) 전자회로의 시험	프로브 카드의 전기적 특성 개선을 위한 검수 방법
(H01L) 반도체 장치	(H01L-021/68) 제조 또는 처리중의 반도체 또는 전기 고체 장치 취급에 특별히 적용되는 장치	프로브 카드 정렬 기술

* 출처: 자체작성

◎ 최종 요소기술 도출

☐ 기술·시장 분석, 기술수요, 기술(특허)분석, 전문가 추천을 바탕으로 요소기술 후보 도출

☐ 요소기술 후보를 대상으로, 전문가를 통해 기술의 범위, 요소기술 간 중복성 등을 조정·검토하여 최종 요소기술 확정

[반도체 검수용 프로브 핀 본딩 시스템 요소기술 도출]

요소기술	출처
다수 반도체 검수를 위한 멀티 프로브	특허 클러스터링, 전문가추천
미세 접촉 프로브 구조	특허 클러스터링, 전문가추천
Pin Align 고속 auto-focusing 기술	특허 클러스터링, 전문가추천
3차원 IC 검수용 프로브카드	특허 클러스터링, 전문가추천
다중 검사용 프로브 핀	특허 클러스터링, 전문가추천
Laser bonding 기술	특허 클러스터링, 전문가추천
고속 스테이지 제어 기술	특허 클러스터링, 전문가추천
프로브 핀의 전기적 특성 개선을 위한 구조 형상	특허 클러스터링, IPC 분류체계
프로브 카드용 니들 검사 신뢰성 향상	특허 클러스터링
프로브 카드 정렬 기술	IPC 분류체계

(2) 핵심기술 선정 및 기술로드맵 기획 절차

☐ 특허 분석을 통한 요소기술과 기술수요와 기술시장분석을 기반으로 한 요소기술, 전문가 추천 요소기술 등을 종합하여 요소기술을 도출한 후, 전문가위원회의 평가과정 및 검토/보완을 거쳐 핵심기술 확정

☐ 핵심기술 선정 지표: 기술개발 시급성, 기술개발 파급성, 기술의 중요성 및 중소기업 적합성

[핵심기술 선정 및 기술로드맵 기획 프로세스]

① 요소기술 도출	→	② 요소기술 평가	→	③ 핵심기술 확정	→	④ 기술로드맵 기획
• 전략품목 현황 분석 • 특허 IPC 분류체계 • 전문가 추천		• 전문가위원회 전력품목별 요소기술 평가 • 핵심기술 선정		• 전략품목별 핵심기술 검토 • 핵심기술 개요 범위 검토		• 핵심기술을 대상으로 전략품목별 기술로드맵 구축

(3) 핵심기술 리스트

[반도체 검수용 프로브 핀 본딩 시스템 핵심기술]

핵심기술	개요
다수 반도체 검수를 위한 멀티 프로브	• 프로브 카드 양면에 탐침 구조를 포함함으로써 복수의 웨이퍼를 검사하는 기술
미세 접촉 프로브 구조	• 프로브 카드 및 반도체 칩 패드의 접촉손상을 방지하면서 안정적인 접촉을 구현하는 기술
Pin Align 고속 auto-focusing 기술	• 차세대 디바이스가 적용된 300mm 웨이퍼 대면적에 적용함에 있어 생산성을 위해 고속 Align이 필요하고 자동 포커싱 되는 기술임
3차원 IC 검수용 프로브카드	• 여러개의 칩 다이를 수직으로 적층하여 매우 작은 점유 공간에 이종의 기술이 적용된 Pad를 검수하는 프로브 카드
다중 검사용 프로브 핀	• 프로브 카드에 다수의 핀을 장착하여 검사 정밀도를 향상시키는 기술

나. 기술개발 로드맵

(1) 중기 기술개발 로드맵

[반도체 검수용 프로브 핀 본딩 시스템 기술개발 로드맵]

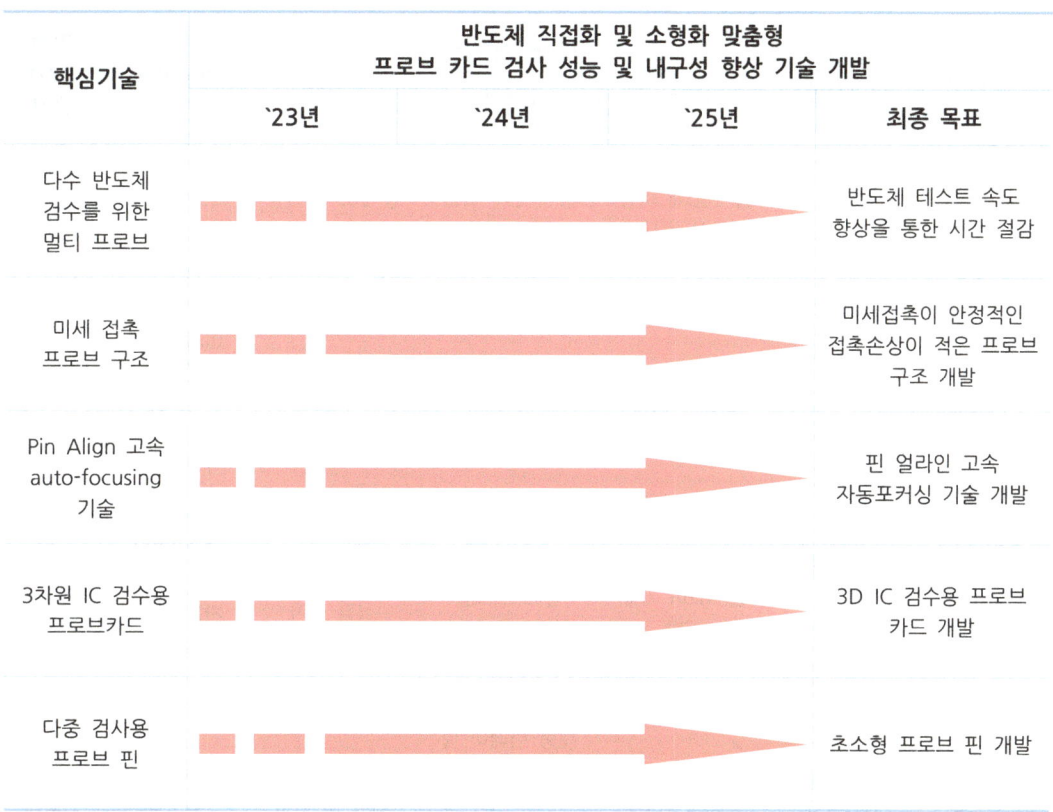

* 출처: 자체작성

(2) 기술개발 목표

☐ 최종 중소기업 기술로드맵은 기술/시장 니즈, 연차별 개발계획, 최종목표 등을 제시함으로써 중소기업의 기술개발 방향성을 제시

[반도체 검수용 프로브 핀 본딩 시스템 핵심기술 연구목표]

핵심기술	기술 요구사항	연차별 개발목표			최종목표	연계 R&D 유형
		1년차	2년차	3년차		
다수 반도체 검수를 위한 멀티 프로브	많은 양의 반도체 소자를 동시에 검사	칩 100개 이상 동시 검사	칩 150개 이상 동시 검사	칩 200개 이상 동시 검사	반도체 테스트 속도 향상을 통한 시간 절감	기술혁신
미세 접촉 프로브 구조	점유면적이 작으며 큰 복원력과 접촉손상이 적은 기술	MEMS 기술을 적용한 설계	MEMS를 이용한 제품 개발	시제품 제작 및 양산 능력 확보	미세접촉이 안정적인 접촉손상이 적은 프로브 구조 개발	기술혁신
Pin Align 고속 auto-focusing 기술	고속,고정밀 stage 및 높은 정확도 Vision System기술	다축 정밀 Stage 및 Align 기술 개발	Vision 해상도 및 프로그램 알고리즘 개발	시제품 제작 및 실장 평가	핀 얼라인 고속 자동포커싱 기술 개발	기술혁신
3차원 IC 검수용 프로브카드	3D IC 적층 전 다이 테스트를 실시하여 이상 유무 판단하는 기술	인터커넥트 마이크로범프 개발 및 평가	대형 어레이 및 미세 피치 마이크로범프용 프로토타입 프로브 카드 개발	프로토 타입 제작 및 실장 평가	3D IC 검수용 프로브 카드 개발	산학연
다중 검사용 프로브 핀	프로브 핀 소형화 및 내구성 향상	프로브 핀 소형화 설계	프로프 핀 소형화 생산	프로브 핀 내구성 향상	초소형 프로브 핀 개발	기술혁신

다. 중소기업 기술개발 전략

☐ 반도체 소자의 크기 및 배열의 형태가 계속 작아지거나 축소됨에 따라 미세 피치를 갖고 검사용 핀의 수가 많은 프로브 카드가 필요하며, 중소기업에서 빠르게 대응 필요함

☐ 여러 개의 칩 다이를 수직으로 적층하여 매우 작은 점유 공간에 이종의 기술을 포함하는 고밀도 집적을 달성하는 것이 필요함

☐ 최고의 프로브 카드 기술을 바탕으로 조기 개발 제품을 선점하고 제품별 초기 개발에서 양산화를 통한 제품화가 필요하며, 산학연의 기술개발에 정부의 협업지원 등이 필요함

☐ 반도체 검수용은 수직형 멤스 탐침핀을 이용하여 미세피치 및 고경도 저력탐침핀을 최적의 조건으로 본딩하는 시스템을 조기 개발하여 수요기업에 맞춤식으로 대응하여야 하며 이를 통한 높은 매출이 기대됨

전략품목 현황분석

반도체 후공정 측정/검사 장비

반도체 후공정 측정/검사 장비

전략품목 정의 및 범위

- 반도체 후공정 측정/검사 장비는 반도체 소자의 제조 과정에서 웨이퍼 상에 발생되는 물리적, 화학적 및 전기적 특성의 정상 여부를 확인하는 기술로, 배선의 미세화, 고집적화로 각종 측정, 분석, 검사의 측정 정밀도는 더욱 높은 수준을 요구

전략품목 관련 동향

◎ 시장전망 및 제품 동향

- **(시장전망)** `21년 8,260백만 달러였던 세계 반도체 후공정 측정/검사 장비규모는 `26년 14,293백만 달러로 증가(CAGR 11.4%)할 것으로 전망되며, 국내시장은 `21년 11,613억 원에서 2025년 20,859억 원으로 증가(CAGR 12.1%)할 것으로 전망됨
- **(제품동향)** 센서, 제어를 위한 S/W, 구동부, 신뢰성, 계측기술 등 융합이 절대적으로 필요한 산업 분야이며, 세계 시장에서는 주요 선진 업체들이 업체별 특화 영역을 가지고 시장을 독점 중

◎ 기술개발 및 플레이어 동향

- **(기술동향)** 반도체는 IoT 기술에 힘입어 메모리 소자뿐 아니라 다양한 패러다임의 반도체로 영역 확장되고 있으며 고속화, 동시 측정 채널 수, 저전압 환경, 미세화, 비용 절감이 중요해지게 됨
- **플레이어** Nanomatrics(미), KLA(미), Advantest(일), Applied Materials(일), Teradyne(미), 삼성전자(한)
- **(중소기업)** 디아이, 유니테스트, 엑시콘, 오로스테크놀로지, 고영테크놀러지, 인텍플러스, 파크시스템스, 바비옵트로, 성우테크론 등

◎ 핵심기술

- 기판 투과율 및 반사율 제어 기술
- 광원 단파장화에 따른 투과율 및 복굴절 제어
- 반도체 웨이퍼 오염진단을 위한 측정분석기술
- 복수의 프로세서 병렬 처리를 통한 고속 외관 검사용 화상 처리 기술개발
- 반도체 패키지 공정의 반도체 칩과 트레이의 불량 검사 시스템 개발

중소기업 기술개발 전략

→ 국내 중소제조업의 반도체 후공정 측정검사 장비 개발을 위한 로드맵 수정과 마스터플랜의 재정립

→ 반도체 미세화 기술 및 고집적화에 대한 인식제고와 방향성 정립

→ 기술 진입장벽이 높아 중소기업의 진입이 제한적이며, 대기업 중심의 기술개발이 진행되고 있어 대기업을 포함한 산/학/연 간의 기술협력이 필요

→ 중소기업에서는 반도체 장비 기술에 대한 이해와 의사결정이 쉽지 않음으로 정부의 기술로드맵을 충실히 이행함으로써 리스크를 줄이며 반도체 분석/측정/검사장비 분야로 기술 범위 확대가 필요

1. 개요

가. 정의 및 필요성

(1) 정의

- 반도체 후공정 측정/검사 장비는 반도체 소자의 제조 과정에서 웨이퍼 상에 발생되는 물리적, 화학적 및 전기적 특성의 정상 여부를 확인하는 기술로, 배선의 미세화, 고집적화로 각종 측정, 분석, 검사의 측정 정밀도는 더욱 높은 수준을 요구하고 있음

- 반도체 공정은 전공정과 후공정으로 나뉘며, 반도체 검사장비는 절단, 배선, 패키징, 검사가 수행되는 후공정 단계에서의 검사 장비를 주로 의미
    - 반도체 검사장비는 주로 전기적 특성평가 장비를 지칭하는데, 패키징 전에 웨이퍼 수준에서 평가가 수행되거나 패키징 후 수행되기도 함
    - 기타 물리적 측정 및 분석을 포함, 여러 가지 장비들이 검사장비 범위에 포함될 수 있으며, 광범위하게는 반도체의 각 공정 단계를 모니터링하거나 진단하는 장비들까지도 반도체 검사장비에 포함 가능
    - 일반적 반도체 검사장비는 전기적 신호를 인가하여 원하는 출력 신호를 얻을 수 있는지 여부를 평가하는 장비를 일컬음. 가장 기본적으로 반도체 소자의 정상 작동 여부를 판정하며, 경우에 따라 품질 수준을 적정 범위로 관리할 수 있음

[반도체 검사단계 개념도]

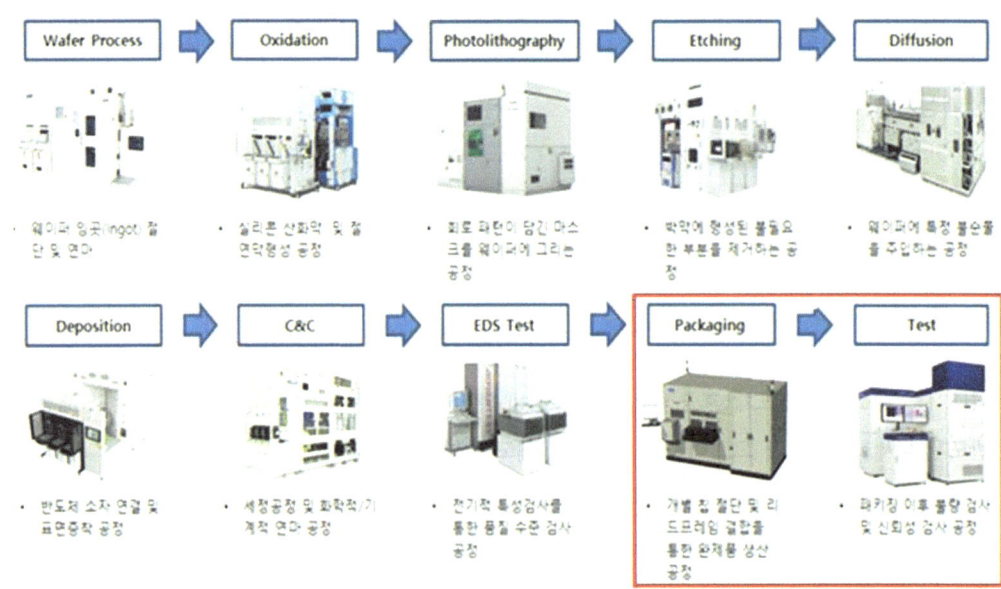

☐ 반도체 검사는 제조된 반도체가 정상적으로 동작하는지 확인하는 작업으로, 고객사에 정상 동작하는 양품만을 전달함으로써 고객 만족도 및 신뢰도를 제고시키기 위한 일련의 프로세스를 의미

- 반도체 검사는 불량품의 오동작 이유를 분석하고 제조 공정 및 설계에 반영함으로써 수율 향상과 생산단가 인하에 기여

- 반도체 검사는 반도체 웨이퍼 위에 설계한 패턴의 모양이 제대로 형성되었는지 확인하는 광학식 검사와 전기신호를 인가하여 설계된 대로 기능을 수행하는지 확인하는 전기식 검사로 분류

☐ 반도체 후공정 측정/검사 장비는 필연적으로 장비와 반도체 소자 간 연결을 위한 장치를 필요로 하며, 반도체 후공정 검사의 경우 마찬가지로 probing card 또는 소켓과 같은 유형의 구조물을 필요로 함

- 반도체 패키징의 소형화, wafer level 패키징 기술 등의 도입으로 인해 probing card 또한 높은 기술적 수준을 필요로 하게 됨

- probing card는 검사 항목의 종류에 따라 요구되는 특성에 맞게 설계 및 제작되며, 수요자 요구에 따라 설계 및 제작되는 고객맞춤형 부품에 해당

☐ 반도체 후공정 측정/검사 장비는 반도체·디스플레이 분야에서 평가 및 측정 정밀화 기술 확보를 위한 전략품목으로, 우수 기술 개발을 통해 반도체·디스플레이 분야에 있어서 소자 신뢰성 확보가 가능할 것으로 전망됨

[반도체·디스플레이 품목로드맵 내 반도체 후공정 측정/검사 장비]

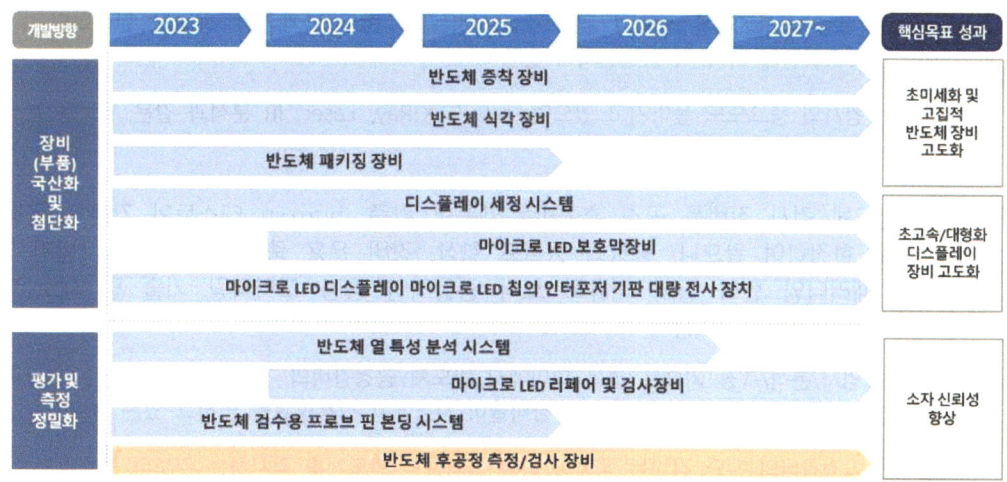

* 출처: 자체작성

(2) 필요성

☐ 최근 반도체의 집적도가 지속적으로 높아짐에 따라 미세 패턴화 기술, 적층 기술, TSV 기술(Through Silicon Via) 등이 발전하고 있으며, 반도체의 집적도가 올라가고 동작 클럭(RAM, 메모리 동작 속도)이 증가함에 따라 전통적 패키징 구조를 벗어난 wafer level packaging 기술도 상용화가 시작되고 있음

- 기존 프로브 방식은 이러한 패키징 구조에 대응이 어려우며, 프로브의 탐침 수가 많아지고 프로브의 크기도 작아져야 하므로 이에 대응할 수 있는 검사장비의 개발이 필요

[미세구조 검사를 위한 MEMS 프로브 카드]

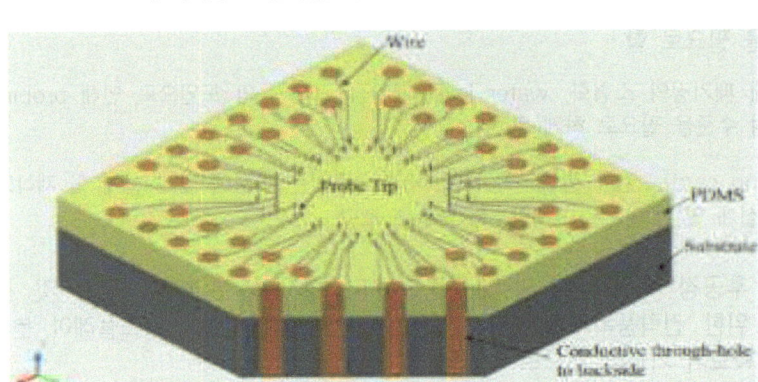

* 출처 : 중소기업 기술로드맵 2018-2020(중소벤처기업부, 2017)

- 전기적 특성 검사 외에 광학적 검사도 실시하는데, 반도체 패키징 공정이 단순화되고, 반도체 동작이 고속화됨에 따라 미세 패턴화가 진행
- 광학적 검사의 중요도도 높아지고 있으며, 나아가 X-Ray, Laser, IR 분석과 같은 새로운 분석기술이 적용된 광학 검사장비의 수요도 증가

☐ 과거 반도체 검사 장비를 공정 후 최종 제품의 검증, burn-in 테스트와 같은 수동적 검사 수준으로 한정하여 왔으나, 공정의 정밀도 향상, 장비 운용 중지에 따른 손실 방지, 반도체 기술의 패러다임 변화 등의 이유로 보다 능동적인 공정 모니터링 기술 및 새로운 평가, 분석기술에 대한 요구가 증대

- 반도체 검사/분석/측정 기술은 넓은 의미에서 반도체 공정장비의 진단까지 포함될 수 있으며, 진단 기술의 향상에 따라 상용 수준의 진단 장비들이 시장에서 적용범위를 넓히고 있는 추세
- 반도체 공정장비의 진단 장비는 공정의 최종 결과물인 반도체를 검사하는 것보다 능동적으로 공정을 관리하기 위한 수단으로서 접근
- 반도체 공정기술의 정밀도가 높아짐에 따라 능동적 검사에 대한 수요가 증가하고 있으며, 반도체의 품질 관리 및 선제적 시설 유지 관리에 의한 생산 비용 절감, 신뢰성 향상 등의 효과를 기대할 수 있음

[반도체 공정장비 진단시스템 개념도]

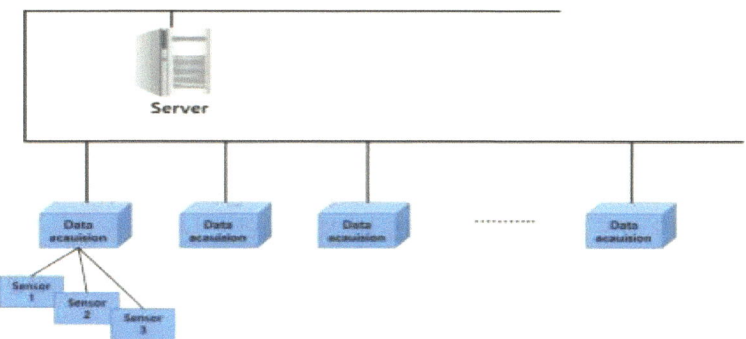

* 출처 : 중소기업 기술로드맵 2018-2020(중소벤처기업부, 2017)

☐ 반도체산업은 주요 수출품목에 해당함에 따라 반도체 장비의 수요도 매우 높은 편으로, 핵심 검사장비와 공정장비는 주로 국외에서 수입하고 있는 실정임. 이는 고속 성장을 지향하는 국내 산업 환경의 특징으로 분석되며, 그만큼 축적된 기술이 부족하여 경쟁력을 확보하지 못하고 있는 실정

- 반도체 검사 장비를 포함하는 반도체 장비 산업은 센서, 구동부, 제어부, 반도체, 전력, 시스템, IoT, 인공지능 등 전 영역의 기반기술이 집적된 구조로, 구성되는 각 산업의 균형적인 발전이 필수적인 사업 영역이며, 종합적이고 유기적인 관계를 필요로 하는 산업

- 산/학/연 기반이 강화되고 있고 기초산업의 발전이 적극적으로 이루어지고 있는 국내 산업 현황을 보았을 때 고성능화 전략을 통한 산업 진입이 가능한 분야에 해당하며, 따라서 기술 개발을 통한 고기능성, 고성능, 고부가가치 중심의 반도체 관련 장비 산업의 육성이 필요한 시점

나. 범위 및 분류

(1) 가치사슬

□ 반도체 후공정 측정/검사 장비 및 부품 산업의 후방산업은 자동 검사 장비, 테스트 핸들러, 프로브 접촉 장비, 번인 테스트 장비와 같은 반도체 검사 장비 제조 산업 및 프로브 카드, 인터페이스 보드, 테스트 소켓, 번인 소켓 등 반도체 검사용 소모품 제조 산업이며, 전방산업의 경우 반도체를 검사하는 반도체 제조 산업임

- 반도체 측정/분석/검사 장비 및 부품 산업은 반도체 분야에 특화된 산업으로 트렌드 변화에 민감하고, 다품종 소량생산 방식으로 개발하고 있는 것이 특징
- 반도체의 기술 급변에 따라 초박막 증착 및 에칭, 3차원 적층 등 신기술의 채용이 빨라지고 있으며, 신공정, 신제품의 측정/분석/검사 장비 및 부품의 개발이 빠르게 요구받는 산업

□ 반도체 후공정 측정/검사 장비 및 부품 산업의 전방산업은 반도체 설계에서 생산까지 전 과정을 책임지는 종합반도체업체와 설계 전문 업체 및 제조 전문 업체 포함

- 반도체 제조업체는 제조설비를 갖추지 않고 설계, 검증, 판매 사업만을 영위하는 팹리스와 반도체 전공정 및 후공정의 제조설비를 보유한 IDM[52]으로 분류되며, IDM은 자사 제품을 위한 반도체 검사 서비스도 진행하므로 검사 장비와 부품 제조업체의 전방 업체에 해당

[반도체 후공정 측정/검사 장비 품목 산업구조]

후방산업	반도체 후공정 측정/검사 장비	전방산업
자동 검사 장비, Handler, Probe station, 광학검사 장비, 비파괴 분석 장비, Burn-in test 장비, 공정장비 진단 등	반도체 측정/분석/검사 산업	팹리스 및 종합 반도체 제조업체를 포함하는 반도체 제조 산업

* 출처: 자체작성

(2) 용도별 분류

□ 반도체 제조 공정은 웨이퍼를 사용해 집적회로를 구현하는 전공정과 반도체 웨이퍼를 개별 다이로 분리하고 패키지로 봉지하는 후공정으로 구분되며, 전공정과 후공정 완료 후 반도체 검사를 수행

- 웨이퍼 테스트는 전공정 완료 후 원형 웨이퍼 상에 형성된 다수의 개별 다이를 대상으로 특성을 검사하는 것으로, 탐침인 프로브를 반도체 웨이퍼상에 형성된 개별 다이의 전극에 접촉시켜 전기신호를 인가하고 관찰하여 기능을 검사
- 패키지 테스트는 후공정 완료 후 개별 패키지로 봉지된 개별 반도체 제품을 대상으로 특성을 검사하는 것으로, 반도체 제품을 임시로 고정하면서 전극을 연결해주는 IC 소켓에 개별 제품을 실장하여 기능을 검사하는 방식

---

52) IDM(Integrated Device Manufacturer, 종합 반도체 제조업체) : 반도체의 설계, 제조, 검증, 판매 등 반도체 생산에 필요한 모든 기능을 내재화한 반도체 제조업체

2. 동향 조사 분석

가. 시장 분석

◎ **기술 융·복합에 따른 적용 분야의 확대**

☐ 반도체 후공정 측정/검사 장비는 광범위한 영역으로, 보수적으로는 핸들러, Probe station, parameter analyzer의 조합으로 이루어진 검사 장비를 의미하며, 광범위하게는 결함 분석 장비 등이 포함되고, 최근 공정 진단 검사 장비도 반도체 검사 장비 범주로서 연구가 활발히 진행

- 나노기술시대로 진입하면서 반도체 제조 기술의 개발 속도가 장비 개발 속도를 추월하게 되어 제조 공정 및 검사 기술과 더불어 장비 기술 개발이 따라주어야 반도체 제조가 가능한 시대로 기술 패러다임이 변화됨

- 최근 반도체 산업이 회복기에 진입하고 제조공정에 있어서 신기술들이 개발됨에 따라 반도체 후공정 측정/검사 장비 및 부품의 수요가 높은 편이며, 반도체 공정의 유지보수 효율화, 반도체의 고성능화, 제품군의 다양성 확대 및 복합화 등의 요구에 따라 검사 장비 또한 고도화, 복합화를 요구

- 단순한 소자의 성능·가격을 개선하기 위한 미세화 공정 중심의 반도체 개발 방향은 시장 수요에 맞춰 시스템과 응용 분야(Application)중심으로 전환 중

- 기본적 검사를 위한 검사 장비도 존재하며, 수요자 요구 중심의 제품 개발도 복합적으로 존재하는 분야임. 국내의 경우 기술 지원 및 수요자 요구에 맞춘 소량 주문제작 형태의 전략을 가진 중소기업이 다수 포진

- 반도체 공정의 효율적 관리에 대한 관심이 증가함에 따라 연구개발이 활발히 이루어지고 있으며, 해당 공정 진단 검사장비의 경우 선진국과의 기술적 격차가 크지 않은 상황

- 플라즈마 진단기술, 공정장비 진단기술 등 정부의 신성장동력 개발 지원사업 등을 통한 연구개발이 진행되고 있으며, 신뢰성을 갖춘 상용 수준의 제품 개발 성공 여부, 시장 진입 여부, 홍보 효과 등에 따라 성패 여부가 결정될 것으로 예상

- 융합적인 기술을 요구하므로 다양한 전문 인력 및 기술을 필요로 하며, 융합기술을 통한 경쟁력 확보 측면과 일자리 창출 측면에서 이와 같은 고도화된 산업으로의 진입이 시급히 요구되는 실정

☐ 센서, 제어를 위한 S/W, 구동부, 신뢰성, 계측기술 등 기술의 융합이 절대적으로 필요한 산업 분야에 해당

- 다양한 분야의 고급 기술을 요구하는 산업으로, 높은 수준의 기술 융합이 절대적으로 필요한 산업 분야이며, IoT, 인공지능과 같은 정보기술과 융합된 고차원적인 영역으로 진입할 것으로 예상

- 각 분야의 기술 융합 뿐 아니라 기술 격차를 줄이기 위한 연구개발도 꾸준히 이루어져야 하므로 산업의 고도화 측면, 중견 기업의 육성 측면에서 발전이 필요한 산업

- 반도체 산업은 VR, 인공지능, IoT, 이동통신 등 분야의 기술발달에 따라 다양한 분야에서 발전이 이루어질 것으로 예상되며, 기술적 고도화에 따라 검사장비도 높은 수준의 기술 개발을 요구할 것으로 예상

- 응용 분야의 확장에 따라 검사장비의 기능적 측면에서도 다양한 접근이 요구되며, 수요 측면에서도 대폭 확대될 것으로 예상

◎ **반도체 공정 미세화에 따른 검사/계측 장비 수요 전망**

- 최근 이종 패키징 기술이 주목받으면서 후공정에서도 높은 기술 수준을 요구하는 가공단계가 추가되고 있음[53]
  - 보통 기술장벽이 가장 높아 국가별 편차가 심한 공정은 전공정으로, 첨단 반도체장비 다수가 전공정과 밀접한 관련이 있음

- 최근 5나노 이하 초미세 공정 및 MCP(다중 칩 패키지)의 증가와 2022년 본격적인 DDR5 생산에 따른 다이 패널티(칩 사이즈 증가에 따른 생산량 감소) 발생이 예상됨에 따라 수율 관리의 중요성이 대두되고 있음
  - 이에 따라 전공정과 후공정 후 각 1회씩 하던 검사를 매 공정 별로 실시하는 등 검사 수요가 점차 증가하는 추세
  - AI, 메타버스, 차량용 반도체 수요 증가에 따른 파운드리 업체 수 증가 또한 검사 장비 산업 수요에 긍정적일 것으로 전망

◎ **글로벌 업체에 주도되는 시장**

- 한국반도체산업협회에 따르면, 현재 국내 반도체 후공정 측정/검사 장비 및 부품의 기술 수준은 해외 선진 업체 대비 80% 수준까지 근접해 있으며, 부품의 국산화율은 60% 정도 수준인 것으로 조사되었으나, 세계 시장에서는 주요 선진 업체들이 업체별로 특화 영역을 가지고 시장을 거의 독점하고 있는 것으로 분석
  - 막질특성 계측 장비의 경우 미국의 KLA-Tencor사와 Nanometrics사가 95% 이상을 점유
  - 임계선 폭 계측 장비의 경우 일본의 Hitachi사가 90% 이상, 미국의 AMAT사가 약 10%를 점유하고 있으며, 오정렬 측정 장비의 경우 KLA-Tencor사가 거의 100% 독점
  - 패턴 결함 검사 장비는 KLA-Tencor사가 80% 이상, AMAT사가 20% 정도의 점유율을 보이고 있음
  - 국내에서도 오로스테크놀로지, 넥스틴 등 일부 국내 업체들이 검사장비를 개발하여 시장 진입을 하고 있으나, 최신 기술인 3D 반도체 관련 장비는 상용화 실적이 없으며, 3D 반도체 관련 검사 장비는 KLA-Tencor사와 국내 넥스틴에서 개발 중에 있음
  - 3차원 공정에 적합한 광학 임계 선폭(Optical Critical Dimension, OCD) 계측 장비의 개발이 시급하나, 국내에 확보된 기술은 미흡한 실정

◎ **후발 국가들의 추격 심화**

- (중국) 반도체 장비는 지속적으로 미국, 유럽, 일본 기업들이 독식하고 있는 가운데, 최근 중국의 메모리산업 진입 및 장비 및 재료산업 육성 본격화에 따라 중국기업의 추격이 거센 상황
  - 파운드라인 SMIC는 24나노 플래시 메모리 분야, 메모리기업인 XMC는 플래시 및 3D 낸드 플래시에 집중할 예정으로 향후 3~4년 이내에 국내 기업과 경쟁이 예상

---

[53] 한국무역협회, 최근 반도체장비 교역 동향 및 시사점, 2022

- 반도체 장비 업체는 테스트 장비 업체인 Grand 이외에 약 15개 공정별 핵심 장비기업을 선정하여 정부 차원의 자금을 지원하고 있음
- 중국 정부는 반도체 제조의 경쟁력은 설계/공정 경쟁력과 핵심 반도체 장비와 소재의 경쟁력에서 만들어지는 것으로 이해하고, 장비 산업육성에도 막대한 지원을 하고 있으며, 특히 국유기업인 칭화유니그룹은 반도체 회사뿐만 아니라 장비회사 인수에도 큰 관심을 갖고 있음
- 2022년 중국은 반도체장비 수입 중 후공정장비·부분품 수입은 소폭 증가하였으나 전공정장비수입이 더 큰 폭으로 감소하여 전체 반도체장비 수입 감소를 주도
  - 싱가포르에서 수입이 전년 동기 대비 23.6% 증가하여 11.7억 달러, 대일본·한국반도체장비 수입은 소폭 감소, 대미국 반도체장비 수입이 동기간 2배 이상 급증

☐ (대만) 대만 반도체산업의 핵심 기업인 TSMC가 첨단 미세공정에 지속적으로 투자하고 있으며, 이는 대만 반도체 제조용 장비 업계가 성장 동력을 확보할 수 있는 계기로 작용
- 업체별로는 GPM이 측정 및 부품 실장 검사 장비(AOI)를 개발하고 있으며, Allring은 첨단 공정용 부품 실장 검사 장비(AOI) 및 디스펜서를 개발하고 있음

☐ (국내) 일본산 독점이었던 반도체 기판(PCB)검사장비 시장에서 국산 업체가 두각을 나타내고 있음
- 한일 무역 분쟁 이후 국산 장비 채택률이 높아진데다 최근 반도체 기판이 초호황에 접어들면서 국내 방비업계 점유율이 확대

◎ 정책적 지원 강화

☐ 국내
- 산업통상지원부는 '19년 8월 대외의존형 산업구조 탈피를 위한 '소재·부품·장비 경쟁력 강화대책'을 발표
  - 기업 및 전문가 검토를 거쳐 반도체, 디스플레이, 자동차 등 6대 분야 100개 품목을 선정 하였으며, 반도체 분야에서는 단기 5개, 장기 8개 등 총 13개 핵심소재 및 장비 부품을 선정하여 지원
  - 화학연구원, 다이텍연구원, 재료연구소, 세라믹기술원 등 4대 소재 관련 연구소를 소재·부품·장비 개발 실증·양산 Test-bed로 확충 구축
  - 해외 의존도가 높은 반도체 소재·부품·장비의 국산화 지원을 위해 나노종합기술원에 12인치 반도체 테스트베드 구축
- 정부는 반도체 공급망 안정화를 위한 'K-반도체 벨트'를 발표('23~'32)
  - 제품 소형화·고성능화 등 패키징 핵심역량 강화를 위해 실증·분석측정 장비가 구축된 첨단 패키징 플랫폼 조성('23~'29)
  - 5대 첨단 패키징 기술 집중 투자, 첨단 패키징 특화 혁신기지 조성하여 핵심 패키징 기술 선점할 계획

☐ 미국
- 「반도체와 과학법(CHIPS1) and Science Act of 2022)」 발효
  - 새로운 미국내 반도체 제조시설을 장려하는 연방 보조금 프로그램(100억 달러)을 포함한 다양한 연방 투자를 포함함
  - 새로운 미국 반도체 제조 및 R&D시설을 장려하는 150억 달러의 연방 프로그램을 포함하며,

국방부, 국립과학재단, 에너지부, 국립표준기술원의 반도체 연구를 촉진하기 위한 50억 달러 규모의 새로운 연방 투자도 승인

[「반도체와 과학법」 주요 내용]

분야	주요내용
설비투자 등 보조금 지원	• 국내 반도체 공장 신증설, 장비 현대화 등에 보조금
연구개발	• 국립반도체기술센터, 첨단패키징 제조 프로그램, 제조업 혁신 네트워크반도체연구소 등 보조금
국제협력	• 정보통신기술 및 반도체 공급망 활동 관련 국무부 국제협력 활동 지원
감세	• 반도체 설비 건설 및 장비, 특수공작기계 등에 대한 25% 투자세액 공제
해외투자 규제	• 지원금 수혜기업의 비우호국 내 신규투자 제한

* 출처: 나보포커스, 미국 「반도체와 과학법」의 주요 내용과 영향, 2022.08.19

□ 중국

- 중국은 '반도체 굴기'를 선언하며 국가차원의 반도체 육성정책을 수립하였으며, '중국 제조 2025' 계획을 통해 반도체의 자립을 주요 목표로 설정
  - 국가 반도체 산업투자 펀드(210억 달러)의 투자기금 조성 및 세제 혜택(중국 반도체 기업들에 최대 10년까지 법인세 면제 및 수입 관세 경감 등)을 통해 자국 반도체 산업을 지원

- 다만 미국의 견제로 기존 목표인 반도체 자급률 75%(현재 20%)의 도달은 쉽지 않을 것으로 전망되며, 중국 기업은 M&A를 통해 기술력을 확보해 나갈 계획이었으나 미국 정부의 견제와 장비 및 소재 수출 금지 규제로 기술획득과 생산계획에 어려움을 겪고 있음

- 중국 정부의 공적 자금 지원을 통해 기업 간 M&A 및 후공정 소재·장비와 고부가가치 공정개발을 지원
  - 중국 3대 패키지 업체인 장전과기(JCET), 화천과기(TSHT), 통복미전(TFME) 등은 세계10대 OSAT기업에 포함

[메모리 선두기업과 중국 기업의 공정 개발 현황 비교]

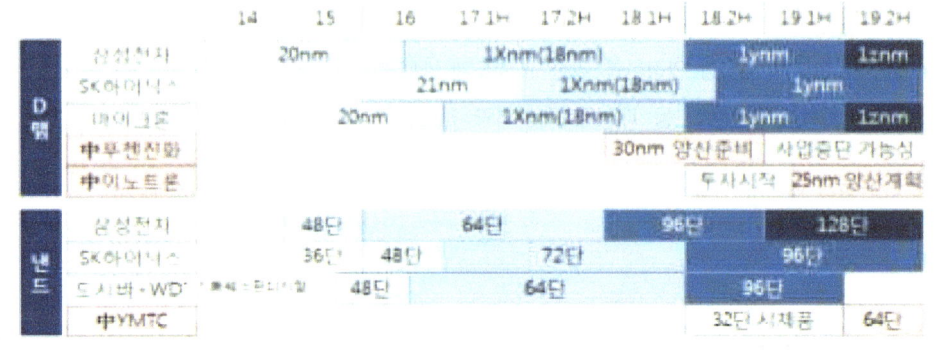

* 출처 : 산업테마보고서, 반도체 장비(한국IR협의회, 2019.11)

- 대만
  - 대만 반도체 제조용 장비산업은 반도체 후공정 측정/검사 장비를 포함한 후공정 장비 위주로 발전해 왔으며, 신주(新竹)·주베이(竹北), 타이중(台中), 타이난(台南) 과학 단지 지역을 위주로 산업 클러스터를 형성하고 있음
  - 대만은 파운드리 업계 세계 1위인 TSMC를 중심으로 하는 선순환 구조의 파운드리 생태계 시스템을 보유하고 있으며, 여기에서 나오는 반도체 후공정에 대한 수요를 바탕으로 큰 반도체 검사 시장이 형성되어 있음
  - 대만 외 국가에 근거지를 둔 팹리스 업체들도 TSMC의 파운드리를 사용하면서, 반도체 전공정 공장 인근에 위치한 반도체 후공정 업체들에 가공을 위탁하므로, 위치적 이점을 보유
- 일본
  - '18년 신형 반도체 개발 거점을 구축하여, 산학연협력 기반으로 설계부터 시제품까지 개발에 필요한 설비를 지원하고 지능형 반도체 개발을 계획

◎ 신종 코로나 바이러스 확산에 따른 반도체 분야 영향

- 신종 코로나 바이러스 감염증이 전 세계로 확산됨에 따라 일부 국가를 중심으로 국가의 통제가 강화되고, 세계화의 흐름이 위축될 것으로 예상
  - 공유 경제가 일부 후퇴하는 반면, 재택근무, 원격진료, 원격교육, 무인 배달 등의 서비스가 주목 받으면서 언택트 기술의 수요가 증가할 것으로 보임
  - 인터넷상의 서버에 데이터를 저장해 언제 어디서든 이용할 수 있는 클라우드 컴퓨팅의 수요 역시 증가하고 있고, 이는 곧 프리미엄 반도체 시장의 성장을 자극할 것으로 예상
- 신종 코로나 바이러스 감염증이 전 세계로 확산됨에 따라 일부 국가를 중심으로 국가의 통제가 강화되고, 세계화의 흐름이 위축될 것으로 예상
  - 공유 경제가 일부 후퇴하는 반면, 재택근무, 원격진료, 원격교육, 무인 배달 등 언택트 수요가 확산될 것으로 전망됨. 특히 원격교육과 재택근무로 인해 단기적으로 위축되었던 노트북 수요가 회복되고 있다는 점은 반도체 산업에 긍정적으로 영향을 미칠 것으로 전망
- 코로나 성행에 따른 생체인식 기술 급부상으로 생체인식 관련 반도체 분야의 신규 수요가 증가할 것으로 전망
  - 최근 중국의 코로나19 확진자 수가 감소할 수 있었던 배경에는, 안면인식 및 체온 감지 등 다양한 IT 기반의 통제기술에 기인함. 코로나19 이전에도 중국의 생체인식 기술은 세계적인 수준이었으며, 해당 분야에서 세계적인 인공지능 기업들이 대거 발생
  - 범죄 예방과 신분 확인 분야에 주력되었던 생체인식 기술이 최근에는 보행자 체온 점검 및 동선 추적 등에도 활용되고 있으며, 실제 전염병 억제에 높은 성과를 보이고 있음
  - 다양한 디바이스에 관련 AI칩과 광학·온도 센서 등이 탑재될 것으로 전망

☐ 중국의 생산 공장, 제조 설비 가동 중단이 장기화하면 부품 수급 차질 등 글로벌 공급망에 잠재적 위협 야기

- 장쑤성, 광둥성 등 17개성과 직할시까지 기업 연휴기간을 연장하면서 해당 지역 공장의 조업 중단이 불가피한 상황

- 물류·조달에 차질이 발생하면서 반도체 업체, 소재·부품사, 완제품 업체, 유통사 등으로 이어지는 글로벌 공급망에 영향을 미칠 전망

(1) 세계시장

☐ 반도체 후공정 측정/검사 장비 세계 시장은 '21년 약 8,260백만 달러에서 '26년 약 14,293백만 달러로 연평균 11.4%로 성장할 전망

- 반도체 후공정 측정/검사 장비는 '20년 1,370백만 달러 규모에서 연평균 성장률 6.1%로 증가하여 '26년에는 약 1,942백만 달러 규모의 시장을 형성할 것으로 전망

- 반도체 테스트 장비는 '20년 6,080백만 달러 규모에서 연평균 성장률 12.6%로 성장하여 '26년에는 12,351백만 달러 규모까지 성장하여 두 배 이상의 성장이 전망

[반도체 후공정 측정/검사 장비 세계 시장규모 및 전망]

(단위 : 백만 달러, %)

구분	'20	'21	'22	'23	'24	'25	'26	CAGR ('20~'26)
검사장비	1,370	1,450	1,540	1,620	1,726	1,831	1,942	6.1
테스트 장비	6,080	6,810	7,670	8,520	9,742	10,969	12,351	12.6
합계	7,450	8,260	9,210	10,140	11,448	12,800	14,293	11.4

* 출처 : Markets and Markets, Semiconductor Manufacturing Equipment Market(2017). 윕스 재가공
추정 근거 : Markets and Markets(2017)에 의하면, 연평균 증가율이 각 6.1%, 12.6%, 11.4%로 성장할 것으로 전망하고 있어 이를 대상으로 26년까지의 데이터를 추정함

☐ 2017년에서 2021년 동안 전공정장비가 가장 많이 교역되었으며 연간교역성장률 측면에서는 웨이퍼장비(10.7%), 부분품(7.1%), 후공정(6.7%), 전공정장비(5.8%) 순으로 최근 교역이 활발

[반도체 장비 구매 및 세계 교역액 추이]

(단위 : 억달러, %)

구분	'17 금액	'17 증감	'18 금액	'18 증감	'19 금액	'19 증감	'20 금액	'20 증감	'21 금액	'21 증감
웨이퍼	18	(0.5)	24	(33.2)	24	(-1.2)	20	(-16.6)	27	(35.3)
전공정	394	(35.7)	440	(11.6)	409	(-7.0)	463	(13.2)	493	(6.5)
후공정	158	(28.8)	193	(22.4)	171	(-11.5)	193	(13.1)	205	(5.8)
부분품	217	(33.8)	264	(21.5)	1263	(-0.3)	311	(18.4)	286	(-8.0)
합계	787	(32.7)	921	(17.0)	867	(-5.9)	988	(13.9)	1,012	(2.4)

* 출처 : 한국무역협회, 최근 반도체장비 교역 동향 및 시사점, 2022

(2) 국내시장

☐ 국내 반도체 후공정 측정/검사 장비는 '21년 약 11,613억 원 규모에서 연평균 12.1%로 성장하여 '26년 약 20,859억 원 규모로 성장할 것으로 전망

- 검사 장비의 경우 '21년 시장규모는 약 1,741억 원으로, '26년까지 5.9%로 성장하여 약 2,386억 원까지 성장이 전망

- 테스트 장비의 경우 '21년 9,871억 원 규모에서 매년 13.2%의 성장률을 기록하여 '26년에는 18,473억 원 규모가 예상

- 다만, 반도체 후공정 측정/검사 장비 및 부품의 경우 기술 진입장벽이 높아 중소기업의 진입이 제한적이며, 대기업 중심의 기술개발이 진행되고 있어 산/학/연간 기술협력이 필요할 것으로 판단

[반도체 후공정 측정/검사 장비 국내 시장규모 및 전망]

(단위 : 억 원, %)

구분	'20	'21	'22	'23	'24	'25	'26	CAGR ('20~'26)
검사장비	1,625	1,741	1,858	1,974	2,128	2,254	2,386	5.9
테스트장비	8,709	9,871	0.96	11,148	14,416	16,318	18,473	13.2
합계	10,335	11,613	13,006	14,516	16,592	18,572	20,859	12.1

* 출처 : Markets and Markets, Semiconductor Manufacturing Equipment Market(2017). 윕스 재가공
　　추정 근거 : Markets and Markets(2017)에 의하면, 연평균 증가율이 각 5.9%, 13.2%, 12.1%로 성장할 것으로 전망하고 있어 이를 대상으로 '26년까지의 데이터를 추정함

나. 기술개발 동향 분석

□ 기술경쟁력
- 반도체 후공정 측정/검사 장비는 일본이 최고기술국으로 평가되었으며, 우리나라는 최고기술국 대비 82.6%의 기술수준을 보유하고 있으며, 최고기술국과의 기술격차는 2.2년으로 분석
- 중소기업의 기술경쟁력은 최고기술국 대비 71.9%, 기술격차는 2.0년으로 평가
- 미국(93.2%)>한국(82.6%)>EU(79.3%)>중국(68.9%)의 순으로 평가

□ 기술수명주기(TCT)[54]
- 반도체 후공정 측정/검사 장비는 6.93의 기술수명주기를 지닌 것으로 파악

(1) 기술개발 이슈

◎ 연구개발 트렌드

□ 반도체는 IoT 기술의 발전에 힘입어 메모리 소자뿐 아니라 다양한 패러다임의 반도체로 영역이 확장되는 추세
- 반도체 기술도 고도화가 필요한 상황에 직면하였으며, 반도체 검사장비 또한 고성능, 첨단화 요구에 직면

□ 반도체 집적도 증가, 고속화 등에 따라 공정기술의 정밀도도 높아지고 있으며, 공정용 웨이퍼의 크기가 증가함에 따라 이를 만족할 수 있는 핸들러, probe card 등도 MEMS probe와 같은 패러다임 전환 수준의 성능 향상을 요구함
- DDR-4 메모리와 같이 고속화에 따라 측정 클럭 주파수도 수 GHz 이상을 필요로 하므로 이를 만족할 수 있는 검사 장비를 필요로 함
- DDR5는 5세대 D램으로, 기존 DDR4 대비 처리속도가 2배 빠르고 소비 전력은 약 10% 낮기에 DDR5 전환은 후공정 업체들의 신제품 출시를 통한 제품 라인업 확대로 향후 성장 모멘텀 측면에서 긍정적[55]

□ 주요 이슈는 고속화, 동시 측정 채널 수, 저전압 환경, 미세화, 비용 절감이 검사 장비에 요구되고 있으며, 이에 대한 다양한 접근을 하고 있음
- 프로브 카드를 통해 고속화, 미세화, 비용 절감을 달성하고자 MEMS probe card 등을 이용한 연구개발이 진행되고 있음
- 검사 대상품인 반도체의 고성능화, 대용량화에 따라 검사장비의 용량 문제도 중요한 이슈가 됨. 기존 장비 대비 다채널화, 데이터 처리 등이 요구되는 추세
- 패턴 미세화에 따라 검사 장비에서의 정렬(align) 문제도 기술적 향상이 필요하며, 제어기술 등도 향상이 필요

---

54) 기술수명주기(TCT, Technical Cycle Time): 특허 출원연도와 인용한 특허들의 출원연도 차이의 중앙값을 통해 기술 변화속도 및 기술의 경제적 수명을 예측
55) ChosunBiz, "반도체 - 후공정 장비 테마, 와이아이케이 +4.86%, 덕산하이메탈 +4.25%", 2021.11.15

◎ 공정 장비와의 기술 융합화 추세

☐ 반도체 후공정 측정/검사 장비는 기타 공정 장비 기술과의 융합화가 지속적으로 확대되는 추세

- 미세화 기술은 반도체 소자의 특성 향상 및 제조원가 절감의 핵심기술로서 최신의 미세화 기술을 확보하지 못한 업체들은 경쟁에서 도태

- 공정의 미세화, 3D 적층화 된 소자구조 활용, 복잡한 나노패턴 설계 등으로 인해 APC/AEC가 적용된 효율적 공정관리 기술개발을 위해 프로세스 장비와 반도체 측정/분석/검사 장비가 융복합 된 IM(Integrated Metrology) 기술 개발이 진행

- 공정진단 센서의 소형화, 집적화, 지능화를 통해 신 공정 및 장비 상태를 실시간으로 정밀하게 측정 및 분석하는 공정진단 센서의 필요성이 강조되고 있으며, 웨이퍼 형태 센서 및 외부 툴박스와 실시간 통신이 가능한 공정진단 센서를 개발하는 추세로 진행

◎ 반도체 후공정 단계에서 테스트 종류 다변화 추이

☐ 메모리 반도체 분야에서는 SSD(Solid State Drive) 테스트도 추가적으로 늘어나고 있는 추세

- 데이터센터에서 발열 문제가 커지자 이를 사전에 예방하기 위해서 SSD를 만드는 과정에서 테스트 종류가 다양해지기 시작

- 국내 네오셈은 4세대 SSD의 테스트를 수행할 수 있는 장비개발 완료했으며 고객사를 대상으로 퀄테스트까지 통과를 마치고 일부 공급에 성공

  - 현재 5세대 SSD의 테스터 개발 진행 중

[반도체 후공정 추가된 테스트]

테스트 종류	방법 및 특징
시스템 레벨 테스트	• 비메모리 분야에서 기존에 전개하던 웨이퍼 테스트, 칩 레벨 테스트를 끝낸 후에도 이유를 알 수 없는 불량 제품이 계속 발견되어 이를 해결하기 위해 추가된 테스트 • 여러 개의 칩을 PCB(인쇄회로기판) 보드 위에 올린 상태에서 실제 사용 환경과 유사하게 PC와 연결하는 등의 환경을 조성한 이후 테스트 진행 • 기존에 이미 마무리한 테스트와 중복된다고 생각될 수도 있지만 불량품을 추가적으로 거르기 위해 시스템 레벨 테스트 진행
SSD테스트 공정의 자동화	• SSD(Solid State Drive) 저장 장치가 대규모 데이터센터에 적용되기 시작한 이후 SSD 테스트의 중요성 부각 • 데이터센터의 고열 환경에서 SSD가 정상 작동하는지 미리 판별 • SK하이닉스는 2016년부터 SSD 테스트 공정 자동화 추진. 일본의 Kioxia, 미국의 Western Digital도 SK하이닉스에 이어 SSD 테스트 공정 자동화 추진

* 출처: SK하이닉스, Amko, 한국IR협의회 기업리서치센터, 2022

(2) 생태계 기술동향

◎ 해외 플레이어 동향

☐ Nanomatrics (미국)

- 반도체 검사 및 계측 장비 전문 업체인 미국의 Nanomatrics는 빛을 이용해 반도체 구조를 살펴볼 수 있는 광학임계선폭(OCD : Optical Critical Dimension) 계측 장비를 전문으로 생산하고 있으며, 국내 OCD 계측 장비 시장에서 약 70%의 점유율을 차지하고 있음

- 반도체 미세공정 난도가 높아지면서 내부 구조 검사의 필요성이 증가하고, 식각을 비롯해 각종 화학증착(CVD) 공정이 추가되면서 OCD 계측장비의 수요가 함께 증가하고 있으며, 최근 Nanomatrics는 빛의 파장을 더 길게 늘린 장파장(IR) 기술을 개발하고 있음. 현재 기술로는 128단 3D 낸드플래시까지 막질 특성과 구조 파악이 가능한 상태

☐ KLA (미국)

- KLA는 반도체 검사 및 계측 장비 부문 세계 시장점유율 1위를 차지하고 있는 업체로, 2014년 개발한 3세대 광대역 플라즈마 광원을 활용한 D6 패턴 웨이퍼 결함 검사 장비는 16nm 이하 반도체 생산 공정에 적용되는 검사 및 리뷰가 가능

- 2018년에는 첨단 로직 및 메모리 공정 노드의 실리콘 웨이퍼와 반도체 칩 제조 과정에서 장비와 공정 모니터링의 두 가지 핵심 난제를 해결할 수 있는 새로운 결함 검사 장비를 개발함. Voyager 1015 시스템은 웨이퍼 재작업이 가능할 때 포토레지스트 형성 직후 리소그래피 셀 검사를 포함한 새로운 패턴 웨이퍼 검사가 가능

- 2022년 메모리 반도체 진단하는 엑스레이 계측 시스템 Axion T2000을 출시
  - CD-SAXS(critical-dimension small angle X-ray scattering) 시스템으로 업계 고유의 엑스레이 기술을 활용해 임계 치수의 고해상도 측정값을 생성하고 메모리 디바이스 형상에 대한 3D 형상을 제공[56]
  - 해상도, 정확도, 정밀도 및 속도의 전례 없는 조합으로 높은 종횡비 소자 형상을 측정할 수 있는 능력을 강화하는 특허 기술을 갖고 있음

☐ Applied Materials(AMAT) (미국)

- 반도체 장비 분야 세계 시장 점유율 1위 업체인 Applied Materials는 임계선폭 계측장비 분야에서 약 10%, 패턴결함 검사장비 분야에서는 약 20% 수준의 시장 점유율을 차지

- 10나노 이하 멀티패터닝, 핀펫 구성, D램 및 3D 낸드 소자에서 연구와 조사 수요를 충족시키기 위한 고 분해능의 전자빔 장비 기술을 보유하고 있으며, 차세대 노드(node)로의 변화를 꾀하고 있는 주요 파운드리, 로직, D램 및 3D 낸드 제조사가 필요로 하는 초고도 분해능(resolution) 및 이미지 품질을 가장 빠른 처리량으로 제공 가능

- EUV 광(光) 조사량을 줄이면서 회로 결함을 최소화하는 기술을 개발 중
  - EUV 공정의 생산성 및 효율성을 향상시킬 수 있는 장비를 기술을 주요 반도체 업체와 협업해 개발하고 있으며 국내 주요 고객사와 협업 중

---

56) Automation World, "KLA, 메모리 반도체 진단하는 엑스레이 계측 시스템 출시", 2022.12.07

- 미세한 EUV 광자를 정밀하게 식각할 수 있는 'Sym3', 해상력을 보조적으로 높일 수 있는 패턴 셰이핑 엔지니어링, 반도체에 적은 손상을 주면서 고해상도로 결함을 측정할 수 있는 'Provision' 등의 기술을 발표[57]

☐ Advantest (일본)

- 일본 국적 반도체 산업용 자동 테스트 장비(ATE) 업체인 Advantest는 전자 계측기 및 시스템 설계·생산에 사용되는 측정 장비를 생산하고 있으며, 최근 나노 기술과 테라헤르츠 기술 발전에서 혜택을 얻는 이머징 마켓의 R&D 노력에 초점을 맞추고 있음

- 포토마스크 제조에 필수적인 멀티비전 계측 주사 전자현미경, 3D 이미징 및 분석 툴을 출시한 바 있으며, 최근 차세대 5G-NR 무선 주파수 장치 및 모듈을 확장형 단일 플랫폼에서 비용 효율적으로 테스트할 수 있는 솔루션인 V93000 Wave Scale Millimeter 솔루션을 출시

☐ Teradyne (미국)

- 미국 소재 반도체 자동테스트시스템 전문 업체인 Teradyne은 세계 반도체 테스터 부문 시장점유율 30% 이상을 차지하고 있으며, 메모리 및 비메모리 반도체를 포함하는 모든 사업부문에서 제품 개발을 진행

- Teradyne은 메모리 테스트 기술과 VLSI 테스트 기술을 접목한 고속 메모리 테스터 개발을 진행 중으로, 특히 현재 시장을 선점하고 있는 SOC용 테스터 'Catalyst'의 후속 모델인 'Tiger'를 2019년 초부터 양산 중임

- 차세대 300㎜ 웨이퍼 시대를 겨냥해 세계 최초로 128para 내지 최고 192para까지 병렬 테스트가 가능한 'Gemini 메모리 웨이퍼 테스터'를 개발

---

[57] THEELEC, "AMAT, "EUV 공정 생산성 높일 솔루션 '제파'…국내 주요 고객사와 협업 중"", 2022.12.08

◎ **국내 플레이어 동향**

☐ 삼성전자, SK하이닉스, 두산 등 반도체 후공정에 투자

- 삼성전자는 2018년 말 패키지 제조·연구조직을 통합해 TSP(Test&System Package) 총괄조직을 신설한 이후 2019년 패키징 주요 기술 중 하나인 PLP(Panel Level Package) 사업부를 삼성전기로부터 인수하며 후공정 역량을 강화하고 있음

- 메모리에 주력하던 SK하이닉스는 파운드리 사업 확대에 나서면서 후공정 시설 투자에 적극 나서고 있음. SK하이닉스는 2022년 7월 말 미국에 150억달러(약 19조원)를 첨단 패키징 제조시설 및 연구개발(R&D)에 투자

- 두산그룹은 2022년 4월 국내 반도체 테스트 업체 테스나를 인수하고, 이를 통해 향후 반도체 투자를 강화

◎ **국내 중소·중견기업**

☐ 디아이

- 디아이는 반도체 검사 장비 제조 및 판매 등을 주요 사업으로 영위하고 있으며, 반도체 검사 장비 매출액이 총 매출액의 80% 이상을 차지

- 주요 제품으로는 Monitoring Burn-In Tester(MBT), Test Burn-In Tester(TBT), Wafer Level Burn-In Tester(WLBI), Burn-In Board(BIB), Wafer Test Board(WTB) 등이 있음

- 기존 디아이는 번-인 테스터 등 반도체 후공정 장비 사업에 주력해왔으나, 2021년부터 2차전지 장비 사업을 회사의 신성장동력으로 삼기위해 적극적인 준비에 나서고 있음[58]
  - 최근 화상처리 기술 기반 검사장비 업체인 프로텍코퍼레이션 인수

☐ 유니테스트

- 반도체 검사 장비를 전문으로 제조하는 국내 업체로, 반도체의 제조 과정 중 후공정의 핵심인 메모리 모듈 테스트와 컴포넌트 테스터를 국내 최초로 개발하면서 반도체 검사 장비의 국산화를 주도

- SK하이닉스로부터 발생하는 매출 비중이 약 60%로 높은 의존도를 보이고 있으며, 최근 고객사 다변화를 위해 이노트론, YMTC, 푸젠진화 등 중화권 기업과 마이크론, 인텔 등 미국 기업에 대한 영업 활동을 활발히 진행 중

  - 최근 하이테크 등의 중국 고객사와 마이크론, 난야 등의 신규 고객사 확보

- 2021년, 평택에 신공장 증설에 나서면서 3배 이상 생산성 증대 효과를 기대하며 반도체 장비 수요에 적극적인 대응할 예정

- 최근 사업 다각화로 태양광 산업에 진출해 페로브스카이트(PSC)태양전지 개발 중

☐ 엑시콘

- 엑시콘은 반도체 제조공정 중 반도체의 성능과 신뢰성을 평가하는 반도체 검사 장비 사업과 제품의

---

[58] THEELEC, "디아이, 2차전지 장비사업 진출 속도...브이텐시스템 이어 프로텍코퍼레이션도 인수", 2022.06.13

이상 유무를 판단하고 불량의 원인 분석 등을 통해 설계 및 제조 공정상의 수율을 개선시키는 테스터 사업을 영위하고 있음

- 주력 검사 장비 제품군은 메모리 테스터, 스토리지 테스터, ETBI(Embedded memory tester in Burn-In), SoC 테스터 등이 있으며, 테스트 부문은 엑시콘 설비를 이용한 Test House를 구축하고, 독자적인 테스트 프로그램 솔루션 제공을 통해 반도체 Final 테스트 용역을 수행하는 고객 맞춤 서비스 및 기술을 제공

- 엑시콘은 SSD(솔리드스트레이트드라이브)테스터 장비를 삼성전자의 반도체 패키징 및 테스트를 담당하는 온양 사업장에 올해 연말까지 꾸준히 공급할 계획

☐ 오로스테크놀로지

- 국내 유일 오버레이 계측장비 전문 업체로, 국내 대형 메모리 제조업체는 전체 오버레이 장비 중 절반 가량을 오로스테크놀로지 장비로 사용

- 4차산업혁명 시대에 대응하기 위해 기존 하이엔드 오버레이 장비 뿐 아니라 패키지, 실리콘관통전극(TSV), 차량용, 미세전자기계시스템(MEMS) 오버레이 장비 분야로도 진출 준비 진행들어가면서 큰 원가절감 효과를 얻고 있음

- 반도체 제조공정에서 증착되는 박막의 두께를 Angstorm(원자 크기의 수십분의 일) 단위의 정밀도까지 측정할 수 있는 초정밀 계측장치 신규 개발 중

- 2022년 계측·검사(MI)분야 영역을 확대하면서 패키징 공정에서 CD와 오버레이 등을 계측할 수 있는 CD미터(meter)장비 개발[59]
    - 현재 고객사 양산 라인에 적용돼 최종 평가 결과를 확인하는 단계로 말부터 상용화 예정

☐ 고영테크놀러지

- 고영테크놀러지는 세계 최초로 반도체 후공정 내 수동 반도체 부품 외관과 표면을 동시에 측정하는 검사 장비 마이스터 디플러스(Meister D+)를 개발

☐ 인텍플러스

- 반도체, 디스플레이, 이차전지 외관 검사 장비 전문기업으로 반도체 후공정(OSAT업체의 검사장비 채택률이 증가하면서 올해 사상 최대 매출 실적을 올림

- 머신비전 기술을 보유하여 표현 형상에 대한 영상 데이터 분석, 처리하는 2D, 3D 자동 외관 검사 장비 보유

☐ 파크시스템스

- 원자현미경(AFM)을 개발하여 기존 한계 연구용 시장에서 산업용으로 사업을 확대

- 제품이나 샘플의 훼손 없는 분리 기술로 정확한 계측을 주목받았으며 반도체 공정뿐 아니라 디스플레이 패널 공정 등 다양한 분야로 사업 분야를 넓히고 있음

☐ 바비옵트로

- 스마트폰용 기판(HDI), 연성회로기판(FPCB)검사장비에 이어 최근 플립칩 볼그리드어레이(FC-BGCA)장비를 개발

---

[59] 디지털데일리, "오로스테크놀로지, 반도체 패키징 CD 측정장비 개발", 2022.06.08

- FC-BGA 기판 검사장비 신제품을 출시해 신사업을 강화할 계획

☐ 성우테크론
- 주요 사업으로 부품사업부문, PCB사업 부분, 장비 사업부문으로 이루어져 있으며, 반도체 구성재료인 리드프레임 후공정 가공 및 최종 검사하는 LOC(LEAD ON CHIP), IC, FFC등의 제품을 제조 중

다. 국내 연구개발 기관 및 동향

(1) 연구개발 기관

[반도체 후공정 측정/검사 장비 분야 주요 연구조직 현황]

기관	연구분야
전자부품연구원	• 나노소재 기반 테라헤르츠 2D 어레이 이미지 센서 모듈 및 인라인 반도체 검사 장비 • cp기반 fine pitch capacitive touch pattern 검사기
한국생산기술연구원	• 고속 멀티 프로빙 웨이퍼 검사 시스템 • 5층 이상의 다층막 구조분석을 위한 토모그라피 기술 • 적층구조 내부 비파괴 검사용 광간섭 토모그래피 기술
한국기계연구원	• 시스템 반도체 검사용 MEMS 기반 수직형 프로브 기술
한국과학기술원	• 공초점 광학계를 이용한 고속 나노 측정 기술
한국표준과학연구원	• 정밀한 분해능으로 첨단부품 표면의 흠집 등 미세 결함을 빠르게 검사할 측정기술 개발

(2) 기관 기술개발 동향

☐ 전자부품연구원(KETI) 스마트센서연구센터
- 2015년 6월부터 2019년 9월까지 나노소재 기반 테라헤르츠 2D 어레이 이미지 센서 모듈 및 인라인 반도체 검사 장비 개발 과제를 수행
- 2013년 12월부터 2014년 11월까지 CP기반 fine pitch capacitive touch pattern 검사기 개발 과제를 수행

☐ 한국생산기술연구원 로봇기술본부
- 2016년 12월부터 2017년 12월까지 고속 멀티 프로빙 웨이퍼 검사 시스템 개발 과제 수행
- 2014년 11월부터 2019년 10월까지 5층 이상의 다층막 구조분석을 위한 토모그라피 기술 개발 과제를 수행

☐ 한국기계연구원 나노역학연구실
- 2013년 12월부터 2015년 12월까지 시스템 반도체 검사용 MEMS 기반 수직형 프로브 과제 수행

☐ 한국과학기술원 기계공학과
- 2003년 6월부터 2004년 4월까지 공초점 광학계를 이용한 고속 나노 측정 기술개발 과제를 수행

◎ 국내 반도체 후공정 측정/검사 장비 및 부품 관련 선행연구 사례

[국내 선행연구(정부/민간)]

수행기관	연구명(과제명)	연도	주요내용 및 성과
코리아테크	반도체검사 이송장치용 및 스마트폰 카메라 검사장비용 Moving 리니어가이드 3축 Actuator시스템 국산화 개발	2019~2021	• 3축(X축700ST*Y축400ST*Z축150ST) 3D 모델링 개발 • 무빙 Table 동시 가공치구 개발로 볼 공급홀 기준으로 동시 가공이 가능하여 상하 볼공급 유동성 기대
나노융합산업연구조합	나노소재 기반 테라헤르츠 2D 어레이 이미지 센서 모듈 및 인라인 반도체 검사 장비 개발	2015~2019	• 1~10THz대역 나노소재 기반 2D 어레이 이미지 센서 모듈 개발 • THz 이미징을 이용한 인라인 반도체 칩/패키지 검사 장비 개발 • 평가용 소자(반도체 칩), 소재 선택과 특성 측정 및 분석·해석 THz 분광/영상 시스템으로 반도체 칩(SFA반도체 社 지원)의 결함(박리) 검사 삼원 화합물 (Ag-Ga-Se$_2$ 등 I-III-VI 족 반도체) 박막 소재의 THz 대역 특성 조사
고려대학교	3차원 디지털 홀로그래픽 반도체 계측/검사 기술 개발	2015~2018	• 일반적인 CCD를 사용하여 홀로그래피 정보를 획득하는 시스템을 현미경 대물렌즈와 접목시켜 3차원 구조를 갖는 반도체 샘플의 홀로그램 정보를 확보하고 이를 이용하여 3차원 홀로그램을 CGH로 계산
마인즈아이	테라헤르츠(THz) 이미징을 이용한 인라인 반도체 칩/패키지 검사 장비 개발	2015~2019	• 나노소재 기반 테라헤르츠 2D 어레이 이미지 센서 모듈 및 인라인 반도체 검사 장비 개발 • 1~10THz대역 나노소재 기반 2D 어레이 이미지 센서 모듈 개발 • THz 이미징을 이용한 인라인 반도체 칩/패키지 검사 장비 개발
선테스트코리아	저전력 불꽃방전기법을 응용한 차세대 메모리반도체 소켓보드 검사시스템 개발	2011~2013	• 메모리반도체 친환경 Cleaning시스템 연구 개발 • 메모리 반도체 전용 검사장비 구축
티움일렉트로닉스	반도체 검사 핵심부품인 TEST SOCKET의 소모성 interposer 생산 연마 장비 개발	2017~2018	• 반도체 생산에서 최종 검사 품질 유/무를 확인하는 Spring Pin Type Test Socket의 핵심 부품인 interposer를 생산 단가 절감을 위해서 새로운 기술을 적용한 TSV Interposer PCB를 생산성 및 품질 향상을 위한 연마 장비를 개발
한국기술교육대학교산학협력단	반도체 검사용 미세 협피치 회로검사 모듈 개발	2014~2015	• 반도체 검사용 미세 협피치 회로검사 모듈 관련 기술조사 및 모듈 개념 설계 • 가공정밀도 및 금형 표면 특성을 고려한 코어금형 최종 설계세라믹 소재 기반 초정밀 회로검사 모듈 핵심부품 (NAP, Needle Array Plate) 설계 • 조립공차 확인 및 고정밀 조립을 위한 프로세스 확립

3. 특허 동향

가. 특허동향 분석

(1) 특허 증가율

☐ 과거부터 최근까지 해당품목에 대한 특허기술 출원의 양적 트렌드 분석을 통해 해당품목의 기술개발 동향 파악[60]

☐ 한국(KIPO), 미국(USPTO), 일본(JPO), 유럽(EPO) 국가별 특허기술 출원 점유율 분석을 통해 해당품목을 선도하는 국가 파악

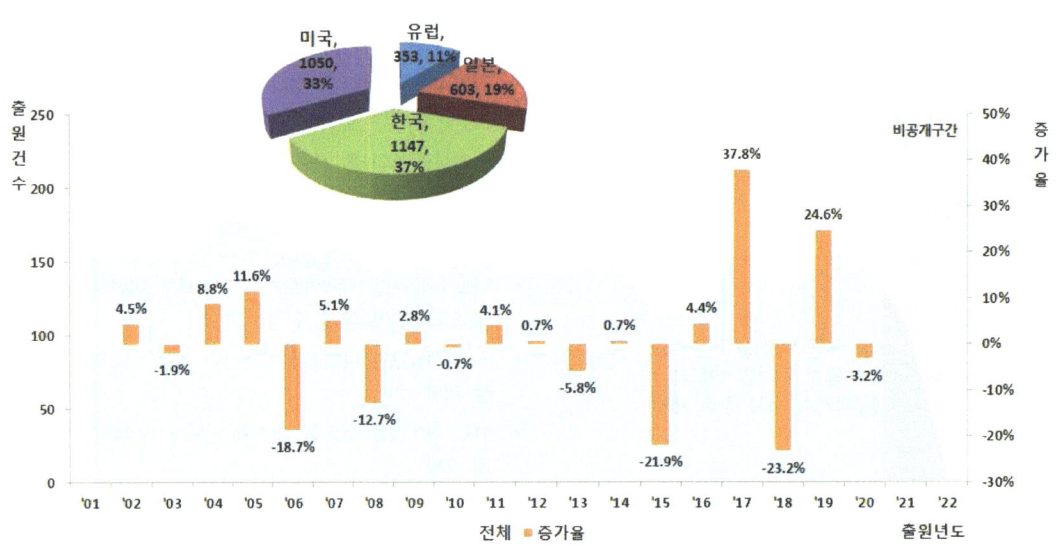

연도별 출원증가율

- 반도체 후공정 측정 검사/장비 품목은 지난 20년(2001년~2020년) 간 꾸준히 출원 활동이 진행된 것으로 나타남
- 전년대비 증가율을 살펴볼 때 분석 구간 전반적으로 소폭의 증감이 반복되고 있으며 출원 건수는 꾸준히 일정 수준 유지되고 있는 것으로 보임. 2017년 37.8%의 가장 높은 증가율을 보였고, 최근 5년간 전반적으로 출원율이 증가하고 있음
- 국가별 특허출원 점유율을 분석 시 반도체 후공정 측정 검사/장비 품목은 한국이 기술 개발을 선도하는 것으로 판단됨

---

60) 특허출원 후 1년 6개월 경과 후 데이터가 공개되는 특허제도의 특성상, 2021년과 2022년에는 실제 출원이 이루어졌으나 아직 공개되지 않은 미공개데이터의 존재로 유효데이터가 적게 나타날 수 있음에 유의해야 함

(2) 특허 점유율

☐ 과거부터 최근까지의 국가별 특허기술 출원의 양적 트렌드를 비교하여 타 국가 대비 국내의 기술적 위치 파악

☐ 한국(KIPO), 미국(USPTO), 일본(JPO), 유럽(EPO) 국가별 내·외국인의 출원분포를 파악하여 해당 국가 내 국외기술의 유입상황 및 국외기술에 대한 의존도 여부, 자국 기술력 등을 유추

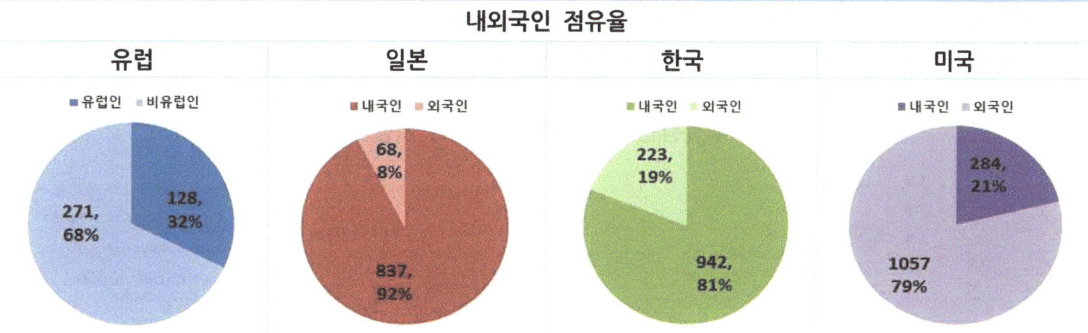

- 반도체 후공정 측정 검사/장비 품목에 있어, 한국 및 일본은 내국인의 출원 점유율이 더 높은 것으로 나타났으며, 미국 및 유럽의 경우 외국인의 출원 점유율이 더 높은 것으로 나타남
- 반도체 후공정 측정 검사/장비 품목에 있어 일본의 기술 자립도가 높은 것으로 평가되며, 미국과 유럽의 경우 외국인의 진입이 활발한 것으로 보아 해당 국가 시장에 대한 시장 매력도가 높은 것으로 분석됨

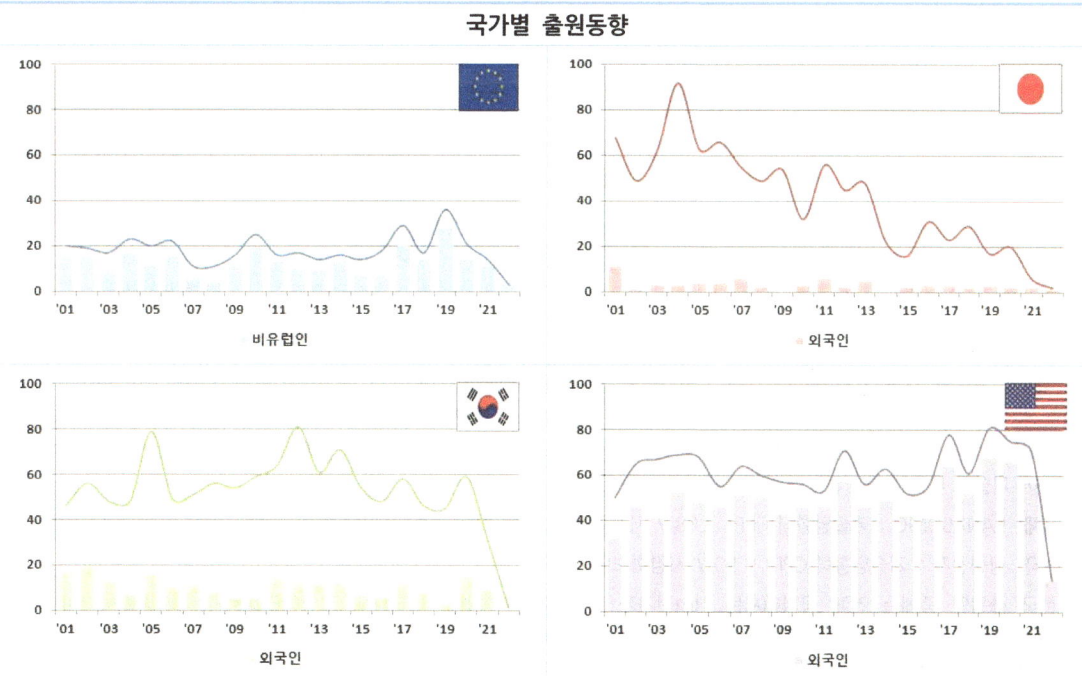

- 지난 20년간 미국의 출원 활동이 가장 활발히 진행된 것으로 나타나며, 미국은 최근 10년 동안 점진적인 성장세를 띠고 있는 것으로 확인됨. 미국 및 유럽의 출원 활동은 외국인에 영향을 많이 받고 있는 것으로 나타남

(3) 특허 영향력

☐ 기술영향력(CPP) 지수는 특정 등록특허가 다른 특허들에 의해 인용된 횟수를 나타내며, 특허권자의 입장에서 이 값이 클수록 질적 수준이 높은 핵심특허 또는 원천특허를 많이 보유하고 있을 가능성이 높다고 판단

 * CPP = 특정 주체의 등록특허의 피인용 횟수 / 해당 주체의 등록특허 수

☐ 시장지배력(PFS) 지수는 출원인 국적별 패밀리국가수를 분석하는 것으로, 해당품목에서 글로벌 시장을 타겟팅한 출원인이 누구인지 파악 가능

 * PFS = 특정 주체의 평균 패밀리 국가수 / 전체평균 패밀리 국가수

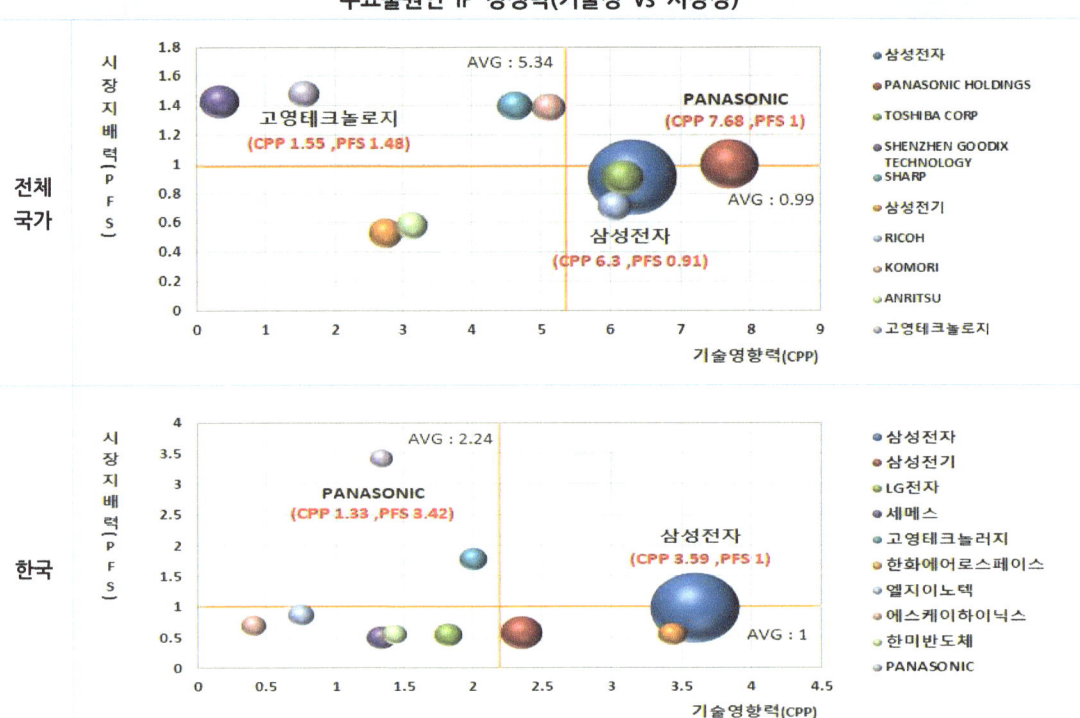

주요출원인 IP 경쟁력(기술성 vs 시장성)

- 반도체 후공정 측정 검사/장비 품목에 대한 주요 출원인들의 IP 경쟁력 분석 결과, 전체 국가에서는 PANASONIC이 높은 기술영향력 및 시장확보력을 나타내며 한국 시장에서는 삼성전자가 기술영향력 및 시장확보력이 가장 높은 것으로 나타남. 이에 따르면 전체 시장에서는 PANASONIC이 한국 시장에서는 삼성전자의 특허가 시장확보력 및 질적 수준이 높아 기술적 파급력과 상업적 가치가 큰 것으로 평가됨

  (전체) PANASONIC : 기술영향력(CPP) 7.68 / 시장확보력(PFS) 1

  (한국) 삼성전자 : 기술영향력(CPP) 3.59 / 시장확보력(PFS) 1

- 한국 출원인 중에는 전체 국가에서는 삼성전자가 높은 기술영향력을 나타내며 고영테크놀로지는 시장확보력이 가장 높은 것으로 나타남. 한국 시장에서는 시장확보력 모두 삼성전자의 기술영향력이 높게 나타나며, 일본 기업인 PANASONIC이 높은 시장확보력을 보이는 것으로 분석됨

  (전체) 삼성전자 : 기술영향력(CPP) 6.3 / 시장확보력(PFS) 0.91

  (한국) 삼성전자 : 기술영향력(CPP) 3.59 / 시장확보력(PFS) 1

나. 주요 기술 키워드 분석

(1) 기술개발 동향 변화 분석

□ AI 알고리즘을 활용하여 해당품목의 분석구간의 특허 기술 키워드를 비주얼 차트로 나타낸 것으로, 키워드 확인을 통한 집중연구 분야를 파악할 수 있으며, 구간별 기술 키워드 확인을 통해 해당품목에 대한 구간별 연구 트렌드 변화를 유추

* 분석범위 : 요약, * 키워드 구성 : 구문, * 키워드 출력수 : 전체구간 100개, 최근구간 50개

전체구간(2001년~2022년) 특허 주요 기술 키워드

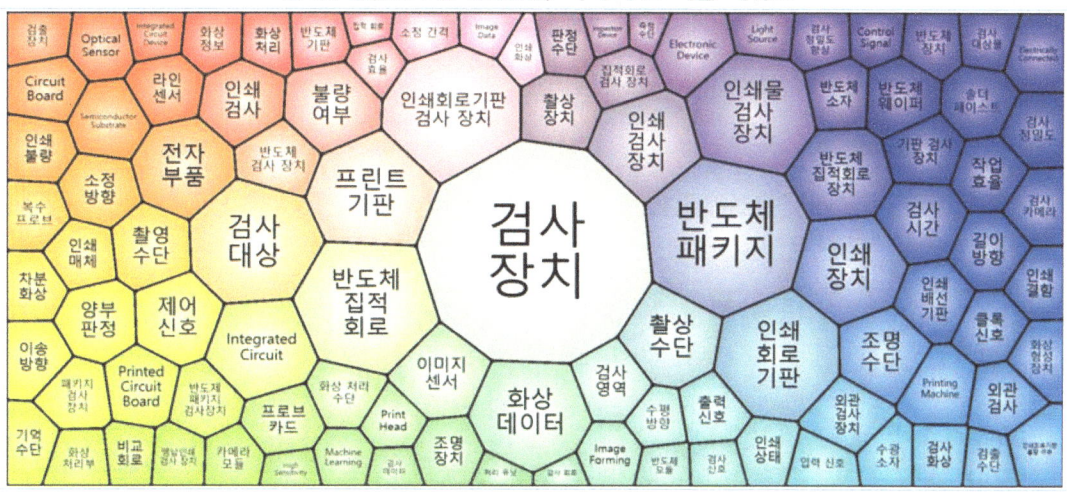

- 반도체 후공정 측정 검사/장비 품목에 대한 지난 20년간의 특허 주요 기술 키워드 분석 결과, 인쇄회로기판 검사 장치 기본 기술 관련 키워드가 주로 도출되었으며, 검사 장치의 응용인 '화상데이터' 및 '이미지센서' 키워드가 도출된 것으로 조사됨

  (전체구간 주요 키워드) 검사 장치, 반도체 패키지, 반도체 집적 회로, 인쇄회로기판 검사 장치, 인쇄 회로 기판, 프린트 기판, 화상 데이터, Integrated Circuit, 검사 대상, 인쇄물 검사 장치

최근구간(2011년~2022년) 특허 주요 기술 키워드

1구간(2011년~2015년)

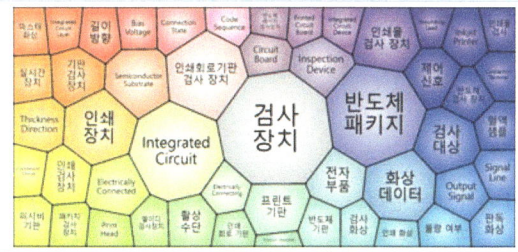

2구간(2016년~2022년)

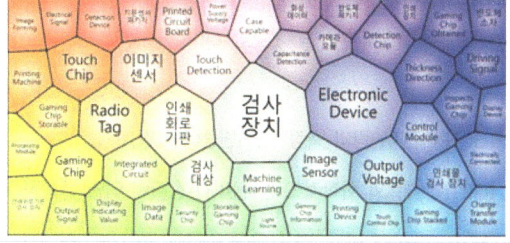

- 반도체 후공정 측정 검사/장비 품목에 대한 최근 구간 특허 주요기술 키워드 분석 결과, 1구간에는 '반도체 패키지'가 주요 기술 키워드로 도출되었고, 2구간에서는 '기판 반도체 패키지'가 주요 기술 키워드로 도출됨

  (1구간 주요 키워드) 반도체 패키지, 검사 장치, Integrated Circuit, Signal Line, 피시비 기판

  (2구간 주요 키워드) Gaming Chip, 검사 장치, 인쇄 회로, 기판 반도체 패키지, Electronic Device

(2) 기술 현황 분석

□ 전 세계적으로 통용되고 있는 국제특허분류를 통해 해당품목의 기술현황 및 집중기술 분야를 확인할 수 있으며, 연도별 기술현황 변화추이를 확인함으로써 해당품목에 대한 기술변화 트렌드 변화를 유추

   * IPC(International Patent Classification) : 국제특허분류

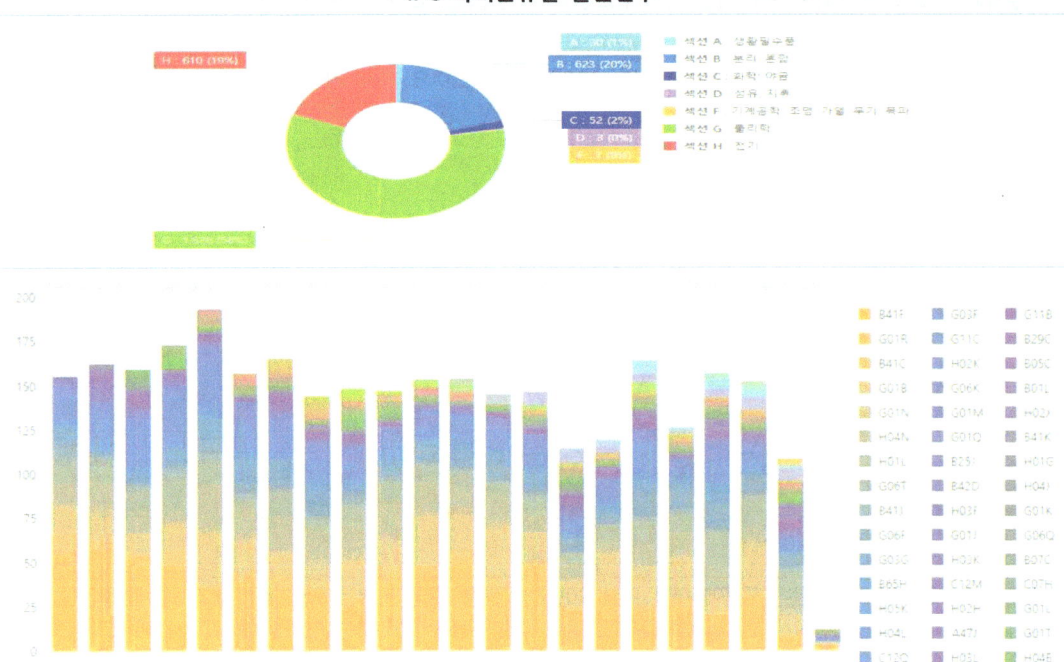

- 반도체 후공정 측정 검사/장비 품목은 섹션 G 물리학 기술 분야의 비중이 가장 높은 것으로 나타났으며, 그중에서도 전기변량의 측정; 자기변량의 측정 (G01R) 기술분야에서 집중 연구개발 되고 있는 것으로 분석됨
- 연도별 기술현황 변화추이를 보았을 때, 최근에는 (G01N) 기술 분야인 '재료의 화학적 또는 물리적 성질의 검출에 의한 재료의 조사 또는 분석' 관련 분야와 (H01L) 기술 분야인 '반도체 장치; 다른 곳에 속하지 않는 전기적 고체 장치' 관련 분야에서 출원이 진행된 것으로 나타남

IPC - Sub Class	출원건수
• (G01R) 전기변량의 측정; 자기변량의 측정	583
• (G01N) 재료의 화학적 또는 물리적 성질의 검출에 의한 재료의 조사 또는 분석	380
• (H01L) 반도체 장치; 다른 곳에 속하지 않는 전기적 고체 장치	279
• (B41J) 특수문자를 위한 것, 예. 한자 또는 바코드를 위한 것	245
• (G06F) 전기에 의한 디지털 데이터처리	227

(3) 기술 집중력 분석

☐ 주요출원인에 의한 특허점유율을 분석하여 기술집중력(시장 독과점 수준)을 판단하는 것으로, 특허동향조사에서는 통상 CR4를 사용하며, CRn값이 0에 가까울수록 시장 독과점 수준이 낮은 것을 의미하고, CR4 값이 40에서 60일 경우(CR1 지수는 50 이상일 경우, CR2 또는 CR3 지수는 75 이상일 경우) 시장의 독과점 수준이 높은 것으로 해석됨

* CRn(집중률지수, Concentration Ratio n) = (1위 출원인의 특허점유율) + ... + (n위 출원인의 특허점유율)

	주요출원인	출원건수	특허점유율	CRn	n
주요 출원인 집중력	삼성전자	250	7.7%	8	
	PANASONIC	116	3.6%	11	
	TOSHIBA	49	1.5%	13	
	SHENZHEN GOODIX TECHNOLOGY	49	1.5%	**14**	**4**
	SHARP	37	1.1%	15	
	RENESAS ELECTRONICS	37	1.1%	17	
	RICOH	36	1.1%	18	
	삼성전기	35	1.1%	19	
	KOMORI	35	1.1%	20	
	ANRITSU	33	1.0%	21	
	전체	3244	100%	CR4 = 14	
	출원인 구분	출원건수	특허점유율	CRn	n
국내시장 중소기업 집중력	중소기업(개인)	562	49.0	49.0	중소기업
	대기업	296	25.8		
	연구기관/대학	82	7.1		
	기타(외국인)	207	18.0		
	전체	1147	100.0%	CR중소기업 = 49.0	

- 반도체 후공정 측정 검사/장비 품목에 대한 시장관점의 기술독점 집중률 지수(CRn) 분석결과, 상위 4개 기업의 시장점유율이 14로, 주요출원인에 의한 독과점 정도는 현재까지는 심하지는 않은 것으로 분석됨
- 국내시장에 있어서 중소기업(개인)에 의한 출원 점유율이 49로 가장 높게 나타나며, 대기업 및 기타(외국인)의 출원 점유율이 각각 25.8 및 18로 나타남. 이에 따르면 중소기업의 시장 독과점 수준이 높은 것으로 나타나며, 다수의 중소기업(개인) 출원인이 시장에서 경쟁적으로 특허출원을 진행하고 있는 것으로 분석됨

다. 주요 출원인 분석

(1) 주요 출원인 동향

☐ 주요출원인을 기준으로, 해당품목에 대해 기술개발을 주도하고 있는 기관 및 기업을 파악하고, 한국(KIPO), 미국(USPTO), 일본(JPO), 유럽(EPO) 국가별 출원현황 분석을 통해 주요출원인들이 고려하고 있는 주요시장국이 어디인지 예측하여 거시적 관점의 향후 트렌드를 전망

☐ 타 국가 대비 국내 기관 및 기업의 출원 활동 현황 및 수준을 파악하여 연구개발에 있어 비중 있는 사전 파악이 필요한 기관 및 기업 제시

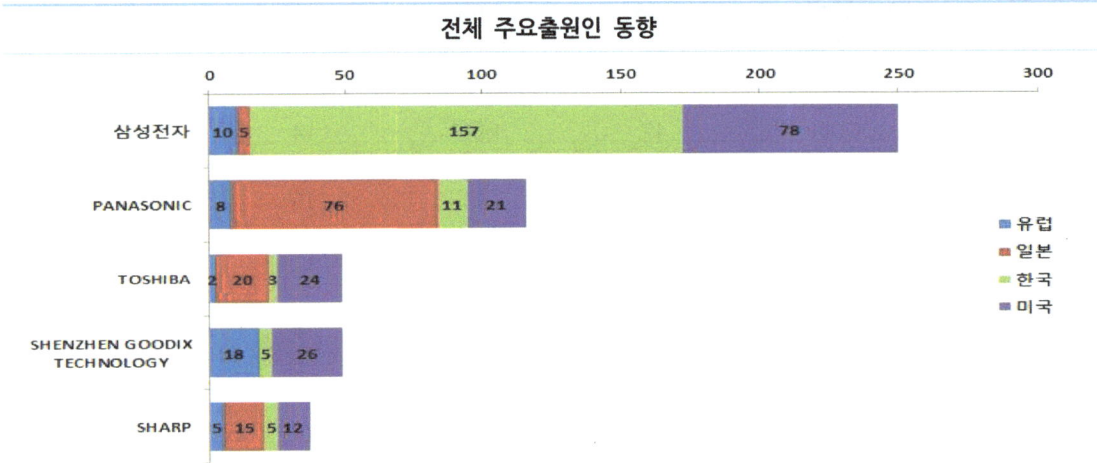

- 반도체 후공정 측정 검사/장비 품목의 주요 출원인 Top 5를 살펴보면, 일본, 한국, 중국 국적의 출원인이 포함되어 있는 것으로 나타나며, 특히 Top 5 내에 일본 국적의 출원인이 다수 포함되어, 일본 출원인에 의해 기술 개발이 주도되고 있는 것으로 나타남
- 한국 국적의 출원인으로는 삼성전자가 유일하게 주요출원인 Top 5에 포함됨
- 국내 주요 출원인은 삼성전자뿐 아니라 삼성전기 및 고영테크놀로지도 도출되어, 연구기관 및 학교보다는 대기업 및 중소기업 등 기업에 의해 기술개발이 주도적으로 진행되고 있는 것으로 분석됨

(2) 주요 출원인 기술 키워드 및 주요특허 분석

□ 주요출원인이 출원한 해당품목의 특허 기술 키워드 확인을 통해 출원인별 집중연구 분야를 파악할 수 있으며, 등록특허를 기준으로 피인용문헌수 및 패밀리 국가수가 큰 주요특허를 사전검토 함으로써 주요출원인의 주력기술 분야를 예측

* 기술 키워드 분석범위 : 요약, * 키워드 구성 : 구문, * 키워드 출력 수 : 50개
* 주요특허 도출 기준 : 등록특허를 기준으로 피인용문헌수 및 패밀리 국가수가 큰 특허를 주요특허로 도출

◎ 삼성전자

주요 키워드 및 주요특허 분석

- 반도체 패키지, Output Pad, 반도체 모듈, Printer Head, Printing Medium, Semiconductor Module, Predetermined Error, Predetermined Parity, Sensing Signal, Bio Chip

등록번호 (출원일)	명칭	기술적용분야	IP 경쟁력	
			피인용 문헌수	패밀리 국가수
US 6542236 (2003.04.01)	Illuminating and optical apparatus for inspecting soldering of printed circuit board	인쇄회로기판에 실장 및 솔더링된 각종 전자부품을 균일하게 조명하고 촬영하여 실장 및 납땜 상태를 자동으로 검사하는 조명장치 및 광학장치	107	1
KR 10-1341566 (2013.12.09)	소켓, 검사 장치, 그리고 적층형 반도체 소자 제조 방법	적층형 반도체 소자 패키지에서 하부에 제공되는 반도체 소자 패키지의 전기적 연결 상태를 검사하는 과정에서, 양품으로 판정된 상부에 제공되는 반도체 소자 패키지가 낭비되는 것을 방지할 수 있는 검사 장치 및 방법	28	1
KR 10-1886268 (2018.08.01)	반도체 패키지 검사 장치 및 이를 이용한 반도체 패키지 검사 방법	반도체 패키지의 전기적 특성을 검사하는 반도체 패키지 검사 장치 및 이를 이용한 반도체 패키지 검사 방법	23	1

- 삼성전자는 반도체 후공정 측정 검사/장비 품목과 관련하여 Top 1 출원인으로 한국을 위주로 출원을 진행하였으며, 주로 광학장치를 통한 솔더링 검사 및 반도체 패키지 전기적 특성 검사 기술에 집중하여 출원을 진행하고 있어 관련 기술력이 높은 것으로 조사됨

◎ PANASONIC

주요 키워드 및 주요특허 분석

- 반도체 집적회로, 검사 장치, 결함 리스트, 결함 엔트리, 반도체 집적회로 장치, Luminance Level, 인쇄 검사, 데이터 영역, 결함 영역, 반도체 웨이퍼

등록번호 (출원일)	명칭	기술적용분야	IP 경쟁력	
			피인용 문헌수	패밀리 국가수
JP 3631451 (2004.12.24.)	반도체 집적회로 검사 장치 및 검사 방법	반도체 웨이퍼상에 형성되어 있는 복수의 반도체 집적회로 소자 전기적 특성을 웨이퍼 레벨로 일괄적으로 검사하는 반도체 집적회로 검사 방법 및 상기 검사 방법에 이용하는 검사 장치	14	4
US 7630536 (2006.08.04.)	Printing inspection apparatus, printing inspection method, printing inspection data generating apparatus, and printing inspection data generating method	기판에 인쇄된 크림 솔더의 인쇄 상태를 검사하기 위한 인쇄 검사 장치 및 인쇄 검사 방법으로, 기판에 인쇄된 크림 땜납의 인쇄 상태를 검사하는 인쇄 검사 장치에 사용되는 검사 데이터를 생성하는 방법	9	7
JP 3835333 (2006.08.04.)	인쇄 배선 기판 검사 방법과 검사 장치	2개의 도체 패턴 사이에 발생한 잠재적 단락을 검출하고, 그것을 제거하기 위해 유효한 인쇄 배선 기판 검사 방법과 검사 장치	7	1

- PANASONIC는 반도체 후공정 측정 검사/장비 품목과 관련하여 Top 2 출원인으로, 자국인 일본을 위주로 출원을 진행하였으며, 반도체 집적회로 소자 전기적 특성 검사 및 패턴 단락 검출 검사 장치 등 반도체 검사 장치 관련 기술에 집중하여 출원을 진행하고 있어 반도체 후공정 측정 검사 장비 품목과 관련하여 기술력이 높은 것으로 조사됨

◎ TOSHIBA

주요 키워드 및 주요특허 분석

- Memory Circuit. Main Image. 형광 인쇄. Detection Region. 인쇄 데이터. 반도체 집적회로. 복수 기능 회로. 라인 센서. 전원 전압. 불량 패턴

등록번호 (출원일)	명칭	기술적용분야	IP 경쟁력	
			피인용 문헌수	패밀리 국가수
US 7266759 (2007.09.04)	Semiconductor integrated circuit device and error checking and correcting method thereof	반도체 집적회로 장치에 관한 것으로, 특히 ECC(Error Checking and Correcting) 회로를 갖는 반도체 집적회로 장치 및 그 오류 검사 및 정정 방법	41	3
US 7222026 (2007.05.22)	Equipment for and method of detecting faults in semiconductor integrated circuits	반도체 집적 회로의 결함 분석에 관한 것이다. 특히, 테스터 정보로부터 고장 패턴을 자동으로 분류하는 고장 검출 방법 및 이를 위한 장비	22	5
JP 4481624 (2010.03.26)	Semiconductor integrated circuit device with power-on reset circuit for detecting the operating state of an analog circuit	통장류나 카드 등의 인쇄 매체에 인쇄된 얼굴 사진이나 개인정보의 양부를 검사하는 화상 검사 장치, 화상 검사 방법, 화상 인쇄 장치 및 화상 인쇄 방법	7	1

- TOSHIBA는 반도체 후공정 측정 검사/장비 품목과 관련하여 Top 3 출원인으로, 일본 및 미국 양국을 위주로 출원을 진행하였으며, 반도체 집적회로의 고장 패턴 분석 방법 및 화상 검사 방법에 대한 기술을 보유하고 있음으로 반도체 후공정 측정 검사 장비 품목과 관련하여 기술력이 높은 것으로 조사됨

4. 전략품목 기술로드맵

가. 핵심기술

(1) 요소기술 도출

◎ 특허 키워드 클러스터링 기반 요소기술 후보도출

[반도체 후공정 측정/검사 장비 토픽 클러스터링 결과]

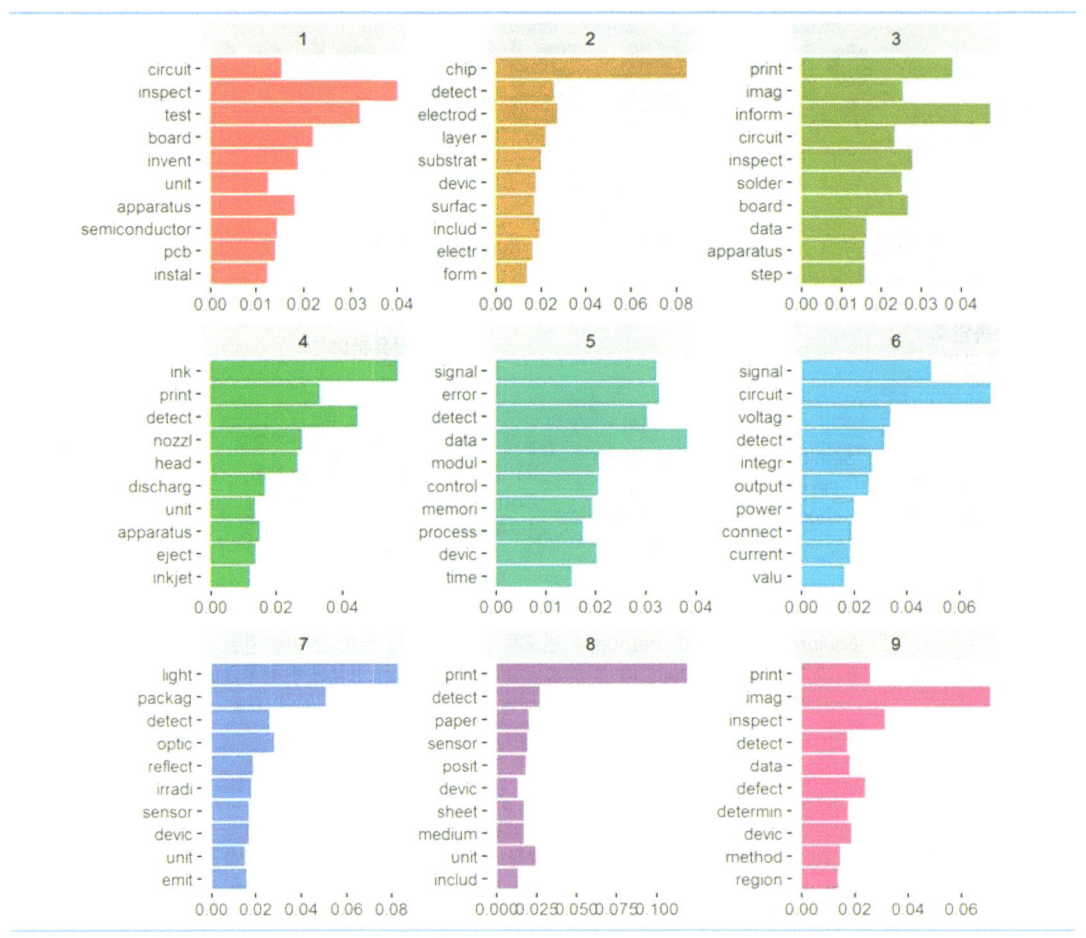

* 출처: 자체작성

[LDA 클러스터링 기반 요소기술 후보도출]

No.	상위 키워드	대표적 관련 특허	요소기술 후보
클러스터 01	inspect test board invent apparatus	• INSPECTION METHOD, AN INSPECTION APPARATUS, AND A COMPUTER-READABLE STORING MEDIUM STORING A PROGRAM, PARTICULARLY RELATED TO OBTAINING ELECTRIC COMMUNICATION BETWEEN A PROBE AND AN OBJECT • APPARATUS AND METHOD FOR INSPECTING DEFECT OF OBJECT TO PREVENT COLLISION OF LENS AND SEMICONDUCTOR WAFER AND REDUCE REACTION RATE	반도체 집적회로의 전류 특성 검사 장치
클러스터 02	chip electrod detect layer substrate	• device and method for testing semiconductor device • Semiconductor device, detection method and program • Methods and apparatus for margin testing integrated circuits using asynchronously timed varied supply voltage and test patterns	전압 및 테스트 패턴을 이용한 반도체 측정 기술
클러스터 03	inform print inspect board image	• Method for testing integrated circuits • Integrated circuit comprising scan test circuitry with parallel reordered scan chains • Data inversion register technique for integrated circuit memory testing	직접회로 테스트 공정
클러스터 04	ink detect print nozzl head	• Method for cleaning semiconductor device probe • Probe head apparatus for testing semiconductors • apparatus for supporting and manipulating a testhead in an automatic test equipment system	측정용 프로브 헤드
클러스터 05	data error signal detect module	• CONNECTOR PIN device FOR test SEMICONDUCTOR CHIP AND METHOD OF MANUFACTURING SAME • INTEGRATED CIRCUIT DIE test apparatus AND METHODS • test SOCKETS FABRICATED BY MEMS TECHNOLOGY FOR test OF SEMICONDUCTOR devices	직접회로 테스트 모듈 장치
클러스터 06	circuit signal voltag detect integrate	• apparatus and method for testing semiconductor integrated circuits, and a non-transitory computer-readable medium having a semiconductor integrated circuit testing program • testing fuse configurations in semiconductor devices	반도체 퓨즈 구성 테스트
클러스터 07	light packag optic detect reflect	• METHOD FOR test AN INTEGRATED CIRCUIT • Integrated circuit and test method • Semiconductor device semiconductor device testing method, and data processing system	직접회로 전류특성 검사 장치
클러스터 08	print detect unit paper sensor	• Integrated circuit testing module including signal shaping interface • METHODS AND SYSTEMS FOR SEMICONDUCTOR test USING A test SCENARIO LANGUAGE	반도체 측정 시스템
클러스터 09	image inspect print defect device	• Focusing optical systems and methods for testing semiconductors • Semiconductor fault analysis device and fault analysis method	반도체 고장 분석

* 출처: 자체작성

◎ 특허 분류체계 기반 요소기술 후보도출

[IPC 분류체계에 기반 요소기술 후보도출]

IPC 기술트리		요소기술 후보
(서브클래스) 내용	(메인그룹) 내용	
(G01B) 길이, 두께 또는 유사한 직선치의 측정; 각도의 측정; 면적의 측정; 표면 또는 윤곽의 불규칙성 측정	(G01B-011) 광학적 수단의 사용에 의해서 특징 지워진 측정장치	초미세 결함 인식 및 분류 기술
	(G01B-015) 파동 또는 입자 방사선의 사용에 의하여 특징 지워지는 측정장치	-
	(G01B-021) 이 서브클래스의 다른 그룹의, 개별형식의 측정수단에 적합하지 아니한 측정장치 또는 그 세부 포함	-
(G01R) 전기변량의 측정; 자기변량의 측정	(G01R-031) 전기적 특성을 시험하기 위한 장치; 전기적 고장의 위치를 나타내기 위한 장치; 달리 분류가 되지 않고 시험하는 것에 특징이 있는 전기적 시험을 위한 장치	초미세 반도체의 검사 및 측정이 가능한 Probe system 기술
(H01L) 반도체 장치; 다른 곳에 속하지 않는 전기적 고체 장치	(H01L-021) 반도체 장치 또는 고체 장치 또는 그러한 부품의 제조 또는 처리에 특별히 적용되는 방법 또는 장비	생산비용 절감 및 신뢰성 향상을 위한 ATE system 기술

* 출처: 자체작성

◎ 최종 요소기술 도출

☐ 기술·시장 분석, 기술수요, 기술(특허)분석, 전문가 추천을 바탕으로 요소기술 후보 도출

☐ 요소기술 후보를 대상으로, 전문가를 통해 기술의 범위, 요소기술 간 중복성 등을 조정·검토하여 최종 요소기술 확정

[반도체 후공정 측정/검사 장비 요소기술 도출]

요소기술	출처
기판 투과율 및 반사율 제어 기술	특허 클러스터링, 전문가추천
광원 단파장화에 따른 투과율 및 복굴절 제어	특허 클러스터링, 전문가추천
반도체 웨이퍼 오염진단을 위한 측정분석기술	특허 클러스터링, IPC 기술체계, 전문가추천
복수의 프로세서 병렬 처리를 통한 고속 외관 검사용 화상 처리 기술개발	특허 클러스터링, 전문가추천
반도체 패키지 공정의 반도체 칩과 트레이의 불량 검사 시스템 개발	특허 클러스터링, IPC 기술체계
IC 웨이퍼의 번인(burn in) 검사장치	특허 클러스터링, IPC 기술체계
반도체 패키지 기판 하이브리드(2D Color/3D) 검사 시스템 개발	특허 클러스터링

(2) 핵심기술 선정 및 기술로드맵 기획 절차

☐ 특허 분석을 통한 요소기술과 기술수요와 기술시장분석을 기반으로 한 요소기술, 전문가 추천 요소기술 등을 종합하여 요소기술을 도출한 후, 전문가위원회의 평가과정 및 검토/보완을 거쳐 핵심기술 확정

☐ 핵심기술 선정 지표: 기술개발 시급성, 기술개발 파급성, 기술의 중요성 및 중소기업 적합성

[핵심기술 선정 및 기술로드맵 기획 프로세스]

① 요소기술 도출	② 요소기술 평가	③ 핵심기술 확정	④ 기술로드맵 기획
• 전략품목 현황 분석 • 특허 IPC 분류체계 • 전문가 추천	• 전문가위원회 전력품목별 요소기술 평가 • 핵심기술 선정	• 전략품목별 핵심기술 검토 • 핵심기술 개요 범위 검토	• 핵심기술을 대상으로 전략품목별 기술로드맵 구축

(3) 핵심기술 리스트

[반도체 후공정 측정/검사 장비 핵심기술]

핵심기술	개요
기판 투과율 및 반사율 제어 기술	▪ 다층 또는 이종 패키징 제조시 발생할 수 있는 이물 또는 Void, 정확한 Align 등을 특정 광원의 파장으로 투과율과 반사율의 비율을 제어하여 분석 제품의 이상 유무를 측정하는 기술
광원 단파장화에 따른 투과율 및 복굴절 제어	▪ 백색광의 빛을 광원으로 사용하여 특수 Filter를 이용 단파장으로 필터링된 광원을 파장별 시편에 조사하여 투과도와 복굴절(반사도이론적용)제어를 통해 제품의 위치 및 경계면을 분석하는 기술
반도체 웨이퍼 오염진단을 위한 측정분석기술	▪ 반도체 공정에서 발생되는 오염물을 실시간으로 검출하고, 특히 다양한 초미세 오염물의 농도 측정 및 분석하는 기술
복수의 프로세서 병렬 처리를 통한 고속 외관 검사용 화상 처리 기술개발	▪ 고속으로 반도체의 외관을 검사할 수 있는 화상처리 장치의 하드웨어 및 소프트웨어 기술을 적용하여 제품을 검사하는 기술
반도체 패키지 공정의 반도체 칩과 트레이의 불량 검사 시스템 개발	▪ 반도체패키징 공정에서 트레이 위의 칩 위치 불량을 검사하는 장비로 비전과 레이저를 이용하여 불량을 검사하는 기술

나. 기술개발 로드맵

(1) 중기 기술개발 로드맵

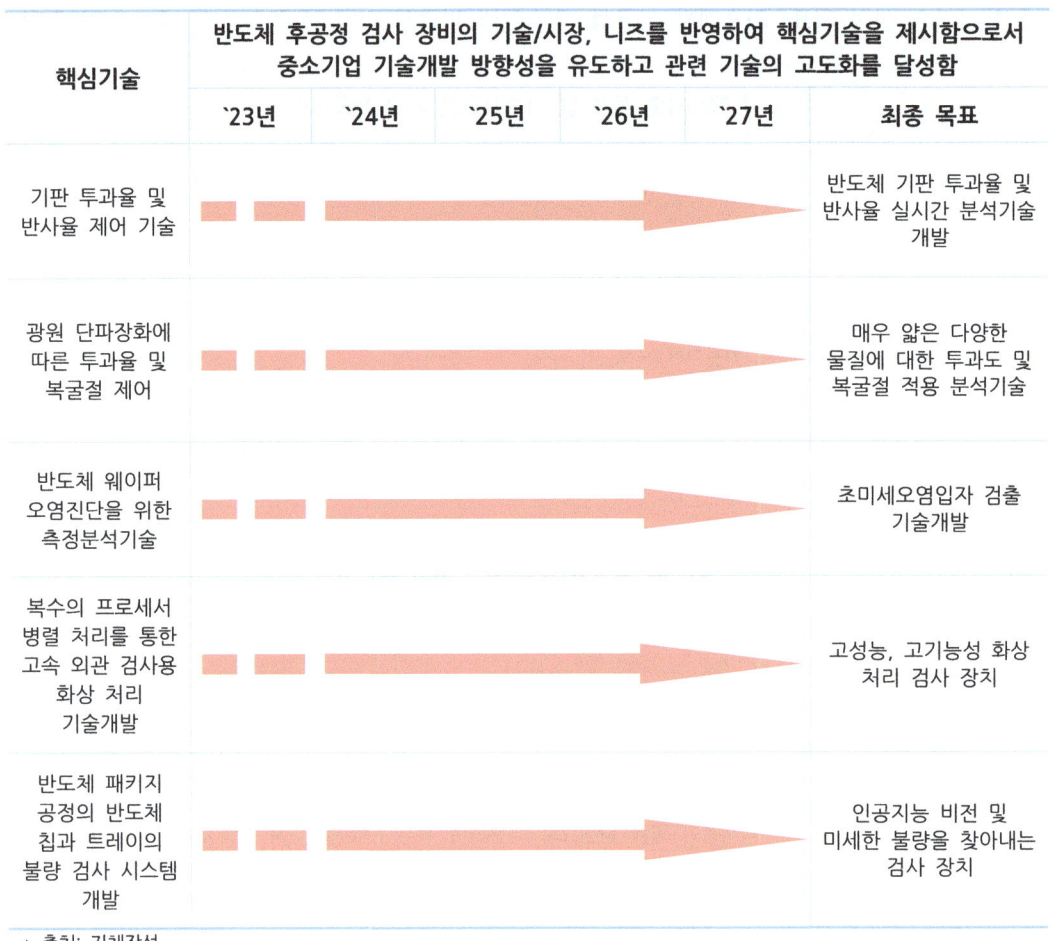

[반도체 후공정 측정/검사 장비 기술개발 로드맵]

* 출처: 자체작성

(2) 기술개발 목표

☐ 최종 중소기업 기술로드맵은 기술/시장 니즈, 연차별 개발계획, 최종목표 등을 제시함으로써 중소기업의 기술개발 방향성을 제시

[반도체 후공정 측정 검사 장비 핵심기술 연구목표]

핵심기술	기술 요구사항	연차별 개발목표					최종목표	연계 R&D 유형
		1년차	2년차	3년차	4년차	5년차		
기판 투과율 및 반사율 제어 기술	투과 및 반사가 가능한 파장확보 및 제어 기술	비젼 카메라 설계 및 개발	광원 파장에 따른 투과율 반사율 기술개발	측정알고리즘 및 SW개발	시스템 개발 및 신뢰성 평가	양산적용 평가	반도체 기판 투과율 및 반사율 실시간 분석기술 개발	기술혁신
광원 단파장화에 따른 투과율 및 복굴절 제어	단파장에 따른 물질 특성 분석 광학 및 알고리즘 개발	단파장에 대한 투과 및 반사도 기술확보	투과 및 반사도에 대한 알고리즘 확보 및 AI 접목	광원 단파장분리 광학계 설계 제작	단파장을 만들어 가변적으로 선택 가능한 시스템설계	다양한 물질에 대한 양산 적용 평가	매우 얇은 다양한 물질에 대한 투과도 및 복굴절 적용 분석기술	기술혁신
반도체 웨이퍼 오염진단을 위한 측정분석기술	불순물측정진단기술	승온기술 및 진공도기술	정량적 및 정성적 검출 기술	TDS장비 개발 및 검증	고생산성 진공 클러스터 모듈 평가 및 개선	양산적용 평가	초미세오염입자 검출 기술개발	기술혁신
복수의 프로세서 병렬 처리를 통한 고속 외관 검사용 화상 처리 기술개발	고속처리 및 고정밀 화상처리 기술	고정밀 화상처리 기술 개발	고속처리 알고리즘 개발	검사 알고리즘 개발	검사용 소프트웨어 및 하드웨어 일체형 시스템개발	양산적용 평가	고성능, 고기능성 화상 처리 검사 장치	기술혁신
반도체 패키지 공정의 반도체 칩과 트레이의 불량 검사 시스템 개발	3D센스 및 불량검출 알고리즘 처리 기술	3D 센스 및 비젼 기술 개발	고속처리 및 분석 알고리즘 개발	정밀구동 제어 시스템 개발	인공지능 비전검사를 포함한 시스템 개발	양산적용 평가	인공지능 비전 및 미세한 불량을 찾아내는 검사 장치	기술혁신

다. 중소기업 기술개발 전략

- ☐ 국내 중소제조업의 반도체 후공정 측정검사 장비 개발을 위한 로드맵 수정과 마스터플랜의 재정립

- ☐ 반도체 미세화 기술 및 고집적화에 대한 인식제고와 방향성 정립

- ☐ 기술 진입장벽이 높아 중소기업의 진입이 제한적이며, 대기업 중심의 기술개발이 진행되고 있어 대기업을 포함한 산/학/연 간의 기술협력이 필요

- ☐ 중소기업에서는 반도체 장비 기술에 대한 이해와 의사결정이 쉽지 않음으로 정부의 기술로드맵을 충실히 이행함으로써 리스크를 줄이며 반도체 분석/측정/검사장비 분야로 기술 범위 확대가 필요

전략품목 현황분석

반도체 식각 장비

반도체 식각 장비

전략품목 정의 및 범위

- 식각장비는 반도체 제조 공정에서 반도체 웨이퍼 또는 웨이퍼 위에 증착된 박막을 선택적으로 제거하여 원하는 형태의 구조물로 만드는 장치임
- 식각 반응에 사용하는 물질에 따라 습식 식각과 건식 식각으로 나뉘는데, 습식 식각의 경우 용해성 화학물질을 사용하고, 건식 식각의 경우 기체 또는 플라즈마를 사용함 건식 식각장비는 식각 방향을 자유롭게 선택할 수 있기 때문에 미세한 공정에 사용할 수 있으며, 현재 거의 모든 건식 식각장비는 플라즈마를 사용하고 있음

전략품목 관련 동향

◎ 시장전망 및 제품 동향

- **(시장전망)** `21년 132억 달러였던 세계 식각장비 시장 규모는 `26년 165억 달러로 증가할 것으로 전망되며, 국내시장은 `21년 4조 2,755억 원에서 `26년 5조 2,109억 원으로 증가할 것으로 전망됨
- **(제품동향)** 세계 경제는 계속해서 신종 코로나 바이러스(COVID-19)의 영향을 받으면서도 서서히 활발해지고 있으며, 반도체 식각장비 시장은 전년도의 견고한 성장의 흐름을 이어받아 폭넓은 용도로 수요가 강화되었고 크게 성장함

◎ 기술개발 및 플레이어 동향

- **(기술동향)** 파운드리 에코시스템이 점차 확대되고 있으며 반도체 IP의 확보가 매우 중요해지고, 공정 미세화와 반도체 복잡도 증가에 따라 NPU, GPU, ISP, 코덱, 인터커넥트, 프로세서 코어 등 전문 IP가 활성화되고 매출 규모도 커짐
- **(플레이어)** AMAT(미), Lam research(미), ASML(네), Tokyo Electron(일), KLA-Tencor(미), 삼성전자(한), SK하이닉스(한)
- **(중소기업)** SEMES, 피에스케이, 주성엔지니어링, 기가레인, 에이피티씨, 테스 등

◎ 핵심기술

- 내플라즈마성 세라믹 부품 소결 기술
- 반도체식각 초저온용 서셉터 시스템 개발
- 플라즈마 공정 Network 기반 진단 센서 개발
- 플라즈마 에칭 장비를 이용한 패턴 프로파일 조절 기술
- 초박막 식각기술

중소기업 기술개발 전략

➔ 반도체 산업의 특성상 공정장비에 대한 테스트 및 수용은 매우 보수적이며, 이를 극복하기 위해서는 전략적 컨소시엄의 구성 및 수요기업을 통한 평가에 대한 정부차원의 협력지원이 필수적으로 요구됨

➔ 차후세대에 해당하는 핵심 공정에 대해 중소기업이 정부차원의 지원을 바탕으로 해외기술에 의존하지 않은 공정기술의 자립화 및 이를 통한 무역역조 완화가 필요

➔ 반도체 장비 산업은 딥러닝과 인공지능을 바탕으로한 공정제어, 공정설계 및 스마트 제조로의 큰 방향성을 보이고 있으며, 이를 위해, 중소기업을 중심으로한 요소기술들의 표준화, 시험 인증기반을 강화할 필요가 있음

1. 개요

가. 정의 및 필요성

(1) 정의

- ☐ 식각장비는 반도체 제조 공정에서 반도체 웨이퍼 또는 웨이퍼 위에 증착된 박막을 선택적으로 제거하여 원하는 형태의 구조물로 만드는 장치임

- ☐ 반도체 소자의 크기가 점차 미세화 및 고집적화 되어감에 따라 식각장비를 설계, 구현, 검증에 많은 시간과 노력이 들어가고 있으며, 이를 보완하기 위해서 다양한 반도체 식각 기술이 개발되고 있음

- ☐ 식각 반응에 사용하는 물질에 따라 건식 식각과 습식 식각으로 나눌 수 있음

    - 건식 식각 : 건식 식각은 반응성 기체, 이온 등을 이용해 특정 부위를 제거하는 방법임 건식 식각은 플라즈마 식각이라고 하는데, 일반 대기압보다 낮은 압력인 진공 챔버에 가스를 주입한 후, 전기 에너지를 공급하여 플라즈마를 발생시킴. 플라즈마는 고체-액체-기체를 넘어선 물질의 제 4 상태로 많은 수의 자유전자, 이온, 중성의 원자 또는 분자로 구성되어 이온화된 기체를 뜻함

        - 이온화 : 전기적으로 중성인 원자 또는 분자가 자신이 보유하고 있던 전자를 떼어 내거나 추가 확보함으로써, 양전하 또는 음전하 상태로 바뀌는 현상.

        - 플라즈마 : 플라즈마란 강력한 전기장이나 열원 등에 의해 이온화된 기체를 말하며, PDP 디스플레이, 형광등, 네온사인, 절단기 등 뿐만 아니라, 최근에는 의료 분야에서도 사용되고 있음

    - 습식 식각 : 습식 식각(Wet Etching)은 용액을 이용 화학적인 반응을 통해 식각하는 방법임 습식 식각은 건식에 비해 비용이 저렴하고, 식각 속도가 빠르며, 공정도 단순한 장점이 있으나, 건식 식각에 비해 상대적으로 정확성이 낮고, 식각에 사용한 화학 물질로 인해 오염 문제가 발생할 수 있음

- ☐ 반도체 식각 장비는 반도체·디스플레이 분야에서 초미세화 및 고집적 반도체 장비 고도화를 위한 전략품목으로, 우수 공정기술 개발을 통해 반도체 디스플레이 분야에 있어서 차별화된 경쟁력 확보가 가능할 것으로 전망됨

[반도체·디스플레이 장비 품목로드맵 내 반도체 식각 장비]

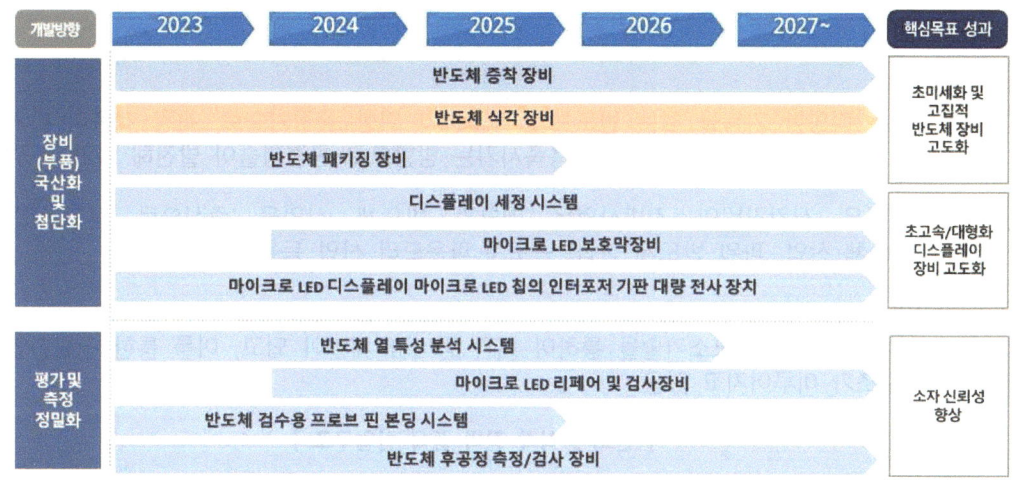

* 출처 : 자체작성

(2) 필요성

☐ 반도체 식각 공정의 중요성

- 반도체 공정에서 식각 공정의 역할은 플라즈마(Plasma)로 증착된 필름에 패턴을 새겨 각 공정별 Profile을 만드는 것임. 최종 목적은 어떤 조건에서도 설계 그대로 정확하게 형태를 구현하며, 그 결과물을 균일하게 유지하는 것임

- 증착 공정이나 포토 공정은 문제가 발생하면 선택적 식각 작업을 통해 해당 영역만 제거할 수 있지만, 식각 공정은 한 번 잘못되면 되돌릴 수 없음. 패턴 형성을 위해 깎아낸 자리에 같은 물질을 다시 채워 넣는 것은 불가능하기 때문. 식각 공정의 성패에 따라 수율과 품질이 결정될 정도로 식각 공정은 전체 반도체 생산 공정에서 중요한 역할을 맡고 있음

- 균일도(Uniformity)란 식각이 얼마나 고르게 진행됐는가를 의미함. 균일도가 중요한 이유는 회로의 각 부분마다 식각된 정도가 다르다면 특정 부위에서 칩이 동작하지 않을 수 있음. 반도체 회로의 모든 부분에서 식각이 같은 속도로 같은 양만큼 진행된다면 정말 깔끔한 반도체를 얻을 수 있지만, 오차는 있을 수 밖에 없기에 균일도를 최대한 높이는 것이 중요함

- 식각 속도는 일정 시간동안 막이 얼마나 제거 됐는지를 의미함. 플라즈마 상태의 원자와 이온의 양 또는 그 원자나 이온이 가지고 있는 에너지에 따라 식각의 빠르기가 결정되는데 양이 많고 에너지가 높다면 식각 속도는 증가하게 됨. 따라서 이러한 양과 에너지를 조절하여 식각의 알맞은 속도를 맞출 수 있음

- 이 외에도 막질에 따라 서로 다른 식각 량을 비율로 나타낸 선택비(Selectivity) 등의 고려 사항들이 존재

나. 범위 및 분류

(1) 가치사슬

☐ 식각장비는 다양한 기능을 갖는 반도체를 제작하기 위한 공정기술로, 특정 제품이나 기능을 지향하는 것이 아니라 기술적 니즈를 충족시키는 방향으로 공정기술이 발전해 나가고 있음

☐ 국내의 경우 식각장비의 전방산업은 메모리 반도체 산업을 중심으로 하고 있으며, 시스템반도체 산업, 파워 반도체 산업, 반도체 파운드리 산업 등을 들 수 있음

☐ 식각장비의 후방산업은 시스템을 구성하는 부품소재기술, 부품기술, 공정소재기술로 나누어 질 수 있으며, 이러한 요소기술들 통하여 식각 장비가 개발이 되고, 이를 통한 전방산업으로의 산업구조가 이루어지고 있음

[반도체 식각 장비 품목 산업구조]

후방산업	반도체 식각 장비	전방산업
부품소재산업(세라믹소재, 금속소재, 실리콘, 내열소재 등) 부품기술(RF Component, ESC, Robot,Valve, Pump etc.) 공정소재기술 (고순도가스, 화학약품, 고분자소재, 금속소재 등)	Etcher (ICP-, CCP-RIE, Cryogenic Etcher, Atomic Layer Etcher etc.) Asher, Mask Strip System	메모리 반도체 산업, 시스템 반도체 산업, 반도체 파운드리 산업 등

* 출처 : 자체작성

(2) 용도별 분류

☐ 식각장비는 서로 다르지만 상호 협력하는 다양한 기반기술의 집합으로, 전체적으로는 다음과 같이 분류할 수 있음

- Etcher : 반도체 8대 공정 중 하나로, 화학 약품의 부식 작용을 이용하여 웨이퍼 상의 특정 물질을 제거하는 과정
  - ICP Etcher : 유도성 결합 플라즈마 장비(ICP)를 활용한 기법으로 챔버를 나선형, 솔레노이드형 코일로 감싸 자기장을 발생시키는 원리
  - CCP-RIE : 용량성 결합 플라즈마 장비(CCP)를 활용한 것으로 두 전극이 마주보고 있는 커패시터 형상을 하고 있으며 그라운드 전극 위에 와퍼(wafer)를 놓아 화학적 식각에 주로 사용
  - Cryogenic Etcher : 공정온도를 극한으로 낮추어 화학적 반응을 제어하는 방식으로 측면 방향으로 식각 되는 것을 억제하여 Passivation Gas(반도체 칩의 표면에 보호막을 코팅하기 위하여 사용하는 가스) 없이도 수직방향 식각(미세패턴 가공, 콘택, 측벽스페이서 생산에 활용)의 구현이 가능
  - Atomic Layer Etcher etc : 원자층 단위로 식각을 진행하는 공정법으로 표면을 얇게 식각하는 공정을 반복하여 원하는 패턴을 형성
- Asher : 포토 공정 이후 PR 잔여물을 제거하는 장비
- Mask Strip System : 반도체 노광공정(반도체 직접재료를 원하는 패턴으로 깎아내기 위한 사전 작업) 이후 불필요한 부분을 날리는 장비

2. 동향 조사 분석

가. 시장 분석

◎ **반도체가 미세화하면서 정밀한 식각에 대한 수요가 크게 증가**

- 반도체 소자의 미세화가 점점 심화되고 종횡비가 높아질수록(3D화 될수록) RIE 공정을 통해 식각한 소자의 균일성, 선택비, 표면 거칠기 등의 한계점들이 점점 드러나고 있는 상황임

- 차세대 트랜지스터 구조 GAA(Gate All Around) 공정에 활용할 수 있는 반도체 식각 장비가 개발되고 있고, 향후 중장기적으로는 ALE(Atomic Layer Etching)공정이 빠르지는 않지만 천천히 확대될 것으로 전망

◎ **세계 반도체 시장 전망**

☐ 세계 경제는 계속해서 신종 코로나 바이러스(COVID-19)의 영향을 받으면서도 서서히 활발해지고 있으며, 반도체 시장은 전년도의 견고한 성장의 흐름을 이어받아 폭넓은 용도로 수요가 강화되었고 크게 성장함

- 2021년의 세계 반도체 시장은 전년도 대비 26.2% 성장했음

- 2022년에는 전년도 대비 16.3% 성장할 것으로 예측함 계속해서 COVID-19나 지정학적 리스크로 인한 불투명한 요소가 존재하긴 하지만, 반도체의 잠재적인 수요를 반영했기 때문

- 2023년에는 전년도 대비 5.1% 성장할 것으로 예측함 세계 경기가 더욱더 회복되고, 반도체 수요의 폭이 확대될 것으로 기대

- 팬데믹 이후 재택근무와 관련된 수요로 컴퓨터나 태블릿PC, Wi-Fi 기기, 또는 동영상 업로드 및 게임기 시장이 확대됨. 또한 스마트폰의 5G와 맞물려, 인터넷상에서 교류하는 데이터 통신량이 비약적으로 증가함으로써, 통신 인프라 및 데이터 센터 관련 투자도 대폭 확대되어 반도체 수요를 향상 시켰음

- 2021년 후반부터 이러한 특별 수요의 일부가 약세를 보이게 된 반면, 경제 활동이 정상화되기 시작하면서 기업의 설비 투자가 확대 경향에 들어서면서 반도체 수요를 충당함

☐ 반도체 제조 장비 시장은 소비자 가전 수요가 증가함에 따라 성장할 것으로 예상

- 가전제품, 의료 기기 및 센서 시스템 생산업체의 반도체 칩에 대한 수요 증가는 반도체 산업을 발전시키고 있음

- 중산층의 부상, 변화하는 라이프스타일, 취향, 스마트 전자 장치 사용에 대한 수요 증가는 모두 최근 몇 년 동안 가전 제품의 성장에 기여함 이는 반도체 제조 장비 시장이 빠른 속도로 성장할 것임을 나타냄

- 또한 예측 기간 동안 반도체 부문은 5% 이상의 CAGR로 증가할 것으로 예상됨

- 이는 모바일 및 소비자 전자 장치 판매가 모두 증가했기 때문인데, 사물 인터넷(IoT), 초고화질(UHD) TV, 자동차 자동화, 하이브리드 노트북과 같은 신기술이 반도체 웨이퍼 수요를

계속해서 촉진할 것으로 예상
- 시장 분석가들은 향후 자동차 및 산업 부문에서 반도체 웨이퍼에 대한 수요가 크게 증가 할 것으로 예측

◎ 해외 반도체 시장 동향

☐ 미국
- (세계 1위) 미국은 반도체산업을 태생시킨 실리콘밸리를 중심으로 전 세계의 IT산업의 트렌드를 주도하고 있음
- 2019년 기준 2,160억 달러의 반도체 생산액으로, 세계 시장의 50.6%를 점유하고 있으며, 거의 매해 40% 후반에서 50% 초반의 안정된 시장점유율을 차지
- 반도체산업의 설계, 제조, 장비, 재료 등의 산업별 부문뿐만 아니라, 메모리, 시스템반도체, 장비·소재 등 제품별 부문에서도 세계 최고의 경쟁력을 유지
- AMAT, Lam Research와 같은 선도적인 반도체 장비기업을 보유하고 있어, 건실한 반도체산업의 기틀을 확보하고 있음

☐ 유럽
- 유럽은 자동차에 사용되는 시스템반도체 제조중심의 산업구조를 갖추고 있으며, 건실한 기초과학을 바탕으로 장비 및 소재부문에서의 경쟁력을 확보하고 있으나, 전체적으로 시장을 주도할 수 있는 역량은 부족
- 2019년 기준 유럽의 반도체 생산액은 407억 달러로, 세계 반도체시장의 9.5%를 점유하고 있으며, 큰 변화 없이 200~300억 달러 수준의 생산량을 유지
- 시장점유율에 있어 단일 국가인 미국, 한국, 일본에 미치지 못하며, 유럽 내에서도 독일, 영국, 프랑스, 벨기에 등 몇몇 국가에 한정되어 산업이 형성
- 반도체 장비부문에서는 네덜란드의 ASML이 Lithography 부문에서 독보적인 기술력으로 세계 2위 장비기업에 올라있으며, 기초과학이 발전한 독일 및 프랑스 등의 재료기업들도 경쟁력을 갖춤

☐ 일본
- 일본은 전통적으로 미국과 함께 반도체강국으로 군림하였고, 1980년대에는 메모리산업을 중심으로 미국의 시장주도권을 위협할 만큼 반도체산업이 왕성했으나, 2000년대 중반 이후 지속적으로 시장에서 쇠퇴하고 있음
- 2000년대 중후반 세계시장의 25% 수준의 반도체시장 점유율은, 2019년 현재 10.2%까지 하락하였으며, 한국에 추월당해 세계 3위를 유지

☐ 대만
- 대만은 세계 1위의 파운드리(반도체위탁제조) 산업을 비롯하여 전후방 산업인 팹리스(반도체설계전문기업), Packaging, Testing 산업이 균형을 이루고 있으며, 과거 반도체산업의 IDM(종합반도체기업) 중심모델을 전문분야별로 분업화한 생태계 모델을 제시하여 성공한 대표적인 국가임
- 2019년 현재 반도체시장 점유율은 253억 달러로 5.9%에 불과하지만, 반도체통계에 집계되지

- 않는 파운드리 및 Packaging, Testing 등의 반제품을 생산하는 산업이 세계 1위의 생산규모를 확보하고 있어, 반도체강국이라 할 수 있음
  - 대만의 파운드리 산업은 전 세계에서 가장 발달하였으며, TSMC, UMC, Powerchip, Vanguard 등의 주요기업들이 세계 파운드리 시장의 65.6%를 점유

☐ 중국
  - 중국은 팹리스, 파운드리 및 후공정 산업은 이미 성장단계에 있고, 그 분야에서 글로벌 상위에 다수의 기업들이 포진하고 있음
  - 각 분야별 중국기업은 세계 Top 20 팹리스에 2개사, Top 10 파운드리 2개사, Assembly Top 10에 1개사가 랭크되어 있음
  - 미국으로부터 회귀한 풍부한 자국 전문가, 정부의 지원, 자국 로컬 스마트폰 업체와 태블릿PC 업체들이 급성장하면서 탄탄한 성장 생태계가 갖춰짐
  - 스마트폰 시장의 성장에 따라 AP시장에서 빠르게 급성장한 스프레드트럼(Spreadtrum)은 중저가 스마트폰용 AP를 주로 설계하고 있으며, 세계시장의 4.5%를 차지하고 있음

(1) 세계시장

☐ 2021년 132억 달러였던 반도체 식각장비 세계시장 규모는 2026년 165억 달러로 증가할 것으로 전망됨
  - 2020년부터 2026년까지의 연평균 성장률은 4.28%로 전망
  - 최근 전자제품의 고기능화와 IT 인프라의 확장, 전기자동차의 대중화 등으로 반도체 수요가 급속도로 증가하고 있음
  - 따라서, 경기 불황으로 인해 잠시 주춤했던 반도체 시장의 반등이 예측되며, 현재 반도체 시장은 '슈퍼 싸이클' 진입이 예상됨
  - 반도체 식각장비 시장은 반도체 업황 변화의 영향을 크게 받는 산업이며, 전방산업인 반도체 제조 산업에 높은 의존도를 보임

[반도체 식각장비 세계 시장규모 및 전망 세계 시장규모 및 전망]

(단위 : 백만 달러, %)

구분	'20	'21	'22	'23	'24	'25	'26	CAGR ('20~'26)
세계시장	12,300	13,200	13,900	14,600	15,200	15,800	16,500	4.28

* 출처 : 에이피티씨 기계·장비 (NICE디앤비, 2022), (원출처 : Gatner, 2020)를 통해 재구성

[반도체 식각장비 회사별 매출액]

(단위 : 백만 달러)

회사	2020년	2021년
LAM RESEARCH	10,045	14,626
Applied Materials	17,202	23,063
Tokyo Electron	10,370	16,768
Hitachi Tech	4,412	4,197
Screen Holdings	2,352	2,331

* 출처 : 각 회사 사업보고서 및 THE WALL STREET JOURNAL 기업 시장보고서

☐ 2021년 글로벌 반도체 제조장비 기업 매출 1위는 AMAT(미국)이며, 식각장비 분야 매출 1위는 LAM Research(미국)임

[글로벌 반도체 제조장비 기업 현황]

(단위 : 백만 달러, %)

순위	기업명	국적	2021 매출	시장점유율	동향
1	AMAT	미국	23,060	22.5	증착공정 분야 1위
2	ASML	네덜란드	22,010	21.4	노광장비 분야 1위
3	LAM Research	미국	14,630	14.2	식각장비 분야 1위
4	Tokyo Electron	일본	12,730	12.4	도포장비 분야 1위
5	KLA	미국	9,210	9.0	반도체 생산 공정 관리장비 분야 1위

* 출처 : 최근 반도체장비 교역 동향 및 시사점 (한국무역협회, 2022), (원출처 : SEMI, Worldwide Semiconductor Equipment Market Statistic 및 각 기업별 연간보고서)

(2) 국내시장

☐ 국내 반도체 식각장비 시장은 2021년 4조 2,755억 원에서 2026년 5조 2,109억 원으로 증가할 것으로 전망

- 2020년부터 2026년까지의 연평균 성장률은 6.08%로 전망

[반도체 식각 장비 국내 시장규모 및 전망]

(단위 : 억 원, %)

구분	'20	'21	'22	'23	'24	'25	'26	CAGR ('20~'26)
국내시장	37,536	42,755	45,801	47,301	48,853	50,455	52,109	6.08

* 출처 : 에이피티씨 기계·장비 (NICE디앤비, 2022), (원출처 : Gatner, 2020)를 통해 재구성

[반도체 식각 장비 회사별 매출액]

(단위 : 억 원)

회사	2020년 매출	2020년 영업이익	2021년 매출	2021년 영업이익
세메스	22,143	2,841	31,280	3,533
피에스케이	2,657	315	4,458	940
주성엔지니어링	1,185	-250	3,772	1,026
기가레인	4,427	-1,446	7,162	409
에이피티씨	930	296	1,780	540
테스	1,783	117	2,459	316

* 출처 : 각 회사 사업보고서(2021.12)

☐ 국내 반도체 제조장비 매출액 1위 기업은 세메스이며 2021년 1조 43억 원으로 전년대비 57.9% 증가하였음

- 세메스와 원익 IPS는 국내 대표 반도체 장비사이며 두 업체의 글로벌 점유율은 1% 미만임

[국내 반도체 제조장비 기업 현황]

(단위 : 억 원, %)

기업명	2020년 매출	2021년 매출	매출 증감
세메스	6,361	10,043	57.9
원익IPS	3,033	4,325	42.6
피에스케이	649	1,257	93.7
주성엔지니어링	355	722	103.4
에이피티씨	236	287	21.6
테쓰	768	1,036	34.9

* 출처 : 국내 반도체 장비 업계 "2분기 좋았다" (출처 : THEELEC, 2021.08.20.) (원출처 : 기업공시시스템)

나. 기술개발 동향 분석

☐ 기술경쟁력
- 반도체 식각 장비는 미국이 최고기술국으로 평가되었으며, 우리나라는 최고기술국 대비 91.6%의 기술수준을 보유하고 있으며, 최고기술국과의 기술격차는 0.8년으로 분석
- 중소기업의 기술경쟁력은 최고기술국 대비 71.1%, 기술격차는 2.1년으로 평가
- 일본(94.4%)>한국(91.6%)>EU(80.8%)>중국(66.6%)의 순으로 평가

☐ 기술수명주기(TCT)[61]
- 반도체 식각 장비는 6.03의 기술수명주기를 지닌 것으로 파악

(1) 기술개발 이슈

◎ HAR(High Aspect Ratio) Etching

☐ 저온 or Cryogenic 공정 기술

[극저온 식각기술 공정효율]

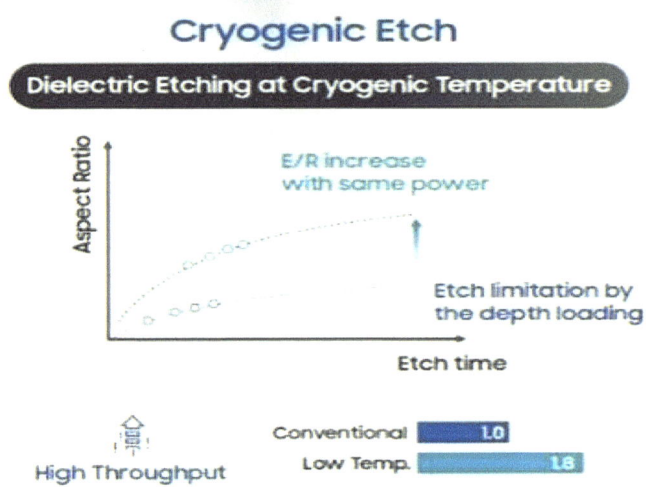

* 출처 : 삼성전자가 제시한 차세대 반도체 기술을 살펴봅시다 (서울경제, 2022.02.10.), (원출처 : 삼성)

- 현재의 저온 or Cryogenic 공정 기술 단계에서는 장비의 문제로 극저온이 불가한 상태임
- 저온에서의 식각특성이 우수하나 앞으로의 공정에서는 장비개발이 필수적임
- 저온 or Cryogenic 공정 기술 단계에서는 장비개발로 인한 극저온의 식각 공정기술이 개발되어야 함

---

61) 기술수명주기(TCT, Technical Cycle Time): 특허 출원연도와 인용한 특허들의 출원연도 차이의 중앙값을 통해 기술 변화속도 및 기술의 경제적 수명을 예측

- 현재 팹에서 양산되는 낸드 소자는 층이 90단이 넘기 때문에, 메모리의 홀 구조를 식각할 때는 고종횡비가 50:1 이상으로 커야 함

- 홀을 식각 시 기본적으로 이동 제한이 근본적인 문제가 됨. 중성과 이온 모두 홀 하단에 충분히 도달하지 못할 시 이온에너지를 늘리면 상단의 마스크가 소멸 됨

- 이를 실현시키기 위해 Cryogenic Etching(극저온 식각)을 적용한다면 기판의 마스크의 대한 저항 및 식각물질 벽면의 화학반응을 억제 시킬 수 있으며 챔버 속 온도를 낮춰 폴리머 없이 식각에 필요한 기체의 움직임을 최소화 시켜 기존 문제를 해결하여 회로를 더 깊게 깎을 수 있을 것으로 예상되기에 Cryogenic Etching(극저온 식각) 또한 대두되고 있음

◎ ALE(Atomic Layer Etching)

☐ 원자층 제어기술

[원자층 식각 공정의 단계 및 특성]

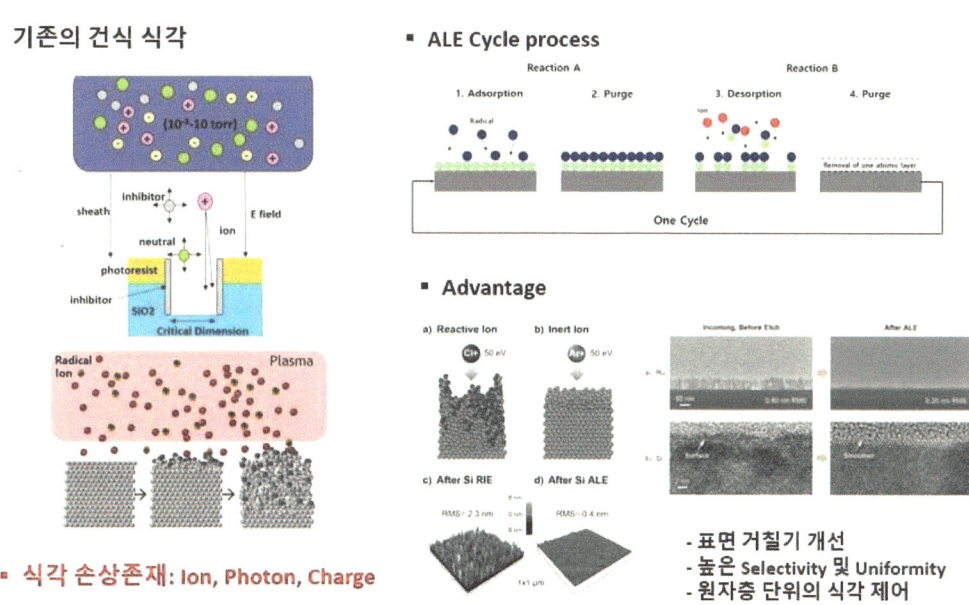

- 원자층 제어 기술 문제는 긴 공정시간에 따른 낮은 생산성이 주 기술 문제점임

- 또한 플라즈마 제어기술 미흡에 따른 원자층 식각공정에 대한 신뢰성이 낮음

- 반도체소자의 고집적화에 대한 요구가 계속되어짐에 따라, 최근 반도체 집적회로의 설계에서 디자인룰이 더욱 감소돼 0.25 ㎛ 이하의 임계치수(Critical Dimension)가 요구되기에 이름

- 현재 이러한 나노미터급 반도체소자를 구현하기 위한 식각장비로서 고밀도 플라즈마(High Density Plasma)식각장치, 반응성 이온 식각장치 (Reactive Ion Etcher) 등의 이온 강화용 식각장비가 주로 사용되고 있음

- 이러한 식각장비는 식각공정을 수행하기 위한 다량의 이온들이 존재하고, 이들 이온들이 수백 eV의 에너지로 반도체 기판 또는 반도체 기판상의 특정 물질층에 충돌되기 때문에 반도체기판이나 이러한 특정 물질층에 물리적, 전기적 손상을 발생시킴

- 따라서, 나노미터급 반도체소자에 있어서 이러한 이온에 의한 물리적, 전기적 손상 등은 소자의 신뢰성 저하시키고 나아가 생산성을 감소시키는 요인이 되기 때문에 향후 반도체소자의 고집적화와 그에 따른 디자인룰의 감소 추세에 대응하여 적용될 수 있는 새로운 개념의 반도체 식각장비 및 식각방법에 대한 개발이 요구됨

- 원자빔 혹은 중성빔을 이용한 원자층 식각의 경우에는 플라즈마로부터 확산되어 나오는 중성 라디칼의 진행 방향과 중성빔의 진행 방향이 일치하여, 식각 공정에 의한 라디칼의 영향을 상당량을 고려하여야 하기에, 상기 라디칼에 의하여 식각부의 패턴라인에 상당량 언더컷이 발생하는 문제점이 있음

- 원자층 미세 제어 기술 및 공정시간 단축을 통한 수율향상을 위한 플라즈마 제어기술 및 시스템 운용 기술이 필요함

(2) 생태계 기술동향

◎ 해외 플레이어 동향

☐ AMAT(미국)

- AMAT는 반도체 웨이퍼 제조를 위한 전공정 핵심 장비를 만드는 반도체 장비 분야 세계 1위
- 2020년 일정한 패턴을 가지고 있는 반도체 회로의 양 옆쪽을 깍아내는 측면 식각 패터닝 기술 발표, 컷 마스크 개수를 줄이면서 비용은 줄지만 STI 두께는 더욱 얇아지고, 트랜지스터가 들어갈 공간은 더욱 확대됨
- 2022년 발표한 'Sym3 Y' 식각 시스템은 동일 챔버에서 박막 식각·증착이 가능해 웨이퍼를 식각하기 전에 EUV 패턴을 개선할 수 있으며 GAA 트랜지스터는 핀펫 트랜지스터를 90도 회전해 채널을 수직이 아닌 수평으로 바꾼 모습과 유사한데, GAA채널은 에피택시와 선택적 박막 제거 공정으로 형성되어 최적의 전력과 성능을 구현할 수 있음

☐ Lam research(미국)

- 램리서치는 건식 식각 장비 시장 점유율 50% 차지, 전체 반도체 시장 점유율은 15%로 업계 3위임
- 2022년 램리서치는 차세대 트랜지스터 구조 'GAA(Gate All Around)' 공정에 활용할 수 있는 반도체 식각 장비 신제품 개발
- 2022년 램리서치가 발표한 첨단 웨이퍼 제조 기술과 화학 소재 솔루션을 적용한 고선택비 식각 장비 제품 포트폴리오(Agos, Prevos, Selis)는 고선택비 식각이 반도체 회로를 그릴 때 불필요한 부분을 매우 미세하게 제어할 수 있으며 0.1나노미터인 '옹스트롬' 수준 정밀 식각이 가능하다고 소개함

☐ ASML(네덜란드)

- ASML은 첨단 반도체 생산에 필수인 극자외선 노광장비를 세계에서 유일하게 생산하는 반도체 장비로 압도적인 시장 독점율을 자랑함
- 현재 ASML은 극자외선 광선을 한층 더 정밀하게 조절할 수 있는 '더 높은 NA'라고 불리우는 기술을 보유하고 있으며, 이러한 '더 높은 NA' 극자외선 장비는 10나노미터 넓이 미만으로 회로 식각이 가능함

☐ Tokyo Electron(일본)

- 2022년 도쿄 일렉트론은 GAA(Gate All Around) 공정, 하이 NA(High NA) 극자외선 공정 등 차세대 3나노 반도체 장비 혁신 기술 공개
- 도쿄 일렉트론의 고선택비 식각은 반도체 회로 패턴을 그릴 때 불필요한 부분을 제거하는 기술로 2022년 고선택비 식각 공정 장비 상용화

- KLA-Tencor(미국)
  - KLA-Tencor이 보유하고 있는 IC 측정시스템은 엔지니어가 노광 모듈에서 세밀한 스캐너 교정을 명시하고 식각, 필름 및 기타 모듈에서 공정을 개선하는데 사용할 수 있는 중요 데이터를 생성할 수 있음
  - 측정시스템 중 하나인, Archer 600은 이미지 기반의 오버레이 계측 기술로 새로운 광학 및 측정 대상으로 확장하여 칩 제조사가 첨단 로직 및 메모리 기기를 위한 3nm이하의 OPO에러를 구현할 수 있도록 함
  - 측정시스템 중 하나인, WaferSight PWG2는 종합적인 웨이퍼 스트레스 및 형상의 균일성 데이터를 생산하여 필름 증착, 열강화, 식각 및 기타 공정장비에 대한 모니터링 및 매칭을 가능하게 함
  - 측정시스템 중 하나인, SpectraShape 10K 광학 기반의 계측 시스템은 식각, 화학기계적 평판화(CMP) 및 기타 공정 단계에 따르는 복잡한 IC 소자 구조의 임계치수 및 삼차원 구조를 측정

◎ 국내 플레이어 동향

- 삼성전자
  - 삼성전자는 2022년 세계 최초로 GAA(Gate-All-Around) 기술을 적용한 3나노 파운드리 공정 기반의 초도 양산 시작
  - 삼성전자의 GAA 공정에선 실리콘게르마늄(SiGe) 층을 선택적으로 제거하는 공정이 추가되며 이를 위해 3D D램에도 실리콘(Si)과 SiGe 식각 공정 도입이 이루어질 전망

- SK하이닉스
  - SK하이닉스는 최근 10나노급 4세대 8Gbit LPDDR4 양산에 돌입하였는데 이를 위해 ADCC 및 LSR과 같은 신규 식각 기술을 도입하였음
  - ADCC는 DC 제어기 가변을 통해 장비 진행시간에 따른 경시성을 제어하는 기능임
  - LSR은 웨이퍼의 중심부에 빛을 쏴서 반사되는 각도에 따라 식각된 깊이를 계산, 추정하여 식각 양을 조절하는 방식임

◎ 국내 중소·중견기업

- SEMES
  - 세메스는 1993년 삼성 계열사로 설립된 반도체/디스플레이(LCD) 핵심장비를 생산하는 국내 최대 규모의 장비업체
  - 반도체 전(前)·후(後)공정 핵심장비 생산과 반도체 라인 공정간 물류자동화 시스템까지 반도체 제조공정의 Total Solution을 제공하며, 국내 디스플레이 패널 생산을 지원함
  - 반도체 장비가 전체 매출의 약 60%, 디스플레이 장비가 10% 정도 비중을 차지하며, 최근에는 반도체 장비 기술력을 높이기 위해 신규 연구개발(R&D)센터를 설립함
  - 기존에 TEL이 점유하던 반도체 식각장비 시장에서, 시안2공장 투자부터 세메스 제품의 점유율 증가

피에스케이
- 피에스케이홀딩스에서 전공정 장비 부분 분리 설립한 반도체 장비 회사
- PR Strip 장비 글로벌 1위. 시장 점유율 2019년 기준 약 25% 수준
- 삼성전자, SK하이닉스 등 국내외 글로벌 업체들을 고객사로 확보
- 램리서치(미국), Mattson Tech(중국), 히타치(일본) 등과 경쟁
- 매출구성은 반도체 공정장비류 외 73.87%, 기타 26.13%

주성엔지니어링
- 1993년 4월 13일에 설립되어 1999년 12월 22일에 주식을 코스닥에 상장한 상장회사임 반도체 제조장비, 디스플레이 제조장비 사업을 영위하고 있음
- 단일 사업부문은 생산되는 제품을 산업 및 고객, 제조공정의 특징 등을 고려하여 총 3개의 부문으로 나누어 그 현황을 기재하고 있음

기가레인
- 사업부문은 RF통신 사업, 반도체 장비 사업, 중고 반도체 장비 사업으로 구분
- 반도체 장비 사업부문은 LED공정에 사용되는 ICP 식각장비, Micro/Nano LED 및 Display 공정에 사용되는 나노 임프린터, 그리고 반도체 공정에 사용되는 DRIE 식각장비 사업을 수행
- RF 통신 사업부문은 국내외 고객을 위한 5G 이동통신용 기지국 안테나 및 RF 커넥터의 제조 시설을 구축을 완료하고 양산 공급중

에이피티씨
- 반도체 제조 공정 중 식각 공정에 필요한 장비를 제조, 판매하고 있으며 주력 제품은 300mm 실리콘 식각 장비(Poly Etcher)등이 있음
- 회사가 보유한 적응결합형 플라즈마 소스는 현재 200mm와 300mm 웨이퍼용 반도체 건식 식각 장비의 원천 기술에 적용됨
- 원천 기술은 반도제 화학 기상 증착(CVD)와 LCD와 LED, 태양광 제조용 식각장비, 에싱(Asher) 장비에 적용 가능함

테스
- 반도체 제조에 필요한 전공정 장비(PECVD, LPCVD, Gas Phase Etch&Cleaning 등)의 제조를 주된 사업으로 영위함
- 2013년 반도체 전공정 장비인 LPCVD와 PECVD의 양산에 성공하였고, 비정질탄소막을 증착하여 신규 PECVD는 반도체 3D NAND 공정에 적용함
- 주요 매출 구성은 반도체 장비(PECVD,GPE)와 디스플레이 장비(UVC LED 장비 등)으로 88.11% 이루어짐

다. 국내 연구개발 기관 및 동향

(1) 연구개발 기관

[반도체 식각 장비 주요 연구조직 현황]

기관	연구분야
숭실대학교	• 식각종점의 자동 정밀 추정 시스템 개발 • 반도체 식각공정 실시간 예측을 위한 광 스펙트럼 분석 플랫폼 개발
한국과학기술원	• 티탄산염과 타이타늄산 바륨 박막 증착 및 식각 공정 개발 • 박막 식각을 통한 초고효율 고속 스위치 소자 원천 기술 개발
에이피티씨	• 300mm급 플라즈마 도핑 장비 • 10nm급 초미세 SADP 공정용 건식 식각장비 개발 • Leo WH 장비 개발 : 2세대 Poly Etch. 장비 양산형 모델 개발
기가레인	• LED 플라즈마 식각장비 • 차세대 반도체 패키징 공정(TSV)에 적용 가능한 심도반응성 이온식각(DRIE) 장비

(2) 기관 기술개발 동향

☐ 숭실대학교

- 2020년 4월부터 반도체 식각장비 실시간 공정진단 및 분석을 위한 AI 플랫폼 개발
- PDM 기반 EPD 결과의 예측 성능 평가, 처리 속도 평가 등의 다양한 측면에서 성능평가를 수행하고 이를 반영하여 개발 알고리즘 최적화 하였으며 식각 공정 관리를 위한 새로운 솔루션을 제공하기 위해 연구 및 개발 진행 중

☐ 한국과학기술원

- 알려진 물질 중 가장 큰 전기광학 계수를 가진 납 지르콘 티탄산염과 타이타늄산 바륨을 활용한 박막 증착 및 식각 공정 개발
- 실리콘 포토닉스 기반 8 큐피드 직접 양자회로 기술 연구 및 개발

- ☐ 에이피티씨
    - 300mm급 플라즈마 도핑 장비 : 플라즈마 이온 도핑 장비의 개발 및 도핑공정 개발
    - 10nm급 초미세 SADP 공정용 건식 식각장비 개발 : 10나노급 SADP 공정개발 및 폴리 장비 판매 촉진
    - Leo WH 장비 개발 : 2세대 Poly Etch. 장비 양산형 모델 개발
    - TIGRIS 장비 개발 : 300mm 산화막 Etch. 장비 개발 진행 중
- ☐ 기가레인
    - LED 플라즈마 식각장비 : DRIE 기술을 통한 공정 최적화 기술 보유
    - 차세대 반도체 패키징 공정(TSV)에 적용 가능한 심도반응성 이온식각(DRIE) 장비 : Si 기판에 나노 사이즈에서 수백 마이크로 사이즈를 식각하는 장비로 TSV, MEMS, Power chip에 적용되며 현재 국내외 반도체 제조 메이저 업체에서 고기능 메모리 제작공정에 적용

◎ 국내 반도체 식각 장비 관련 선행연구 사례

[국내 선행연구(정부/민간)]

수행기관	연구명(과제명)	연도	주요내용 및 성과
대전대학교	미래 소자구현을 위한 3세대 HBP-ALE(고비등점 원자층식각) 원천기술 및 표면반응 메커니즘 연구	2020~ 2022	• 새로운 ALE 기술인 HBP-(High Boiling Point) ALE 식각 공정 기술 개발
숭실대학교	반도체 식각 공정에서 TadGAN을 이용한 Predictive Maintenance 기반의 EPD 추정	2021~ 2024	• 식각이 진행되는 가상의 Chamber를 만들어 과거의 데이터를 기반하여 현재 공정의 EPD 시점을 예측하는 정밀 추정 자동화 기술 연구
성균관대학교	차세대 실리콘 반도체소자를 위한 원자층 식각 및 표면반응 메카니즘 연구	2018~ 2022	• Isotropic ALE 및 Anisotropic ALE 기술 개발 및 실리콘 기반 소재 (Si, SiO_2, Si_3N_4)와 고유전체(HfO_2, Al_2O_3)등에 대한 ALE 표면반응 메카니즘 연구
부산대학교	원자층 식각 공정을 위한 플라즈마 자기제어 표면반응 전산모사 연구	2018~ 2021	• sub-10나노 반도체 공정의 문제점을 극복을 위한 원자층 식각(Atomic layer etching, ALE) 공정의 개선 및 선행기술 확보
성균관대학교	PFC 가스 대체용 Fluoocabo 계열 Pecuso를 이용한 식각 공정 개발	2017~ 2022	• L-HFC에 대한 반도체물질 식각특성 평가 및 비교분석
인하대학교	원자층 식각법을 이용한 차세대 반도체 메모리소자용 금속배선 박막들의 극미세 나노미터 패턴의 형성 및 식각가스 개발	2021~ 2024	• 최첨단 반도체 메모리소자 및 차세대 반도체 메모리소자에 적용하기 위한 금속 배선 물질들의 극미세패턴을 위한 새로운 건식 식각공정 개발
한양대학교	NAND (200단급) 고종횡비 식각용 스마트 플라즈마 장비기술 개발	2020~ 2022	• 장비 경시 변화에 대응하는 벽면 불화상태 모니터링 기술 개발
피에스케이	실시간 공정 제어가 가능한 원자층 식각 장비	2020~ 2023	• ALE Process가 가능한 a-chamber인 Process Module을 개발
에이피에스리서치 주식회사	고해상도 AMOLED용 저저항 미세금속배선을 위한 구리박막 건식식각 공정장비 기술개발	2021~ 2024	• R&D 장비 개조개선 및 공정평가 2G Cooling Stage 개발 • 2G 장비 컨셉도출 및 설계
한국과학기술원	실리콘 포토닉스 기반 8 큐비트 집적 양자회로 기술	2022~ 2024	• 알려진 물질 중 가장 큰 전기광학 계수를 가진 납 지르콘 티탄산염 (Lead zirconate titanate, PZT)와 타이타늄산 바륨 (Barium titanate oxide, BTO) 박막 증착 및 식각 공정 개발
주식회사 나인테크	반도체 식각 장비의 MTBC 향상을 위한 내식각성 부품(Focus ring) 제조 기술 개발	2021~ 2023	• 반도체용 내식각성 소재(Si, SiC, Quartz)를 대체할 수 있는 신소재 개발 • 기존 내식각성 소재 대비 MTBC(Mean Time Between Cleaning) 향상을 위한 부품개발 • 내식각성 부품 생산시설(Pilot Line) 구축 및 양산공정 최적화

* 출처 : 자체작성

3. 특허 동향

가. 특허동향 분석

(1) 특허 증가율

- ☐ 과거부터 최근까지 해당품목에 대한 특허기술 출원의 양적 트렌드 분석을 통해 해당품목의 기술개발 동향 파악[62]
- ☐ 한국(KIPO), 미국(USPTO), 일본(JPO), 유럽(EPO) 국가별 특허기술 출원 점유율 분석을 통해 해당품목을 선도하는 국가 파악

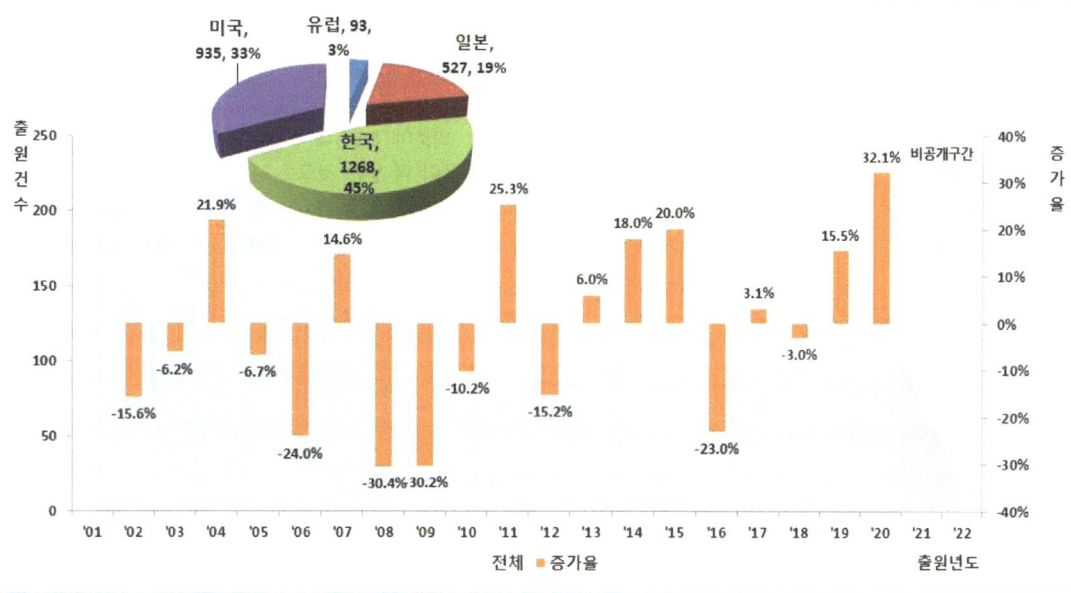

연도별 출원증가율

- 반도체 식각 장비는 지난 20년(2001년~2020년)간 꾸준히 출원활동이 진행된 것으로 나타남
- 전년대비 증가율을 보았을 때 2020년 32.1% 이상의 증가율을 보이고 있는 것으로 나타나며, 이는 COVID-19의 영향으로 인한 R&D시설에 대한 투자 증가와 반도체 제조 장비의 소형화 및 기술 이전에 대한 추세가 반영된 것으로 판단됨
- 국가별 특허출원 점유율을 분석 시 반도체 식각 장비 품목은 한국이 기술개발을 선도하는 것으로 판단됨

---

[62] 특허출원 후 1년 6개월 경과 후 데이터가 공개되는 특허제도의 특성상, 2021년과 2022년에는 실제 출원이 이루어졌으나 아직 공개되지 않은 미공개데이터의 존재로 유효데이터가 적게 나타날 수 있음에 유의해야 함

(2) 특허 점유율

☐ 과거부터 최근까지의 국가별 특허기술 출원의 양적 트렌드를 비교하여 타 국가 대비 국내의 기술적 위치 파악

☐ 한국(KIPO), 미국(USPTO), 일본(JPO), 유럽(EPO) 국가별 내·외국인의 출원분포를 파악하여 해당 국가 내 국외기술의 유입상황 및 국외기술에 대한 의존도 여부, 자국 기술력 등을 유추

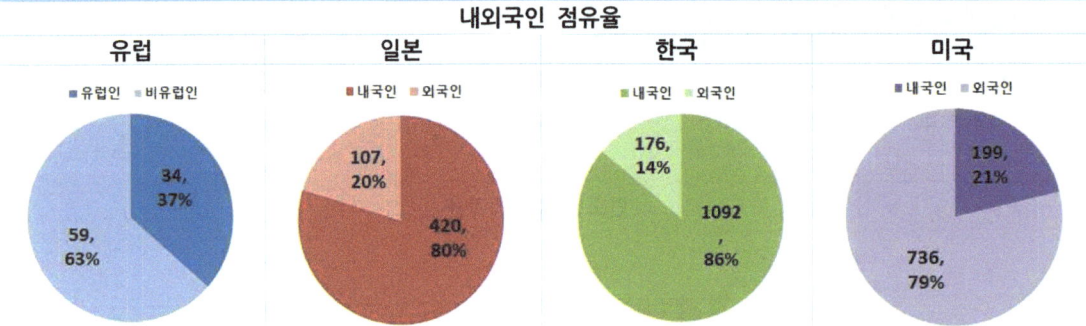

- 반도체 식각 장비 품목에 있어, 한국과 일본은 각각 내·외국인 비중이 86%대 14%, 80%대 20%로 내국인의 출원점유율이 높은 수준으로 나타났으며, 미국은 외국인의 출원점유율이 더 높은 것으로 나타남
- 반도체 식각 장비 품목에 있어 한국의 기술자립도가 가장 높은 것으로 평가됨. 일본의 경우 전체 출원건수가 많지 않고, 외국인의 진입도 활발하지는 않은 것으로 나타나 해당 국가시장에 대한 평가는 높은 수준은 아닌 것으로 분석됨

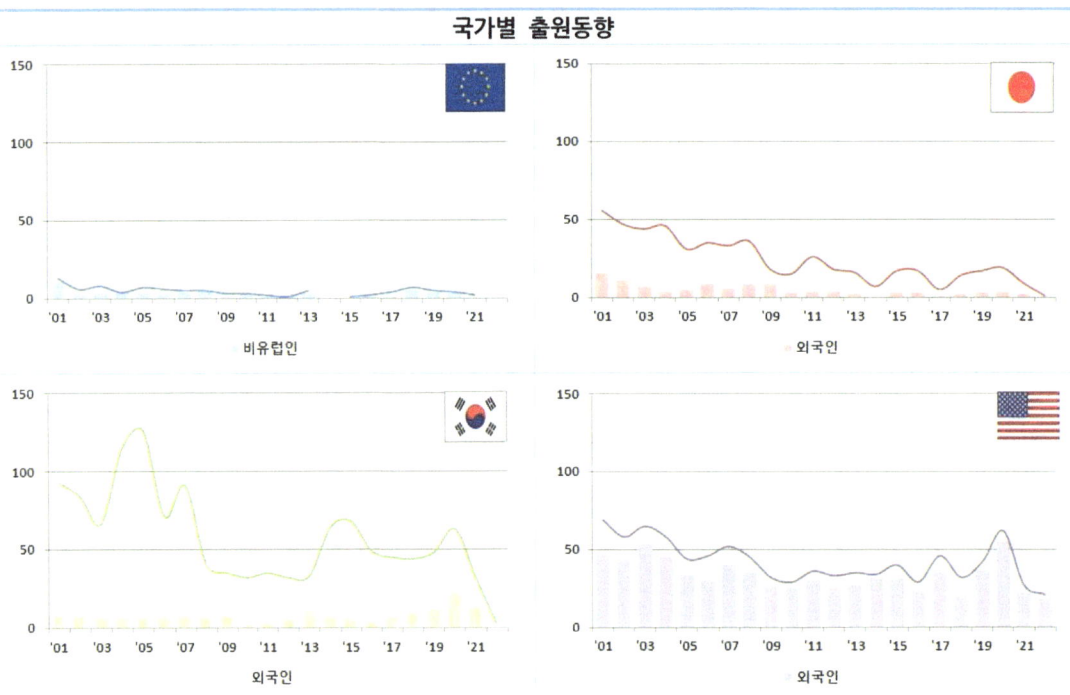

- 지난 20년간 한국의 출원활동이 가장 활발히 진행된 것으로 나타나며, 유럽의 출원 활동은 대부분 외국인에 의해 진행된 것으로 나타남

(3) 특허 영향력

☐ 기술영향력(CPP) 지수는 특정 등록특허가 다른 특허들에 의해 인용된 횟수를 나타내며, 특허권자의 입장에서 이 값이 클수록 질적 수준이 높은 핵심특허 또는 원천특허를 많이 보유하고 있을 가능성이 높다고 판단

* CPP = 특정 주체의 등록특허의 피인용 횟수 / 해당 주체의 등록특허 수

☐ 시장지배력(PFS) 지수는 출원인 국적별 패밀리국가수를 분석하는 것으로, 해당품목에서 글로벌 시장을 타겟팅한 출원인이 누구인지 파악 가능

* PFS = 특정 주체의 평균 패밀리 국가수 / 전체평균 패밀리 국가수

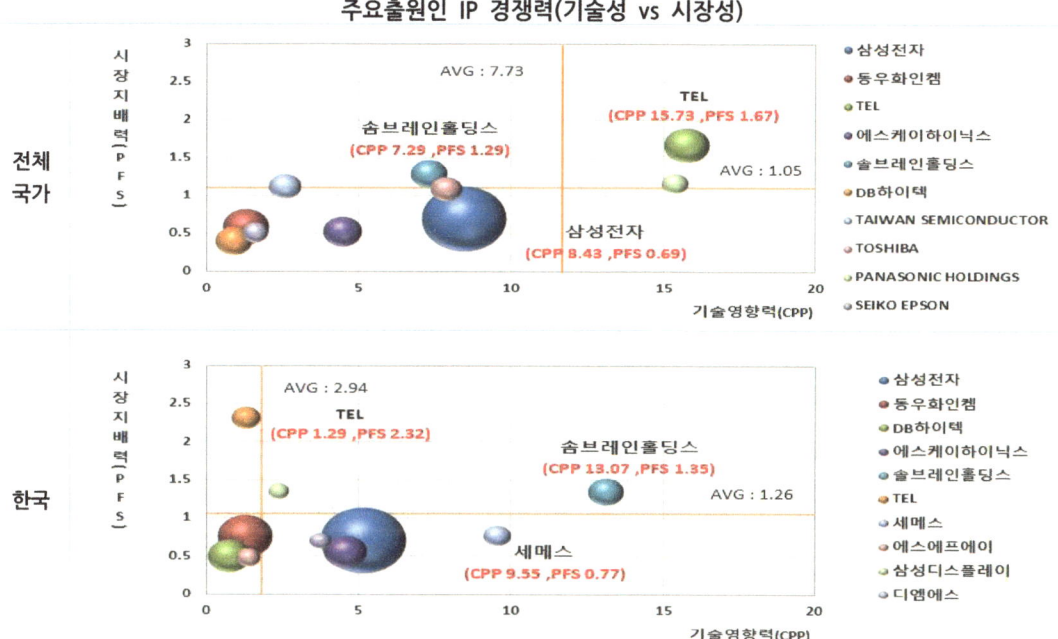

- 반도체 식각 장비 품목에 대한 주요출원인들의 IP 경쟁력 분석결과, 전체 국가에서는 TEL이 기술영향력 및 시장확보력이 가장 높은 것으로 나타났으며, 한국에서는 솔브레인홀딩스, TEL이 각각 기술영향력, 시장확보력이 가장 높은 것으로 나타남. 전체 시장에서는 TEL의 특허가, 한국시장에서는 솔브레인홀딩스, TEL의 특허가 시장확보력 및 질적 수준이 높아 기술적 파급력과 상업적 가치가 큰 것으로 평가됨

  (전체) TEL : 기술영향력(CPP) 15.73 / 시장확보력(PFS) 1.67
  (한국) 솔브레인홀딩스 : 기술영향력(CPP) 13.07 / 시장확보력(PFS) 1.35
  　　　　TEL : 기술영향력(CPP) 15.73 / 시장확보력(PFS) 1.67

- 한국출원인 중에는 전체 국가에서 삼성전자, 솔브레인홀딩스가 각각 기술영향력, 시장확보력이 가장 높은 것으로 나타났으며, 한국에서 세메스, 솔브레인홀딩스가 각각 기술영향력, 시장확보력이 가장 높은 것으로 분석됨

  (전체) 삼성전자 : 기술영향력(CPP) 8.43 / 시장확보력(PFS) 0.69
  　　　　솔브레인홀딩스 : 기술영향력(CPP) 7.29 / 시장확보력(PFS) 1.29
  (한국) 세메스 : 기술영향력(CPP) 9.55 / 시장확보력(PFS) 0.77
  　　　　솔브레인홀딩스 : 기술영향력(CPP) 13.07 / 시장확보력(PFS) 1.35

나. 주요 기술 키워드 분석

(1) 기술개발 동향 변화 분석

☐ AI 알고리즘을 활용하여 해당품목의 분석구간의 특허 기술 키워드를 비주얼 차트로 나타낸 것으로, 키워드 확인을 통한 집중연구 분야를 파악할 수 있으며, 구간별 기술 키워드 확인을 통해 해당품목에 대한 구간별 연구 트렌드 변화를 유추

　＊ 분석범위 : 요약, 　＊ 키워드 구성 : 구문, 　＊ 키워드 출력수 : 전체구간 100개, 최근구간 50개

전체구간(2001년~2022년) 특허 주요 기술 키워드

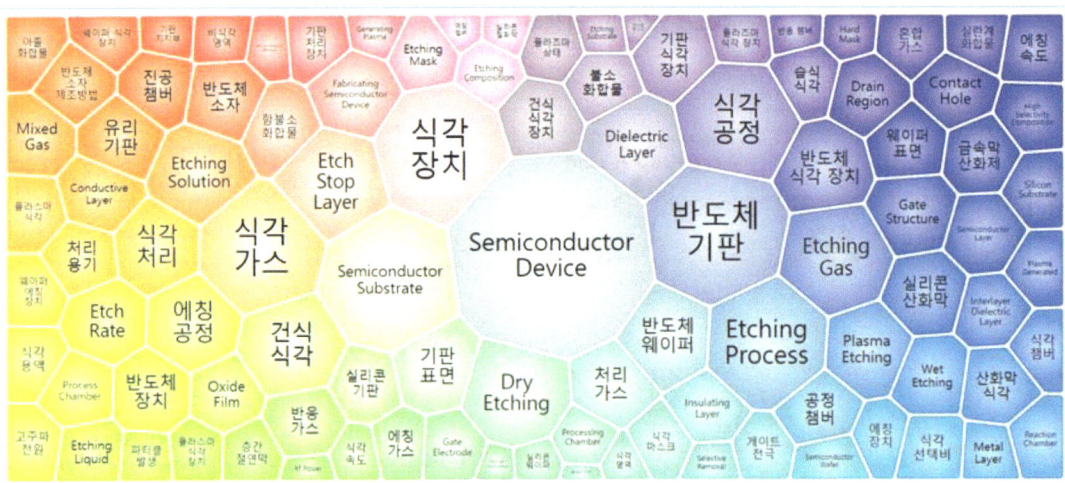

- 반도체 식각 장비 품목에 대한 지난 20년간의 특허 주요기술 키워드 분석결과, 반도체 식각 공정 관련 키워드가 주로 도출되었으며, 반도체 식각 공정을 위한 '식각 장치' 및 'Etching Gas' 키워드가 도출된 것으로 조사됨

    (전체구간 주요 키워드) Semiconductor Device, Semiconductor Substrate, 반도체 기판, Etch Stop Layer, Dielectric Layer, 식각 장치, 식각 가스, Etching Process, 식각 공정, Etching Gas

최근구간(2011년~2022년) 특허 주요 기술 키워드

1구간(2011년~2015년)	2구간(2016년~2022년)
	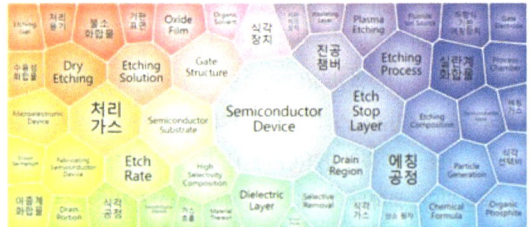

- 반도체 식각 장비 품목에 대한 최근구간 특허 주요기술 키워드 분석결과, 1구간에는 'Etching Process'가 주요 기술키워드로 도출되었고, 2구간에서는 'Semiconductor Substrate'가 주요 기술키워드로 도출됨

    (1구간 주요 키워드) Semiconductor Substrate, Dielectric Layer, Semiconductor Device, 반도체 기판, Etching Process

    (2구간 주요 키워드) Semiconductor Device, Etch Stop Layer, Dielectric Layer, Semiconductor Substrate, Gate Structure

(2) 기술 현황 분석

□ 전 세계적으로 통용되고 있는 국제특허분류를 통해 해당품목의 기술현황 및 집중기술 분야를 확인할 수 있으며, 연도별 기술현황 변화추이를 확인함으로써 해당품목에 대한 기술변화 트렌드 변화를 유추

  * IPC(International Patent Classification) : 국제특허분류

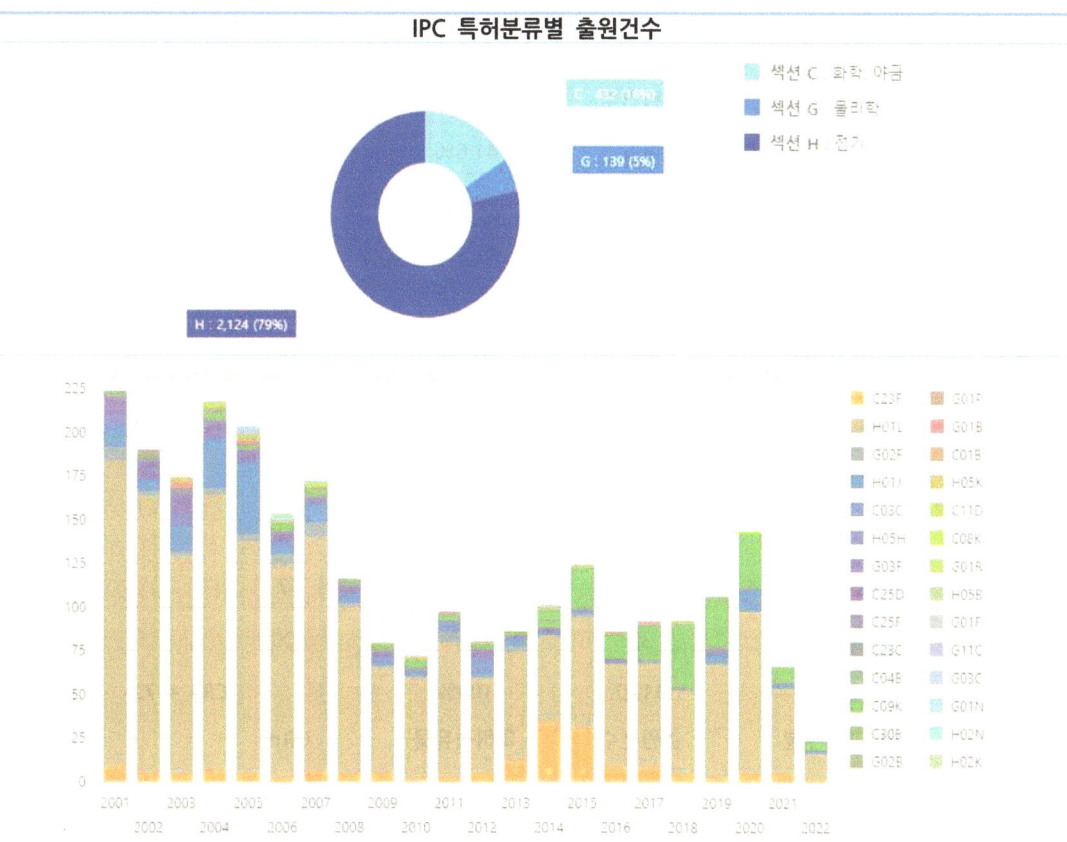

- 반도체 식각 장비 품목은 섹션 H 전기 기술분야의 비중이 가장 높은 것으로 나타났으며, 그중에서도 반도체 장치; 다른 곳에 속하지 않는 전기적 고체 장치(H01L) 기술분야에서 집중 연구가 되고 있는 것으로 분석됨

- 연도별 기술현황 변화추이를 보았을 때, 최근에는 (H01L) 기술분야인 '반도체 장치; 다른 곳에 속하지 않는 전기적 고체 장치' 관련 분야와 (C09K) 기술분야인 '그 밖에 분류되지 않는 응용되는 물질; 그 밖에 분류되지 않는 물질의 응용' 관련 분야에서 출원이 진행된 것으로 나타남

IPC - Sub Class	출원건수
(H01L) 반도체 장치; 다른 곳에 속하지 않는 전기적 고체 장치	1924
(C09K) 그 밖에 분류되지 않는 응용되는 물질 ; 그 밖에 분류되지 않는 물질의 응용	201
(H01J) 전자관 또는 방전램프	154
(C23F) 기계적 방법에 의하지 않는 표면에서 금속재료의 제거	149
(G03F) 사진제판법에 의한 요철화 또는 패턴화 표면의 제조, 예. 인쇄용, 반도체장치의 제조법용; 그것을 위한 재료; 그것을 위한 원료; 그것을 위한 특별히 적합한 장치	66

(3) 기술 집중력 분석

☐ 주요출원인에 의한 특허점유율을 분석하여 기술집중력(시장 독과점 수준)을 판단하는 것으로, 특허동향조사에서는 통상 CR4를 사용하며, CRn값이 0에 가까울수록 시장 독과점 수준이 낮은 것을 의미하고, CR4 값이 40에서 60일 경우(CR1 지수는 50 이상일 경우, CR2 또는 CR3 지수는 75 이상일 경우) 시장의 독과점 수준이 높은 것으로 해석됨

* CRn(집중률지수, Concentration Ratio n) = (1위 출원인의 특허점유율) + ... + (n위 출원인의 특허점유율)

	주요출원인	출원건수	특허점유율	CRn	n
주요 출원인 집중력	삼성전자	466	41.6%	42	
	동우화인켐	135	12.1%	54	
	TEL	127	11.3%	65	
	에스케이하이닉스	79	7.1%	**72**	4
	솔브레인홀딩스	65	5.8%	78	
	DB하이텍	64	5.7%	84	
	TSMC	58	5.2%	89	
	TOSHIBA	52	4.6%	93	
	SEIKO EPSON	41	3.7%	97	
	APPLIED MATERIALS	33	2.9%	100	
	전체	1120	100%	CR4 = 72	
	출원인 구분	출원건수	특허점유율	CRn	n
국내시장 중소기업 집중력	중소기업(개인)	316	24.9%	24.92	중소기업
	대기업	743	58.6%		
	연구기관/대학	33	2.6%		
	기타(외국인)	176	13.9%		
	전체	1268	100.0%	CR중소기업 = 24.92	

- 반도체 식각 장비 품목에 대한 시장관점의 기술독점 집중률 지수(CRn) 분석결과, 상위 4개 기업의 시장점유율이 72로, 주요출원인에 의한 독과점 정도는 높은 것으로 분석됨
- 국내시장에 있어서 중소기업의 특허점유율은 24.92으로, 반도체 식각 장비 품목에서 중소기업의 점유율은 높지 않은 것으로 분석되고, 대기업에 의한 출원점유율이 높게 나타나며, 전체 출원건수가 높아 국내시장에서 중소기업의 진입장벽은 높을 것으로 판단됨

다. 주요 출원인 분석

(1) 주요 출원인 동향

☐ 주요출원인을 기준으로, 해당품목에 대해 기술개발을 주도하고 있는 기관 및 기업을 파악하고, 한국(KIPO), 미국(USPTO), 일본(JPO), 유럽(EPO) 국가별 출원현황 분석을 통해 주요출원인들이 고려하고 있는 주요시장국이 어디인지 예측하여 거시적 관점의 향후 트렌드를 전망

☐ 타 국가 대비 국내 기관 및 기업의 출원 활동 현황 및 수준을 파악하여 연구개발에 있어 비중 있는 사전 파악이 필요한 기관 및 기업 제시

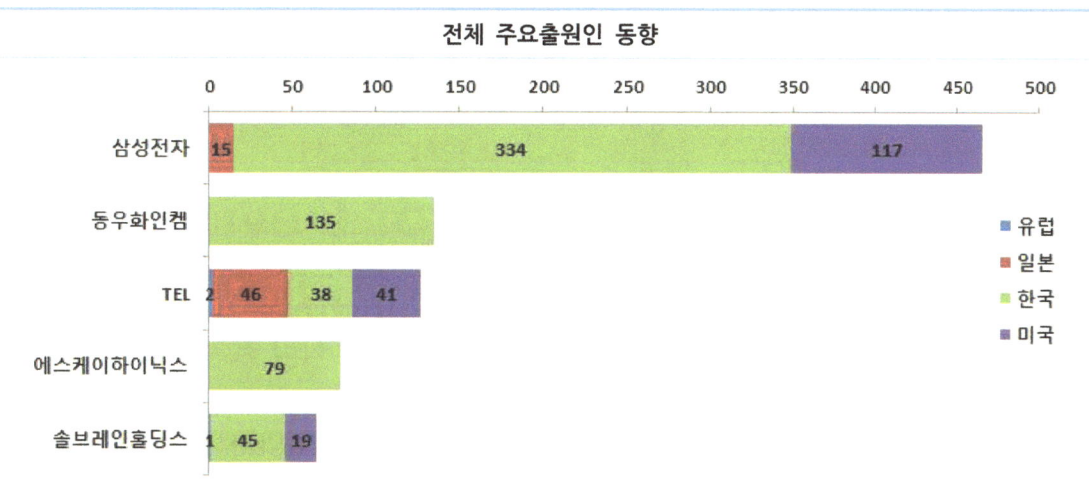

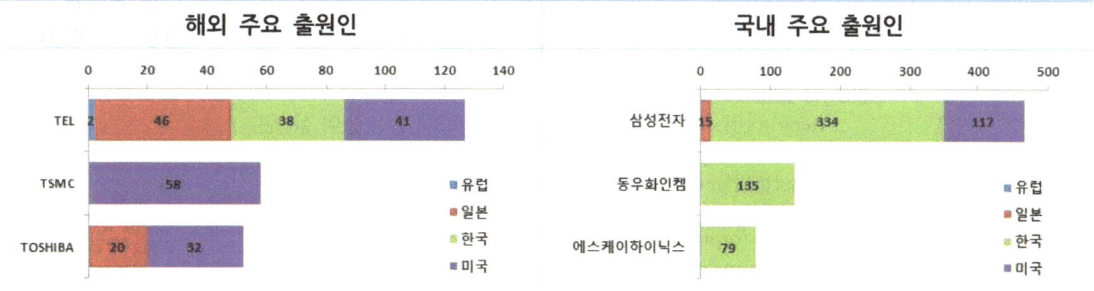

- 반도체 식각 장비 품목의 주요출원인 Top 5를 살펴보면, 한국, 일본 국적의 출원인이 포함되어 있는 것으로 나타나며, 특히 한국 출원인에 의해 기술개발이 주도되고 있는 것으로 나타남
- 한국국적의 출원인으로는 삼성전자, 동우화인켐, 에스케이하이닉스, 솔브레인홀딩스가 주요출원인에 포함되었으며, 일본의 TEL도 주요출원인으로 나타남
- 국내 주요출원인은 삼성전자, 동우화인켐, 에스케이하이닉스로 도출되어, 기업에 의해 기술개발이 진행되고 있는 것으로 분석됨

(2) 주요 출원인 기술 키워드 및 주요특허 분석

□ 주요출원인이 출원한 해당품목의 특허 기술 키워드 확인을 통해 출원인별 집중연구 분야를 파악할 수 있으며, 등록특허를 기준으로 피인용문헌수 및 패밀리 국가수가 큰 주요특허를 사전검토 함으로써 주요출원인의 주력기술 분야를 예측

  * 기술 키워드 분석범위 : 요약, * 키워드 구성 : 구문, * 키워드 출력 수 : 50개
  * 주요특허 도출 기준 : 등록특허를 기준으로 피인용문헌수 및 패밀리 국가수가 큰 특허를 주요특허로 도출

◎ 삼성전자

주요 키워드 및 주요특허 분석

- 반도체 식각 장치, 반도체 기판, Semiconductor Substrate, Semiconductor Device, Etch Stop Layer, 반응 가스, 식각 공정, 식각 장치, 공정 챔버, Interlayer Dielectric Layer

등록번호 (출원일)	명칭	기술적용분야	IP 경쟁력	
			피인용 문헌수	패밀리 국가수
US 7351667 (2006.10.16.)	Etching solution for silicon oxide method of manufacturing a semiconductor device using the same	금속 실리사이드의 손상 없이 실리콘 산화물을 효과적으로 제거하기 위한 에칭 용액 및 제조 방법	214	2
US 8704288 (2011.09.21.)	Methods for forming etch stop layers, semiconductor devices having the same, and methods for fabricating semiconductor devices	식각 정지막을 형성하기 위한 방법, 동일한 것을 가지는 반도체 장치, 반도체 장치를 제조하기 위한 방법	134	3
KR 10-1566922 (2009.02.16.)	저스트 드라이 에칭과 케미컬 드라이 에칭을 조합한 반도체소자의 금속 실리사이드막 형성 방법	저스트 드라이 에칭을 통하여 폴리실리콘을 노출시키고, 케미컬 드라이 에칭을 통하여 산화막을 리세스하는 금속 실리사이드막 형성 방법	104	2

- 삼성전자는 반도체 식각 장비 품목과 관련하여 Top 1 출원인으로, 한국을 위주로 출원을 진행하였으며, 식각 정지막 형성 방법, 반도체 장치 제조 기술 및 저스트 드라이 에칭을 통해 폴리실리콘을 노출시키고, 케미컬 드라이 에칭을 통해 산화막을 리세스하는 금속 실리사이드막 형성 기술에 대한 기술력이 높은 것으로 조사됨

◎ 동우화인켐

주요 키워드 및 주요특허 분석

- 함불소 화합물, 금속막 산화제, 아졸 화합물, 고리형 아민 화합물, 불소 화합물, 아졸계 화합물, 수용성 화합물, 구리계 금속막, 일괄 식각, 인산염 화합물

등록번호 (출원일)	명칭	기술적용분야	IP 경쟁력	
			피인용 문헌수	패밀리 국가수
KR 10-2150523 (2014.03.13.)	구리막 및 티타늄막의 식각액 조성물 및 이를 이용한 액정표시장치용 어레이 기판의 제조방법	구리막 및 티타늄막의 식각액 조성물 및 이를 이용한 액정표시장치용 어레이 기판의 제조방법	16	1
KR 10-2259145 (2015.03.26.)	은 함유 박막의 식각액 조성물 및 이를 이용한 디스플레이 장치용 어레이 기판의 제조방법	은(Ag) 함유 박막의 식각액 조성물 및 이를 이용한 디스플레이 장치용 어레이 기판의 제조방법	15	3
KR 10-2415960 (2016.02.05.)	실리콘 질화막 식각액 조성물 및 이를 이용하는 반도체 소자 및 TFT 어레이 기판의 제조방법	반도체 소자나 평판형 디스플레이 등의 절연막으로 사용되는 실리콘 질화막을 선택적으로 제거하며, 실리콘 산화막에 대한 선택비가 높은 실리콘 질화막의 식각액 조성물 및 이를 이용한 반도체 소자 및 TFT 어레이 기판의 제조방법	12	1

- 동우화인켐은 반도체 식각 장비 품목과 관련하여 Top 2 출원인으로, 한국을 위주로 출원을 진행하였으며, 구리막 및 티타늄막의 식각액 조성물, 은 함유 박막의 식각액 조성물을 이용한 액정표시장치용 어레이 기판 제조 기술 및 실리콘 질화막의 식각액 조성물을 이용한 반도체 소자 및 TFT 어레이 기판 제조 기술에 있어서 기술력이 높은 것으로 조사됨

◎ TEL

주요 키워드 및 주요특허 분석

- 처리 가스, 처리 용기, Processing Chamber, Gaseous Mixture, 실리콘 산화막, 식각 공정, Etching Process, Processing Container, 기판 처리 장치, Plasma Etching

등록번호 (출원일)	명칭	기술적용분야	IP 경쟁력	
			피인용 문헌수	패밀리 국가수
US 8491805 (2011.02.02.)	Semiconductor device manufacturing method and plasma etching apparatus	반도체 장치 제조 방법 포함 프로세싱 챔버에 수용된 단일 에칭 타겟 막을 에칭하기 위한 플라즈마 에칭 공정	240	5
US 9048178 (2012.09.25.)	Plasma etching method and semiconductor device manufacturing method	에칭 대상물에 플라즈마를 조사하여 에칭 대상물을 식각하는 플라즈마 식각 방법 및 반도체 장치 제조 방법	193	5
US 8969210 (2011.09.14)	Plasma etching apparatus, plasma etching method, and semiconductor device manufacturing method	상기 타겟 기판 상에 플라즈마 공정을 실시하도록 구성된 프로세싱 챔버를 포함하는 플라즈마 에칭 장치를 사용하여 생성된 플라즈마를 가진 타겟 기판 상에 에칭 프로세스를 실시하기 위한 플라즈마 에칭 방법	161	5

- TEL은 반도체 식각 장비 품목과 관련하여 Top 3 출원인으로, 일본과 미국을 위주로 출원을 진행하였으며, 프로세싱 챔버에 수용된 단일 에칭 타겟 막을 에칭하기 위한 플라즈마 에칭 공정 기술 및 에칭 대상물에 플라즈마를 조사하여 에칭 대상물을 식각하는 플라즈마 식각 및 반도체 장치 제조 기술에 있어서 기술력이 높은 것으로 조사됨

4. 전략품목 기술로드맵

가. 핵심기술

(1) 요소기술 도출

◎ 특허 키워드 클러스터링 기반 요소기술 후보도출

[반도체 식각 장비 클러스터링 결과]

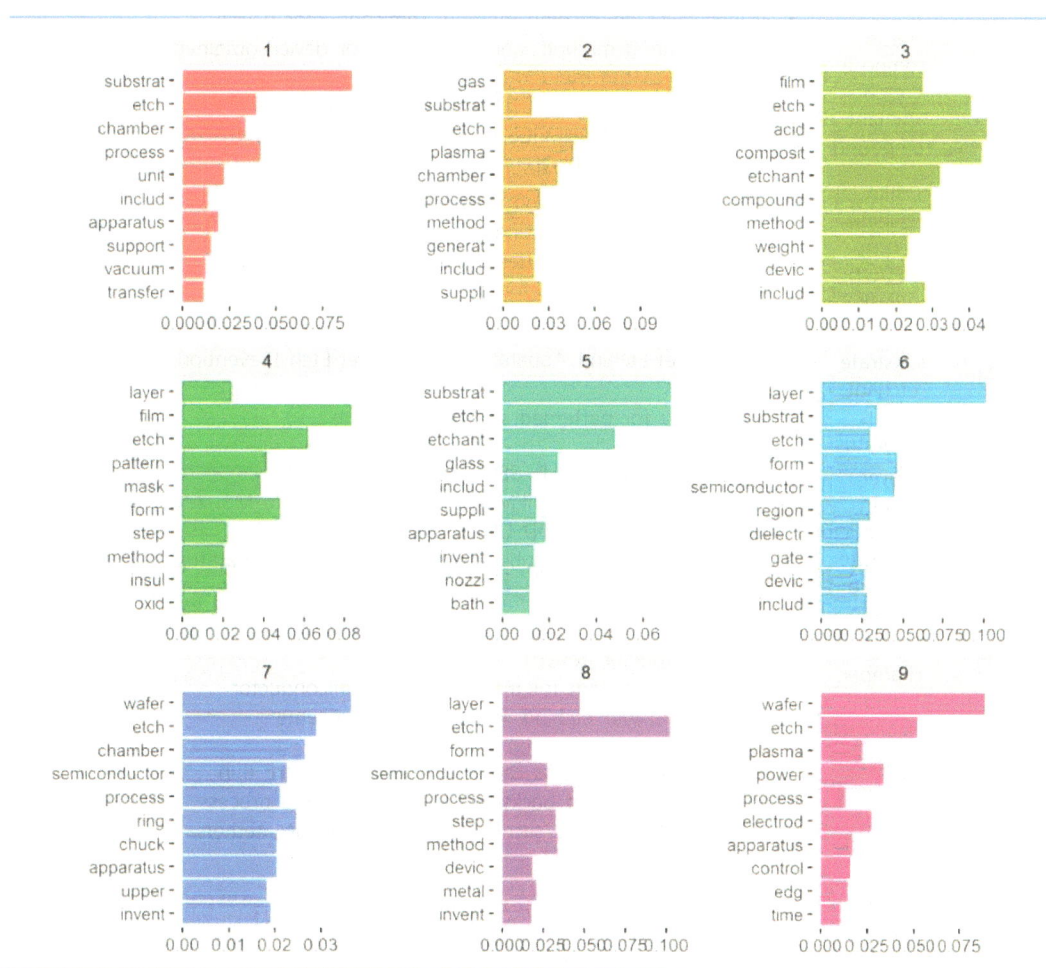

* 출처 : 자체작성

[LDA 클러스터링 기반 요소기술 후보도출]

No.	상위 키워드	대표적 관련 특허	요소기술 후보
클러스터 01	substrate process etch chamber unit	• Wiring substrate and gas discharge display device that includes a dry etched layer wet-etched first or second electrodes • WIRE SAW APPARATUS, A METHOD OF SAWING AN OBJECT, AND A METHOD OF PRODUCING ETCHED WAFERS	반도체식각 초저온용 서셉터 시스템
클러스터 02	gas etch plasma chamber supply	• WET-ETCHING METHOD AND METHOD OF PRODUCING SEMICONDUCTOR DEVICE • Wet immersion process carrier for protecting ultra thin wafer breakage and backside pattern during the process	플라즈마 에칭 장비
클러스터 03	acid composit etch etchant compound	• Wiring layer dry etching method, semiconductor device manufacturing method, and semiconductor device obtained according to the method • WIRING AND MANUFACTURING METHOD THEREOF, SEMICONDUCTOR DEVICE COMPRISING SAID WIRING, AND DRY ETCHING METHOD	배선층 건식 에칭 방법
클러스터 04	film etching form pattern mask	• Wet etching method and method of fabricating semiconductor device using the same • Washing composition after dry etching and fabrication method for semiconductor	포토레지스트 제거기술
클러스터 05	etching substrate etchant glass apparatus	• Wafer Wet-Etching Apparatus Having Over-Etch Prevention Function • Wafer tray for patterned sapphire substrate	내플라즈마성 세라믹 소재
클러스터 06	layer form semiconductor substrate etching	• WET ETCHING NOZZLE, SEMICONDUCTOR MANUFACTURING EQUIPMENT INCLUDING THE SAME, AND WET ETCHING METHOD USING THE SAME • Wet etching method, substrate liquid processing apparatus, and storage medium	습식 에칭 노즐
클러스터 07	wafer etch chamber ring semiconductor	• Wet etching/cleaning apparatus and method for fabricating a semiconductor device • Wet etching system for manufacturing semiconductor devices and wet etching method using the same	반도체 장비 실시간 Leak 감지
클러스터 08	etch layer process method step	• Wet immersion process carrier for protecting ultra thin wafer breakage and backside pattern during the process • Wafers with etchable sacrificial patterns, anchors, tethers, and printable devices	에칭가능 초박형 웨이퍼
클러스터 09	wafer etching power electrode plasma	• Wafer table for local dry etching apparatus • WAFER SUSCEPTOR OF PLASMA ETCHING APPARATUS	플라즈마 에칭 장비

* 출처 : 자체작성

◎ 특허 분류체계 기반 요소기술 후보도출

[IPC 분류체계에 기반 요소기술 후보도출]

(서브클래스) 내용	IPC 기술트리 (메인그룹) 내용	요소기술 후보
(H01L) 반도체 장치	(H01L-021/3065) 플라스마(plasma) 에칭	플라즈마 에칭 장비
	(H01L-021/67) 제조 또는 처리중의 반도체 또는 전기 고체 장치 취급에 특별히 적용되는 장치	
	(H01L-021/306) 화학적 또는 전기적 처리. 예. 전해에칭	화학적 전해 에칭
	(H01L-021/302) 반도체표면의 물리적 성질 또는 그 형상의 변환	에칭가능 초박형 웨이퍼
	(H01L-021/311) 절연층을 에칭	선택적 에칭
(H01J) 전자관 또는 방전램프	(H01J-037/32) 가스 넣는 방전관	에칭가스 제어
(C23F) 기계적 방법에 의하지 않는 표면에서 금속재료의 제거	(C23F-001/18) 구리 또는 구리합금을 에칭하기 위한 것	선택적 에칭

* 출처: 자체작성

◎ 최종 요소기술 도출

☐ 기술·시장 분석, 기술수요, 기술(특허)분석, 전문가 추천을 바탕으로 요소기술 후보 도출

☐ 요소기술 후보를 대상으로, 전문가를 통해 기술의 범위, 요소기술 간 중복성 등을 조정·검토하여 최종 요소기술 확정

[반도체 식각 장비 요소기술 도출]

요소기술	출처
내플라즈마성 세라믹 부품 소결 기술	특허 클러스터링, 전문가추천
반도체식각 초저온용 서셉터 시스템 개발	특허 클러스터링, 전문가추천
플라즈마 공정 Network 기반 진단 센서 개발	특허 클러스터링, 전문가추천
플라즈마 에칭 장비를 이용한 패턴 프로파일 조절 기술	특허 클러스터링, IPC 기술체계, 전문가추천
초박막 식각기술	특허 클러스터링, IPC 기술체계, 전문가추천
반도체장비 실시간 Leak 감지 센서 개발	특허 클러스터링

(2) 핵심기술 선정 및 기술로드맵 기획 절차

☐ 특허 분석을 통한 요소기술과 기술수요와 기술시장분석을 기반으로 한 요소기술, 전문가 추천 요소기술 등을 종합하여 요소기술을 도출한 후, 전문가위원회의 평가과정 및 검토/보완을 거쳐 핵심기술 확정

☐ 핵심기술 선정 지표: 기술개발 시급성, 기술개발 파급성, 기술의 중요성 및 중소기업 적합성

[핵심기술 선정 및 기술로드맵 기획 프로세스]

① 요소기술 도출	② 요소기술 평가	③ 핵심기술 확정	④ 기술로드맵 기획
• 전략품목 현황 분석 • 특허 IPC 분류체계 • 전문가 추천	• 전문가위원회 전력품목별 요소기술 평가 • 핵심기술 선정	• 전략품목별 핵심기술 검토 • 핵심기술 개요 범위 검토	• 핵심기술을 대상으로 전략품목별 기술로드맵 구축

(3) 핵심기술 리스트

[반도체 식각 장비 핵심기술]

핵심기술	개요
내플라즈마성 세라믹 소재의 소결 기술	• 식각챔버 내 산화물 세라믹이 불소를 포함한 고에너지 플라즈마 식각종들에 노출될 경우 높은 화학적, 물리적 반응을 통해 오염입자가 생성되며 식각공정의 재현성이 영향을 주게됨. 소결방식과 기술에 따라 소결체의 물성과 구조가 바뀌게 되기 때문에 내플라즈마성 세라믹의 소결기술은 식각장비에서 중요한 요소기술임.
반도체식각 초저온용 서셉터 시스템 개발	• 기판을 낮은 온도에서 운용함으로써 반도체 소자의 신뢰성있는 식각프로파일을 얻기 위한 공정개발이 진행되고 있으며, 초저온용 기판 온도제어기술, 초저온용 서셉터 모듈개발등과 같은 요소기술로 구성됨.
플라즈마 공정 Network 기반 진단 센서 개발	• 공정중 플라즈마를 모니터링함으로써 공정에 대한 결과를 미리 예측하고, 수집된 데이터를 바탕으로 향후 발생하게 될 고장진단 및 시스템의 이상유무를 파악할 수 있는 진단센서임. 플라즈마 소스의 임피던스를 측정하기 위한 센서기술과 플라즈마의 광진단을 할 수 있는 광진단 센서기술, 식각 및 증착에 대한 정도를 파악할 수 있는 두께 모니터링 센서기술, 기판에 입사하는 에너지를 측정할 수 있는 에너지 측정센서 등의 요소기술로 구성됨.
플라즈마 에칭 장비를 이용한 반도체 소자의 프로파일조절 기술	• 고종횡비 패턴에서의 반도체 소자의 프로파일 조절기술은 플라즈마 발생 및 제어기술, 구동주파수 변조 및 Pulsing을 통한 이온에너지 제어기술등의 요소기술로 구성됨.
초박막 식각기술	• 표면흡착 및 탈착 반응을 이용하여 원자레벨의 피식각물질을 균일하게 식각하는 기술임. 식각이 되는 형상에 따라 등방성 및 이방성 원자층 식각 기술로 분류됨.

나. 기술개발 로드맵

(1) 중기 기술개발 로드맵

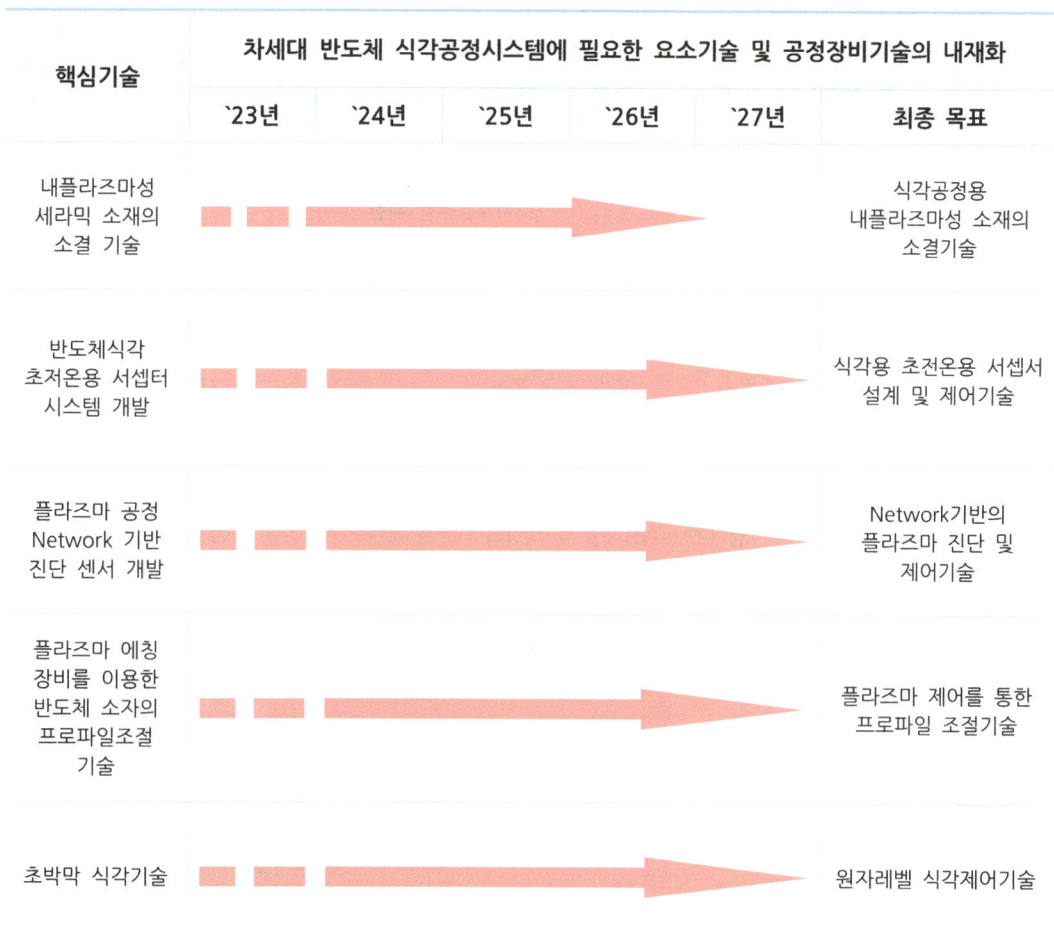

* 출처 : 자체작성

(2) 기술개발 목표

☐ 최종 중소기업 기술로드맵은 기술/시장 니즈, 연차별 개발계획, 최종목표 등을 제시함으로써 중소기업의 기술개발 방향성을 제시

[반도체 식각 장비 핵심기술 연구목표]

핵심기술	기술 요구사항	연차별 개발목표					최종목표	연계 R&D 유형
		1년차	2년차	3년차	4년차	5년차		
내플라즈마성 세라믹 소재의 소결 기술	세라믹 소재의 소결기술	다양한 소결방식에 따른 플라즈마 오염평가		수요기업 평가 소결방식의 최적화 및 차후공정을 위한 내구성 향상		-	식각공정용 내플라즈마성 소재의 소결기술	상용화
반도체식각 초저온용 서셉터 시스템 개발	초저온용 서셉서 설계 기술	<20도 설계 및 제작기술	<40도 설계 및 제작기술 식각공정을 통한 적용성 평가		<50도 설계 및 제작기술 식각공정을 통한 적용성 평가		식각용 초전온용 서셉서 설계 및 제어기술	상용화
플라즈마 공정 Network 기반 진단 센서 개발	공정진단 센서 및 모니터링 기술	센서 요소기술개발 및 데이터 수집을 통한 적용성 평가 식각공정과의 데이터 분석을 통한 Network 모니터링 센서 개선			공정평가를 통한 모니터링 기술과의 정합도 개선	데이터 수집을 통한 공정제어 및 성능평가	Network기반의 플라즈마 진단 및 제어기술	산학연
플라즈마 에칭 장비를 이용한 반도체 소자의 프로파일 조절 기술	플라즈마 제어기술	구동주파수와 Pulsing을 이용한 플라즈마 제어기술		이온에너지에 따른 식각 프로파일 최적화 및 메커니즘 분석	nm급 반도체 소자에 적용 가능한 프로파일 조절기술 확보		플라즈마 제어를 통한 프로파일 조절기술	산학연
초박막 식각기술	표면반응 제어기술	플라즈마 제어기술	nm 레벨 제어를 위한 시스템 개발		원자레벨 제어를 위한 시스템 개발		원자레벨 식각제어기술	산학연

다. 중소기업 기술개발 전략

☐ 반도체 소자가 미세화됨에 따라 식각 공정이 더욱 중요한 공정이 되고 있으며 이와 관련된 핵심기술들을 바탕으로한 수요증가 및 장비개발 역시 동반성장할 것으로 예상됨

☐ 반도체 산업의 특성상 공정장비에 대한 테스트 및 수용은 매우 보수적이며, 이를 극복하기 위해서는 전략적 컨소시엄의 구성 및 수요기업을 통한 평가에 대한 정부차원의 협력지원이 필수적으로 요구되고 있음

☐ 해외의존도가 높은 주요 공정장비들에 대한 국산화는 앞으로의 무역분쟁과 기술적 선점이라는 측면에서 매우 중요하게 다뤄져야할 것으로 사료되며, 이를 위해서는 차후세대에 해당하는 핵심 공정에 대해 중소기업이 정부차원의 지원을 바탕으로 해외기술에 의존하지 않은 공정기술의 자립화 및 이를 통한 무역역조 완화가 필요함

☐ 반도체 장비 산업은 딥러닝과 인공지능을 바탕으로한 공정제어, 공정설계 및 스마트 제조로의 큰 방향성을 보이고 있으며, 이를 위해, 중소기업을 중심으로한 요소기술들의 표준화, 시험 인증기반을 강화할 필요가 있음

전략품목 현황분석

디스플레이 세정 시스템

디스플레이 세정 시스템

전략품목 정의 및 범위

- 디스플레이 기판 생산 중에 발생하는 미세한 이물질(Dust)을 제거하기 위한 건식 세정 방식으로써, 레이저 광원에서 발생하는 강한 에너지에 의한 기판에 융착된 이물질을 기화 또는 이탈 가능하게 하는 레이저 시스템

전략품목 관련 동향

◎ 시장전망 및 제품 동향

- **(시장전망)** `21년 43억 달러였던 세계 레이저 가공 장비 시장 규모는 `26년 62억 5,800만 달러로 증가할 것으로 전망되며, 국내시장은 `21년 4541억 8,800만 원에서 `26년 6,490억 1,800만 원으로 증가할 것으로 전망됨
- **(제품동향)** 전방산업인 디스플레이 산업에 영향을 많이 받는 산업으로, 현재 디스플레이 중심축이 LCD에서 차세대 디스플레이인 OLED로 넘어감과 함께 해당 패널을 제조하는 장비에 대한 수요가 증가하면서 디스플레이 세정 시스템 산업 또한 고도화중

◎ 기술개발 및 플레이어 동향

- **(기술동향)** 디스플레이 산업에서 제품의 정밀화가 요구됨에 따라 이에 대응하기 위한 다양한 세정기술이 요구되고 있으며, 환경 규제 강화로 인한 친환경 세정 방법의 수요로 인해 습식 세정 공정을 대체할 수 있는 세정기술 필요함. 이에 맞춰 연구소 등에서 다양한 공정 연구가 수행되고 있으나, 실제 기술의 도입은 미미한 실정
- **(플레이어)** Trumpf(독일), Scanlab(독일), Clean laser system(독일), Advanced Laser Technology(미국), JEZ-laserclean(중국), Hitachi High-Tech(일본), LaserAX(미국), 디엠에스(한국)
- **(중소기업)** 디바이스이엔지, 아이엠티, 유니팩, 에이아이코리아, 씨티에스, 알파글로벌

◎ 핵심기술

- 클리닝 속도 고속화
- 표면 형태에 따른 레이저 조사 방향 조절 방법
- 레이저광 에너지 보정
- 레이저 펄스 조절 방법
- 건식 레이저 세정 시 손상 최소화 방법
- 플라즈마를 포함하는 레이저 세정 방법

중소기업 기술개발 전략

→ 세정은 디스플레이 제조 과정에서 발생하는 파티클이나 이물질을 제거하여 제품의 품질과 수율을 높이는 핵심 역할을 수행함. 이에, 최근 디스플레이 대형화, 고정세화 기술방향 추세에 적합한 수급기업간 공동 기술개발의 세정장비 기술개발이 요구됨

→ 습식 및 건식세정은 국내 국산화율이 높은 만큼 중소기업의 기술개발 저력이 있으므로 이에대한 정부지원을 바탕으로 고속의 초정밀 세정장비 개발 필요와 더불어 해당기술 확보를 통해 중국 등 해외수출 등 진출이 용이할 것으로 판단됨

1. 개요

가. 정의 및 필요성

(1) 정의

- 디스플레이 공정에서 세정 공정은 레이저 클리닝은 오염물질, 파티클을 제거하는 공정을 지칭함

- 디스플레이는 미세공정을 통해서 생산되기 때문에 아주 작은 먼지라도 패턴 결함, 절연막 불량 등 제품에 치명적인 영향을 미칠 수 있으며, 세정은 디스플레이 제조 과정에서 발생하는 파티클이나 이물질을 제거하여 제품의 품질과 수율을 높이는 역할을 함

- 레이저 세정은 빔의 조사 형태를 시간 공간적으로 자유롭게 변화시킬 수 있다는 점에서 매우 유연한 수단으로 물리적 세정공정의 대안으로 다양한 레이저를 이용한 여러 가지 세정 공정이 개발되고 있음

- Glass가 처음 Fab에 투입되어 진행되는 초기 세정을 비롯해 LTPS(Low-Temperature Polycrystaline Silicon), 증착, 봉지, 모듈 등 디스플레이 제조 공정 전후에는 오염 물질을 제거하기 위한 세정 작업이 진행됨

[포토공정 중 진행되는 세정 공정]

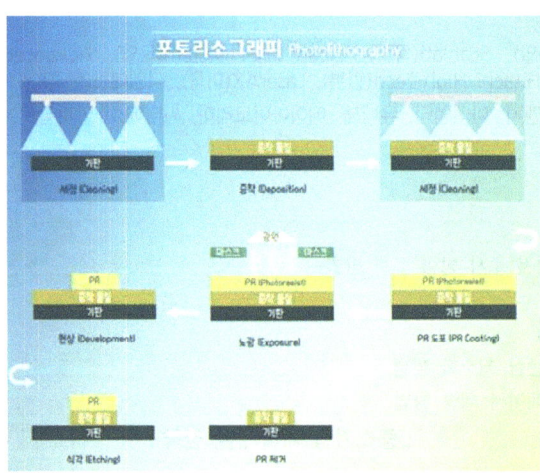

* 출처 : samsung newsroom, 2020

- 현재 가장 널리 쓰이는 화학적 세정은 환경 부담이 크고, 초음파 세정, 스프레이 세정과 같은 액상 세정 공정은 응용 범위 제약이 따르며, 모재 손상 및 부유 입자 재부착 등의 기술적 문제가 존재함

- 또한, CO_2, 아르곤 미세입자를 이용한 건식 세정은 효과적이지만 장치가 복잡하며 유지비가 비싸다는 문제점이 있음

☐ 레이저 세정은 빔의 조사 형태를 시간 공간적으로 자유롭게 변화시킬 수 있다는 점에서 매우 유연한 수단으로 물리적 세정공정의 대안으로 다양한 레이저를 이용한 여러 가지 세정 공정이 개발되고 있음

☐ 미세 입자를 제거하기 위해서는 입자의 부착력 보다 높은 충격을 순간적으로 인가해야 하므로, 레이저 세정에는 MW/cm^2에서 TW/cm^2 수준의 순간 조사도를 지닌 나노초 ~ 펨토초 펄스레이저가 주로 사용

[레이저 세정 원리]

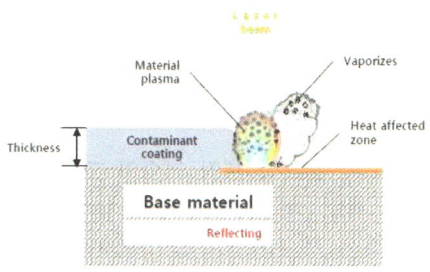

* 출처 : 유니팩(주) 2020

☐ 디스플레이 세정 시스템은 반도체·디스플레이 장비 분야에서 디스플레이 고도화 기술 확보를 위한 전략품목으로, 우수 설계기술 개발을 통해 초고속/대형화를 모토로 성장하는 디스플레이의 기술 발달을 촉진함으로써 반도체/디스플레이 분야에 있어서 차별화된 경쟁력 확보가 가능할 것으로 전망됨

[반도체·디스플레이 장비 품목로드맵 내 디스플레이 세정 시스템]

* 출처: 자체작성

(2) 필요성

- [ ] 디스플레이의 제조 공정은 기술의 발달로 초정밀 제조 공정에서 부산물로 생성되는 파티클 세정 요구 사이즈는 점점 감소하고 있으며, 기존 세정 기술의 유지비용, 환경문제, 공정 단계가 복잡한 등의 문제점을 극복하기 위해 다양한 세정 기술의 개발이 필요함
    - 레이저 세정 기술은 레이저 특성에 의해 모듈화를 통한 공간적 제약이 덜하며 기존 라인에 통합하기 용이하다는 장점이 있고, 건식 세정 공정으로 비교적 간편하다는 장점이 있음

- [ ] 레이저 건식 세정 기술은 나노미터 사이즈급의 미세 입자를 세정 가능하며, 건식 초음파 세정의 경우 약 $0.5 \mu m$ 미세입자 세정 가능

- [ ] 습식 공정의 경우 극소 부분의 파티클을 제거하기 위해서 전체 면적을 세정해야 하므로 공정 시간 증가하는 문제가 있음

- [ ] 또한 입자 제거를 위한 전통적인 물리적 세정 기술인 고압 제트 스프레이 분사(High-pressure jet spraying), 이중 유체 제트 세정(Dual-fluid jet cleaning), 극저온 세정(Cryogenic cleaning), 초음파 세정, 브러시 세정(Brush scrubbing) 등에서 패턴 손상 및 부유 입자의 재부착 등의 문제점이 있음

- [ ] 레이저 건식 세정 기술은 연구소 등에서 다양한 공정 연구가 수행되고 있지만 실제 기술의 도입은 미미한 실정

나. 범위 및 분류

(1) 가치사슬

☐ 일반적으로 레이저 세정 장비의 가치사슬은 디스플레이 완성 제품 업체, 시스템 등을 제조, 공급하는 소재 부품 공급업체와 레이저 소스 개발 업체 등으로 구성됨

☐ 현재까지 레이저 세정 분야는 반도체 & 디스플레이 정밀 산업에서 연구개발 및 침투율이 낮은 산업으로 전방 산업의 기술 도입을 위한 공정 연구가 필요

☐ 반도체&디스플레이 수율 이슈가 되는 미세입자 세정, 유기물 세정, OLED Mask 세정 등 레이저 세정이 대체 가능한 분야 발굴 및 대체 기술 개발 필요

☐ 레이저 산업의 경우 해외 주요 기업에서 원천 기술 및 노하우 확보하고 있음. 국내 레이저 산 장비 산업의 경우 국가 R&D 지원 사업으로 정밀 가공 분야 기술 개발이 많이 이루어졌지만 세정 기술의 경우 지원 사업 미흡

☐ 현재 주요 레이저 설비 기업에서 응용분야를 세정까지 확장하여 제품을 공급. 공급하는 응용분야는 현재 금속 세정, 페인트, 녹 제거로 한정되어 있지만 반도체 웨이퍼 세정 등 정밀 소재 부품의 세정 기술 개발 중

[디스플레이 세정 시스템 품목 산업구조]

후방산업	디스플레이 세정 시스템	전방산업
레이저 개발 산업, 시스템 제조 산업, 소재 부품 산업	디스플레이 제조 장비 산업	디스플레이 제조 장비 산업, LCD 및 OLED 디스플레이 산업

* 출처: 자체작성

(2) 용도별 분류

☐ 디스플레이는 TV 외에 PC, 스마트폰, 태블릿PC 등 세트형 모바일기기에 핵심 중간재로 투입되면서 해당 세트제품의 기능 및 부가가치 제고를 주도하는 중요한 역할을 담당함

☐ 디스플레이 산업 관점에서도, 수요산업의 경기변동이나 발전단계가 디스플레이의 생산 규모에 직접적인 영향을 미치기 때문에 최종 제품을 생산하는 전방산업, 즉 수요산업의 존재가 매우 중요함

☐ 2020년 전 모델에 OLED가 탑재된 5G 스마트폰인 아이폰 12가 폭발적 수요로 높은 판매량을 기록하면서 아이폰에 사용되는 OLED를 납품하는 삼성디스플레이와 LG디스플레이의 OLED 라인 증설 및 장비 투자로 디스플레이 장비 시장규모가 성장한 바 있음

☐ 2021년 이후에도 미국과 중국에서 5G 스마트폰 수요가 늘어날 것으로 전망되며, 다른 모바일 기기 등에서 OLED가 확대 적용될 가능성이 큼에 따라 응답 속도가 빠르고 전력 소모가 낮아 차세대 모바일 기기에 특화된 OLED 패널 출하량이 증가하면서 추가적인 장비 투자 수요도 존재할 것으로 전망됨

☐ 이밖에 스마트워치, 웨어러블 기기 등도 수요가 발생하고 있는 가운데, 4차 산업혁명으로 융합제품, 다기능 제품 등 모바일 기기의 다양화가 확산될수록 디스플레이에 대한 수요도 증감함에 따라 플렉시블, 웨어러블, 롤러블 등 차세대 디스플레이의 수요처도 증가할 전망임

[레이저 세정 응용 분야]

용도	세부 내용
반도체/디스플레이	• 부품의 고급화, 소형화, 정밀화로 인해 제조공정이 미세화 됨
반도체 패키징	• 생산 공정 중 주기적인 세정 필요
정밀 부품 조립	• 각종 정밀 부품 제조 및 조립 분야에 적용
정밀 부품 검사	• 카메라 CMOS등 디스플레이 분야에 적용
자동차 분야	• 자동차 내외장 부품의 도장 전에 먼지 제거

* 출처 : 유니팩(주) NewsRoom(2020)

☐ 부품의 고급화, 소형화, 정밀화로 인해 제조공정에서 미세 파티클 관리 포인트가 증가
- 기존 에어 블로잉으로 제거하기 어려운 미세 마이크로 파티클을 제거 할 수 있는 새로운 솔루션
- 기존 제조 공정의 증설이나 큰 변경 없이 적용이 가능하고 건조 공정이나 추가 세척 공정이 필요하지 않음

☐ 반도체 패키징 분야에서 금형은 매우 정밀하고 관리가 어려움
- 금형을 분리하거나 온도를 떨어트리지 않고 생산 중간에 바로 세척이 가능하고 소모품 또한 필요 없으며 소음 및 2차 오염물이 발생하지 않음

- ☐ 각종 정밀 부품 제조 및 조립 분야에서 제조 공정 중 미세 파티클로 인한 수율 하락 이슈
    - 휴대폰 카메라 모듈이나 CMOS 제조 공정 중 미세 파티클로 인한 검사 오류 및 조립 불량으로 인한 수율 개선에 있어 레이저 세정 장치 적용

- ☐ 카메라 CMOS등 디스플레이 분야에서 검사 후 불량으로 처리되는 부품이 단순 부유성 미세 파티클로 인한 경우가 빈번하게 발생
    - 검사 전 단계에 적용하게 되면 오류를 최소화하여 수율을 상승 시킬 수 있음

- ☐ 자동차 내·외장 부품의 도장 전에 먼지를 제거하여 도장 불량을 최소화하고 수율을 상승
    - 유럽 등 선진국 제조사에서 이미 검증된 방식으로 기존 도장라인에 큰 변경 및 추가 없이 바로 적용 가능

◎ 공정별 분류

- ☐ 레이저 세정 기술은 물질 제거 메커니즘을 크게 3가지로 분류 할 수 있음
- ☐ 광화학적 효과
    - 레이저의 광자에너지를 이용하여 제거 물질의 결합을 파괴하는 비열반응
- ☐ 광열적 효과
    - 모재와 반응을 하지 않거나 투과하는 특정 파장을 디자인하여 제거 물질과 레이저를 반응 시켜 세정하는 방법
- ☐ 광기계적 효과
    - 파티클의 에너지 흡수에 의한 elastic force에 의한 제거 반응, plasma pressure에 의한 충격파 전파로 파티클을 제거하는 반응

◎ 시스템별 분류

☐ 레이저 건식 세정 시스템은 레이저 광원과 조사 모듈인 광학계, 공정 부산물을 흡입할 수 있는 흡입장치, 정렬 및 공정 모니터링을 위한 비전시스템, 세정 결과를 측정할 수 있는 정밀 측정 시스템 등으로 구성

☐ 오염원에 대해 적절한 레이저 선별
- 세정이 필요한 오염원에 대해 광열, 광화학, 광기계적 공정 중 적절한 방법을 선택

☐ 오염원 및 세정방법의 선택 후 레이저 광원의 파장에 따른 레이저 조사 광학계 구성
- 레이저 광원으로부터 조사 대상물까지 레이저를 이송하는 이송광학계와 레이저 광을 조사하는 집속광학계로 구성

☐ 조사된 레이저에 의해 생성되는 공정 부산물 가스, 미세입자 등을 흡입하여 재흡착 방지

☐ 모재의 오염 부위 감별과 레이저 조사 위치 정렬 등 공정 모니터링

☐ 레이저 세정 전후 측정
- 마이크미터 또는 나노미터 파티클 측정이 가능한 시스템 도입

[레이저 세정 시스템의 용도별 분류]

용도	세부 내용
레이저	• 세정원인 레이저 빔 제공
광학모듈	• 빔 전달부 및 조사부
흡입모듈	• 재흡착 방지
비전시스템	• 공정 모니터링
측정시스템	• 세정력 측정

2. 동향 조사 분석

가. 시장 분석

◎ 디스플레이 제조 장비 시장 전망

- 디스플레이 중심축이 LCD에서 차세대 디스플레이인 OLED로 넘어가면서 해당 패널을 제조하는 장비에 대한 수요가 증가
  - 중소형 OLED 시장은 스마트폰용 패널을 중심으로 뚜렷한 시장 성장을 보이고 있음
  - OLED의 특성을 활용한 폴더블폰의 시장 확대도 주요 수요 증가 요인이며, 태블릿 PC, 휴대용 게임기 등 다른 애플리케이션도 주요 수요로 대두됨
  - 대형 OLED 시장은 TV를 중심으로 연평균 7.1%대의 성장 전망
  - OLED 제품의 수명과 연관된 새로운 공정 방식이 등장하고, 관련 기술을 접목시킨 기술 혁신 제품을 개발하여 OLED 관련 제조 장비 경쟁 구도에서 국내기업들이 신속하게 대응하고 있음

- 그러나 코로나19가 빠르게 안정된 중국은 생산 차질이 크지 않았던 반면, 오히려 유럽과 미국 등으로 급속히 확산되면서 2020년 상반기 중 TV를 중심으로 글로벌 전방산업 수요가 크게 위축
  - 코로나19가 전세계로 확산됨에 따라 TV 유통매장 및 생산공장이 셧다운되고 대형 스포츠 이벤트가 연기되어 프리미엄 판매 비중이 높은 북미/유럽지역을 중심으로 TV 패널 출하량이 크게 감소
  - 중장기적으로 글로벌 디스플레이 시장은 성장 정체가 전망되나, OLED는 지속해서 성장할 것으로 예상됨

◎ 디지털·비대면 경제로의 전환 - 전방산업 수요구조 변화

- 2020년 2분기부터 재택근무 및 온라인 교육 등 비대면 문화 확산에 따라 노트북과 모니터, 태블릿 제품을 포함하는 IT 제품용 패널의 판매가 증가
  - 외부활동 제한에 따른 소비 이전효과, 재택시간 확대에 따른 홈 엔터테인먼트 및 원격교육 수요 등으로 글로벌 TV 판매가 증가함에 따라 전후방 산업 모두 엄청난 성장 수혜를 누리는 중
  - 코로나19 지속과 비대면 문화 확산에 따른 반도체 업황 개선, 그리고 중국 패널 업체의 투자 확대가 맞물려 2020년 기준 국내 주요 반도체·디스플레이 장비 업체 40곳의 매출과 영업이익이 큰 폭으로 상승하였음

- 한편, IT 제품에서도 OLED, 미니LED 등의 탑재가 확대되는 추세
  - 애플은 아이폰에 OLED를 전면 적용하였고, 중국 3사도 프리미엄 제품을 중심으로 OLED 적용을 확대할 것으로 전망

☐ 코로나19 이후 디스플레이 시장은 주로 대형 및 프리미엄 TV를 중심으로 회복되는 모습

- 2020년중 65인치 이상 TV 출하량은 23.4%, 70인치 이상은 47.8% 늘어나면서 전체 TV 시장의 정체 상황에서도 대형 TV 판매는 증가
- 2022년은 금리 인상과 경기 침체 등의 영향으로 TV 전체 수요가 늘지 않고 있는 가운데 70인치 이상 초대형 OLED TV 시장은 홀로 성장 중
- 국내 TV 세트업체들은 롤러블TV, 110인치 마이크로 LED TV등 초고가 신제품을 출시하는 등 프리미엄 브랜드 입지를 강화하기 위해 노력

◎ 전방산업인 디스플레이 산업에 영향을 받는 디스플레이 장비 산업

☐ 세계 디스플레이 장비 시장은 축소될 것으로 전망

- 한국반도체디스플레이기술학회의 글로벌 반도체 및 디스플레이 장비 시장 동향 및 전망자료(2020)에 따르면, 세계 디스플레이 장비 시장은 삼성디스플레이와 중화권 패널 업체 중심으로 전체 설비 투자가 확대되면서, 2018년 141억 달러 규모에서 2020년 169억 달러 규모로 성장할 것으로 전망됨
- 하지만, 2020년을 기점으로, 국내 및 중국의 패널 업체들의 중소형 플렉시블 OLED 투자를 지속하고, LCD 투자를 축소할 것으로 예상되어, LCD 비중이 높았던 전체 디스플레이 장비 시장 규모가 서서히 축소되어 2024년에는 87억 달러 규모를 형성할 것으로 전망됨
- 또한, 디스플레이 산업은 LCD의 공급과잉 속에 투자 경쟁을 벌였던 중국 업체들이 최근 선별 투자에 나서면서 시장 규모가 급격히 축소하는 추세로 추가적인 설비투자가 지연
- 국내 디스플레이 제조사는 보수적인 입장을 취하면서 장비 투자가 제자리 걸음을 걸어 디스플레이 장비 시장의 축소가 전망됨
- 시장조사업체 디스플레이 서플라이체인 컨설턴츠(DSCC)는 2022년 글로벌 LCD와 OLED 장비 투자 규모가 올해보다 64% 감소한 44억 달러로 예측
- 세계 디스플레이 장비 시장은 2023년이 디스플레이 장비투자의 저점이 될 것으로 예측되며, 2024년 및 2025년에는 다시 재성장 할 것으로 예측됨
- 실제로 다양한 디스플레이 장비 업체가 반도체 장비까지 함께 개발하는 등 다양한 활로를 모색 중

◎ **정책적 지원 요구**

☐ 중국의 디스플레이 산업은 LCD 패널 생산을 중심으로 급격히 발전해왔는데 OLED 패널 생산에서도 유사한 방식으로 발전을 가속화하고 있어 향후 한·중 간 디스플레이산업 주도권 경쟁은 심화될 전망

- 연구개발 확대, 원천기술 확보, 인재확보 등을 통해 중국과의 경쟁에서 기술격차를 유지하고 차세대 디스플레이 시장선점을 위해 선제적으로 대응하는 가운데 정부의 장기적이고 지속 가능한 지원이 중요

☐ 한국

- 정부는 2020년 디스플레이 기업들이 주력 산업을 차세대 OLED로 전환할 수 있도록 삼성디스플레이와 LG디스플레이 및 협력사 총 9곳을 '기업활력제고법'(기활법) 대상으로 선정
- 올해 들어 정책의 중심이 탄소중립으로 이동하면서 친환경차와 신생에너지 기업으로 초점이 옮겨감으로 인하여 기활법 대상 선정을 위해 열린 세 차례 사업재편계획심의위원회에서 디스플레이 관련 기업은 단 두 곳 뿐임
- 디스플레이 산업의 주력인 OLED 산업은 LCD 산업과 달리 초기 생태계가 국내에서 조성되어 핵심 장비/소재 국산화 비중 높음
- 또한 독점적 위치를 누리고 있는 OLED 기술의 초격차를 위해서 OLED 전문인력을 양성하고 산업경쟁력 확보로 이어질 수 있도록 기반 마련이 필요

☐ 중국

- 2010년 이후 중국 정부의 디스플레이산업 육성정책, 중국 내 TV, 휴대폰 등 전방산업 발전으로 중극 기업의 LCD 패널 생산능력이 크게 확대
- 2021년 이후 한국의 디스플레이 점유율을 추월하였으며, LCD 산업을 지배중
- 산업육성정책 이외에도 중앙 및 지방정부, 금융기관의 막대한 보조금 지급 등 다양한 방식을 통해 디스플레이산업 발전을 지원
- 중국은 국가발전계획에 따라 OLED 등 차세대 디스플레이 육성지원을 확대하면서 현재 양산을 목표로 건설 중이거나 계획 중인 중국 내 OLED 생산라인이 18개에 이름

☐ '중국제조 2025', '정보 소비 확대 및 고도화 3년 행동계획', '제조업 제품과 서비스 품질 제고 촉진 실시 의견' 등 신형 디스플레이 기술 발전과 산업 발전을 위한 지원 방안을 구축하고 매년 갱신하며 디스플레이 산업에 대한 꾸준한 지원을 시행중

- 세계 1위의 탄탄한 수요시장과 정부 지원, 주요 수요기업과의 연계는 중국 디스플레이 산업을 세계 1위로 올려놓을 수 있는 중요한 요소가 되었음
- 2020년 10월 중국 공산당 제19기 중앙위원회 제5차 전체 회의에서 통과된 '국민경제와 산회발전 제14차 5개년 계획 및 2035년 장기 목표 제정에 관한 중국 공산당 중앙위원회의 건의'에서 차세대 정보기술과 신소재 등 전략성 신흥 산업 중점 분야 발전 가속화를 제시
- 2019년 3월 공업정보화부 등이 발표한 '초고화질 영상산업 발전 행동 계획(2019~2022년)'에서는 2022년까지 4K TV를 전면 보급하고 8K TV의 판매량 비중이 전체 TV 판매량의 5%가 넘는 것을 목표로 설정

◎ 레이저 건식 세정 장비 산업 발전

☐ 레이저 세정 장비 산업은 해외 주요 기업에서 세정 기술 개발 및 제품 공급을 통해 주요 세정분야를 대체하며 성장 중

- 자동화, 이동형 등의 건식 세정 장비를 제공
- 주요 응용분야로 금속, 기계, 금형, 석재 등의 산화막, 페인트 제거 등

☐ 반도체&디스플레이 분야 레이저 건식 세정 기술 및 장비 등은 전체 레이저 가공 장비 시장 대비 낮으며, 기존 전통적인 세정 방법대비 효율성 부족으로 공정 최적화 및 신규 공정 개발 등의 기술 개발이 필요함

☐ 국내 레이저 장비 시장은 정부 지원 및 민간 투자로 국내 시장이 성공적으로 성장하고 있음

- 레이저 가공 분야와 함께 세정 기술 분야도 레이저 장비 핵심기술로 정부의 정책적 지원이 필요

(1) 세계시장

☐ 2021년 5억 8,718만 달러였던 레이저 세정 장비 세계시장 규모는 2026년 7억 1,784만 달러로 증가할 것으로 전망됨

- 2020년부터 2026년까지의 연평균 성장률은 4.10%로 전망
- 레이저 세정시장의 경우, 디스플레이뿐만 아니라 자동차, 항공 등 다양한 산업에서 적용이 가능하며, 응용 산업에서의 수요 증가는 시장 성장을 촉진하고 있음

[레이저 세정 장비 세계 시장규모 및 전망]

(단위 : 백만 달러, %)

구분	'20	'21	'22	'23	'24	'25	'26	CAGR ('20~'26)
세계시장	564.05	587.18	611.25	636.32	662.40	689.56	717.84	4.10

* 출처 : Glober laser cleaning market size, Verified Market Research, 2022.7

☐ 2021년 43억 달러였던 레이저 가공 장비 세계시장 규모는 2026년 62억 5,800만 달러로 증가할 것으로 전망됨

- 디스플레이 및 반도체 등의 디바이스 소형화에 대한 수요 확대, 고품질의 최종 제품에 대한 수요 확대 등으로 인해 레이저 가공 시장의 성장을 촉진하고 있음
- 나노 제조 기술의 급속한 성장은 글로벌 시장의 성장에 기여할 것으로 예상
- 레이저 가공이 가지는 기존 재료 가공에 비해 많은 이점으로 인해 재료 가공을 위한 레이저 기술의 채택이 증가

[레이저 가공 장비 세계 시장규모 및 전망]

(단위 : 백만 달러, %)

구분	`20	`21	`22	`23	`24	`25	`26	CAGR (`20~`26)
세계시장	4,000	4,309	4,641	4,999	5,385	5,805	6,258	7.80

* 출처 : Laser Processing Market Size, marketandmarket, 2020

☐ 전세계 디스플레이 장비 투자는 2020년 158억달러에서 2021년 132억달러로 떨어진 뒤, 2022년 120억달러, 2023년 44억달러 등으로 3년 연속 하락이 예상되며, 2024년 83억달러 규모로 반등이 예측됨

- 22년 3분기에는 전세계 디스플레이 장비투자가 올해 119억달러에서 내년 61억달러로 떨어진 뒤 2024년 117억달러, 2025년 126억달러로 점차 회복할 것이라고 전망하였으나, 삼성디스플레이가 계획했던 신규 공장 투자 프로젝트 1건이 지연됐고, 또 1건의 프로젝트는 규모가 축소되는 등 다양한 악재로 인해 장비 투자 규모 저점이 더 낮아질 것으로 예상됨

(2) 국내시장

☐ 국내 레이저 가공 장비 시장은 2021년 약 4,229억 원에서 2026년 6,490억 원으로 연평균 성장률 7.40%로 성장할 것으로 전망

[레이저 가공 장비 국내 시장규모 및 전망]

(단위 : 억 원, %)

구분	`20	`21	`22	`23	`24	`25	`26	CAGR (`20~`26)
국내시장	3,937.56	4,228.94	4,541.88	4,877.98	5,626.63	6,043.00	6,490.18	7.40

* 출처 : MarketsandMarkets, Laser Processing Market(2020), CAGR기반 2026년 추산
* 주 : 환율 1,207.84원/달러(`20.6 기준)

나. 기술개발 동향 분석

□ **기술경쟁력**
- 디스플레이 세정 시스템은 일본이 최고기술국으로 평가되었으며, 우리나라는 최고기술국 대비 83.0%의 기술수준을 보유하고 있으며, 최고기술국과의 기술격차는 1.3년으로 분석
- 중소기업의 기술경쟁력은 최고기술국 대비 69.1%, 기술격차는 2.2년으로 평가
- 미국(90.2%)>한국(83.0%)>EU(80.8%)>중국(63.7%)의 순으로 평가

□ **기술수명주기(TCT)[63]**
- 디스플레이 세정 시스템은 6.25의 기술수명주기를 지닌 것으로 파악

(1) 기술개발 이슈

◎ **제품의 정밀화 요구**

□ 반도체 및 디스플레이 산업의 기술 발전으로 제품의 정밀화가 요구되고 있으며, 기술 요구에 대응하기 위한 다양한 세정 공정의 발전과 함께 기존 기술을 대체 할 새로운 세정기술이 요구 되고 있음

□ 레이저 클리닝 기술의 경우 1990년대 후반에서 2010년 초반까지 공정연구와 기술개발이 활발히 이루어졌지만 기존의 세정 방법인 물리, 화학적 세정 방식보다 낮은 세정 효율과 초기 높은 투자비용으로 연구 단계의 공정 기술 개발이 주를 이룸

□ 레이저 건식 클리닝 분야는 현재 타 레이저 장비 산업에 비해 미개척된 분야로 전방 산업의 기술 수준을 기반으로 현재 전통적인 세정 기술의 세정력을 돌파하는 기술 개발로 향후 기술 트렌드를 만들어 가야하는 입장에 놓여 있음
- 현재 레이저 세정은 산업체와 많은 연구소에서 활발히 연구가 진행되고 있는 분야이며, 특히 서브 마이크로 이하의 초미세 입자의 제거에 응용 중

□ 금형, 녹, 페인트 제거 등 금속 산업에서의 건식 레이저 클리닝 기술 개발은 현재 진행형이며, 다수의 업체에서 기술을 개발하여 장비를 제공하고 있지만 정밀산업 분야의 레이저 세정 분야는 기술 개발이 미미함

---

[63] 기술수명주기(TCT, Technical Cycle Time): 특허 출원연도와 인용한 특허들의 출원연도 차이의 중앙값을 통해 기술 변화속도 및 기술의 경제적 수명을 예측

◎ 친환경

☐ 환경 규제 강화로 인한 친환경 세정 방법의 요구 최근 반도체 업계에서 이슈화 되었던 자연재해로 인한 물 부족 등의 이유로 습식 세정 공정을 대체할 수 있는 세정 기술이 필요
- 텍사스 지역 한파에 의해 하천이 얼고 수도관 동파, 대만 가뭄으로 물 부족 등 습식 기술에는 환경에 의한 다양한 변수가 작용할 수도 있음

☐ 레이저 건식 세정 기술은 습식에 비해 설치 용이하고, 친환경적임
- 세정 후 후속 처리가 필요 없으며, 레이저 발진 장치 및 빔 전송/조사 장치가 간단하여 기존 방비 내에 쉽게 설치할 수 있음
- 기존 제조 공정에서 세정이 필요할 경우 쉽게 장착, 적용할 수 있으며 절단·천공·용접·마킹 등과 같은 가공 공정 후 가공 중 발생하는 잔사를 바로 제거해야 할 필요성이 있을 때, 용이하게 장착할 수 있음

◎ 미세 공정

☐ 미세 공정에 의한 국부적 세정이 가능한 레이저 건식 세정 기술
- 검사 장비에서 제품 및 원부자재를 검사 후 특정 부위만의 국부적 세정이 필요한 경우, 기존 장비에 레이저 세정 모듈을 탑재하여 손쉽게 세정작업을 수행할 수 있음
- 미세한 패턴에 대한 정밀 세정 가능

(2) 생태계 기술동향

◎ 해외 플레이어 동향

☐ Trumpf (독일)

- 레이저 가공 장비의 전반적인 제품을 제공하는 글로벌 주요 기업으로, 건식 레이저 클리닝 제품을 판매하고 있으며, 응용분야로 CFRP 부품의 섬유 복합 소재의 세정, 트라이포드 클리닝, 녹 제거, 타이어 주형 레이저 클리닝 등이 있음
- 디스크, 다이오드, 파이버, 쇼트, 마킹, CO_2, 펄스 등 다양한 소재의 레이저 시리즈를 보유 중
- 자동차, 제조, 건설, 전력 및 에너지, 항공우주 및 방위, 엔지니어링, 의료 및 의료용 장비(기계 & 시스템, 레이저, 전력 전자 제품, 스마트 팩토리 솔루션, 소프트웨어 및 서비스 포함)를 제조
- 직접 조사 방식의 세정 공정으로 반도체 & 디스플레이의 정밀성과 damage-free가 요구되는 공정에 부적합

☐ Scanlab (독일)

- 1990년 설립 후 연간 35,000여 대의 시스템을 생산하고 있는 레이저 빔의 3차원 편향, 포지셔닝 및 유도용 스캔 솔루션을 공급하는 세계 최대의 독립 OEM 제조업체
- 레이저 응용 모듈을 주력으로 하며, 기계 및 금속의 녹 제거, 용접선 세정, 기름 제거, 페인트 제거 등의 어플리케이션에 사용
- 오염 물질을 직접 태워 제거하는 방식으로 base material의 손상 발생 가능
- 선택적 파장 흡수에 의한 제거 방식으로 오염원과 모재가 서로 다른 이종으로 디자인

☐ Clean laser system (독일)

- 1997년 설립되었으며, 레이저 빔 표면 기술 개발로 산업용 건식 레이저 장비를 주력
- 주요 응용분야로 페인트 및 코팅 제거, 금형 세정, 용접 전처리, 마킹 및 라벨링, 기능성 표면 구조화, 복원 및 보존 등
- 금속산업 위주의 세정 제품군을 보유중이며, 12W에서 1000W 이상까지 저/중/고출력 레이저 클리닝 시스템을 모두 공급

☐ Advanced Laser Technology (미국)

- 레이저 클리닝 시스템, 레이저 적층 제조 시스템, 레이저 클래딩 시스템, 레이저 표면 경화 시스템 등이 중점인 기업
- 파이버, CO_2, Yag 등 다양한 레이저 제품군을 보유 중
- 레이저 클리닝 응용분야로 유물 복원, 표면 전처리, 유기 페인트 제거, 마이크로 전자 부품의 표면 세정 등을 지원하며, ALT-LC-NP Series 로 나노초 레이저를 탑재한 레이저 클리닝 시스템을 공급

- [ ] JEZ-laserclean (중국)
  - 200W, 500W, 1500W 등의 레이저 클리닝 장비 공급
  - 주요 응용분야로 알루미늄 휠 금형 세정, 타이어 금형 세정, 녹 제거, 사출 금형 세정, 용접 비드 세정, 항공기 날개 금형 세정, 리튬 배터리 양극 탭 세정 등
  - 반도체 레이저 세정 장비로 웨이퍼 생산의 흑연 세정, PVD 코팅 세정 등에 응용할 수 있는 장비 공급. 200W, 300W 의 1064nm 파장의 나노초 파이버레이저로 구성

- [ ] Hitachi High-Tech (일본)
  - 2021년 3월, 반도체 제조 장비의 생산 능력 확대 및 다양한 제품 라인업 개발 환경을 마련하기 위해 이바라키 현 히타치나카에 '나카 지구 마린 사이트' 공장 준공
  - OLED 증착 마스크 클리닝에 있어서 레이저광을 이용하는 방법에 관한 특허 다수 보유
  - 2022년 기준 필름, OLED 절단, 마킹, 글래스, 그린 레이저부터 LED 및 웨이퍼 기판 세정까지 다양한 레이저 가공 서비스를 지원

- [ ] LaserAX (미국)
  - 2010년 설립 레이저 솔루션 신생기업
  - 레이저 클리닝, 레이저 마킹 시스템 및 장비에 딸린 청소용 장비 등 다양한 워크스테이션 기기 등을 판매
  - 클리닝 머신 또한 여러 생산라인에 활용할 수 있는 로봇 레이저, 도어 레이저, 컨베이어, 배터리 등 다양한 제품을 지원

◎ 국내 플레이어 동향

- [ ] 디엠에스
  - 세정 부문 글로벌 1위 기업으로 TFT 공정과정 중 디스플레이 세정, 현상, 식각, 박리 장비를 납품하는 기업
  - 2022년 기준 고집적 세정장비(HDC)는 전 세계 습식 세정 장비의 시장점유율 70% 내외를 차지하며 18년 연속 세계 시장 점유율 1위를 기록한 독보적인 업체
  - 국내 장비 업체 중 유일하게 중국 공장을 운영하고 있으며, 이로 인해 인력 및 인프라 비용 절감 효과를 얻어 영업이익을 상승시키고 디스플레이 시장을 장악한 중국 시장에도 효과적으로 대응
  - 주요 고객사는 LG 디스플레이, 중국 BOE, CSOT, HKC, 티엔마, 비전옥스, 대만 AUO, 폭스콘, 일본 샤프 등 삼성디스플레이를 제외한 거의 대부분의 디스플레이 기업에 세정장비를 보급

◎ 국내 중소·중견기업

☐ 디바이스이엔지
- 2002년에 설립된 고부가가치의 반도체(Auto FOUP Cleaner, POD Cleaner, Wet Station 등), Display (Mask Cleaner, PFC Cleaner, Spin Coater등), 소재부품 (Filter, Film 등)의 자동제어 시스템 구축 및 생산 자동화 설비 기업
- 디스플레이와 반도체 공정장비에서 세정장비라는 니치마켓을 공략한 강력한 기업으로 디스플레이 분야에서는 독점적 상황이며, 반도체 세정장비에서는 신규 진출로 점유율을 높이고 있는 기업
- 2020년 5월 OLED 파인메탈마스크 세정장비 기술을 통해 IR52 장영실상 수상하였으며, 이 장비를 삼성디스플레이에 공급 중
- 그 외 중국 BOE를 비롯한 대형 디스플레이 업체에 세정장비 공급망 구축

☐ 아이엠티
- 반도체와 디스플레이 생산에 적용되는 건식 세정 장비를 개발하고 공급하는 업체로 레이저 세정과 CO_2 세정을 주력으로 사업
- 디스플레이용 레이저 세정기의 경우 OLED Encap 공정에서 사용하는 메탈 마스크와 전 공정에서 활용되는 FMM 마스크를 세정함
- 레이저 세정 분야로 반도체 소켓 및 Burn in Board Pin 세정, 반도체 Probe Card 세정 기술을 보유중이며, 레이저를 이용한 방사노즐 건식세정 장치 특허를 한국기계연구원과 공동으로 보유 중

☐ 유니팩
- CO_2 세정기, 레이저 세정기, 하이브리드 세정기 장비를 공급하는 업체로, 미세한 부유성 이물부터 강력한 고착성 이물까지 별도의 공정 추가 없이 한번에 제거가 가능한 레이저와 CO_2 세정기술을 결합한 하이브리드 세정 시스템 개발
- 주요 응용분야로 금속, 플라스틱, 세라믹, 유리 등의 녹, 먼지, 산화물, 오일 등의 오염 제거

☐ 에이아이코리아
- 이차전지 전해액 및 반도체 장비에 필요한 정밀 특수 부품을 가공하고 반도체 & 디스플레이 건식 비접촉 세정 장비를 제조하는 기업
- 기존 반도체나 LCD, OLED에 화학약품을 통한 습식 세정 공정이 주를 이루는데 OLED의 경우 수분과 고온에 취약해 불량화소나 접합 불량이 발생하는 등의 문제를 저온 바람을 불어 불순물을 날리는 건식 세정 공정 개발을 통해 성장
- 대기압 플라즈마 건식세정 방식 및 초음파 건식세정 기술을 보유 중
- 2022년 2월 건식 초음파 세정기 기술을 통해 IR52 장영실상 수상

- ☐ 씨티에스
    - LCD, OLED, FILM 등 디스플레이 세정을 위한 비접촉 건식 초음파 세정기 연구, 개발, 생산하는 기업으로, 대형 및 소형 건식 초음파 세정기 주력
    - 패널 크기 별로 다양한 초음파 세정기를 지원하며, 이 세정기는 OLED, LCD, 태양광 발전 판넬, 특수철강, 이차전지용 필름 등 다양한 산업군에 활용 될 수 있음
    - 주요거래처로 삼성디스플레이, 삼성전기. LG디스플레이, BOE, CSOT, HKC, TIANMA, EDO, VISIONOX 등

- ☐ 알파글로벌
    - 2011년 8월 설립된 전자/반도체/산업기기 제조 및 무역업 기업
    - CO_2 Jet 세정 기술과 pellet 세정, 비접촉 건식 laser cleaning 세정 제품군을 보유중

다. 국내 연구개발 기관 및 동향

(1) 연구개발 기관

[디스플레이 세정 시스템 주요 연구조직 현황]

기관	소속	연구분야
한국기계연구원	나노융합장비연구부	• 초미세 구조 가공 및 장비 기술 • 광기반 미세 패터닝 기술 및 유연전자소자 응용 기술 개발
한국기계연구원	광응용 장비연구실	• 고출력 레이저 핵심 모듈 및 장비 • 레이저/전자빔 응용 공정 및 시스템 • 광기반 융복합 측정/진단 공정 및 장비 기술
포항공대	LPMHT	• 건식/습식 레이저 세정, 레이저 충격파 세정, 유기 스프레이 제트 세정 등 다양한 레이저 기술 개발 • UV 및 고분자 화합물 반응을 이용한 가공 프로젝션 연구
한국산업기술대학교 산학협력단	기계공학과	• 몰드 표면의 높이에 따른 레이저 조사부 높이 조절
포항산업과학연구원	소재이용연구그룹	• 소재 표면 세정 장치 • 요철 형태의 표면을 갖는 부품 세정

(2) 기관 기술개발 동향

☐ 한국기계연구원

- 펨토초 레이저를 사용하여 플라즈마 충격파를 발생 시켜 실리콘 웨이퍼의 100nm 크기의 형광 입자를 제거
- 레이저를 이용한 방사노즐 건식세정 장치 및 방법 개발

☐ 포항공과대학교

- 다양한 재료와 레이저에 대해 열영향, 마이크로 크랙 등의 결함이 없는 미세가공을 위해 공정 변수와 가공의 관계성을 찾고, 공정을 최적화하여 MEMS, 미세유체, 반도체, 디스플레이 산업 등의 응용분야에 적용하기 위한 연구가 진행
- 광굴절 방식과 레이저 섬광 사진법을 이용하여 레이저 충격파 속도를 측정하고 충격파 진행 형상을 가시화
- 액체 제트 또는 액적의 광학적 절연파괴(LIB) 연구를 통해 LSJC라는 신규 레이저 세정 기술 개발
- 레이저 유기 스프레이 제트를 이용한 표면 세정
- 엑시머 레이저를 이용한 실용적 레이저 세정 기술(SLC) 개발

☐ 한양대학교
- 실리콘 웨이퍼 상에 오염입자 1㎛ (Al_2O_3)를 레이저 충격파를 통해 제거
- 트렌치 구조에서 레이저 충격파 세정 방향에 따른 입자 제거 효과
- 고 에너지 레이저 유기 충격파 특성 평가와 세정 효과

☐ 한국생산기술연구원
- KrF excimer laser를 사용하여 실리콘 웨이퍼 상의 오염원(지문) 제거

☐ 한국산업기술대학교 산학협력단
- 몰드 표면의 높이를 검출하여 레이저 조사부에서 조사된 레이저가 몰드 표면 산에 접속되게 할 수 있는 레이저 세정 장치 개발

☐ 포항산업과학연구원
- 반도체 및 디스플레이 공정의 증착장비에 사용되는 세정장비로서, 피코초 이하의 초단 펄스 레이저를 조사하여 소재의 열변형을 방지하면서 오염물질에 열적 응력을 가해 소재 표면에 묻은 오염물질을 효과적으로 제거
- 반도체 및 디스플레이 공정의 증착장비에 사용되는 세정장비로서, 요철형 부품 세정장치로, 오염물질이 묻은 부품의 요철형 표면에 국부적으로 피코초 이하의 초단 펄스를 가지는 레이저를 조사하여 부품 표면에 초단 펄스의 피크 에너지를 가해 오염물질을 세정

◎ 국내 디스플레이 세정 시스템 관련 선행연구 사례

[국내 선행연구(정부/민간)]

수행기관	연구명(과제명)	연도	주요내용 및 성과
(주)원익큐엔씨 세라믹스사업부	OLED 세정 장비용 엑시머 램프 및 광원 장치 개발	2020 ~ 2023	• OLED 패널제조용 세정 장비에 사용되는 엑시머 진공 자외선 램프 개발 • 각종 센서류를 활용하여 지속해서 램프의 점등상태를 모니터링하고 조절할 수 있는 컨트롤러 및 프로그램을 개발
에이피에스 머티리얼즈	AMOLED용 FMM 양산기술 개발	2020 ~ 2023	• AMOLED의 핵심 부품인 FMM stick의 국산화를 목적으로 함 • USPL(Ultra-Short Pulse Laser)의 적용과 레이저 빔의 강도분포 최적화뿐만 아니라 고유한 열누적 억제 기술 개발
(주)티티에스	극초단 레이저 pulse를 광원으로 이용한 레이저 세정기의 시작품 설계 및 제작과 공정기술 개발	2022	• 친환경적인 세정공정을 실현할 수 있는 새로운 레이저 세정공정 기술 개발을 위하여 예비연구 • 레이저 관련 분야의 기본적인 연구를 통하여 레이저 세정기의 열원으로 사용할 레이저를 결정
(주)우성초음파	디스플레이 제조 공정용 동시 다주파 방식의 초음파 세정기술 개발	2022 ~ 2024	• 동시 다주파 방식 초음파용 진동자 실리콘 코팅 장치 개발 • 이차전지, 디스플레이, 차폐 등 다양한 분야에서 초음파 핵심 기술을 응용
아레텍주식회사	반도체용 ArF Blank/Photo Mask Haze Free 스핀 세정 장비 개발	2020 ~ 2022	• UV/O3 Lamp 조사와 Mask 기판과의 최적화된 거리 설계가 반영된 스핀 세정 장비 기술 개발
(주)프로텍	고해상도 디스플레이 구현을 위한 MicroLED 초소형 칩 다중빔 광기반 고속 선택적 전사 및 접속 공정 장비 기술 개발	2020 ~ 2022	• Micro-LED 광기반 선택적 전사 공정 및 광원/광학계 장치 평가/최적화 • 고속 병렬 전사를 위한 DRL 구조최적화 및 공정 변수 최적화 • 고속 전사 및 대량 접속에 유리한 30㎛급 초소형 Micro-LED 개발
한국재료연구원	Roll to Roll OLED용 연속 크리닝 장비 및 공정 개발	2020 ~ 2021	• Roll to Roll OLED 세정 공정 불량 분석 • Roll to Roll OLED Cleaning Process 개발

* 출처: 자체작성

3. 특허 동향

가. 특허동향 분석

(1) 특허 증가율

- 과거부터 최근까지 해당품목에 대한 특허기술 출원의 양적 트렌드 분석을 통해 해당품목의 기술개발 동향 파악[64]
- 한국(KIPO), 미국(USPTO), 일본(JPO), 유럽(EPO) 국가별 특허기술 출원 점유율 분석을 통해 해당품목을 선도하는 국가 파악

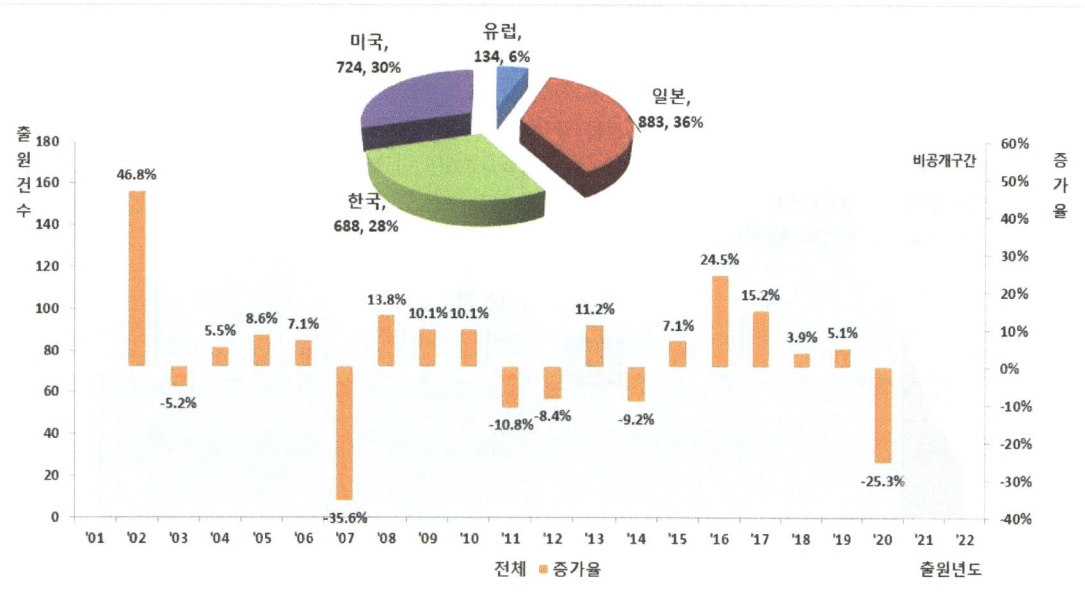

연도별 출원증가율

- 디스플레이 세정 시스템은 지난 20년(2001년~2020년)간 꾸준히 출원활동이 진행된 것으로 나타남
- 전년대비 증가율을 보았을 때 최근 2020년에는 -25.3%의 감소율을 보이고 있는 것으로 나타나며, 이는 삼성전자의 LCD 사업 축소 등과 같은 디스플레이 산업 전반의 투자 위축과 반도체 장비의 소형화에 따른 디스플레이 세정 장비에서도 고도의 기술력을 요함에 따른 것으로 판단됨
- 국가별 특허출원 점유율을 분석 시 디스플레이 세정 시스템 품목은 일본이 기술개발을 선도하는 것으로 판단됨

---

[64] 특허출원 후 1년 6개월 경과 후 데이터가 공개되는 특허제도의 특성상, 2021년과 2022년에는 실제 출원이 이루어졌으나 아직 공개되지 않은 미공개데이터의 존재로 유효데이터가 적게 나타날 수 있음에 유의해야 함

(2) 특허 점유율

☐ 과거부터 최근까지의 국가별 특허기술 출원의 양적 트렌드를 비교하여 타 국가 대비 국내의 기술적 위치 파악

☐ 한국(KIPO), 미국(USPTO), 일본(JPO), 유럽(EPO) 국가별 내·외국인의 출원분포를 파악하여 해당 국가 내 국외기술의 유입상황 및 국외기술에 대한 의존도 여부, 자국 기술력 등을 유추

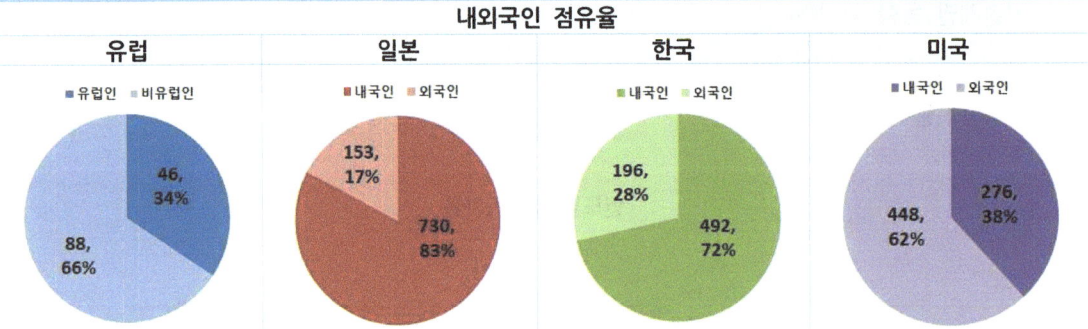

- 디스플레이 세정 시스템 품목에 있어, 한국과 일본은 각각 내·외국인 비중이 72%대 28%, 83%대 17%로 내국인의 출원점유율이 높은 수준으로 나타났으며, 미국은 외국인의 출원점유율이 더 높은 것으로 나타남
- 디스플레이 세정 시스템 품목에 있어 일본의 기술자립도가 가장 높은 것으로 평가됨. 한국의 경우 전체 출원건수가 많지 않고, 외국인의 진입도 활발하지는 않은 것으로 나타나 해당 국가시장에 대한 평가는 높은 수준은 아닌 것으로 분석됨

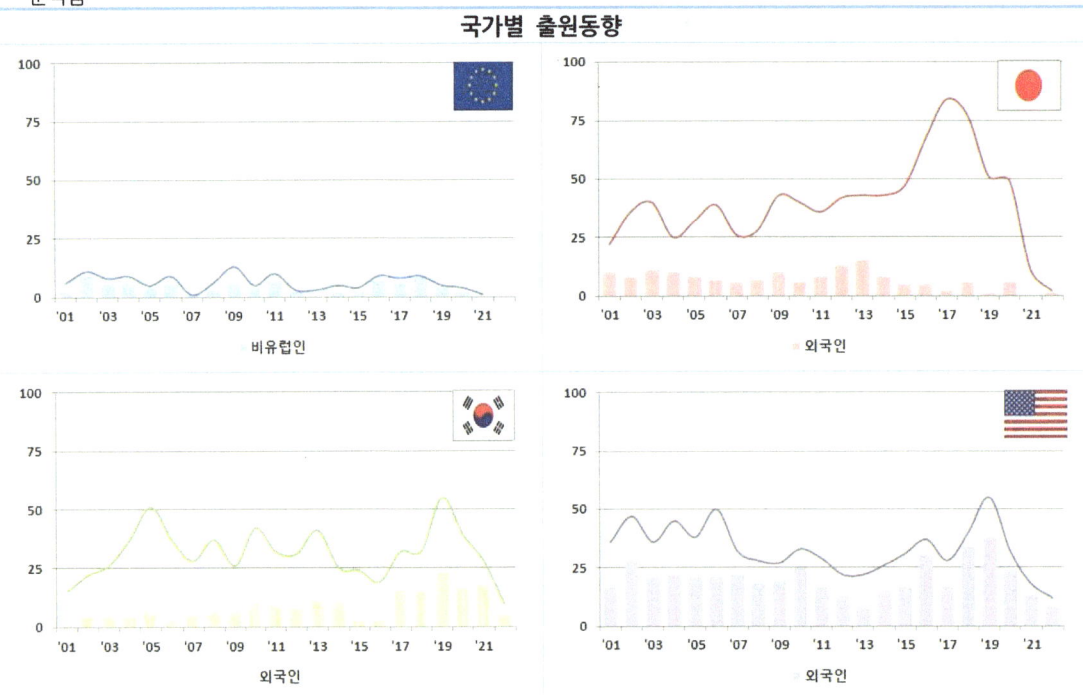

- 지난 20년간 일본의 출원활동이 가장 활발히 진행된 것으로 나타나며, 유럽의 출원 활동은 대부분 외국인에 의해 진행된 것으로 나타남

(3) 특허 영향력

☐ 기술영향력(CPP) 지수는 특정 등록특허가 다른 특허들에 의해 인용된 횟수를 나타내며, 특허권자의 입장에서 이 값이 클수록 질적 수준이 높은 핵심특허 또는 원천특허를 많이 보유하고 있을 가능성이 높다고 판단

 * CPP = 특정 주체의 등록특허의 피인용 횟수 / 해당 주체의 등록특허 수

☐ 시장지배력(PFS) 지수는 출원인 국적별 패밀리국가수를 분석하는 것으로, 해당품목에서 글로벌 시장을 타겟팅한 출원인이 누구인지 파악 가능

 * PFS = 특정 주체의 평균 패밀리 국가수 / 전체평균 패밀리 국가수

주요출원인 IP 경쟁력(기술성 vs 시장성)

전체국가: AVG : 11.56, AVG : 1.07
- ELECTRO SCIENT IND (CPP 33.22, PFS 2.23)
- 엘지전자 (CPP 12.7, PFS 0.54)
- 삼성전자 (CPP 4.74, PFS 0.76)

범례: DISCO, 삼성디스플레이, 엘지디스플레이, 삼성전자, ELECTRO SCIENT IND, TEL, APPLIED MATERIALS, 엘지전자, TOKYO SEIMITSU, HAMAMATSU PHOTONICS

한국: AVG : 3.32, AVG : 1.03
- APPLIED MATERIALS (CPP 0.75, PFS 2.09)
- 삼성디스플레이 (CPP 2.93, PFS 0.85)
- 엘지이노텍 (CPP 13.77, PFS 0.52)

범례: 엘지디스플레이, DISCO, 삼성디스플레이, 삼성전자, 엘지전자, 삼성에스디아이, 엘지이노텍, 세메스, TEL, APPLIED MATERIALS

- 디스플레이 세정 시스템 품목에 대한 주요출원인들의 IP 경쟁력 분석결과, 전체 국가에서는 ELECTRO SCIENTIFICS가 기술영향력 및 시장확보력이 가장 높은 것으로 나타났으며, 한국에서는 엘지이노텍과 APPLIED MATERIALS가 각각 기술영향력과 시장확보력이 가장 높은 것으로 나타남. 전체 시장에서는 ELECTRO SCIENTIFICS의 특허가, 한국시장에서는 엘지이노텍, APPLIED MATERIALS의 특허가 시장확보력 및 질적 수준이 높아 기술적 파급력과 상업적 가치가 큰 것으로 평가됨

(전체) ELECTRO SCIENTIFICS : 기술영향력(CPP) 33.22 / 시장확보력(PFS) 2.23

(한국) 엘지이노텍 : 기술영향력(CPP) 13.77 / 시장확보력(PFS) 0.52

　　　　APPLIED MATERIALS : 기술영향력(CPP) 0.75 / 시장확보력(PFS) 2.09

- 한국출원인 중에는 전체 국가에서 엘지전자, 삼성전자가 각각 기술영향력, 시장확보력이 가장 높은 것으로 나타났으며, 한국에서는 엘지이노텍, 삼성디스플레이가 각각 기술영향력, 시장확보력이 가장 높은 것으로 분석됨

(전체) 엘지전자 : 기술영향력(CPP) 12.7 / 시장확보력(PFS) 0.54

　　　　삼성전자 : 기술영향력(CPP) 4.74 / 시장확보력(PFS) 0.76

(한국) 엘지이노텍 : 기술영향력(CPP) 13.77 / 시장확보력(PFS) 0.52

　　　　삼성디스플레이 : 기술영향력(CPP) 2.93 / 시장확보력(PFS) 0.85

나. 주요 기술 키워드 분석

(1) 기술개발 동향 변화 분석

☐ AI 알고리즘을 활용하여 해당품목의 분석구간의 특허 기술 키워드를 비주얼 차트로 나타낸 것으로, 키워드 확인을 통한 집중연구 분야를 파악할 수 있으며, 구간별 기술 키워드 확인을 통해 해당품목에 대한 구간별 연구 트렌드 변화를 유추

* 분석범위 : 요약, * 키워드 구성 : 구문, * 키워드 출력수 : 전체구간 100개, 최근구간 50개

전체구간(2001년~2022년) 특허 주요 기술 키워드

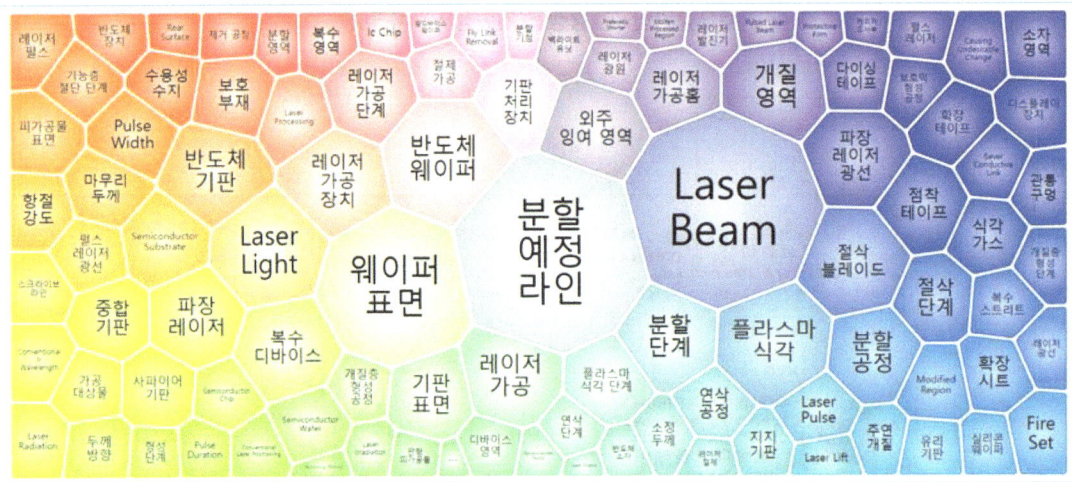

- 디스플레이 세정 시스템 품목에 대한 지난 20년간의 특허 주요기술 키워드 분석결과, 디스플레이 세정 기술 관련 키워드가 주로 도출되었으며, 디스플레이 세정을 위한 'Laser Beam' 및 'Lase Light' 키워드가 도출된 것으로 조사됨

  (전체구간 주요 키워드) 분할 예정 라인, Laser Beam, 웨이퍼 표면, 개질 영역, 반도체 웨이퍼, Laser Light, 반도체 기판, 레이저 가공홈, Semiconductor Wafer, 플라스마 식각

최근구간(2011년~2022년) 특허 주요 기술 키워드

1구간(2011년~2015년)	2구간(2016년~2022년)

- 디스플레이 세정 시스템 품목에 대한 최근구간 특허 주요기술 키워드 분석결과, 1구간에는 '레이저 가공홈'이 주요 기술키워드로 도출되었고, 2구간에서는 '플라스마 식각'이 주요 기술키워드로 도출됨

  (1구간 주요 키워드) 분할 예정 라인, Laser Beam, 웨이퍼 표면, 반도체 웨이퍼, 레이저 가공홈

  (2구간 주요 키워드) 분할 예정 라인, 웨이퍼 표면, 개질 영역, Laser Beam, 플라스마 식각

(2) 기술 현황 분석

☐ 전 세계적으로 통용되고 있는 국제특허분류를 통해 해당품목의 기술현황 및 집중기술 분야를 확인할 수 있으며, 연도별 기술현황 변화추이를 확인함으로써 해당품목에 대한 기술변화 트렌드 변화를 유추

  * IPC(International Patent Classification) : 국제특허분류

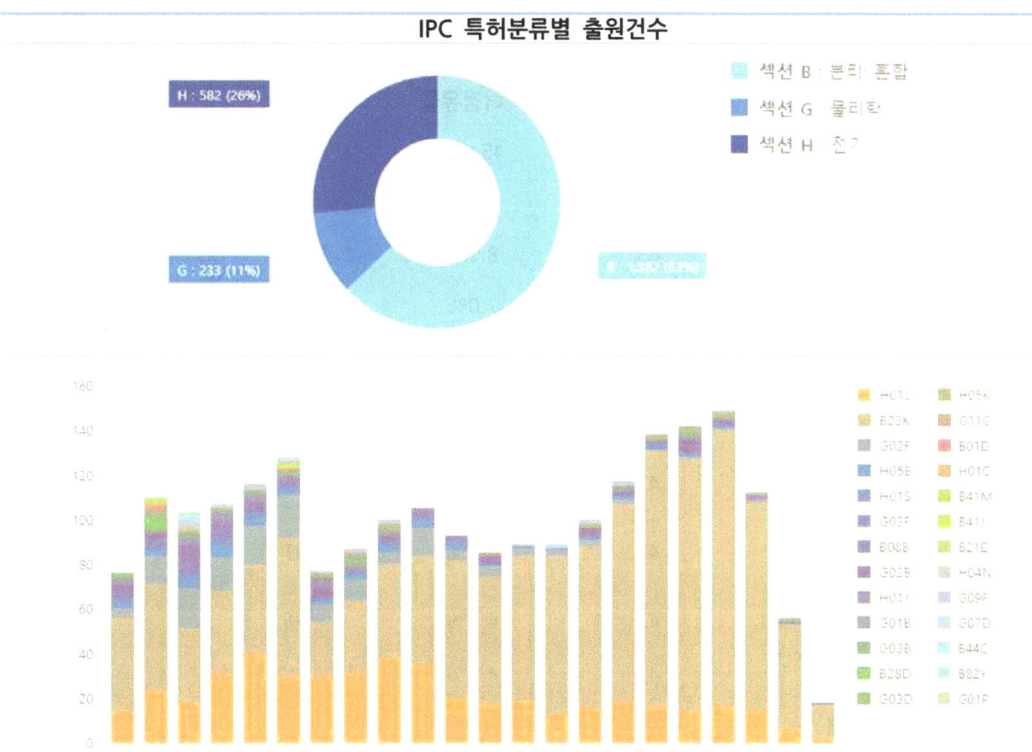

- 디스플레이 세정 시스템 품목은 섹션 B 분리; 혼합 기술분야의 비중이 가장 높은 것으로 나타났으며, 그중에서도 납땜(Soldering) 또는 비납땜(Unsoldering); 용접; 납땜 또는 용접에 의하여 클래딩(clading) 또는 피복; 국부 가열에 의한 절단, 예. 화염 절단; 레이저 빔에 의한 가공(B23K) 기술분야에서 집중 연구가 되고 있는 것으로 분석됨
- 연도별 기술현황 변화추이를 보았을 때, 최근에는 (B23K) 기술분야인 '납땜(Soldering) 또는 비납땜(Unsoldering); 용접; 납땜 또는 용접에 의하여 클래딩(clading) 또는 피복; 국부 가열에 의한 절단, 예. 화염 절단; 레이저 빔에 의한 가공' 관련 분야와 (H01L) 기술분야인 '반도체 장치; 다른 곳에 속하지 않는 전기적 고체 장치' 관련 분야에서 출원이 진행된 것으로 나타남

IPC - Sub Class	출원건수
• (B23K) 납땜(Soldering) 또는 비납땜(Unsoldering); 용접; 납땜 또는 용접에 의하여 클래딩(clading) 또는 피복; 국부 가열에 의한 절단, 예. 화염 절단; 레이저 빔에 의한 가공	1337
• (H01L) 반도체 장치; 다른 곳에 속하지 않는 전기적 고체 장치	460
• (G02F) 광의 강도, 색, 위상, 편광 또는 방향의 제어를 위한 장치 또는 배치, 예. 스위칭, 게이팅, 변조 또는 복조, 의 매체의 광학적성질이 변화에 의하여 광학적 작용이 변화하는 장치 또는 배치; 그와 같은 동작을 위한 기술 또는 처리; 주파수변환; 비선형 광학; 광학적 논리소자; 광학적 아날로그/디지털 변환기	140
• (G02B) 광학요소, 광학계 또는 광학장치	47
• (H05B) 전기 가열; 달리 제공되지 않는 전기 광원; 일반적인 전기 광원을 위한 회로 장치	43

(3) 기술 집중력 분석

☐ 주요출원인에 의한 특허점유율을 분석하여 기술집중력(시장 독과점 수준)을 판단하는 것으로, 특허동향조사에서는 통상 CR4를 사용하며, CRn값이 0에 가까울수록 시장 독과점 수준이 낮은 것을 의미하고, CR4 값이 40에서 60일 경우(CR1 지수는 50 이상일 경우, CR2 또는 CR3 지수는 75 이상일 경우) 시장의 독과점 수준이 높은 것으로 해석됨

* CRn(집중률지수, Concentration Ratio n) = (1위 출원인의 특허점유율) + ... + (n위 출원인의 특허점유율)

	주요출원인	출원건수	특허점유율	CRn	n
주요 출원인 집중력	DISCO	429	45.9%	46	
	삼성디스플레이	84	9.0%	55	
	엘지디스플레이	83	8.9%	64	
	삼성전자	65	7.0%	**71**	4
	TEL	51	5.5%	76	
	APPLIED MATERIALS	49	5.2%	81	
	엘지전자	47	5.0%	86	
	ELECTRO SCIENTIFIC INDUSTRIES	43	4.6%	91	
	TOKYO SEIMITSU	42	4.5%	96	
	HAMAMATSU PHOTONICS	42	4.5%	100	
	전체	935	100%	CR4 = 71	

	출원인 구분	출원건수	특허점유율	CRn	n
국내시장 중소기업 집중력	중소기업(개인)	188	27.3%	27.33	중소기업
	대기업	258	37.5%		
	연구기관/대학	46	6.7%		
	기타(외국인)	196	28.5%		
	전체	688	100.0%	CR중소기업 = 27.33	

- 디스플레이 세정 시스템 품목에 대한 시장관점의 기술독점 집중률 지수(CRn) 분석결과, 상위 4개 기업의 시장점유율이 71로, 주요출원인에 의한 독과점 정도는 높은 것으로 분석됨
- 국내시장에 있어서 중소기업의 특허점유율은 27.33으로, 디스플레이 세정 시스템 품목에서 중소기업의 점유율은 높지 않은 것으로 분석되고, 대기업에 의한 출원점유율이 높게 나타나지만, 독과점 수준이 높지 않아 국내시장에서 중소기업의 진입장벽은 높지 않을 것으로 판단됨

다. 주요 출원인 분석

(1) 주요 출원인 동향

☐ 주요출원인을 기준으로, 해당품목에 대해 기술개발을 주도하고 있는 기관 및 기업을 파악하고, 한국(KIPO), 미국(USPTO), 일본(JPO), 유럽(EPO) 국가별 출원현황 분석을 통해 주요출원인들이 고려하고 있는 주요시장국이 어디인지 예측하여 거시적 관점의 향후 트렌드를 전망

☐ 타 국가 대비 국내 기관 및 기업의 출원 활동 현황 및 수준을 파악하여 연구개발에 있어 비중 있는 사전 파악이 필요한 기관 및 기업 제시

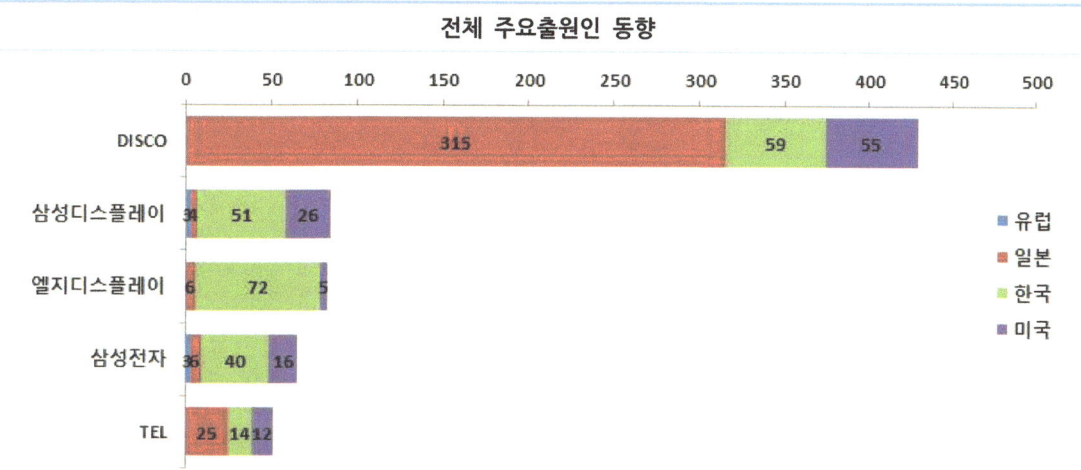

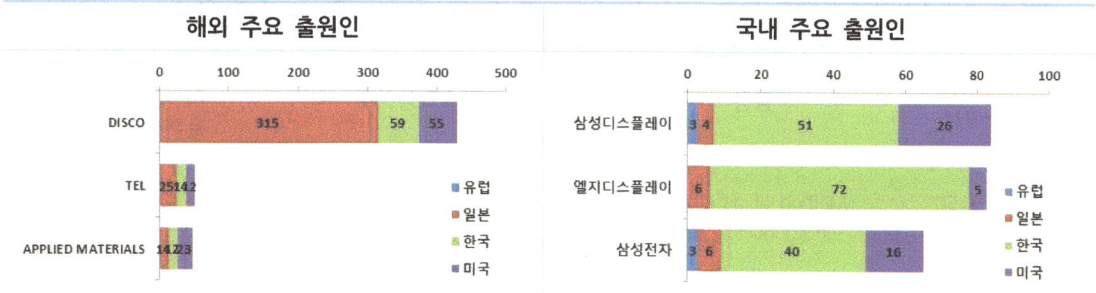

- 디스플레이 세정 시스템 품목의 주요출원인 Top 5를 살펴보면, 한국, 일본 국적의 출원인이 포함되어 있는 것으로 나타나며, 특히 일본 출원인에 의해 기술개발이 주도되고 있는 것으로 나타남
- 한국국적의 출원인으로는 삼성디스플레이, 엘지디스플레이, 삼성전자가 주요출원인에 포함되었으며, 일본의 DISCO, TEL도 주요출원인으로 나타남
- 국내 주요출원인은 삼성디스플레이, 엘지디스플레이, 삼성전자로 도출되어, 기업에 의해 기술개발이 진행되고 있는 것으로 분석됨

(2) 주요 출원인 기술 키워드 및 주요특허 분석

☐ 주요출원인이 출원한 해당품목의 특허 기술 키워드 확인을 통해 출원인별 집중연구 분야를 파악할 수 있으며, 등록특허를 기준으로 피인용문헌수 및 패밀리 국가수가 큰 주요특허를 사전검토 함으로써 주요출원인의 주력기술 분야를 예측

* 기술 키워드 분석범위 : 요약, * 키워드 구성 : 구문, * 키워드 출력 수 : 50개
* 주요특허 도출 기준 : 등록특허를 기준으로 피인용문헌수 및 패밀리 국가수가 큰 특허를 주요특허로 도출

◎ DISCO

주요 키워드 및 주요특허 분석

- 반도체 식각 장치, 반도체 기판, Semiconductor Substrate, Semiconductor Device, Etch Stop Layer, 반응 가스, 식각 공정, 식각 장치, 공정 챔버, Interlayer Dielectric Layer

등록번호 (출원일)	명칭	기술적용분야	IP 경쟁력	
			피인용 문헌수	패밀리 국가수
US 7129150 (2004.03.08.)	Method of dividing a semiconductor wafer	전면에 형성된 복수의 스트리트를 격자 형태로 분할하는 방법과 상기 복수의 스트리트에 의해 구획된 복수의 영역에 형성된 회로를 개별 반도체 칩으로 분할하는 방법	137	8
US 7179723 (2004.11.12.)	Wafer processing method	반도체 웨이퍼 또는 광학 디바이스 웨이퍼와 같은 웨이퍼의 소정 영역에 레이저 빔을 적용하여 소정의 처리를 실시하기 위한 레이저 가공 방법	133	5
US 7265033 (2004.06.28.)	Laser beam processing method for a semiconductor wafer	전면에 저유전성 절연막이 형성된 반도체 웨이퍼용 레이저 빔 가공 방법	131	5

- DISCO는 디스플레이 세정 시스템 품목과 관련하여 Top 1 출원인으로, 일본을 위주로 출원을 진행하였으며, 웨이퍼의 소정 영역에 레이저 빔을 적용하여 소정의 처리를 실시하기 위한 레이저 가공 기술 및 복수의 스트리트에 의해 구획된 복수의 영역에 형성된 회로를 개별 반도체 칩으로 분할하는 기술에 대한 기술력이 높은 것으로 조사됨

◎ 삼성디스플레이

주요 키워드 및 주요특허 분석

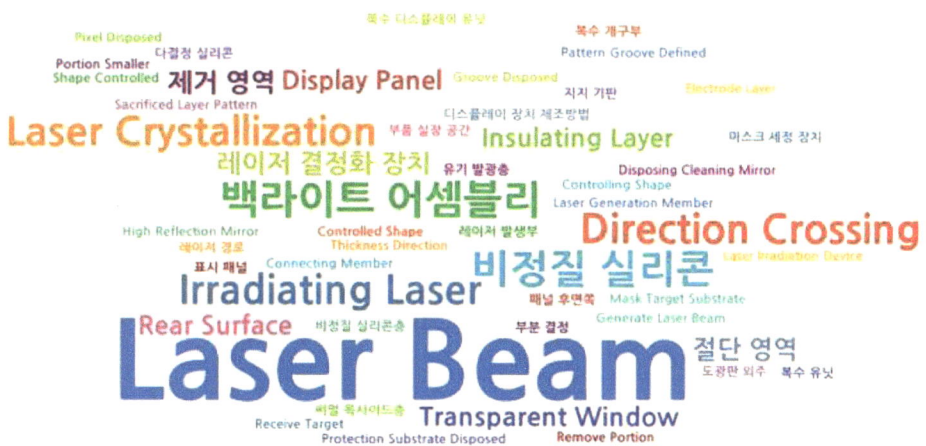

- 함불소 화합물, 금속막 산화제, 아졸 화합물, 고리형 아민 화합물, 불소 화합물, 아졸계 화합물, 수용성 화합물, 구리계 금속막, 일괄 식각, 인산염 화합물

등록번호 (출원일)	명칭	기술적용분야	IP 경쟁력 피인용 문헌수	패밀리 국가수
KR 10-1460653 (2008.07.23.)	유기발광 표시장치 및 이의 제조 방법	표시품질이 향상된 유기발광 표시장치 및 이의 제조 방법	17	2
KR 10-1097331 (2010.01.28.)	박막 증착용 마스크의 제조 방법	패턴이 첨예한 단부를 갖는 경사부들을 구비하므로 섀도우 효과가 잘 발생하지 않는 박막 증착용 마스크의 제조 방법	10	2
US 8969106 (2013.03.14.)	Laser irradiation apparatus and method of manufacturing organic light-emitting display apparatus using the same	기판 상에 유기 층을 포함하는 패널을 수용하도록 구성된 챔버를 포함하는 레이저 조사 장치	9	2

- 삼성디스플레이는 디스플레이 세정 시스템 품목과 관련하여 Top 2 출원인으로, 한국을 위주로 출원을 진행하였으며, 표시품질이 향상된 유기발광 표시장치 및 제조 기술 및 기판 상에 유기층을 포함하는 패널을 수용하도록 구성된 챔버를 포함하는 레이저 조사 장치 기술에 있어서 기술력이 높은 것으로 조사됨

◎ 엘지디스플레이

주요 키워드 및 주요특허 분석

- 처리 가스, 처리 용기, Processing Chamber, Gaseous Mixture, 실리콘 산화막, 식각 공정, Etching Process, Processing Container, 기판 처리 장치, Plasma Etching

등록번호 (출원일)	명칭	기술적용분야	IP 경쟁력	
			피인용 문헌수	패밀리 국가수
US 9280007 (2012.07.17.)	Method of manufacturing flexible display device	베이스 기판 상에 버퍼층을 형성하는 단계를 포함하며, 여기에서 상기 버퍼층은 투명하고 약 3.0 eV 내지 약 4.0 eV의 광학 밴드 갭을 가지고, 상기 버퍼층 상에 가요성 기판을 형성하는 것 가요성 기판 상에 디스플레이 요소를 형성하는 것 상기 버퍼층에 레이저를 조사하여 상기 베이스 기판으로부터 상기 가요성 기판을 분리시키는 가요성 디스플레이 장치 제조 방법	20	3
KR 10-0689314 (2003.11.29.)	액정표시패널의 절단방법	레이저를 이용하여 스크라이브라인과 실라인이 겹쳐지는 부분의 상기 실라인을 미리 제거함으로써 절단 휠의 진행을 원활하게 하여 액정표시패널의 절단공정에서의 패널 불량을 감소시킨 액정표시패널의 절단 방법	12	4
JP 4495643 (2005.06.27)	박막식각방법 및 이것을 이용한 액정 표시 장치 제조 방법	액정 표시 장치와 관련되어 특히 공정 단순화 및 제조비용을 절감하는데 적합한 박막식각방법 및 이것을 이용한 액정 표시 장치 제조 방법	11	6

- 엘지디스플레이는 디스플레이 세정 시스템 품목과 관련하여 Top 3 출원인으로, 한국을 위주로 출원을 진행하였으며, 레이저를 이용해 스크라이브라인과 실라인이 겹치는 부분의 실라인을 제거하여 액정표시패널의 절단공정에서 패널 불량을 감소시킨 액정표시패널 절단 기술 및 공정 단순화 및 제조비용 절감에 적합한 박막식각방법과 이를 이용한 액정 표시 장치 제조 기술에 있어서 기술력이 높은 것으로 조사됨

4. 전략품목 기술로드맵

가. 핵심기술

(1) 요소기술 도출

◎ 특허 키워드 클러스터링 기반 요소기술 후보도출

[디스플레이 세정 시스템 토픽 클러스터링 결과]

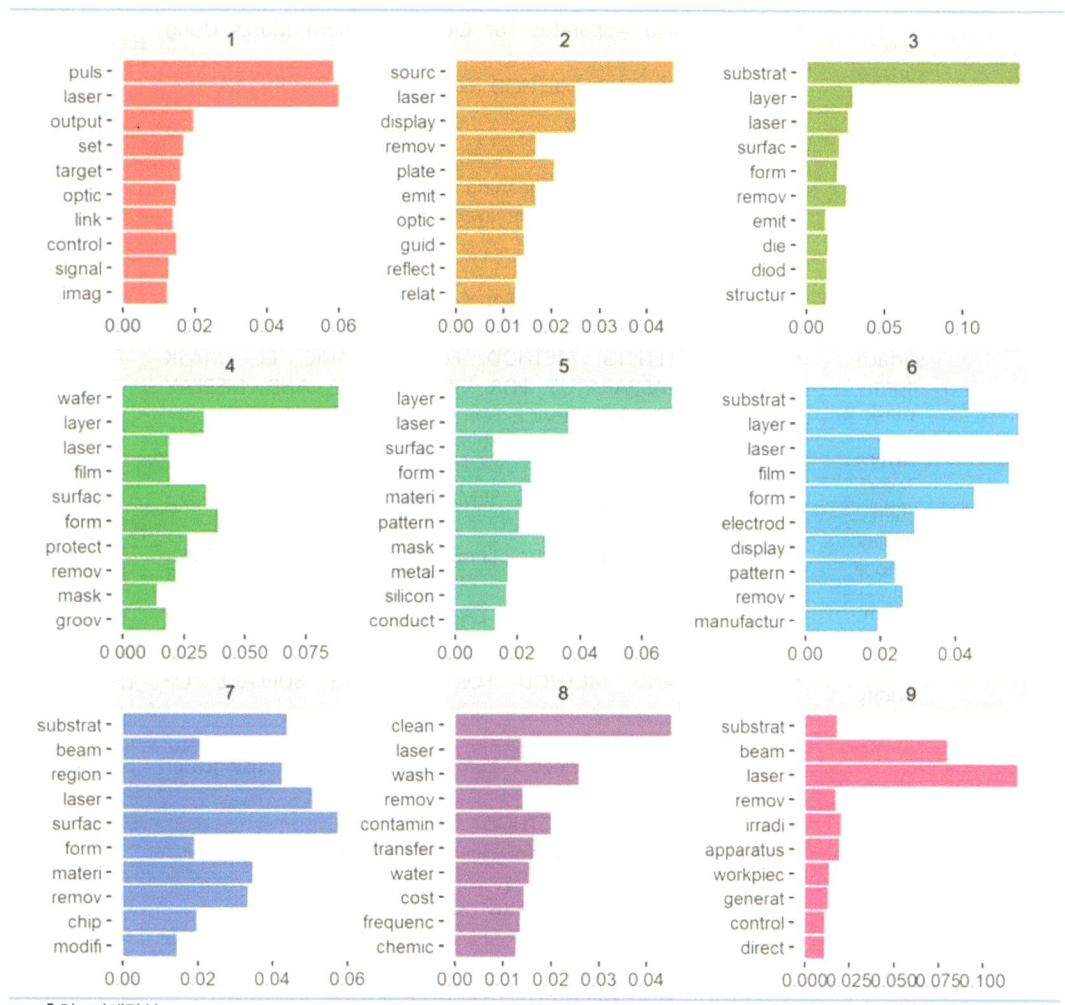

* 출처: 자체작성

[LDA 클러스터링 기반 요소기술 후보도출]

No.	상위 키워드	대표적 관련 특허	요소기술 후보
클러스터 01	pulse laser output target control	• Dry cleaning method of wafer by plasma formation induced by femtosecond laser • METHOD AND APPARATUS OF CLEANING A SUBSTRATE • DEVICE AND METHOD FOR CLEANING SURFACE OF MATERIAL	레이저 펄스 조절 방법
클러스터 02	laser display remove plate reflect	• Laser cleaner • cleaning device • Apparatus of cleaning using laser beam	반사판을 이용하는 레이저 세정 시스템
클러스터 03	layer laser surface form substrate	• Method And Apparatus For Cleaning Pattern Masks Using Laser • APPARATUS AND METHOD FOR DRY SURFACE-CLEANING OF MATERIALS	표면 형태에 따른 레이저 조사 방향 조절 방법
클러스터 04	layer laser surface protect remove	• Local vectorial particle cleaning • Apparatus and method for irradiating laser beam • PROCESSING METHOD OF WAFER	건식 레이저 세정 시 손상 최소화 방법
클러스터 05	layer laser surface form mask	• Method And Apparatus For Cleaning Pattern Masks Using Laser • MASK CLENING METHOD FOR ORGANIC EL, MASK CLENING APPARATUS FOR ORGANIC EL, AND DISPLAY MANUFACTURING DEVICE FOR ORGANIC EL	대면적 디스플레이 마스크 세정 시스템
클러스터 06	layer laser film display remoce	• Method cleaning Plasma Display Panel using Laser andVapor Phase • METHOD FOR CLEANING SEMICONDUCTOR DEVICE USING LASER • Method cleaning Electro Luminescence Display usingLaser and Vapor Phase	가스를 포함하는 레이저 세정 방법
클러스터 07	beam laser region modify remove	• APPARATUS AND METHOD FOR DRY CLEANING OF WAFER BACKSIDE USING LASER BEAM • DEVICE AND METHOD FOR CLEANING SURFACE OF MATERIAL	레이저 빔 조사 위치 조정 방법
클러스터 08	clean laser wash water chemical	• Method cleaning Electro Luminescence Display usingLaser and Ar ECR Plasma • LASER MACHINING METHOD • Method and apparatus for cleaning surfaces	유체를 포함하는 레이저 세정 방법
클러스터 09	beam laser workpiece control direct	• Substrate cleaning apparatus using laser • METHOD FOR CLEANING SEMICONDUCTOR DEVICE USING LASER • METHOD AND APPARATUS OF CLEANING A SUBSTRATE	레이저 세정용 챔버

* 출처: 자체작성

◎ 특허 분류체계 기반 요소기술 후보도출

[IPC 분류체계에 기반 요소기술 후보도출]

(서브클래스) 내용	IPC 기술트리 (메인그룹) 내용	요소기술 후보
(B23) 레이저 빔에 의한 가공, 예. 용접, 절단, 천공(boring)	(B23K-026/16) 부차물의 제거	-
	(B23K-026/062) 레이저 빔의 직접 제어에 의한 것	레이저 빔 제어 방법
	(B23K-026/57) 다른 가공물 면상에서 작업하기 위해 가공물 재료를 통하여 전송되는 것으로 부터 가공물의 면에 도입하는 레이저 빔	-
(G02F) 광의 강도, 색, 위상, 편광 또는 방향의 제어를 위한 장치 또는 배치	(G02F-001/13) 액정에 기초한 것	유해물질 최소화 세정 방법
(H01L) 반도체 장치	(H01L-021/00) 반도체 장치 또는 고체 장치 또는 그러한 부품의 제조 또는 처리에 특별히 적용되는 방법 또는 장비	-
	(H01L-021/02) 반도체 장치 또는 그 부품의 제조 또는 처리	레이저 충격파를 이용한 세정방법
(H01J) 방전관 또는 방전램프	(H01J-009/00) 방전관, 방전 램프 또는 그 일부의 제조{설치, 제거, 유지}에 특히 적합한 장치 또는 공정	플라즈마를 포함하는 레이저 세정 방법

* 출처: 자체작성

◎ 최종 요소기술 도출

☐ 기술·시장 분석, 기술수요, 기술(특허)분석, 전문가 추천을 바탕으로 요소기술 후보 도출

☐ 요소기술 후보를 대상으로, 전문가를 통해 기술의 범위, 요소기술 간 중복성 등을 조정·검토하여 최종 요소기술 확정

[디스플레이 세정 시스템 요소기술 도출]

요소기술	출처
클리닝 속도 고속화	특허 클러스터링, 전문가추천
표면 형태에 따른 레이저 조사 방향 조절 방법	특허 클러스터링, 전문가추천
레이저광 에너지 보정	특허 클러스터링, IPC 기술체계, 전문가추천
레이저 펄스 조절 방법	특허 클러스터링, 전문가추천
건식 레이저 세정 시 손상 최소화 방법	특허 클러스터링, IPC 기술체계, 전문가추천
플라즈마를 포함하는 레이저 세정 방법	특허 클러스터링, IPC 기술체계, 전문가추천
디스플레이 세정시스템	특허 클러스터링
대면적 디스플레이 마스크 세정 시스템	특허 클러스터링

(2) 핵심기술 선정 및 기술로드맵 기획 절차

□ 특허 분석을 통한 요소기술과 기술수요와 기술시장분석을 기반으로 한 요소기술, 전문가 추천 요소기술 등을 종합하여 요소기술을 도출한 후, 전문가위원회의 평가과정 및 검토/보완을 거쳐 핵심기술 확정

□ 핵심기술 선정 지표: 기술개발 시급성, 기술개발 파급성, 기술의 중요성 및 중소기업 적합성

[핵심기술 선정 및 기술로드맵 기획 프로세스]

① 요소기술 도출	② 요소기술 평가	③ 핵심기술 확정	④ 기술로드맵 기획
• 전략품목 현황 분석 • 특허 IPC 분류체계 • 전문가 추천	• 전문가위원회 전략품목별 요소기술 평가 • 핵심기술 선정	• 전략품목별 핵심기술 검토 • 핵심기술 개요 범위 검토	• 핵심기술을 대상으로 전략품목별 기술로드맵 구축

(3) 핵심기술 리스트

[디스플레이 세정 시스템 핵심기술]

핵심기술	개요
클리닝 속도 고속화	• 세정시간 단축을 위한 클리닝 속도를 고속화하기위한 시스템 제어기술
표면 형태에 따른 레이저 조사 방향 조절 방법	• 모재의 표면형태에 따라 레이저를 조사하는 각을 설정하는 제어기술
레이저광 에너지 보정	• 레이저 광의 에너지 밀도를 최적화 및 모니터링하는 기술
레이저 펄스 조절 방법	• 레이저 펄스의 세기를 조절하여 모재의 손상을 최소화하는 제어기술
건식 레이저 세정 시 손상 최소화 방법	• 레이저의 에너지 밀도를 최적화하여 모재의 손상의 최소화하는 제어기술
플라즈마를 포함하는 레이저 세정 방법	• 건식 세정방법으로 플라즈마 세정을 포함하여 세정하는 시스템 제어기술

나. 기술개발 로드맵

(1) 중기 기술개발 로드맵

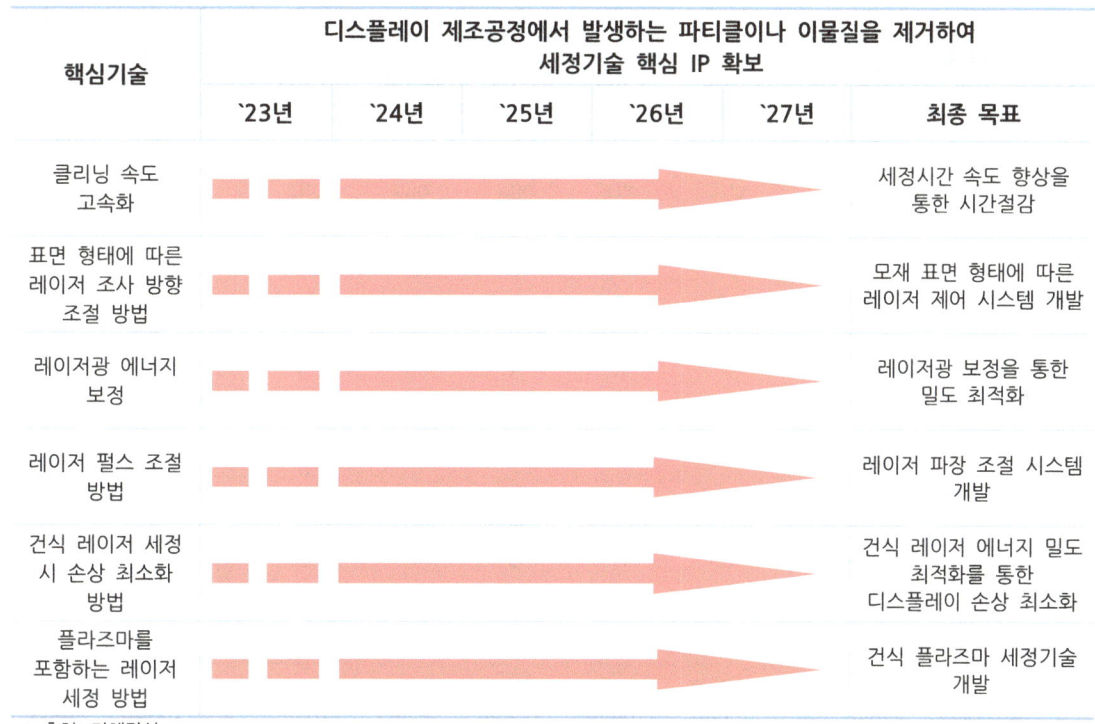

[디스플레이 세정 시스템 기술개발 로드맵]

* 출처: 자체작성

(2) 기술개발 목표

☐ 최종 중소기업 기술로드맵은 기술/시장 니즈, 연차별 개발계획, 최종목표 등을 제시함으로써 중소기업의 기술개발 방향성을 제시

[디스플레이 세정 시스템 핵심기술 연구목표]

핵심기술	기술 요구사항	연차별 개발목표					최종목표	연계 R&D 유형
		1년차	2년차	3년차	4년차	5년차		
클리닝 속도 고속화	세정시간 단축 시스템 제어기술 개발	40min 이내	30min 이내	30min 이내	20min 이내	15min 이내	세정시간 속도 향상을 통한 시간절감	산학연
표면 형태에 따른 레이저 조사 방향 조절 방법	모재 표면 형태에 따른 레이저 모니터링 시스템 개발	20%이상	40%이상	70%이상	90%이상	95%이상	모재 표면 형태에 따른 레이저 제어 시스템 개발	산학연
레이저광 에너지 보정	레이저 밀도 최적화 기술	20%이상	40%이상	70%이상	90%이상	95%이상	레이저광 보정을 통한 밀도 최적화	산학연
레이저 펄스 조절 방법	레이저 파장 조절에 따른 시스템 개발	단일파장 (1064nm)	단일파장 (1064nm)	단일파장 (532nm)	하이브리드 파장 최적화	하이브리드파장 (1064nm+532nm)	레이저 파장 조절 시스템 개발	산학연
건식 레이저 세정 시 손상 최소화 방법	레이저 에너지 밀도 최적화 방법	레이저 발신기 최적화 설계기술	레이저 빔 조사 광학계 설계	레이저 빔 조사 광학계 제작	레이저 빔 전송 광학계 최적화도출	레이저 빔 전송 광학계 최적화	건식 레이저 에너지 밀도 최적화를 통한 디스플레이 손상 최소화	산학연
플라즈마를 포함하는 레이저 세정 방법	플라즈마 건식 세정기술	플라즈마 반응성 가스 최적화	플라즈마 노출방식 최적화	플라즈마 여기방식 최적화	모재 손상을 최적화 플라즈마 기술도출	모재 손상을 최적화 플라즈마 기술적용	건식 플라즈마 세정기술 개발	산학연

다. 중소기업 기술개발 전략

☐ 세정은 디스플레이 제조 과정에서 발생하는 파티클이나 이물질을 제거하여 제품의 품질과 수율을 높이는 핵심 역할을 수행함. 이에, 최근 디스플레이 대형화, 고정세화 기술방향 추세에 적합한 수급기업간 공동 기술개발의 세정장비 기술개발이 요구됨

☐ 습식 및 건식세정은 국내 국산화율이 높은 만큼 중소기업의 기술개발 저력이 있으므로 이에대한 정부지원을 바탕으로 고속의 초정밀 세정장비 개발 필요와 더불어 해당기술 확보를 통해 중국 등 해외수출 등 진출이 용이할 것으로 판단됨

전략품목 현황분석

마이크로 LED 디스플레이 마이크로 LED 칩의 인터포저 기판 대량 전사 장치

마이크로 LED 디스플레이 마이크로 LED 칩의 인터포저 기판 대량 전사 장치

전략품목 정의 및 범위

- 마이크로 LED 디스플레이 생산을 위하여 마이크로 LED 칩을 타겟 기판 상에 대량으로 전사하기 위한 장치
- 마이크로 LED 디스플레이 마이크로 LED 칩의 인터포저 기판 대량 전사 장치는 마이크로 LED 디스플레이 제작을 위한 마이크로 LED 칩 전사, 보호막 구성, 마이크로 LED 리페어 및 검사 등의 공정단계 중 타겟 기판 상에 대량으로 전사하기 위한 장치를 말함

전략품목 관련 동향

◎ 시장전망 및 제품 동향

- **(시장전망)** `21년 1억 3,600만 달러였던 마이크로 LED 디스플레이 시장 규모는 `26년 29억 9,600만 달러로 증가할 것으로 전망되며, 국내시장은 `21년 588억 원에서 `26년 1조 2,930억 원으로 증가할 것으로 전망됨
- **(제품동향)** 마이크로 LED 칩 대량 전사 장치는 반도체 디스플레이 장비 산업 생태계에서의 차세대 먹거리 산업으로 떠오르고 있으며, 산업 전반의 기술 성숙도를 좌우하는 기반 기술로 반도체 디스플레이 산업의 기술 자립을 위한 핵심 무기의 성격을 가지고 있음

◎ 기술개발 및 플레이어 동향

- **(기술동향)** 마이크로 LED 제조 공정 중 전사 기술은 상용화를 위한 핵심기술로, 생산성, 수율, 칩 처리 능력, KGD(known-good die) 판별 능력, 공정비용 절감 등 다양한 요인들의 검토를 통해 개발 진행 중이며 대량 전사를 위해 스탬프와 미소 소자 사이의 점착력을 변화시킬 수 있는 원리들을 활용한 연구개발 또한 진행 중
- **(플레이어)** LuxVue(미), X-celeprint(미), Uniqarta(미), eLux(미), PARC(미), Rohinni(미), Kyocera Corporation(일), Bolite Optoelectronics(대), 삼성디스플레이(한), LG전자(한), 한국전자통신연구원(한)
- **(중소기업)** 엘씨스퀘어, 프로닉스, 와이티에스 마이크로테크, 포인트엔지니어링, 큐엠씨, 루멘스 등

◎ 핵심기술

- 마이크로 LED 전사를 위한 레이저 빔 제어방법
- 레이저 기반의 마이크로 LED 대량 전사기술
- 마이크로 LED 롤 전사 방법
- 마이크로 LED 본딩 기술
- 인터포저 코팅 기술
- 커플링층을 포함하는 레이저 전사방법

중소기업 기술개발 전략

→ 마이크로LED, 패널, 소재 및 장비 기업, 연구소, 대학 간 전략적 협력 관계 형성을 통한 상호 협력이 필수

→ 마이크로LED 디스플레이 상용화를 위해 후공정인 검사 및 리페어 분야 핵심기술 개발 필요

→ 대면적 디스플레이인 TV, 비디오월 등과 초소형 디스플레이인 스마트워치, AR글래스 등 응용 분야에 따른 제조 프로세스 표준화를 통해 제조 생산성 향상을 위한 노력이 필요

→ 중소기업 주도로 마이크로LED 제조공정 핵심 소재, 공정, 장비 기술을 개발하기 위해 정부의 전략전 투자와 특히 패널 기업의 적극적 지원과 협력 필요

→ 아직 도입 단계에 있는 마이크로LED 디스플레이 전후방 산업 경쟁력 확보를 위해 경쟁국 대비 기술 격차를 확대할 수 있는 핵심기술을 체계화하기 위한 중장기 전략을 세워야함

1. 개요

가. 정의 및 필요성

(1) 정의

☐ 마이크로 LED는 유기발광다이오드(OLED)를 잇는 차세대 디스플레이로 관심을 모으는 품목으로 크게 4단계 과정을 거쳐 만들어짐

☐ 사파이어 웨이퍼에 에피 소재를 성장시켜 마이크로 LED칩을 제조한 후 이 칩을 분리해 인터포저를 만들고, 인터포저의 칩을 다시 디스플레이 구동회로(백 플레인) 위로 옮겨 배열하면 최종 디스플레이 완성 됨

- 마이크로 LED를 분리해 임시기판 위에 정렬하는 공정을 인터포저, 인터포저 상의 마이크로 LED를 디스플레이 기판 위로 옮기는 작업을 전사라 함

[마이크로 LED 디스플레이 제조 단계]

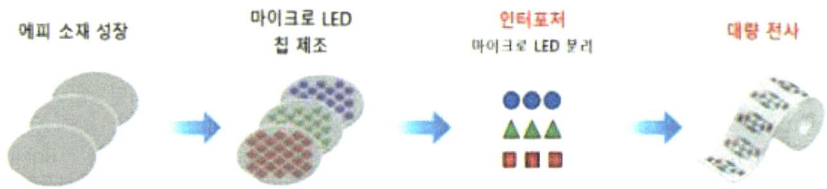

* 출처: '마이크로 LED 디스플레이 양산을 쉽게' 엘씨스퀘어, 레이저 이용 생산 기술 개발 (전자신문, 2019.12.29.)

[마이크로 LED 회로도]

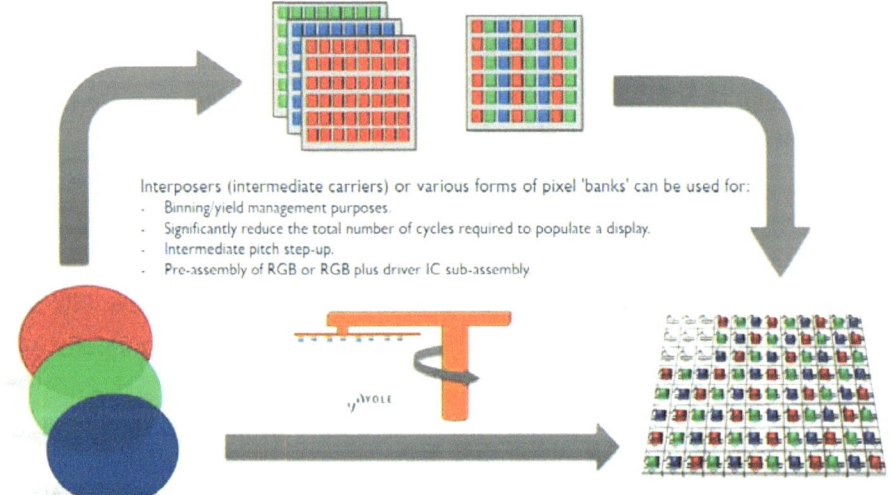

* 출처: MicroLED Displays 2018 report (Yole Development)

☐ 마이크로 LED 디스플레이 마이크로 LED 칩의 인터포저 기판 대량 전사 장치는 반도체·디스플레이 장비 분야에서 장비 국산화 및 첨단화를 위한 전략품목으로, 우수 전사 공정 기술 개발을 통해 초고속/대형화 디스플레 장비의 고도화가 가능할 것으로 전망됨

[반도체디스플레이 장비 품목로드맵 내 마이크로 LED 디스플레이 마이크로 LED 칩의 인터포저 기판 대량 전사 장치]

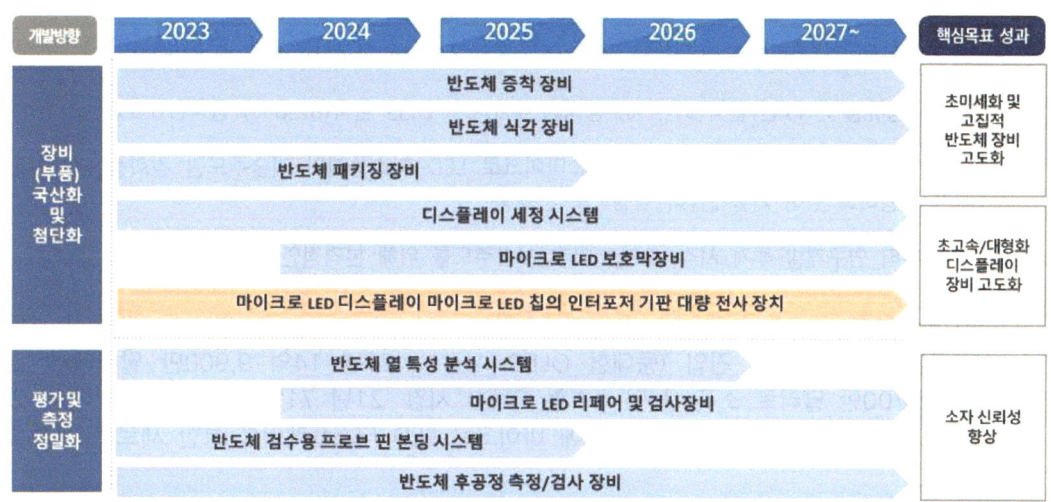

* 출처: 자체작성

(2) 필요성

□ (OLED 이후 차세대 먹거리 산업) 마이크로 LED 디스플레이는 중국이 맹추격, 지속 가능한 디스플레이 경쟁력 확보를 위해서는 투자가 시급한 상황인 산업임[65]

- 디스플레이 점유율 : `17년 한국(44.4%) 중국(21.0%) → `21년 한국(33.2%) 중국(41.5%)
- LCD 점유율 : `17년 한국(32.9%) 중국(25.2%) → `21년 한국(14.4%) 중국(50.9%)
- OLED 점유율 : `17년 한국(97.9%) 중국(1.4%) → `21년 한국(82.8%) 중국(16.6%)
- 미국, 중국, 대만 등에서는 OLED 이후 마이크로 LED 디스플레이 기술주도권 강화를 위해 대규모 투자 진행하고 있어 기술개발이 경쟁국보다 늦음
- '11년부터 연구개발 투자 시작, '20년 이후 시장주도를 위해 본격적인 투자 진행

□ (新시장 창출 필요) 세계 디스플레이 시장은 TV, 스마트폰(중소형) 등 전통적 시장의 성장한계로 정체시장에 진입 (중대형 OLED 시장 : `21년 14억 9,900만 달러에서 `22년 16억 6,700만 달러로 소폭 증가), (소형 OLED 시장 `21년 71억 7,000만 달러에서 `22년 78억 6,800만 달러로 소폭 증가), 이에 마이크로 LED 디스플레이를 통한 새로운 시장 창출 필요

[디스플레이 시장 전망]

(단위 : 백만 달러, %)

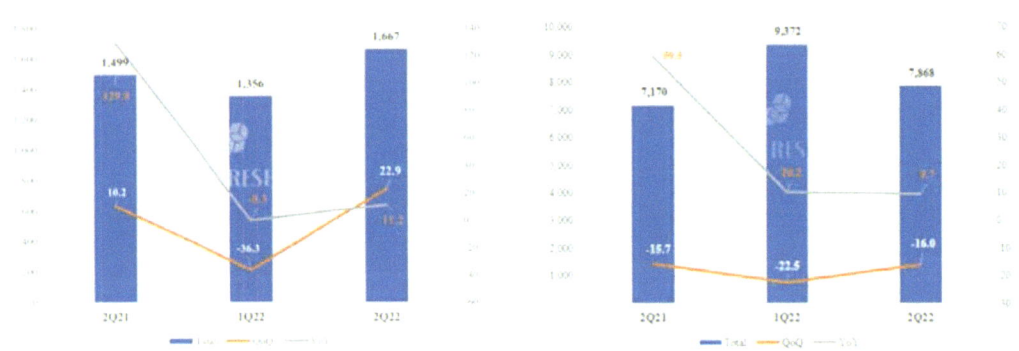

[`22년 2분기 중대형 OLED 시장 ]     [ `22년 2분기 소형 OLED 시장]

* 출처: 3Q22 Medium & Large OLED Display Market Track (UBi RESEARCH 2022), 3Q22 Small OLED Display Market Track (UBi RESEARCH 2022)

- OLED의 성장에도 불구, 디스플레이 시장의 정체 이유는 TV, 모바일폰 외 Killer Application의 부재 때문

---

65) 中 LCD 점유율, 韓의 4배…OLED 시장도 5년새 1%→16%로 (서울경제, 2022.10.11.) (원출처: 한국디스플레이산업협회)

[AMOLED 응용분야별 비중 예측]

[대형 AMOLED 응용분야별 비중('22년 예측)]   [중소형 AMOLED 응용분야별 비중('22년 예측)]
* 출처: IHS Markit, KDIA

☐ (응용분야 확대) 디스플레이 산업의 활성화 및 전체 시장 견인을 위해서는 TV, 모바일폰 외 새로운 Killer Application 및 그에 맞는 디바이스 필요하며, 이는 마이크로 LED 디스플레이를 통한 새로운 응용확대 전략이 필요

[사이즈별 디스플레이 응용분야]

* 자체구성

- 마이크로 LED 디스플레이는 모듈러 기술을 통해 크기의 한계가 없으며, 1인치 이하의 마이크로 디스플레이 구현 시 타 디스플레이 대비 높은 휘도 및 수명 안정을 가짐

- LCD / OLED는 마더 글라스의 한계로 75인치 이상의 디스플레이 구현에는 비효율적이며, 마이크로 디스플레이 적용 시 LCD는 낮은 명암비, OLED는 높은 휘도에서의 수명이 문제

나. 범위 및 분류

(1) 가치사슬

☐ 마이크로 LED 디스플레이는 100㎛ 이하 크기의 LED 칩을 화소로 사용하는 디스플레이. 패널·모듈을 응용하는 전방산업과 소재·부품·장비를 지원하는 후방산업으로 구성

[마이크로 LED 디스플레이 응용분야]

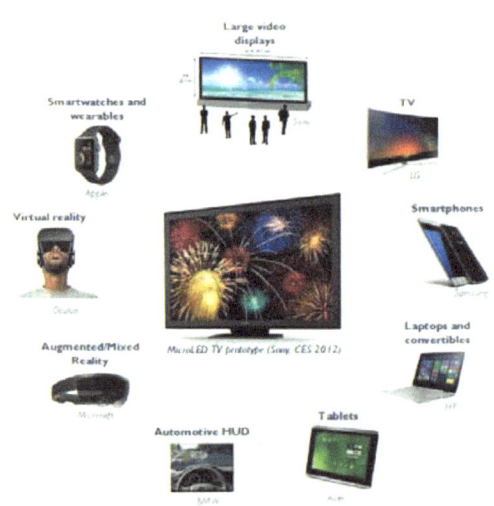

* 출처: 마이크로 LED 디스플레이 최신기술동향 및 시장기회분석 (한국과학기술정보연구원)

☐ 마이크로 LED 디스플레이 시장은 고성장 분야로, 스마트워치, 헤드마운트 디스플레이(HMD) 등 웨어러블 디스플레이의 수요 증가 등으로 인해 지속적으로 성장할 전망

- (단기) `25년까지 초대형 디스플레이가 시장의 60% 이상 차지. 우리의 강점인 유연-AM 백 플레인 기술 고도화를 통해 세계시장 선도 가능할 것으로 판단됨
- (중장기) IoT 기술의 발전으로 향후 개인 서비스 단말기는 스마트폰에서 스마트워치-스마트글래스로 전환 예상(ex. 애플, 마이크로소프트). 선제적 대응을 위한 인프라, 가치사슬, 원천기술 확보가 절대적으로 필요

[마이크로 LED 디스플레이 마이크로 LED 칩의 인터포저 기판 대량 전사 장치 품목 산업구조]

후방산업	마이크로 LED 디스플레이 마이크로 LED 칩의 인터포저 기판 대량 전사 장치	전방산업
마이크로 LED용 소재·부품	마이크로 LED 제조 산업	마이크로 LED 칩 활용 패널·모듈, 마이크로 LED 응용산업

* 출처: 자체작성

(2) 용도별 분류

☐ 마이크로 LED 전사기술은 크게 정전기력을 이용한 MEMS 기술, Elastomer stamp 기술, 자기력 및 전자기력 기반 기술, 접착제를 이용한 기술, 유동 전사 기술 등 다양한 기술이 연구되고 있음

- 마이크로 LED 대량 전사를 위해 다양한 방법을 활용한 전사기술이 연구·개발되고 있으나, 아직 업체의 표준으로 인정받는 기술은 없는 실정

[마이크로 LED 전사 기술별 분류]

분류	Electrostatic MEMS	Elastomer Stamp	Electrostatic Stamp	Magnetic / Electromagnetic	Adhesive	Fludic Assembly
개발 회사	LuxVue-Apple	UIUC, X-celeprint, Semprius, Cooledge, AUO, CSOT, ITRI	Cooledge, AUO	PlayNitride, ITRI, CooLEDge	PlayNitride, Intel	Nth degree, Sharp, PSI
원리 (특허)						
핵심 기술	Electrostatic pick up head	Van Der Walls force, PDMS	Transfer stamp, Electrostatic charge	Magnetic coating on chip	Stretchable adhesive film	μLED in a suspension, aligned with a EM field

* 출처: SID Symposium Digest of Technical (E. H. Virey et al, 2020)

2. 동향 조사 분석

가. 시장 분석

◎ **마이크로 LED 경쟁국 동향**

☐ 중국, 일본, 대만, 미국 등 마이크로 LED를 적용한 초대형 디스플레이 상용화 및 스마트폰 → 스마트워치 → 스마트 글래스 등으로의 전환을 위한 선행개발 진행 중

[마이크로 LED 디스플레이 관련 경쟁국 동향]

국가	주요 내용
일본	- 소니 : 세계 최초 초대형 마이크로 LED 디스플레이 출시, 애플의 XR기기의 마이크로 OLED 공급 예정 - 정부주도 글로벌 1위 탈환을 목표로 LED/반도체/디스플레이 산업간 협업 추진
대만	- AUO : 170 PPI급, TFT 백 플레인 적용 자동차용 디스플레이 개발 - 정부지원 산학연 컨소시엄 운영, 마이크로 LED 전문연구센터 및 Gen3 Set-Up
미국	- 애플 : 미래 모바일 기기를 스마트폰에서 스마트워치-스마트글래스로 전환 계획. 저전력 마이크로 LED 디스플레이 개발 집중. 대만/일본 기업과 `11년부터 협업, 본사에 전용라인 Set-up 및 실리콘 밸리 내에 정부와 협업하여 Start-Up 기업육성(100여개 이상 기업 당 최소 10억 이상 투자)
유럽	- 오스람 : 미국, 중국 등의 완제품 기업과 상용화 개발 협업 착수 - Tyndall(아일랜드), LETI(프랑스), Fraunhofer(독일), IMEC(벨기에) 등 연구소 중심의 원천기술 위주 소재·공정 개발
중국	- 하이센스 : 미니 LED TV 공개 (CES 2022) - 중국제조굴기 2025 계획에 따라 20년부터 2.1조원 투자계획(Sanan, CSOT, BOE 등). Control Tower 역할의 산학연 컨소시엄 구성 및 10개 이상의 협의체 운영

[샤프(1,053 PPI, AR/HUD용)]

[LETI(2,000 PPI, AR용)]

[CSOT(46 PPI, 자동차용 투명)]

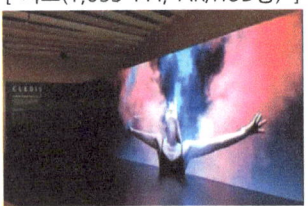
[소니(20 PPI, 초대형)]

[HiSense(25PPI, 145인치)]

[AUO(169 PPI, 자동차용)]

☐ 국내의 경우, 미니LED 중심의 초대형 디스플레이 상용화에 박차를 가하고 있으나, 소재/장비 등 해외(일본, 중국) 수입 의존도가 높은 상황임

[마이크로 LED 디스플레이 관련 국내 동향]

국가	주요 내용
삼성전자	- 미니 LED 적용 "The Wall", 마이크로 LED 적용 4K급 TVs 개발 - 현재까지 중국, 대만, 일본 등의 LED 및 TFT 백 플레인 협업. 최근 서울반도체 등 국내 소재/부품 기업과의 협업 추진 중 - `21년 가정용 110인치 마이크로 LED TV 출시, 최근에는 RGB 원칩 전사 기술을 적용한 99인치 제품 출시를 위해 연구 및 개발 중
LG전자	- 2018년 IFA에 173인치 초대형 마이크로 LED 디스플레이 출시 - TGV(Through Glass Via) 기술을 적용한 모듈러 디스플레이를 LG디스플레이와 협업 개발 진행, 마이크로 LED 광원, 소재 등의 국산화 수요 제기 - 택트타임을 저감하기 위해 반도체 발광소자를 이용한 마이크로 디스플레이 제조방법 발명
루멘스	- 2017년 CES에 136인치 초대형 미니LED 디스플레이 출시 - 마이크로 LED 에피성장 웨이퍼를 수입하여 제작된 광원 적용(세미콘라이트 등), 구동방식, 영상 제어 등 상용화 기술개발에 집중 - 2022년, 산업통상자원부가 지원하는 마이크로 LED 산업 생태계 구축을 위한 '산업혁신기반구축사업' 선정

◎ 정책적 지원 요구

☐ 마이크로 LED 디스플레이 관련 협력 인프라 조성을 통한 역량결집 : LED, 디스플레이 연구 전문기관 및 센터들의 인프라/역량결집, 체계적인 발전정책 마련으로 미래 경쟁력 확보

- 마이크로 LED(뮬레드) 스마트 디스플레이 협력 거점 센터 조성 등

☐ 시장변화에 유연하고 민첩한 대응이 가능한 정보결집, 전문 산학연 협의체 구성, 기업의 신산업 진출 및 Start-Up 기업 육성 등 생태계 구축 지원 필요

- 협력 거점센터를 기반으로 단기/중장기적 선택과 집중, 취약분야 극복, 강점 고도화 및 초격차화 등 국가발전 정책 도출

[마이크로 LED 디스플레이 관련 각국의 정책 및 인프라 현황]

국가	구분	주요 내용
미국	정책	- 상무부는 국가제조업혁신네트워크 사업에 에너지성(DOE) 주도, OLED 및 마이크로 LED를 포함 산학연 국가 프로젝트, Start-Up 기업 육성 정책 시행
	인프라	- FEDC, NextFlex, ERC 센터 등을 설립하여 OLED 및 마이크로 LED 디스플레이 산학연 연구협력 컨소시엄 구성 및 Start-Up 기업육성(벤처 캐피탈 지원) 등 기반 인프라 조성
유럽	정책	- FP7 후속사업의 호라이즌 2020 사업에 LED 조명에 이어 마이크로 LED 투자 계획 추진(플렉서블 나노소재 기반의 NEON, DAINO 프로젝트, 자동차/디스플레이 마이크로 LED 프로젝트 등)
	인프라	- 각국의 연구기관을 중심으로 마이크로 LED 연구거점 마련(IMEC, Tyndall, Fraunhofer, LETI, IOP, Holst center 등). 글로벌 기업들과 EU 프로젝트 수행을 통한 소재, 부품, 장비 밸류체인 형성
일본	정책	- NEDO 과학기술부 프로젝트 등 `00년 중반부터 마이크로 LED 디스플레이 기술 개발 추진, 최근 국가지원을 바탕으로 연구개발 및 산업 밸류체인 재편 진행
	인프라	- AIST와 NEDO를 중심으로 마이크로 LED 디스플레이 연구개발 프로그램 운영
중국	정책	- 신형 디스플레이산업 혁신발전행동계획의 일환으로 Sanan Opto 등 2.3조원 마이크로 LED 투자계획 발표
	인프라	- 홍콩, 남방, 북경과기대 및 연구기관을 중심으로 10개 이상의 산학연 협력기구 운영, 마이크로 LED 디스플레이 글로벌 선점을 위한 총체적 대응
대만	정책	- 경제부 공업국과 ITRI를 중심으로 마이크로 LED 전후방 밸류체인 조성, 일본, 미국 등의 완성품 기업을 적극적으로 협력유치(타이베이 근처 3세대 라인가동)
	인프라	- 대만 출연연구기관인 ITRI 내에 DTC(Display Technology Center)를 중심으로 플렉시블 디스플레이 선행기술에 매진. `19년 LED, 디스플레이, 반도체 인프라 결집을 통해 마이크로 LED 연구 거점센터 설립
한국	정책	- `18년부터 소규모 정부자금을 산발적으로 투자하여 단기적 대응(`19년 누적 투자 300억원 미만), 기반기술 및 인프라 부족으로 대기업들은 마이크로 LED 광원, 소재, 장비 및 백 플레인을 수입에 의존하고 있으며, 중소기업은 수요-공급 밸류체인 미형성, 단독투자 위험성 등으로 적극적인 사업진출에 애로사항 발생
	인프라	- `22년, 정부는 반도체·디스플레이·이차전지 등 국가첨단전략산업 특화단지 입지·인프라·투자·연구개발(R&D)·사업화 등을 전방위 지원하기 위해 지정 공모절차에 돌입

(1) 세계시장

☐ 2021년 1억 3,617만 달러였던 마이크로 LED 디스플레이 세계시장 규모는 2026년 29억 9,600만 달러로 증가할 것으로 전망됨

- 2020년부터 2026년까지의 연평균 성장률은 85.84%로 전망

- 마이크로 LED 디스플레이 시장의 확대로 후방 산업인 마이크로 LED 칩의 인터포저 기판 대량 전사 장치 시장 또한 활성화 되고 있음

- 마이크로 LED는 기존 LCD 및 OLED 대비 높은 효율, 긴 수명, 높은 명암비, 디스플레이 패널 크기 확장에 제한이 없다는 장점으로 인해 다양한 분야에서 응용이 가능하며, 특히 기존 사용되는 TV, 전광판뿐만 아니라 스마트워치, 헤드마운트 디스플레이(HMD) 등에 활용이 가능함

- 특히, 기존 LCD 및 OLED가 사용되는 TV, 전광판 등의 초대형 모듈러 디스플레이 시장에서 마이크로 LED로의 교체를 통해 시장 확대가 가능

- 더불어, 스마트워치, HMD 등 스마트 웨어러블 기기에 대한 수요가 증가함에 따라 마이크로 LED에 대한 수요 또한 증가할 것으로 예상되고 있으며, 이에 따라 시장 규모 또한 증가할 것으로 전망됨

[마이크로 LED 디스플레이 세계 시장규모 및 전망]

(단위 : 백만 달러, %)

구분	'20	'21	'22	'23	'24	'25	'26	CAGR ('20~'26)
세계시장	73	136	282	509	919	1,660	2,996	85.84

* 출처: Micro-LED Display Market (IMARC Services Private Limited, 2022.11) 자료를 재구성하여 추산

☐ 마이크로 LED 시장은 평판형 디스플레이로 대체 불가능하며, 다양한 환경 및 응용분야에 적용 가능한 유연, AM 모듈러 제품으로 시장 선점 예상

- (초대형) AM 플렉시블 마이크로 LED 디스플레이 : 연구개발 진입단계 → '23년 이후부터 본격적인 상용화 예측

- (중소형) 고휘도, 저전력 마이크로 LED 디스플레이는 연구개발 초기단계 → '25년 이후부터 시장진입 예상

- (초소형) 가상·증강현실 원천기술 개발은 반도체 기술과의 융합, 컨텐츠 발전과의 연계 필요 → '25년 이후부터 시장 형성 예상

(2) 국내시장

☐ 마이크로 LED 국내 시장규모는 2021년 588억 원에서 2026년 1조 2,930억 원 규모로 성장할 것으로 전망

- 2020년부터 2026년까지의 연평균 성장률은 85.84%로 전망
- 글로벌 디스플레이 시장 한국 점유율 33.2% 반영 (1달러=1,300원 적용)[66]

[마이크로 LED 디스플레이 국내 시장규모 및 전망]

(단위 : 억 원, %)

구분	'20	'21	'22	'23	'24	'25	'26	CAGR ('20~'26)
국내시장	316	588	1,218	2,199	3,968	7,164	12,930	85.84

* 출처: Micro-LED Display Market (IMARC Services Private Limited, 2022.11) 자료를 재구성하여 추산
** 자료: 디스플레이 산업, '특별법'통한 지원 이뤄져야 (시사저널, 2022.08.17), (원출처: 옴니아, 한국디스플레이산업협회)를 통해 재구성
** 글로벌 디스플레이 시장 한국 점유율 33.2% 반영 (1달러=1,300원 적용)

---

[66] 디스플레이 산업, '특별법'통한 지원 이뤄져야 (시사저널, 2022.08.17), (원출처: 옴니아, 한국디스플레이산업협회)

나. 기술개발 동향 분석

☐ 기술경쟁력
- 마이크로 LED 디스플레이 마이크로 LED 칩의 인터포저 기판 대량 전사 장치는 미국이 최고기술국으로 평가되었으며, 우리나라는 최고기술국 대비 94.4%의 기술수준을 보유하고 있으며, 최고기술국과의 기술격차는 0.2년으로 분석
- 중소기업의 기술경쟁력은 최고기술국 대비 78.5%, 기술격차는 1.4년으로 평가
- 한국(94.4%)＞일본(89.2%)＞EU(88.0%)＞중국(75.3%)의 순으로 평가

☐ 기술수명주기(TCT)[67]
- 마이크로 LED 디스플레이 마이크로 LED 칩의 인터포저 기판 대량 전사 장치는 5.82의 기술수명주기를 지닌 것으로 파악

(1) 기술개발 이슈

◎ **대량 전사 기술 개발 동향**[68]

☐ 마이크로 LED 디스플레이 및 칩을 제조하는 공정 중 전사 기술은 상용화를 위한 핵심기술로, 마이크로 LED 전사 기술을 개발할 때 다양한 요인을 검토해야 하며 구체적으로 생산성, 수율, 칩 처리 능력, KGD(known-good die) 판별 능력, 공정비용 절감을 고려하여 개발해야 함

☐ 대형 디스플레이용 전사 기술에는 인터포저를 이용한 전사 기술과 웨이퍼에서 디스플레이 패널 기판으로 직접 전사하는 방법이 있으나 높은 수율, 다양한 피치 대응 능력, RGB 마이크로 LED를 미리 배열한다는 장점이 있어 인터포저를 이용하는 방법이 널리 적용되고 있음

☐ 대량 전사 기술은 스탬프와 미소 소자 사이의 점착력을 변화시킬 수 있는 원리들을 활용하여 연구개발이 진행되고 있으며, 정전기력 변화, 레이저를 활용한 점착력 변화, 속도 의존적 점착력 변화, 하중 의존적 점착력 변화와 같이 다양한 점착력 변화 원리들이 적용되고 있음

- 마이크로 LED 디스플레이는 적용 제품에 따라 디스플레이 패널 크기, 마이크로 LED 칩 크기, 전기적 접속 방법 등이 모두 상이하며, 한 종류의 전사 기술로 모든 마이크로 LED 디스플레이 제품을 생산하는 것은 적합하지 않을 수 있음

- 정전기나 자기력을 이용하는 경우 마이크로 LED 칩 자체에 추가로 금속층을 올리는 공정이 필요하며 이러한 추가적인 공정은 칩 가격을 올리는 요인이 되기 때문에 마이크로 LED 칩의 저가격화가 핵심인 상용화에 있어서 걸림돌이 될 수 있음

- 스탬프를 이용하는 공정은 대면적의 경우 PDMS(Polydimethylsiloxane)를 통해 압력을 균일하게 전달하는 것이 어렵기 때문에 대면적화가 어렵고 시간이 오래걸림

---

[67] 기술수명주기(TCT, Technical Cycle Time): 특허 출원연도와 인용한 특허들의 출원연도 차이의 중앙값을 통해 기술 변화속도 및 기술의 경제적 수명을 예측
[68] 마이크로 LED용 전사 기술 개발 동향 (한국전자통신연구원 2021)

- 대량 전사 기술을 효율적으로 개발하기 위해서는 타깃으로 하는 마이크로 LED 제품에 대한 구체적인 사양이 결정되는 것이 중요하며, 이러한 사양에 맞추어 대량 전사 기술의 사양과 기술 종류를 결정하는 것이 필요

☐ 전사 공정을 통해 100%의 수율을 얻기 힘들기 때문에 Repair 혹은 대체품을 전사할 수 있는 기술의 개발이 필요

- 공정 자체의 수율 문제뿐만 아니라 마이크로 LED의 파손 혹은 휘도 등급이 다를 경우 이를 대체하는 공정이 상용화에 있어서 매우 중요함

◎ **소재 기술 개발 동향[69]**

☐ 마이크로 LED는 매우 작기 때문에 전도성 볼을 필름 내에 균일하게 분포시키는 대신 접합 후 전극 위치 부분에만 전도성 볼이 분포하도록 전도성 볼의 위치를 인위적으로 설계한 제품이 나오고 있음

- 기존의 디스플레이에서 사용됐던 접합 소재 ACF는 전도성 볼이 필름에 균일하게 분포되어 있고 접합 공정 이후 그 중 일부의 볼이 상하 전극 사이에 존재하게 되어 상하 전극 사이의 전류가 흐르도록 하는데 마이크로 LED의 경우 매우 작아 전도성 볼을 필름 내에 균일하게 분포시키는데 어려움이 있음

- LCD나 OLED의 경우 전압 구동 혹은 낮은 전류로 구동하기 때문에 접촉 저항에 큰 영향을 받지 않으나 마이크로 LED의 경우 전류가 크기 때문에 문제가 발생할 수 있으며 마이크로 LED 동작 중에 발열이 되기 때문에 열 전도성이 $0.5 W/m \cdot K$ 이하인 ACF는 적절하지 않음

- ACF는 열 압착 공정을 통해 접합 공정에 적용되는데 이때 고분자가 경화되어 전기전도성과 신뢰성이 보장되는 방식으로 불량 화소 수리 공정이 어렵게 되는 단점 또한 존재함

☐ 솔더를 이용한 접합은 열을 쉽게 제거할 수 있으며 기존 디스플레이에 사용됐던 접합 소재 ACF에 비해 접착력이 강하고 장기 신뢰성이 높음

- 솔더 접합은 전자 패키징에서 자주 사용되어오던 기법으로 (1)플럭스 도포, (2)Pick & Place, (3)리플로우, (4)플러스 잔사 세척, (5)기판 습기 제거, (6)플라즈마 처리, (7)언더필 도포, (8)언더필 경화의 8단계의 접합 공정으로 구성되는데 접합 공정 후 마이크로 LED와 기판 사이 접합부의 두께가 너무 얇기 때문에 플럭스 잔사 세척, 언더필 도포 등의 공정의 적용이 어려움

☐ SITRAB 접착제를 이용한 동시 전사 · 접합 공정이 개발되었으며 마이크로 LED 적용에 용이함

- 한국전자통신연구원이 17년간의 연구 끝에 개발

- SITRAB 접착제는 페이스트 형태와 필름 형태로 구분되며 페이스트 형태는 크기가 큰 미니 LED, 필름은 마이크로 LED에 적합

- SITRAB 접착제의 특성은 불량 화소 수리비용과 공정 시간을 대폭 줄이는 장점을 제공하는데, 작은 면적의 공정을 연이어 인접 영역으로 반복하여 대면적을 구현하는 공정을 가능하게 하며 타일링 공정은 장비 비용을 획기적으로 줄일 수 있는 장점을 제공함

---

[69] 마이크로 LED 전사, 접합, 그리고 불량 화소 수리 기술 (한국전자통신연구원 2022) 인용

◎ 공정 기술 개발

☐ 전사 공정은 대표적으로 일레스토머 스탬프, 정전기 MEMS, 레이저 전사, 자가 정렬, 진공 멤브레인, 미세변위 멤브레인, 광학 핀셋 등이 있음

- 일레스토머 스탬프는 여러 가지 공정 변수 및 소재 설계를 통해 점착력을 제어할 수 있으나 대면적으로 확대하기 어려운 것이 단점임

- 스탬프를 이용한 전사는 스탬프 면적도 넓게 하기 어렵고, 공정 시간도 한 사이클에 30초 가까운 시간이 걸려서 생산성이 떨어지며 장비 유지 관리가 어려울 뿐만 아니라 마이크로 LED 높이 차이로 인해 압력이 균일하지 않아 불량 발생의 우려가 있음

- 레이저를 이용한 전사는 전사 속도는 빠르지만 접착력이 약하기 때문에, 눌러주는 공정을 별도로 한번 더 진행하게 되는데 눌러주는 과정에서 소자의 정렬이 틀어지며 불량이 발생할 우려가 있음

- 최근에는 나노로드(Nanorod)라고 불리는 가는 막대기 모양의 소자를 이용하여 나노로드의 형태만 남겨놓고 나머지 부분을 에칭(etching)한 후 기판과 나노로드 사이에 희생층에 에칭 용액을 넣어 희생층을 녹인 상태로 디스플레이 픽셀 위치에 도포하는 공정 기술이 개발되고 있으며, 해당 기술은 상대적으로 저렴하게 만들 수 있고 전사 기술이 필요 없다는 장점이 있음

◎ 메타구조체

☐ 메타구조체란 자연계에 존재하는 물질이 지니지 못한 물성을 인위적으로 구현한 것으로 자연계에 존재하는 물질은 강성이 항상 양수이지만, 메타구조체 중에는 강성이 음수이거나 제로인 것을 인위적으로 설계할 수 있음

- 메타구조체 스탬프를 이용해 마이크로 LED를 전사하면 하중 분포가 균일해 전사 수율이 높아지는 효과가 있어 메타구조체를 마이크로 LED용 스탬프 및 패드에 적용하는 기술이 개발되고 있음

(2) 생태계 기술동향

◎ 해외 플레이어 동향

☐ LuxVue(미국)

- LuxVue는 2009년 설립된 미국 마이크로 LED 제조 기업으로, 마이크로 LED 디스플레이 생산 및 설계 기술 확보, 이와 관련한 다양한 특허를 보유하고 있으며, 2014년 Apple에 의해 인수되었음
- LuxVue가 보유하고 있는 마이크로 LED 전사 기술은 정전기력을 이용하여 반도체 웨이퍼나 각종 기판을 핸들링 하는 기술로, 매우 작은 피치로 배열된 마이크로 LED 소자를 선택적으로 전사할 수 있도록, 각 소자의 위치별로 정전기력을 제어할 수 있는 스탬프에 대한 기술임

☐ X-celeprint(미국)

- X-celeprint는 미국 Northwestern 대학 John Rogers 교수 그룹에서 개발한 마이크로 LED 기술을 토대로 설립된 기업으로, 속도 의존적인 점착력을 이용한 전사 기술을 개발하였음
- 해당 기술은 실리콘고무 계열의 점탄성 폴리머 스탬프를 이용하여 미소 소자를 전사하는 기술로, 점탄성 폴리머 스탬프는 변형 속도에 따라 점탄성 손실이 발생하는 특성이 있으며, 변형 속도가 빨라질수록 점착력이 증가하는 특성이 있는데, 이러한 특성을 이용하여 전사 공정을 구현하는 기술을 개발하였음

☐ Uniqarta(미국)

- Uniqarta는 미국 보스턴에 소재하고 있는 기술벤처기업으로, 레이저를 흡수하여 변형되거나 점착력이 변화되는 스탬프를 사용하여 마이크로 LED를 선택적으로 전사하는 기술을 개발하고 있음
- 해당 기술은 레이저를 MEMS 구조체에 조사하여 MEMS 구조체가 기판 쪽으로 튀어나오는 현상을 이용하는 기술로, 레이저의 조사 시간이 매우 짧아 짧은 시간 동안 대면적에 공정을 적용할 수 있는 장점이 있음

☐ eLux(미국)

- eLux는 2016년 10월 미국 샤프 연구소의 스핀아웃으로 설립된 기업으로, 마이크로 LED 기술을 기반으로 한 디스플레이를 개발하고 있음
- eLux 개발 기술로는 유체 내에서 마이크로 소자가 조립되는 기술을 개발하고 있으며, 2017년 대만의 폭스콘으로부터의 대형 투자를 통해 인수되었음
- 2021년 4월 대만의 프로토타입 팹에 자동화된 유체 조립 도구를 설치, 각각 최대 15인치 크기의 10개 디스플레이 패널로 된 완전 자동 카세트-카세트 유체 어셈블리를 특징으로 하며 운영비용을 최소화하기 위해 microLED 및 조립 유체의 캡처 및 재활용을 위한 장치가 있음
- 2022년 Touch Taiwan 2022에서 유체 어셈블리로 만든 40ppi의 480x180 픽셀 디스플레이 공개, 수율은 수리 또는 이중화 없이 99.91%이며 낮은 구동 전류에서 휘도 균일성은 1% 미만

☐ PARC(미국)

- PARC(Palo Alto Research Center)은 Xerox의 수석연구원인 Jacob E. Jack Goldman에 의해 설립된 기업으로, 유전 영동 및 전기 영동력을 모두 지원하는 유전체를 이용하여 10V에서 200V의 전압을 가하여 전사하는 공정을 개발하고 있음

- 2022년 열 유도 Micre LED 전송 프로세스 개발, '(SMP)형상 기억 폴리머'를 이용한 전사 프로세스 인쇄 헤드 방식으로 전송 헤드는 임의의 패턴으로 미세 물체를 조립하도록 동적으로 구성할 수 있으므로 디지털 제조, 물체 분류 또는 결함의 인라인 조립 수정이 가능함

☐ Rohinni(미국)

- MicroLed 솔루션 회사 Rohinni는 Micro LED를 기판에 효율적이고 정확하게 전달할 수 있는 독점적인 제조 공정 보유

- 2021년 5월 이전 기술에 비해 증착 속도를 14배 가속시킨 mini Led 복합 본드 헤드 기술 개발

☐ Kyocera Corporation(일본)

- 2022년 Kyocera Corporation은 마이크로 LED 장치를 생산하기 위한 새로운 공정 기술을 성공적으로 개발했음을 발표, 대부분의 영역에서 결함을 제한하는 방식으로 실리콘 웨이퍼에서 GaN층의 측면 성장을 기반으로 하고 있으며 실리콘 위에 GaN 층을 성장시키는 과정, 수평 간격이 있는 마스크를 적용하는 과정, GaN 층을 계속 성장시키는 과정을 포함하는 3단계의 프로세스를 통합

- 해당 공정은 장치가 균일한 고품질로 넓은 영역에 걸쳐 결함이 낮은 GaN으로 만들어졌으며, 마스크 층이 Gan과 Si 기판 사이의 결합을 억제하기 때문에 웨이퍼에서 GaN 장치를 빼내기가 수월하고 상대적으로 저렴한 Si 기판에서 GaN 층을 성공적으로 분리할 수 있도록 하여 제조비용을 크게 절감할 수 있다는 이점이 있음

☐ Bolite Optoelectronics(대만)

- 2022년 레이저 미세 가공 서브시스템 및 장비 제조업체인 Bolite Optoelectronics는 타일형 마이크로 LED 디스플레이 생산에 사용할 수 있는 새로운 자동 측면 배선 시스템인 레이저 기반 Bolite SW-L 발표

- Bolite SW-L은 고정밀 정렬, 공급 공정 제어 및 로봇 핸들링을 통한 완전 자동화를 제공

◎ 국내 플레이어 동향

☐ 삼성디스플레이

- 2021년 가정용 110인치 마이크로 LED TV를 출시하였으나 마이크로 LED 공정 특성상 1억 7,000만 원이라는 높은 가격대로 출시

- 현재, 99인치 제품 출시를 위해 연구 및 개발 중이며, 'RGB 원칩' 전사 기술을 적용해 마이크로 LED 공정 단계를 제품 단가를 낮출 계획

- 'RGB 원칩' 전사 기술은 R(RED), G(GREEN), B(BLUE)를 하나의 칩에 구현하는 것으로 기존 RGB 픽셀보다 커서 전사가 상대적으로 쉬우며, 칩을 기판에 옮겨 심는 횟수가 3분의 1로 줄어들고 공정이 짧아져 수율 개선이 가능

☐ LG전자[70]

- LG전자는 마이크로 LED의 비용 절감을 위해 반도체 발광소자를 이용한 마이크로 디스플레이 제조방법을 발명하였으며, 해당 기술은 자가 조립 시 반도체 발광소자가 셀 이외의 기판 표면에 흡착되는 현상을 최소화하는 것으로 자기장을 이용해 먼 거리의 부품들을 미리 정해진 조립 사이트 근처에 집중시키고, 조립 사이트에 별도 전기장을 인가해 선택적으로 부품이 조립되도록 하는 방식임

- 발광소자를 이용한 마이크로 디스플레이 제조방법은 작은 크기의 웨이퍼 상에서 반도체 발광소자를 다량으로 화소화시킨 후 대면적 기판으로 전사시키는 것이 가능하며 자가조립 과정에서 자석에 의한 이동으로 발생하는 테일링 현상을 최소화해 자석의 이동 속도를 향상시킬 수 있어 공정 속도를 향상시키고 택트 타임(제품 하나를 생산하는 데 소요되는 시간)을 저감할 수 있음

☐ 한국전자통신연구원

- 한국전자통신연구원은 2022년 대한민국 과학기술대전에서 마이크로 LED 동시 전사·접합 기술을 공개하였음

- 마이크로 LED 동시 전사·접합 기술은 자체 개발한 신소재 SITRAB 필름을 활용하여, 세계 최초로 LED를 옮기는 전사와 LED를 심는 접합 공정을 하나로 합쳤으며 이로 인해 기존 대비 장비 투자비는 10분의 1 절감하고, 생산성은 10배 향상되며, 불량화소 수리 비용 및 공정시간도 100분의 1로 절감할 수 있음

---

[70] LG전자, '마이크로 LED' 초읽기 (뉴데일리경제, 2020.02.20)

◎ 국내 중소·중견기업

☐ 엘씨스퀘어

- 엘씨스퀘어는 2019년 3월 설립된 한국나노기술원 기술창업 1호 기업으로, 마이크로 LED 대량 전사 기술 및 인터포저, 본딩기술 등 마이크로 LED 제조기술을 개발하였음

- 특히, 마이크로 LED 인터포저 기술의 경우, 레이저를 기반으로 인터포저에 마이크로 LED를 배치하는 전사기술을 개발하여 웨이퍼에서 성장한 마이크로 LED를 레이저로 빠르게 떼어내 인터포저 상에 정렬하고, 이를 다시 레이저를 이용하여 디스플레이 기판 위로 전사하는 방법을 개발하였음

- 2021년 경기도 화성 동탄에 마이크로 LED 인터포저 생산 라인을 구축하였으며, 독자 기술로 사파이어 웨이퍼상 마이크로 LED칩을 분리하고, 분리된 각각의 적·녹·청(RGB) 칩을 인터포저에 배열하는 라인을 완성했음을 발표

- 엘씨스퀘어의 인터포저 배열 방식은 레이저 기술을 기반으로 웨이퍼에서 성장한 마이크로 LED를 빠르게 떼어내, 구동회로 위에 전사시켜 인터포저에 정렬해주는 기술로, LED칩 120만 개를 분리해 인터포저로 만드는 시간이 4분 이내이고 수율은 99.99%, 정확도는 정렬오차 ±2㎛ 임

☐ 프로닉스

- 프로닉스는 2016년 8월 설립된 기업으로, 진공의 힘으로 대량의 소자를 들어 올려 전사하는 Micro Vacuum 모듈을 제작하여 대량 전사를 실증하였으며, 상용화를 위해 장비 개발 및 이와 관련한 모든 기술에 대해 특허를 보유하고 있음

- 해당 기술은 마이크로 소자보다 작은 크기의 미세구멍이 뚫린 판에 4개의 구별된 진공호스가 연결되어 있는 구조로, 이 진공모듈을 모 기판의 마이크로 소자에 정렬시키고 접촉한 뒤 진공을 형성시켜 흡입력으로 소자를 뜯어낸 후 타겟 기판으로 이동하여 역으로 공기를 불어넣음으로써 목적한 곳에 정확히 위치시키는 기술임

☐ 와이티에스 마이크로테크

- 와이티에스 마이크로테크는 한국기계연구원과 디스플레이 장비 업체 와이티에스의 연구소기업으로 설립되었으며, 마이크로 LED 디스플레이 생산성 향상을 위해 롤 전사기술을 개발 및 상용화하였음

- 와이티에스 마이크로테크에서 개발한 롤 전사 기술은 롤 스탬프를 이용해 임시기판 위에 있는 마이크로 LED 소자를 들어올렸다가 유연회로 기판의 원하는 위치에 올려놓는 공정을 통해 마이크로 LED 패널을 제조하는 기술로, 1회 전사 단일 면적 11인치를 성공하였음

☐ 포인트엔지니어링

- 포인트엔지니어링은 반도체 및 LCD 부품 제조 기업으로, 마이크로 LED 칩의 대량 이송을 위해 나노포러스 기판 및 전사 헤드 툴을 개발하였으며, 해당 기술은 AAO(Anodic Aluminum Oxide) 기술을 통해 마이크로 LED 디스플레이 제조 공정에 적용하여 대량 전사기술임

- 또한, 2021년 산업통상자원부가 추진하는 '2021년 소재부품기술 개발사업'의 신규 국책과제 총괄 및 주관 연구·개발기관으로 선정되어 디스플레이용 초미세 RGB 적층형 마이크로 LED 광원 및 화소제조 핵심기술개발을 목표로 마이크로 LED 광원 개발 연구를 진행하고 있음

☐ 큐엠씨
- 큐엠씨는 2003년 7월 설립된 LED, 반도체 및 디스플레이 장비 개발 업체로, 2018년부터 미니 LED, 마이크로 LED 장비를 신사업으로 설정하여 개발비를 대거 투입하고 있음
- 큐엠씨는 미니 LED용 트랜스퍼와 레이저 리페어 장비, 마이크로 LED용 박막분리 시스템, 레이저 트랜스퍼 및 리페어 장비 기술을 개발하였으며, 마이크로 LED 고속 전사 장비인 'MDT 시리즈'를 개발하였음
- 2022년 미니 LED 수율과 생산성을 대폭 개선한 전사장비 MDT-400P 개발, 전사 정밀도 10 마이크로미터와 칩당 생산시간 0.12를 구현하여, 기존 기술 대비 30% 이상 성능 개선을 이뤘음

☐ 루멘스
- 2022년 5월, 산업통상자원부의 '산업혁신기반구축사업' 선정
- 2022년 7월, 스웨덴 글로벌 방위기업 에임포인트와 마이크로 LED 공급계약 체결, 6년 간의 연구 끝에 개발한 '마이크로 LED 액티브 매트릭스 디스플레이'로 군용 조준경에 적용 예정

다. 국내 연구개발 기관 및 동향

(1) 연구개발 기관

[마이크로 LED 디스플레이 마이크로 LED 칩의 인터포저 기판 대량 전사 장치 주요 연구조직 현황]

기관	연구분야
한국전자통신연구원	• Laser-Assisted Bonding (LAB) 기반 전사·접합 동시 공정 개발 • 전사·접합 다기능 소재 적용 모노 점등 8K 100인치급 패널용 100x100mm2 크기의 모듈 시제품 개발 및 신뢰성 확보
한국과학기술원	• Laser-induced etching 공정 기반의 마이크로홀 인터포저 장비 개발 • 박막 μLED 전사용 마이크로홀 유리 인터포저 개발
한국디스플레이연구조합	• 마이크로 LED 모듈러 디스플레이용 평가법 개발 및 평가 환경 구축 • 인터포저 내의 LED 칩 위치 정밀도, 전사 정밀도, 기판 물성 특성 평가법 개발
명지대학교	• 차세대 Micro Led 디스플레이를 위한 Self-Assembly 가능한 기술 개발 • MicroLED 크기의 소형 칩의 고수율 assembly를 위해 합금 또는 입자의 Au 의 표면 에너지를 변화 시킬 수 있는 모델과 방법에 대한 연구
영남대학교	• 발광기능과 트랜지스터 기능이 결합된 시스템-온-칩 MicroLED 칩 개발 • 시스템-온-칩 MicroLED 칩의 전류구동검사/레이저기반 대량전사기술 개발

(2) 기관 기술개발 동향

☐ 한국전자통신연구원

- 마이크로 LED 전사·접합 일괄 공정용 다기능 에폭시 소재 양산화 기술 제시
- 국내 전자 및 디스플레이 업체들의 차세대 제품 개발을 위해 핵심 소재 기술부터 상용 기술까지 소재 기술 개발 순환 사이클을 완성

☐ 한국과학기술원

- 국산화율 증대 및 기술 경쟁력 강화를 위한 고성능 반도체 패키징용 유리 인터포저 제작 기술 개발
- LIE 기반 유리 인터포저를 이용한 박막 마이크로 LED 전사용 진공 흡입 모듈 원천 기술 확보

☐ 한국디스플레이연구조합

- 마이크로 LED 모듈러 기술 발전을 위한 마이크로 LED 모듈러 디스플레이 시험·인증 및 표준화와 실증 플랫폼 개발 중

- ☐ 명지대학교
  - 다양한 모양, 크기, 디자인의 미세 입자(태양전지, LCD, LED 등) 소자를 이용하여 입자를 원하는 곳에 위치시켜 전자 시킬 수 있는 기술 개발

- ☐ 영남대학교
  - MicroLED 소자와 구동회로간의 결합기술을 원천적으로 없애고, MicroLED 소자 자체가 트랜지스터의 기능을 가지도록 하는 소자(MicroLET)를 제작하여 System-On-Chip MicroLED 소자를 구현
  - 제작된 MicroLET 어레이에 대한 에 대한 전류주입 발광 검사를 수행 할 수 있는 요소 기술, 검사 후 레이저를 사용하여 양품의 MicroLET만으로 전사기판에 대량 전사 배열 및 리플레이스먼트 할 수 있는 요소 기술 개발
  - 단일 기판으로 풀칼라 디스플레이가 가능하게 하는 GaN/ZnO 기반 양자점 요소기술 개발

◎ 마이크로 LED 디스플레이 마이크로 LED 칩의 인터포저 기판 대량 전사 장치 관련 선행연구 사례

[국내 선행연구(정부/민간)]

수행기관	연구명(과제명)	연도	주요내용 및 성과
한국전자통신연구원	마이크로 LED 전사·접합 일괄 공정용 다기능 핵심 소재 기술 개발	2020 ~ 2024	• 마이크로 LED 전사·접합 동시 공정용 다기능 소재 및 공정 기술 개발 • 전사·접합 동시 공정용 다기능 소재 확보 및 기술이전 • 모노 점등 패널 8K 100인치급 패널 크기 100x100mm2 개발 및 신뢰성 확보 (마이크로 LED 크기: 60x40μm² 이하) 및 rework 기술 개발
한국디스플레이 연구조합	마이크로 LED 모듈러 디스플레이 시험인증 및 표준화 기술 개발	2021 ~ 2025	• 마이크로 LED 모듈러 디스플레이용 화소 광원 특성 평가법 개발 • 대형 마이크로 LED 디스플레이 산업발전을 위한 표준/인증 체계 구축
한국과학기술원	μLED 전사 및 반도체 인터포저용 Laser-induced etching 장비 개발	2021 ~ 2024	• Laser-induced etching 공정 기반의 마이크로홀 인터포저 장비 개발
(주)큐엠씨	스트레처블 디스플레이 패널의 프론트 패널용 100ppi 이상 고해상도 마이크로 LED 광원 소재 및 전사 기술 개발	2020 ~ 2024	• 불량칩 제거용 laser transfer 공정 속도 향상화 : Accuracy ≤ ± 3μm, Yield ≥ 99%, Square spot Size ≤ 20μm, Beam uniformity ≥ 90% • 선택적 전사용 laser transfer 설비 개발 및 test - 대면적 laser 용 beam profiler 개발
엘지디스플레이(주)	5급 고효율 마이크로 LED 광원과 이를 이용한 LED 디스플레이 모듈 제조 기술 개발	2022 ~ 2026	• 픽셀 설계 Spec 확정 및 구동회로 기술 검토 • 프린터 헤드 Spec. 확정 및 장비 구성 컨셉 검토 • 점등 모듈 및 2D 모듈의 조명 개발 검토 • 색변화 소재(CCM) Screening 및 분산성 평가
엔젯주식회사	Micro LED 다중전사를 위한 다중접합용 PAD 프린팅 장비 개발	2020 ~ 2023	• 다중노즐이 탑재된 다중헤드 개발 및 통합 운용 • Micro LED 칩 미세 접합 공정기술 개발
포항공과대학교	형상기억 고분자 스탬프 기반 초정밀 3차원 이종 집적 공정 개발	2022 ~ 2024	• Micro-LED 소자를 통해 이종 집적 성능을 검증하고 최종적으로 전사 및 이종 집적 공정에 응용 가능한 건식 접착 기반의 공정 플랫폼을 개발
영남대학교	시스템-온-칩 마이크로 LED	2019 ~ 2024	• 레이저를 사용하여 양품의 MicroLET만으로 전사기판에 대량 전사 배열 및 리플레이스먼트 할 수 있는 요소 기술 개발
명지대학교	마이크로 LED 디스플레이를 위한 미세입자 Self-assembly 트렌스퍼 기술의 매커니즘 분석	2020 ~ 2023	• 차세대 MicroLED 디스플레이를 위한 무기물질로 이뤄진 MicroLED RGB 소자를 지정된 위치에 간편하고 높은 수율로 실제 양산에 사용 될 수 있는 Self-assembly 가능한 기술을 구현

* 출처: 자체작성

3. 특허 동향

가. 특허동향 분석

(1) 특허 증가율

☐ 과거부터 최근까지 해당품목에 대한 특허기술 출원의 양적 트렌드 분석을 통해 해당품목의 기술개발 동향 파악[71]

☐ 한국(KIPO), 미국(USPTO), 일본(JPO), 유럽(EPO) 국가별 특허기술 출원 점유율 분석을 통해 해당품목을 선도하는 국가 파악

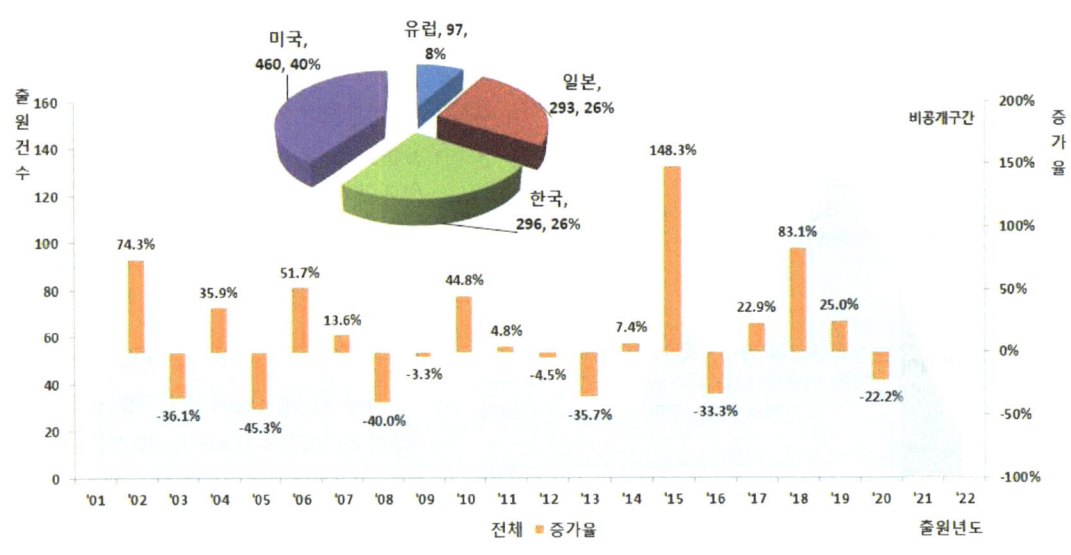

연도별 출원증가율

- 마이크로 LED 디스플레이 마이크로 LED 칩의 인터포저 기판 대량 전사 장치는 지난 20년(2001년~2020년)간 꾸준히 출원활동이 진행된 것으로 나타남
- 전년대비 증가율을 보았을 때 2015년 148.3% 이상의 증가율을 보이고 있는 것으로 나타나며, 이는 마이크로 LED 디스플레이가 차세대 디스플레이로 주목받기 시작하면서 마이크로 LED 디스플레이 구현을 위한 마이크로 LEC 칩의 대량 생산, 수율 개선 및 비용 절감이 가능한 칩 생산 기술과 대량 전사 기술에 대한 수요가 반영된 것으로 판단됨
- 국가별 특허출원 점유율을 분석 시 마이크로 LED 디스플레이 마이크로 LED 칩의 인터포저 기판 대량 전사 장치 품목은 미국이 기술개발을 선도하는 것으로 판단됨

---

71) 특허출원 후 1년 6개월 경과 후 데이터가 공개되는 특허제도의 특성상, 2021년과 2022년에는 실제 출원이 이루어졌으나 아직 공개되지 않은 미공개데이터의 존재로 유효데이터가 적게 나타날 수 있음에 유의해야 함

(2) 특허 점유율

☐ 과거부터 최근까지의 국가별 특허기술 출원의 양적 트렌드를 비교하여 타 국가 대비 국내의 기술적 위치 파악

☐ 한국(KIPO), 미국(USPTO), 일본(JPO), 유럽(EPO) 국가별 내·외국인의 출원분포를 파악하여 해당 국가 내 국외기술의 유입상황 및 국외기술에 대한 의존도 여부, 자국 기술력 등을 유추

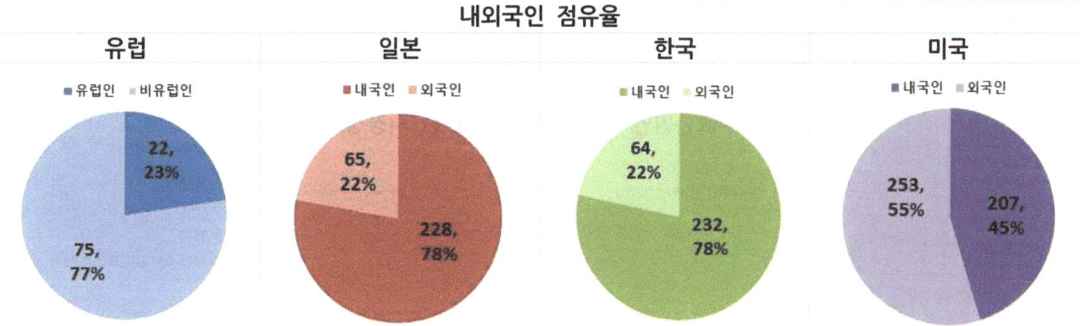

- 마이크로 LED 디스플레이 마이크로 LED 칩의 인터포저 기판 대량 전사 장치 품목에 있어, 한국과 일본은 모두 내·외국인 비중이 78%대 22%로 내국인의 출원점유율이 높은 수준으로 나타났으며, 미국은 외국인의 출원점유율이 더 높은 것으로 나타남
- 마이크로 LED 디스플레이 마이크로 LED 칩의 인터포저 기판 대량 전사 장치 품목에 있어 한국의 기술자립도가 가장 높은 것으로 평가됨. 한국, 일본의 경우 전체 출원건수가 많지 않고, 외국인의 진입도 활발하지는 않은 것으로 나타나 해당 국가시장에 대한 평가는 높은 수준은 아닌 것으로 분석됨

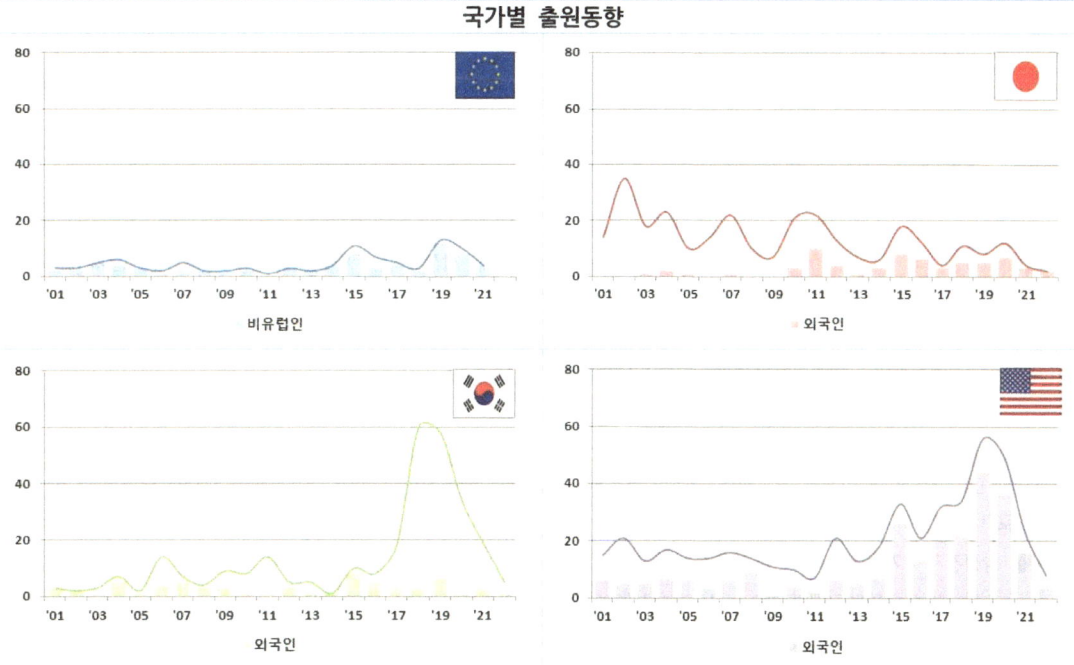

- 지난 20년간 미국의 출원활동이 가장 활발히 진행된 것으로 나타나며, 유럽의 출원 활동은 대부분 외국인에 의해 진행된 것으로 나타남

(3) 특허 영향력

☐ 기술영향력(CPP) 지수는 특정 등록특허가 다른 특허들에 의해 인용된 횟수를 나타내며, 특허권자의 입장에서 이 값이 클수록 질적 수준이 높은 핵심특허 또는 원천특허를 많이 보유하고 있을 가능성이 높다고 판단

* CPP = 특정 주체의 등록특허의 피인용 횟수 / 해당 주체의 등록특허 수

☐ 시장지배력(PFS) 지수는 출원인 국적별 패밀리국가수를 분석하는 것으로, 해당품목에서 글로벌 시장을 타겟팅한 출원인이 누구인지 파악 가능

* PFS = 특정 주체의 평균 패밀리 국가수 / 전체평균 패밀리 국가수

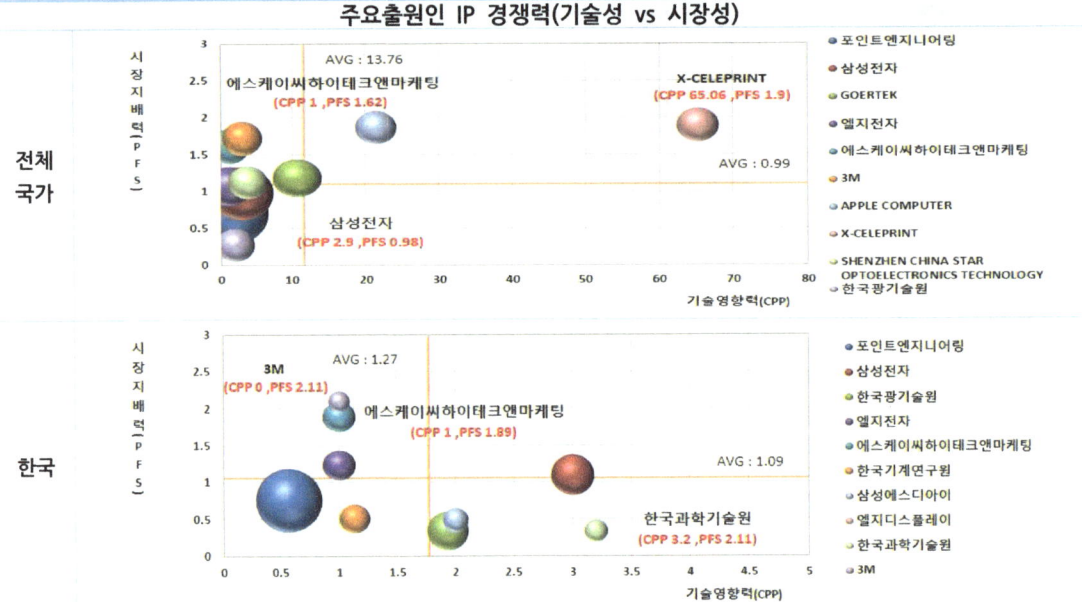

- 마이크로 LED 디스플레이 마이크로 LED 칩의 인터포저 기판 대량 전사 장치 품목에 대한 주요출원인들의 IP 경쟁력 분석결과, 전체 국가에서는 X-CELEPRINT가 기술영향력 및 시장확보력이 가장 높은 것으로 나타났으며 한국에서는 한국과학기술원, 3M이 각각 기술영향력, 시장확보력이 가장 높은 것으로 나타남. 전체 시장에서는 X-CELEPRINT의 특허가, 한국시장에서는 한국과학기술원, 3M의 특허가 시장확보력 및 질적 수준이 높아 기술적 파급력과 상업적 가치가 큰 것으로 평가됨

  (전체) X-CELEPRINT : 기술영향력(CPP) 65.06 / 시장확보력(PFS) 1.9

  (한국) 한국과학기술원 : 기술영향력(CPP) 3.2 / 시장확보력(PFS) 0.34

  　　　3M : 기술영향력(CPP) 0 / 시장확보력(PFS) 2.11

- 한국출원인 중에는 전체 국가에서 삼성전자, 에스케이씨하이테크앤마케팅이 각각 기술영향력, 시장확보력이 가장 높은 것으로 나타났으며, 한국에서 한국과학기술원, 에스케이씨하이테크앤마케팅이 각각 기술영향력, 시장확보력이 가장 높은 것으로 나타남

  (전체) 삼성전자 : 기술영향력(CPP) 2.9 / 시장확보력(PFS) 0.98

  　　　에스케이씨하이테크앤마케팅 : 기술영향력(CPP) 1 / 시장확보력(PFS) 1.62

  (한국) 한국과학기술원 : 기술영향력(CPP) 3.2 / 시장확보력(PFS) 0.34

  　　　에스케이씨하이테크앤마케팅 : 기술영향력(CPP) 1 / 시장확보력(PFS) 1.89

나. 주요 기술 키워드 분석

(1) 기술개발 동향 변화 분석

☐ AI 알고리즘을 활용하여 해당품목의 분석구간의 특허 기술 키워드를 비주얼 차트로 나타낸 것으로, 키워드 확인을 통한 집중연구 분야를 파악할 수 있으며, 구간별 기술 키워드 확인을 통해 해당품목에 대한 구간별 연구 트렌드 변화를 유추

* 분석범위 : 요약, * 키워드 구성 : 구문, * 키워드 출력수 : 전체구간 100개, 최근구간 50개

전체구간(2001년~2022년) 특허 주요 기술 키워드

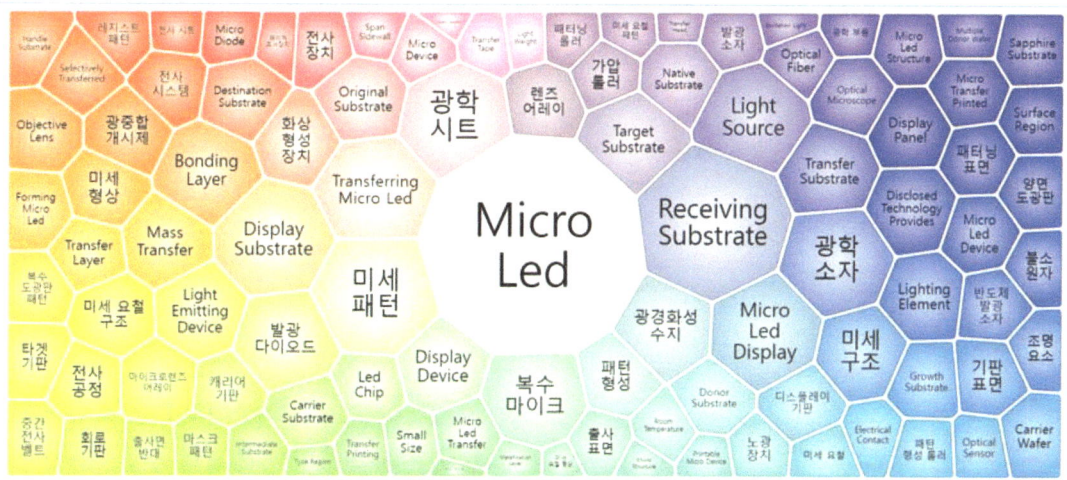

- 마이크로 LED 디스플레이 마이크로 LED 칩의 인터포저 기판 대량 전사 장치 품목에 대한 지난 20년간의 특허 주요기술 키워드 분석결과, 마이크로 LED 칩 제조 기술 관련 키워드가 주로 도출되었으며, 마이크로 LED 칩 제조를 위한 '패턴 형성' 및 '미세 패턴' 키워드가 도출된 것으로 조사됨

  (전체구간 주요 키워드) Micro Led, Receiving Substrate, 광학 시트, Display Substrate, 패턴 형성, 미세 패턴, 발광 다이오드, 광경화성 수지, Light Source, Original Substrate

최근구간(2011년~2022년) 특허 주요 기술 키워드

1구간(2011년~2015년)	2구간(2016년~2022년)
	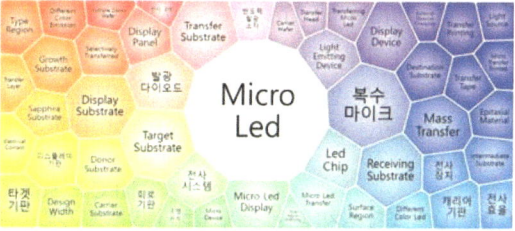

- 반도체 식각 장비 품목에 대한 최근구간 특허 주요기술 키워드 분석결과, 1구간에는 '광학 시트'가 주요 기술키워드로 도출되었고, 2구간에서는 'Micro Led'가 주요 기술키워드로 도출됨

  (1구간 주요 키워드) Micro Led, 광학 시트, 패턴 형성, Receiving Substrate, Original Substrate
  (2구간 주요 키워드) Micro Led, Led Chip, 복수 마이크, Transfer Substrate, Target Substrate

(2) 기술 현황 분석

☐ 전 세계적으로 통용되고 있는 국제특허분류를 통해 해당품목의 기술현황 및 집중기술 분야를 확인할 수 있으며, 연도별 기술현황 변화추이를 확인함으로써 해당품목에 대한 기술변화 트렌드 변화를 유추

  * IPC(International Patent Classification) : 국제특허분류

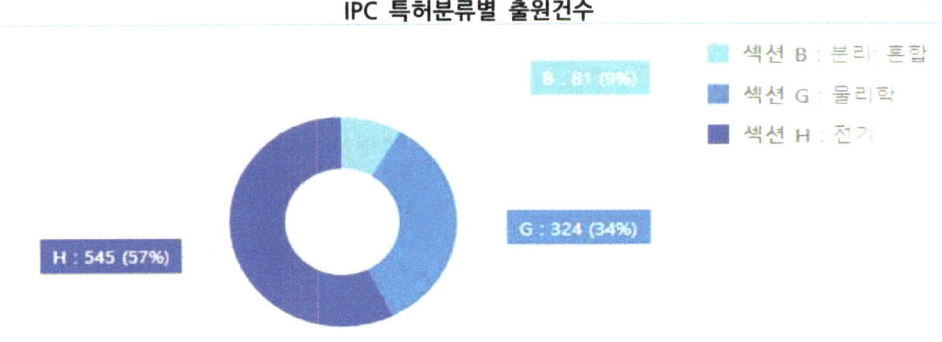

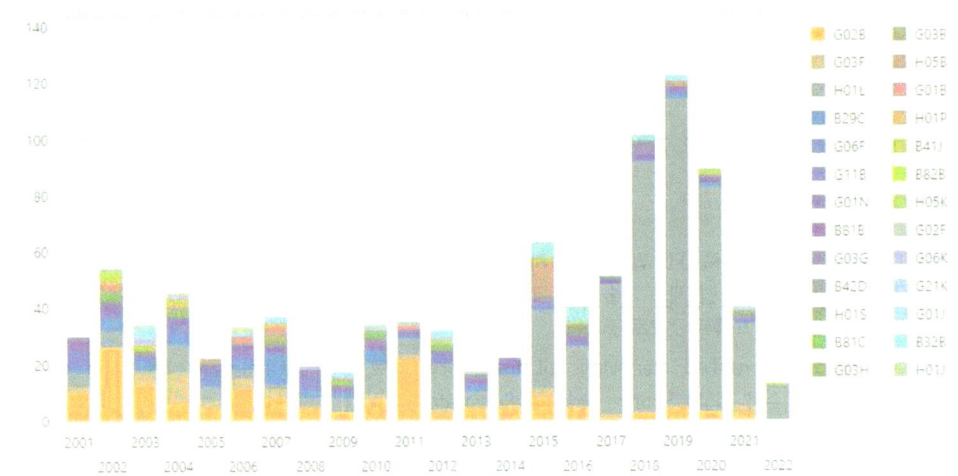

- 마이크로 LED 디스플레이 마이크로 LED 칩의 인터포저 기판 대량 전사 장치 품목은 섹션 H 전기 기술분야의 비중이 가장 높은 것으로 나타났으며, 그중에서도 반도체 장치; 다른 곳에 속하지 않는 전기적 고체 장치(H01L) 기술분야에서 집중 연구가 되고 있는 것으로 분석됨
- 연도별 기술현황 변화추이를 보았을 때, 최근에는 (H01L) 기술분야인 '반도체 장치; 다른 곳에 속하지 않는 전기적 고체 장치' 관련 분야와 (G02B) 기술분야인 '광학요소, 광학계 또는 광학장치' 관련 분야에서 출원이 진행된 것으로 나타남

IPC - Sub Class	출원건수
(H01L) 반도체 장치; 다른 곳에 속하지 않는 전기적 고체 장치	503
(G02B) 광학요소, 광학계 또는 광학장치	148
(G03F) 사진제판법에 의한 요철화 또는 패턴화 표면의 제조, 예. 인쇄용, 반도체장치의 제조법용; 그것을 위한 재료; 그것을 위한 원료; 그것을 위한 특별히 적합한 장치	45
(B29C) 플라스틱의 성형 또는 접합 소성 상태에 있는 물질의 성형으로서 달리 분류되지 않는 것 성형품의 후처리, 예. 수선	42
(G01N) 재료의 화학적 또는 물리적 성질의 검출에 의한 재료의 조사 또는 분석(면역분석 이외의 효소 또는 미생물을 포함하는 측정 또는 시험 방법	32

(3) 기술 집중력 분석

☐ 주요출원인에 의한 특허점유율을 분석하여 기술집중력(시장 독과점 수준)을 판단하는 것으로, 특허동향조사에서는 통상 CR4를 사용하며, CRn값이 0에 가까울수록 시장 독과점 수준이 낮은 것을 의미하고, CR4 값이 40에서 60일 경우(CR1 지수는 50 이상일 경우, CR2 또는 CR3 지수는 75 이상일 경우) 시장의 독과점 수준이 높은 것으로 해석됨

* CRn(집중률지수, Concentration Ratio n) = (1위 출원인의 특허점유율) + ... + (n위 출원인의 특허점유율)

	주요출원인	출원건수	특허점유율	CRn	n
주요 출원인 집중력	포인트엔지니어링	71	25.0%	25	
	삼성전자	49	17.3%	42	
	엘지전자	26	9.2%	51	
	GOERTEK	26	9.2%	61	4
	X-CELEPRINT	20	7.0%	68	
	3M INNOVATIVE PROPERTIES	20	7.0%	75	
	한국광기술원	19	6.7%	81	
	APPLE	18	6.3%	88	
	CANON	18	6.3%	94	
	DAINIPPON PRINTING	17	6.0%	100	
	전체	284	100%	CR4 = 61	
	출원인 구분	출원건수	특허점유율	CRn	n
국내시장 중소기업 집중력	중소기업(개인)	115	38.9%	38.85	중소기업
	대기업	50	16.9%		
	연구기관/대학	67	22.6%		
	기타(외국인)	64	21.6%		
	전체	296	100.0%	CR중소기업 = 38.85	

- 마이크로 LED 디스플레이 마이크로 LED 칩의 인터포저 기판 대량 전사 장치 품목에 대한 시장관점의 기술독점 집중률 지수(CRn) 분석결과, 상위 4개 기업의 시장점유율이 61로, 주요출원인에 의한 독과점 정도는 높은 것으로 분석됨
- 국내시장에 있어서 중소기업의 특허점유율은 38.85로, 마이크로 LED 디스플레이 마이크로 LED 칩의 인터포저 기판 대량 전사 장치 품목에서 중소기업에 의한 출원점유율이 가장 높게 나타나 국내시장에서 중소기업의 진입장벽은 높지 않을 것으로 판단됨

다. 주요 출원인 분석

(1) 주요 출원인 동향

□ 주요출원인을 기준으로, 해당품목에 대해 기술개발을 주도하고 있는 기관 및 기업을 파악하고, 한국(KIPO), 미국(USPTO), 일본(JPO), 유럽(EPO) 국가별 출원현황 분석을 통해 주요출원인들이 고려하고 있는 주요시장국이 어디인지 예측하여 거시적 관점의 향후 트렌드를 전망

□ 타 국가 대비 국내 기관 및 기업의 출원 활동 현황 및 수준을 파악하여 연구개발에 있어 비중 있는 사전 파악이 필요한 기관 및 기업 제시

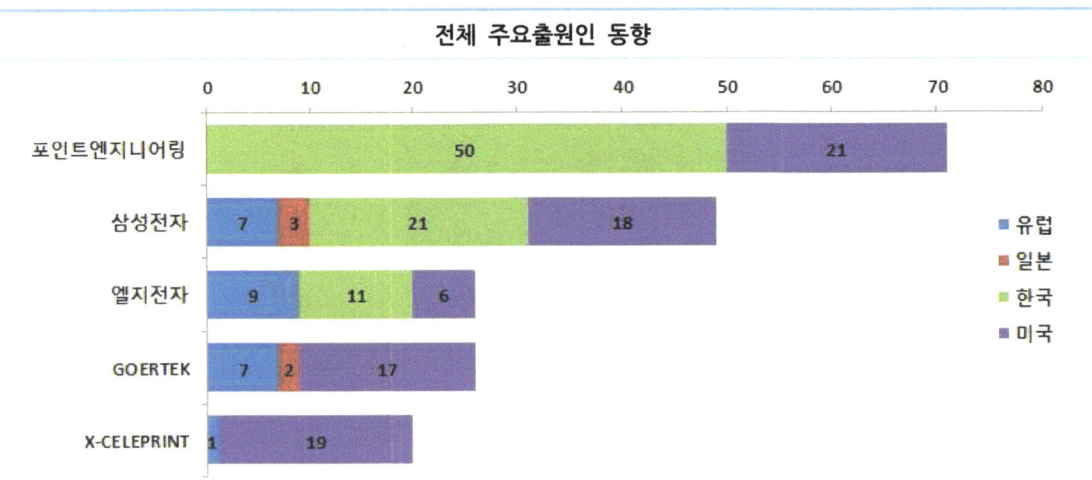

- 마이크로 LED 디스플레이 마이크로 LED 칩의 인터포저 기판 대량 전사 장치 품목의 주요출원인 Top 5를 살펴보면, 한국, 중국, 아일랜드 국적의 출원인이 포함되어 있는 것으로 나타나며, 특히 한국 출원인에 의해 기술개발이 주도되고 있는 것으로 나타남
- 한국국적의 출원인으로는 포인트엔지니어링, 삼성전자, 엘지전자가 주요출원인에 포함되었으며, 중국의 GOERTEK, 아일랜드의 X-CELEPRINT도 주요출원인으로 나타남
- 국내 주요출원인은 포인트엔지니어링, 삼성전자, 엘지전자로 도출되어, 기업에 의해 기술개발이 진행되고 있는 것으로 분석됨

(2) 주요 출원인 기술 키워드 및 주요특허 분석

☐ 주요출원인이 출원한 해당품목의 특허 기술 키워드 확인을 통해 출원인별 집중연구 분야를 파악할 수 있으며, 등록특허를 기준으로 피인용문헌수 및 패밀리 국가수가 큰 주요특허를 사전검토 함으로써 주요출원인의 주력기술 분야를 예측

* 기술 키워드 분석범위 : 요약,　　* 키워드 구성 : 구문,　　* 키워드 출력 수 : 50개
* 주요특허 도출 기준 : 등록특허를 기준으로 피인용문헌수 및 패밀리 국가수가 큰 특허를 주요특허로 도출

◎ 포인트엔지니어링

주요 키워드 및 주요특허 분석

- Micro Led, Transferring Micro Led, Transfer Head, 전사 시스템, Micro Led Display, 흡착 영역, 표시 기판, Porous Member, Micro Led Grip, 흡착 부재

등록번호 (출원일)	명칭	기술적용분야	IP 경쟁력	
			피인용 문헌수	패밀리 국가수
US 11217464 (2019.03.29.)	System for transferring micro LED	마이크로 LED를 기판에 전송할 때 이송 헤드의 그립력을 해제할 뿐만 아니라 상기 마이크로 LED를 상기 기판 상에 끌어 당겨 상기 마이크로 LED를 상기 기판 상에 끌어당기는 단계를 추가로 포함하는 마이크로 LED를 기판에 전송하는 시스템	6	3
US 10872828 (2019.03.29.)	Inspection and replacement method for micro LED	마이크로 LED의 불량 여부를 검사하고 정상 마이크로 LED로 결함 마이크로 LED를 교체하도록 구성된 마이크로 LED의 검사 및 교체 방법	5	4
US 11152534 (2019.08.07.)	Transfer head and method of manufacturing micro LED display using same	마이크로 발광 다이오드 (마이크로 LED)를 파지 및 이송하는 전사 헤드 및 이를 이용한 마이크로 LED 디스플레이 제조 방법	2	1

- 포인트엔지니어링은 마이크로 LED 디스플레이 마이크로 LED 칩의 인터포저 기판 대량 전사 장치 품목과 관련하여 Top 1 출원인으로, 한국을 위주로 출원을 진행하였으며, 마이크로 LED 불량 여부 검사 및 교체 기술 및 마이크로 발광 다이오드를 파지 및 이송하는 전사 헤드를 이용한 마이크로 LED 디스플레이 제조 기술에 대한 기술력이 높은 것으로 조사됨

◎ 삼성전자

주요 키워드 및 주요특허 분석

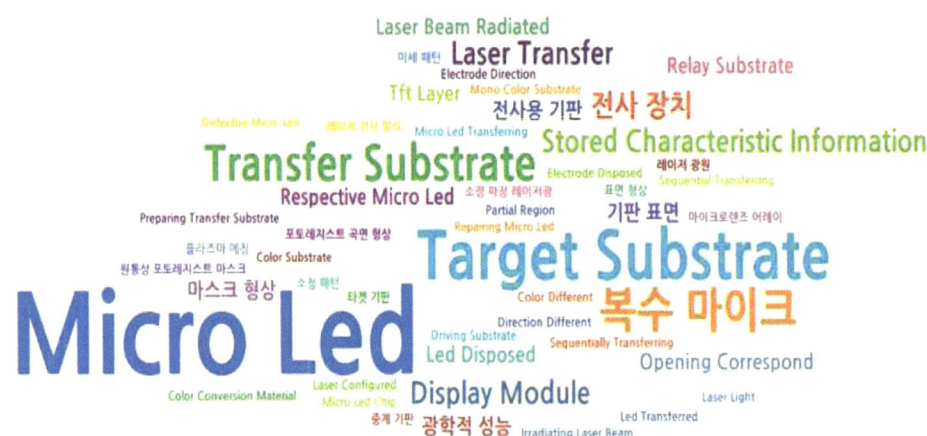

- Micro Led, Transfer Substrate, Target Substrate, 복수 마이크, 전사 장치, Color Substrate, Defective Micro Led, Laser light, 전사용 기판, Tft Layer

등록번호 (출원일)	명칭	기술적용분야	IP 경쟁력	
			피인용 문헌수	패밀리 국가수
US 9000399 (2011.10.11.)	Fluorescence detecting optical system and multi-channel fluorescence detection apparatus including the same	형광 검출 광학계 및 이를 포함하는 다채널 형광 검출 장치	19	2
KR 10-0561874 (2005.08.18.)	마이크로 렌즈 어레이의 제조방법	마이크로렌즈의 제작방법에 관한 것으로, 특히 포토레지스트의 형상의 전사에 의한 마이크로렌즈의 제작 방법	7	4
JP 4099121 (2003.08.13.)	마이크로렌즈 제조 방법	마이크로렌즈 제조 방법과 관련되어 특히 포토레지스트 마스크 형상의 전사에 의한 마이크로렌즈 제조 방법	5	4

- 삼성전자는 마이크로 LED 디스플레이 마이크로 LED 칩의 인터포저 기판 대량 전사 장치 품목과 관련하여 Top 2 출원인으로, 한국을 위주로 출원을 진행하였으며, 형광 검출 광학계를 포함하는 다채널 형광 검출 장치 기술 및 포토레지스트 형상의 전사에 의한 마이크로렌즈 제작 기술에 있어서 기술력이 높은 것으로 조사됨

◎ 엘지전자

주요 키워드 및 주요특허 분석

복수 반도체 발광, 반도체 발광 소자, Growth Substrate, Forming Release Layer, 반도체 발광 구조, Dielectrophoretic Force Generated, Conductive Electrode, Stepped Portion, Temporary Substrate, Substrate Chuck, 디스플레이 장치, Display Device, 반도체 발광, Epitaxial Layer, Wiring Substrate, 요철 구조, Conductive Semiconductor Layer, 차량용 램프, Release Layer, Etching Portion, 복수 마이크, 배선 전극, Electrode Forming Failure, Repair Substrate, Conductive Type Semiconductor, Residual Bonding Layer, Stable Wiring Step, Frame Press, Selectively Transferred, Epitaxial Layer Transferred

- Temporary Substrate, 반도체 발광 소자, 반도체 발광, Epitaxial Layer, Display Device, Conductive Electrode, Conductive Semiconductor Layer, Growth Substrate, 디스플레이 장치, 배선 전극

등록번호 (출원일)	명칭	기술적용분야	IP 경쟁력	
			피인용 문헌수	패밀리 국가수
EP 3866188 (2020.04.22.)	SUBSTRATE CHUCK FOR SELF-ASSEMBLING SEMICONDUCTOR LIGHT EMITTING DIODES	마이크로 크기의 반도체 광 방출 다이오드를 사용하여 대형 스크린 디스플레이에서 높은 신뢰성을 제공하는 새로운 제조 공정 및 기판 척을 제공	0	4
KR 10-1989099 (2017.06.14.)	차량용 램프 및 차량	광생성부; 및 상기 광생성부에서 생성된 광의 경로를 변경시키는 렌즈;를 포함하고, 상기 광생성부는, 복수의 마이크로 LED(micro light emitting diode) 소자가 배치되는 복수의 어레이(array) 모듈을 포함하고, 상기 복수의 어레이 모듈은, 상호 적층되게 배치되는, 차량용 램프	0	4
KR 10-1982779 (2017.06.21.)	차량용 램프 및 차량	광생성부; 및 상기 광생성부에서 생성된 광의 경로를 변경시키는 제1 렌즈;를 포함하고, 상기 광생성부는, 복수 그룹의 마이크로 LED(micro light emitting diode) 칩이 배치되는 플렉서블 어레이(flexible array)를 포함하고, 상기 복수 그룹의 마이크로 LED 칩의 형상이 서로 다른, 차량용 램프	0	4

- 엘지전자는 마이크로 LED 디스플레이 마이크로 LED 칩의 인터포저 기판 대량 전사 장치 품목과 관련하여 Top 3 출원인으로, 한국을 위주로 출원을 진행하였으며, 마이크로 크기 반도체 광 방출 다이오드를 사용하여 대형 스크린 디스플레이에서 높은 신뢰성을 제공하는 제조 공정 및 기판과 마이크로 LED 소자가 배치되는 어레이 모듈 및 차량용 램프 기술에 있어서 기술력이 높은 것으로 조사됨

4. 전략품목 기술로드맵

가. 핵심기술

(1) 요소기술 도출

◎ 특허 키워드 클러스터링 기반 요소기술 후보도출

[마이크로 LED 디스플레이 마이크로 LED 칩의 인터포저 기판 대량 전사 장치 토픽 클러스터링 결과]

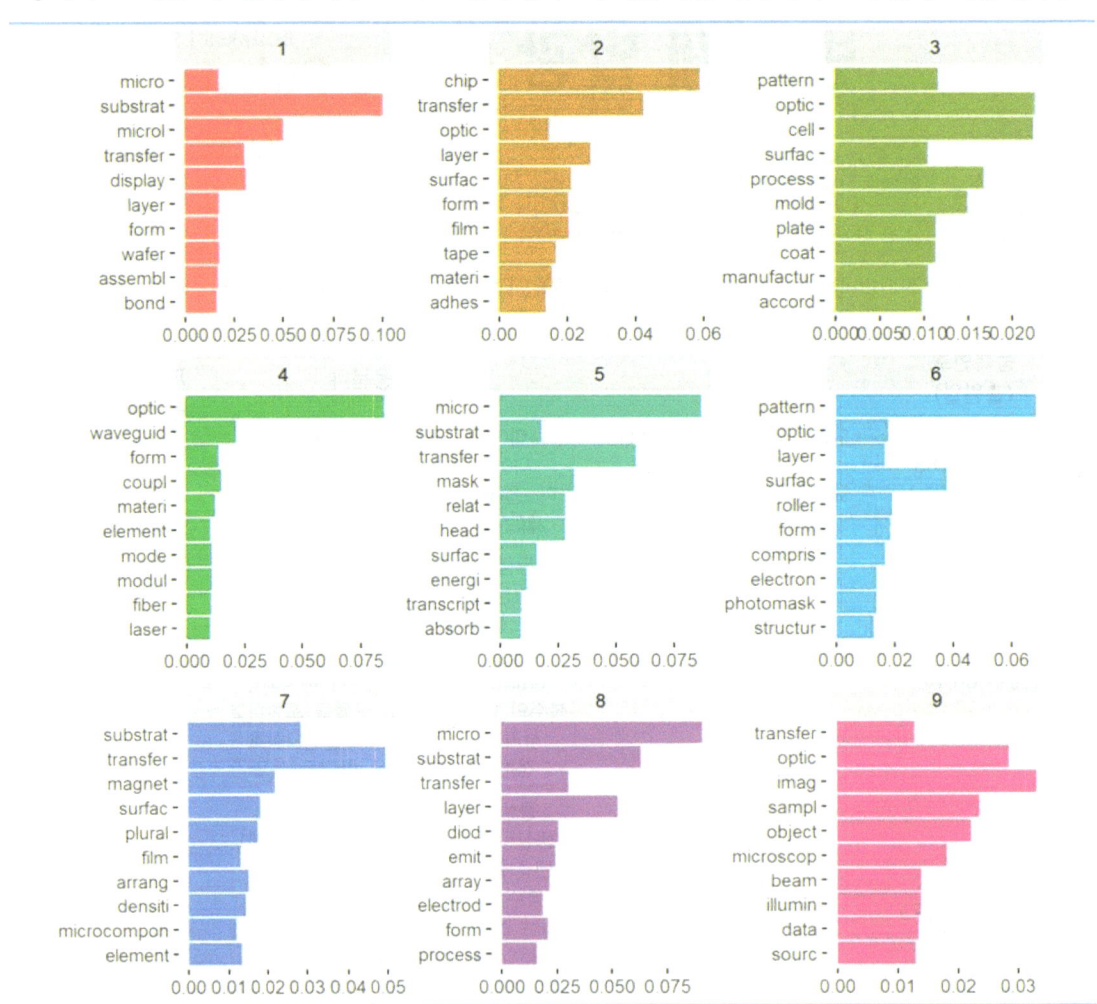

* 출처: 자체작성

[LDA 클러스터링 기반 요소기술 후보도출]

No.	상위 키워드	대표적 관련 특허	요소기술 후보
클러스터 01	microled transfer display wafer bond	• LIGHT EMITTING DEVICE STRUCTURE TRANSFER APPARATUS • DISPLAY DEVICE USING MICRO LED AND MANUFACTURING METHOD THEREOF	마이크로LED 본딩 기술
클러스터 02	transfer optic layer film material	• transfer method of discrete devices using laser • MICRO LED TRANSFER METHOD	필름을 이용한 인터포저 전사 방법
클러스터 03	optic pattern manufacture plate coat	• MICRO LED TRANSFER METHOD • LED patches with surface-emitting micro LED coated with fine particles	인터포저 코팅 기술
클러스터 04	optic element coupling mode laser	• The system for the laser split and device layer imprint and method • Systems and methods for laser splitting and device layer transfer	커플링층을 포함하는 레이저 전사방법
클러스터 05	microled transfer mask surface absorb	• MICRO LED TRANSFER DEVICE COMPRISING MASK AND MICRO LED TRANSFERRING METHOD USING THE SAME • Method for transferring micro LED chip	마스크를 포함하는 마이크로LED 전사 장치
클러스터 06	pattern optic layer surface roller	• OPTICAL SHEET MANUFACTURED WITH PATTERNED ROLLERS • Optical sheet manufactured using patterned rollers	마이크로LED 롤 전사 방법
클러스터 07	substrate transfer magnet surface film	• Micro-LED Array and Method of forming the same • A CARRIER SUBSTRATE HAVING AN ELECTROMAGNET AND METHOD FOR MANUFACTURING MICRO DEVICES USING THE SAME	자화 방식 이용 전사 방법
클러스터 08	microled substrate transfer array electrode	• Micro display device and method for manufacturing the same • MICRO LED ARRAY DISPLAY APPARATUS • Micro LED and Method for Manufacturing Thereof	전극 이용 전사 방법
클러스터 09	transfer optic beam illuminate source	• MICRO LED TRANSFERRING METHOD AND DISPLAY MODULE MANUFACTURED THREREBY • CARRIER SUBSTRATE AND METHOD OF TRANSFERRING DEVICE USING THE SAME	마이크로LED 전사를 위한 레이저 빔 제어방법

* 출처: 자체작성

◎ 특허 분류체계 기반 요소기술 후보도출

[IPC 분류체계에 기반 요소기술 후보도출]

(서브클래스) 내용	(메인그룹) 내용	요소기술 후보
(H01L) 반도체 장치	(H01L-021/00) 반도체 장치 또는 고체 장치 또는 그러한 부품의 제조 또는 처리에 특별히 적용되는 방법 또는 장비	-
	(H01L-021/00) 용기내안으로의 반도체 본체 마운팅	마이크로LED의 점착재 도포 및 기판 부착
	(H01L-021/67) 제조 또는 처리중의 반도체 또는 전기 고체 장치 취급에 특별히 적용되는 장치	온도 가변형 시트를 이용한 전사방법
	(H01L-027/15) 적어도 1개의 전위 장벽 또는 표면 장벽을 가지며 특별히 광방출에 적용되는 반도체 구성부품을 포함하는 것	기계적 스트레스를 이용한 마이크로LED 박리 방법
	(H01L-033/00) 광, 예, 적외광, 의 방출에 특별히 적용되는 적어도 한개의 전위 장벽 또는 표면 장벽을 가지는 반도체 장치	-

* 출처: 자체작성

◎ 최종 요소기술 도출

☐ 기술·시장 분석, 기술수요, 기술(특허)분석, 전문가 추천을 바탕으로 요소기술 후보 도출

☐ 요소기술 후보를 대상으로, 전문가를 통해 기술의 범위, 요소기술 간 중복성 등을 조정·검토하여 최종 요소기술 확정

[마이크로 LED 디스플레이 마이크로 LED 칩의 인터포저 기판 대량 전사 장치 요소기술 도출]

요소기술	출처
마이크로 LED 전사를 위한 레이저 빔 제어방법	특허 클러스터링, 전문가추천
레이저 기반의 마이크로 LED 대량 전사기술	특허 클러스터링, 전문가추천
마이크로 LED 롤 전사 방법	특허 클러스터링, 전문가추천
마이크로 LED 본딩 기술	특허 클러스터링, 전문가추천
인터포저 코팅 기술	특허 클러스터링, 전문가추천
커플링층을 포함하는 레이저 전사방법	특허 클러스터링, 전문가추천
마스크를 포함하는 마이크로 LED 전사 장치	특허 클러스터링
필름을 이용한 인터포저 전사 방법	특허 클러스터링
마이크로 LED의 점착재 도포 및 기판 부착	특허 클러스터링, IPC분류체계
기계적 스트레스를 이용한 마이크로 LED 박리 방법	특허 클러스터링, IPC분류체계
자화 방식 이용 전사방법	특허 클러스터링

(2) 핵심기술 선정 및 기술로드맵 기획 절차

☐ 특허 분석을 통한 요소기술과 기술수요와 각종 문헌을 기반으로 한 요소기술, 전문가 추천 요소기술을 종합하여 요소기술을 도출한 후, 핵심기술 선정위원회의 평가과정 및 검토/보완을 거쳐 핵심기술 확정

☐ 핵심기술 선정 지표: 기술개발 시급성, 기술개발 파급성, 기술의 중요성 및 중소기업 적합성
- 장기로드맵 전략제품의 경우, 기술개발 파급성 지표를 중장기 기술개발 파급성으로 대체

[핵심기술 선정 및 기술로드맵 기획 프로세스]

① 요소기술 도출	→	② 요소기술 평가	→	③ 핵심기술 확정	→	④ 기술로드맵 기획
• 전략제품 현황 분석 • LDA 클러스터링 및 특허 IPC 분류체계 • 전문가 추천		• 전략분야별 핵심기술 선정위원의 평가를 종합하여 요소기술 중 핵심기술 선정		• 선정된 핵심기술에 대해서 중복성 검토 • 미흡한 전략제품에 대해서 핵심기술 보완		• 확정된 핵심기술을 대상으로 전략제품별 로드맵 구축 개시

(3) 핵심기술 리스트

[마이크로 LED 디스플레이 마이크로 LED 칩의 인터포저 기판 대량 전사 장치 핵심기술]

핵심기술	개요
마이크로 LED 전사를 위한 레이저 빔 제어방법	• 레이저 광학 제어 기술을 통해 마이크로LED가 대량 전사된 캐리어 기판에 RGB 각각의 마이크로LED를 기판에 선택적 정밀 전사 기술
레이저 기반의 마이크로 LED 대량 전사기술	• 마이크로 LED를 성장기판인 사파이어 혹은 실리콘 웨이퍼로부터 레이저 혹은 화학적 방법으로 분리하여 점착시트 혹은 캐리어 기판에 마이크로LED를 대량 이송하는 공정 기술 및 소재
마이크로 LED 롤 전사 방법	• 롤 스탬프를 이용하여 마이크로 LED를 회로기판에 전사하는 기술로서, 한번에 전사할 수 있는 면적이 크고, 롤 회전속도와 롤 스탬프 크기를 증가함으로써 전사 속도를 크게 향상할 수 있는 장점이 있음
마이크로 LED 본딩 기술	• 마이크로LED 대량 전사 후 기판에 전기적 접속을 위한 본딩 접합하는 장치와 공정 기술
인터포저 코팅 기술	• 인터포저 제작 시 기능성 물질의 재사용이 가능하도록 하는 기술
커플링층을 포함하는 레이저 전사방법	• 레이저에 투명한 기판에 동적박리층을 형성하고, 동적박리층에 마이크로 LED를 부착함. 동적박리층은 레이저를 흡수하여 부피가 변화하거나 제거되는 층이며, 레이저 조사를 통하여 동적박리층에 부착된 마이크로 LED가 기판으로 전사됨.

나. 기술개발 로드맵

(1) 중기 기술개발 로드맵

[마이크로 LED 디스플레이 마이크로 LED 칩의 인터포저 기판 대량 전사 장치 로드맵]

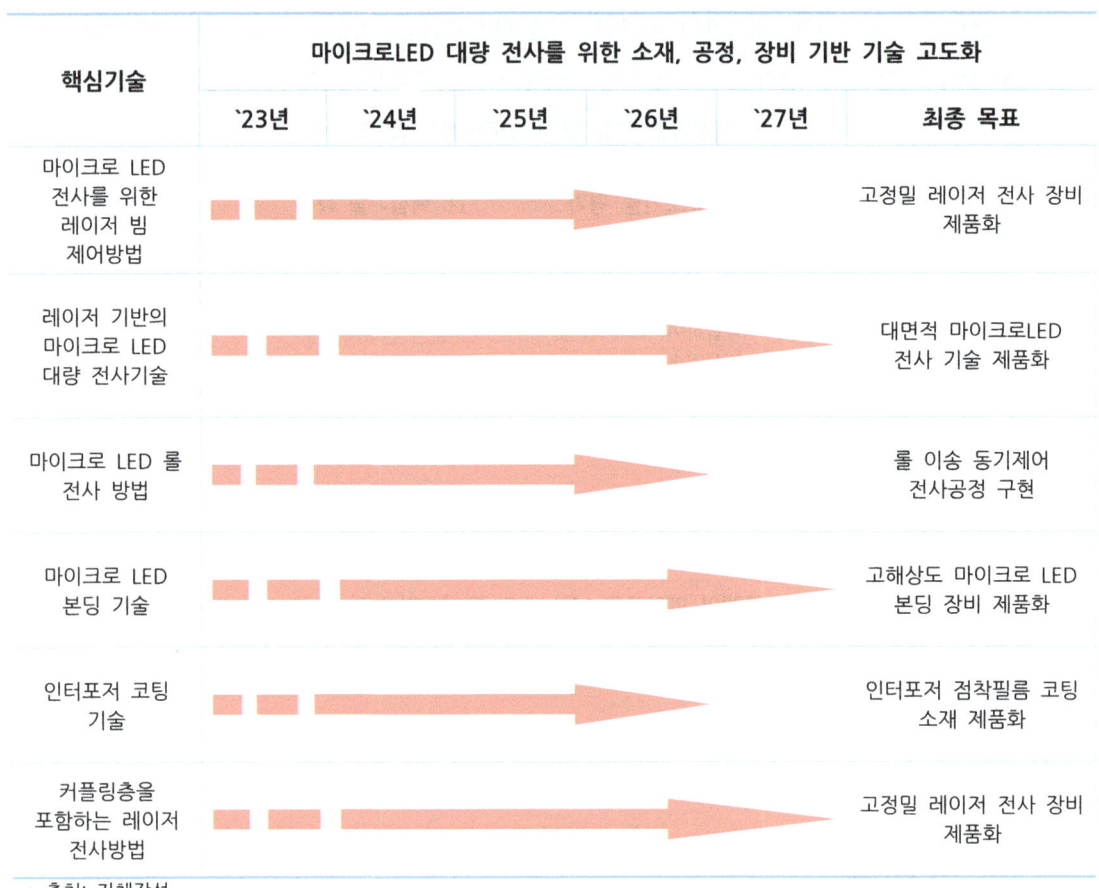

* 출처: 자체작성

(2) 기술개발 목표

☐ 최종 중소기업 기술로드맵은 기술/시장 니즈, 연차별 개발계획, 최종목표 등을 제시함으로써 중소기업의 기술개발 방향성을 제시

[마이크로 LED 디스플레이 마이크로 LED 칩의 인터포저 기판 대량 전사 장치 핵심기술 연구목표]

핵심기술	기술 요구사항	연차별 개발목표					최종목표	연계 R&D 유형
		1년차	2년차	3년차	4년차	5년차		
마이크로 LED 전사를 위한 레이저 빔 제어방법	Flat top 레이저 빔프로파일	3 × 3 빔균일도 >80%	5 × 6 빔균일도 >85%	10 × 10 빔균일도 >90%	10 × 10 빔균일도 >95%	-	고정밀 레이저 전사 장비 제품화	기술혁신
레이저 기반의 마이크로 LED 대량 전사기술	대면적 마이크로 LED 전사 수율	2인치 수율 > 75%	4인치 수율 > 80%	6인치 수율 > 85%	6인치 수율 > 90%	6인치 수율 > 95%	대면적 마이크로LED 전사 기술 제품화	상용화
마이크로 LED 롤 전사 방법	롤과 기판 이송 스테이지 동기 제어	동기 오차 < 1 us	동기 오차 < 0.5 us	동기 오차 < 0.2 us	동기 오차 < 0.1 us	-	롤 이송 동기제어 전사공정 구현	기술혁신
마이크로 LED 본딩 기술	고해상도 마이크로 LED 본딩 제어	해상도 > 100 PPI	해상도 > 150 PPI	해상도 > 250 PPI	해상도 > 200 PPI	해상도 > 300 PPI	고해상도 마이크로 LED 본딩 장비 제품화	상용화
인터포저 코팅 기술	균일한 코팅 두께 균일한 점착성	균일도 < ± 10 um	균일도 < ± 8 um	균일도 < ± 5 um	균일도 < ± 2 um	-	인터포저 점착필름 코팅 소재 제품화	산학연
커플링층을 포함하는 레이저 전사방법	전사된 마이크로 LED의 위치 편차 최소화	위치정밀도 < ± 10 um	위치정밀도 < ± 8 um	위치정밀도 < ± 5 um	위치정밀도 < ± 2 um	위치정밀도 < ± 1 um	고정밀 레이저 전사 장비 제품화	산학연

다. 중소기업 기술개발 전략

- ☐ 마이크로LED, 패널, 소재 및 장비 기업, 연구소, 대학 간 전략적 협력 관계 형성을 통한 상호 협력이 필수

- ☐ 마이크로LED 디스플레이 상용화를 위해 후공정인 검사 및 리페어 분야 핵심기술 개발이 필요

- ☐ 대면적 디스플레이인 TV, 비디오월 등과 초소형 디스플레이인 스마트워치, AR글래스 등 응용 분야에 따른 제조 프로세스 표준화를 통해 제조 생산성 향상을 위한 노력이 필요

- ☐ 중소기업 주도로 마이크로LED 제조공정 핵심 소재, 공정, 장비 기술을 개발하기 위해 정부의 전략전 투자와 특히 패널 기업의 적극적 지원과 협력이 반드시 필요

- ☐ 아직 도입 단계에 있는 마이크로LED 디스플레이 전후방 산업 경쟁력 확보를 위해 경쟁국 대비 기술 격차를 확대할 수 있는 핵심기술을 체계화하기 위한 중장기 전략을 세워 미래 신산업 분야로 확대한다면 국내 중소기업 주도 글로벌 산업선도가 가능할 것으로 판단

TECHNOLOGY ROADMAP FOR SME

중소기업 전략기술 로드맵 2023-2025

반도체·디스플레이 장비

초판 인쇄 2023년 04월 22일
초판 발행 2023년 05월 02일

저　자 중소벤처기업부, 중소기업기술정보진흥원
발행인 김갑용

발행처 진한엠앤비
주소 서울시 서대문구 독립문로 14길 66 205호(냉천동 260)
전화 02) 364 - 8491(대) / 팩스 02) 319 - 3537
홈페이지주소 http://www.jinhanbook.co.kr
등록번호 제25100-2016-000019호 (등록일자 : 1993년 05월 25일)
ⓒ2023 jinhan M&B INC, Printed in Korea

ISBN 979-11-290-4639-0　(93560)　　　[정가 40,000원]

☞ 이 책에 담긴 내용의 무단 전재 및 복제 행위를 금합니다.
☞ 잘못 만들어진 책자는 구입처에서 교환해 드립니다.
☞ 본 도서는 [공공데이터 제공 및 이용 활성화에 관한 법률]을 근거로 출판되었습니다.